인간만이 인간을

인간만이 인간을

초판 1쇄 인쇄 2014년 08월 22일
초판 1쇄 발행 2014년 08월 27일

지은이 오 세 병
펴낸이 손 형 국
펴낸곳 (주)북랩
편집인 선일영 편집 이소현, 이윤채, 김아름, 이탄석
디자인 이현수, 신혜림, 김루리 제작 박기성, 황동현, 구성우
마케팅 김회란, 이희정
출판등록 2004. 12. 1(제2012-000051호)
주소 서울시 금천구 가산디지털 1로 168, 우림라이온스밸리 B동 B113, 114호
홈페이지 www.book.co.kr
전화번호 (02)2026-5777 팩스 (02)2026-5747

ISBN 979-11-5585-323-8 03250(종이책)
979-11-5585-324-5 05250(전자책)

이 도서의 국립중앙도서관 출판시도서목록(CIP)은 서지정보유통지원시스템 홈페이지(http://seoji.nl.go.kr)와 국가자료공동목록시스템(http://www.nl.go.kr/kolisnet)에서 이용하실 수 있습니다.
(CIP제어번호 : CIP2014024687)

인간만이 인간을

오세병 지음

북랩 book Lab

작가 서문

2012년 문득 깨달음을 얻어 이 책을 썼다. '깨달음' , 원효의 '본래면목' , 장자의 '반박귀진'의 의미 해석과 함께 '깨달음'이란 것이 현대적 용어로 이해하기 쉬우면서도 적정한 말로써 '구부러진 잠재의식'이라고 규정하였다. 그 구부러진 잠재의식을 인간마다 다르게 가질 수밖에 없는 여러 원인과, 그 구부러진 잠재의식에 의해 자신 스스로가 비참과 회한의 반복을 거듭하고 있는 것을 설명하였으며, 그 구부러진 잠재의식을 걷어내면 그것이 본래인 나를 보게 되는(본래면목) 것이요, '참 나인 나'로써 자유로워짐을 설명하였다.

더불어 아직까지 아무도 해석하지 못한 10,000여 년 전의 『천부경』을 완역, 정역한 결과 신선이 지은 그 『천부경』은 반야심경의 원전이며, 도교, 유교 및 세계기축문화의 근원임을 밝혔다.

또한, "모든 문명은 동방에서 왔다."는 토인비의 말처럼 『천부경』의 정신을 가지고 세계 4대문명과 마야, 잉카문명도 한민족이 진출하여 건설하였음을 밝혔다.

'진실과 오해'는 상존한다. 개인도, 조직도, 국가도, 그리하여 세계도 그럼에도 교묘히 왜곡되었거나 강력하게 위장된 오해는 오히려 진실을 밝히는데 있어 주요 인자가 된다.

이 책으로 인해서 부디 모든 개인은 '깨달음'을 얻기 바라며, 한민족의 역사와 세계사의 오해와 진실을 면목하길 바란다.

2014년 8월

오 세 병

목차

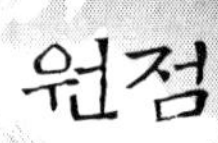

원점

지금으로부터 17,000여 년 훨씬 이전 만주에 인류 최초의 국가가 출현한다.

그들은 17,000년 이전부터 교배종 벼농사를 지을 정도로 매우 뛰어난 첨단과학과 기술 그리고 예술적 심미안을 지녔으며, 완벽하지는 않으나 그 당시에는 세계최초인 체계화를 거친 언어(한글고어)를 가지고 세계로, 세계로 진출하였다.

그 당시 사람들에게 완전히 체계화된 문자는 없었지만 말은 있었다.

현재의 한글은 아니지만 기존의 한글(한글고어=가림토문자)이 있는 것이다.

그들은 가림토문자 외 한글의 발음 및 내용과 일치하는 문자를 만들려고 여러 시도를 하였다.

이 민족에게 있어 제일 중요한 문자는 'ㅎ'자이다.

해(태양), 한마음, 하나, 하늘, 돼지 해, 바다 해, 동해, 한(크다), 환하다, 하얀, 하얀(착한)….

왕은 선지자에게 지혜를 빌려 '홍익인간'을 통치이념으로 삼고 국호를 환국이라 대내외로 표명한다.

한나라란 의미는 하나이며 크다는 동시에 환한(광명) 나라라는 의미이다.

왕은 선각자를 늘 곁에 두고 자문을 구하였다.

이후 그것은 한나라(환인제석 환국, 환웅천황 배달국, 단군왕검 조선)의 정치체제가 되는데 플라톤의 철인에 의한 국가체제가 이미 실현되어 있음을 의미하는 것이다.

그들은 모두 창조적이었다.

풍백, 우사, 운사의 연구와 그 결과물로 시작된 벼농사를 비롯하여 평안한 정착과 풍요를 위한 부속물이 계속 나오기 시작한다.

추운 겨울을 지내기 위한 온돌을 발명하고, 추운 겨울에 비타민을 보존하기 위한 세계최초의 저장음식인 김치를 발명한다. 망각으로 인해 포도주를 발견하는 우연과 달리, 김치는 애초에 의식적인 접근이 있어야 가능하다.

각종 들풀, 심지어 동물, 해산물까지 저장음식으로 만들어 나간다.

각종 채소 및 동식물에는 생물인 경우에는 독소가 있지만 저장하여 식용하는 것은 독소를 제거하는 방법 중 하나이다. 그들은 매우 과학적이었다.

저장음식을 담기위한 그릇의 필요성이 절실해지고 하나둘 실현해 나간다.

안주에 의한 느슨함에 젖어있는 기존의 다른 부족과는 달리 그들은 생활전반에 걸친 발명품들을 적극적으로 창조해낸다.

사냥을 위하여 활을 발명하였고, 말을 부리게 되자, 안장을 만들어야 하였다. 뒤이어 마차가 발명되기를 기다리고 있듯이 창조는 창조를 부른다.

의, 식, 주, 모두 해결되었다.

기나긴 지구 내 모든 생물의 역사에서 식량의 잉여는 번성을 의미한다.

식량이 많으면 모여살고 커지며, 부족하면 흩어지고 왜소해지는 것이다.

부익부, 빈익빈은 경제에만 국한되는 것이 아니라, 힘, 숫자, 지식, 문화 등 모든 것에 제로섬이론은 존재한다. 그러므로 타 부족과 싸울 이유가 없다.

곰을 토템으로 하는 부족의 장이 부족원의 풍요와 안녕을 빌며 배달국과 병합한다.

다시 말하면 한나라(발달국)란 의미는 하나이며 크고 밝다는 뜻이기 때문이다.

호랑이를 토템으로 하는 부족의 장이 선각자나 풍백의 위치를 원하며 제의하지만 천황은 그들을 복속시킨다.

거듭하고, 거듭하고

…

……

………

그 들은 한반도 및 만주와 중국 내의 옥을 이용하여 매우 섬세한 옥기를 제작하며, 또한 구리, 아연 등 금속을 조련하였다.

홍산문명에서 뼈를 편자로 썰어 뼈와 뼈를 연결하여 만든 갑옷이 발견되었다.

그것은 가볍거니와 연결과 연결에 의한(고리, 왕:王, 환:環) 유연성으로 창과 화살을 비껴 막게 하므로 쉬이 몸을 보호할 수 있으며, 밑의 말도 가벼워서 빠른 기동성을 가지게 한다.

하나의 창조는 다른 창조를 계속 불러오는 것이다.

뼈갑옷의 의미는 그 이후의 통으로 된 섬유인 갑옷이나 이후 철로 된 동서양의 갑옷에 비하면 몇 천여 년을 뛰어넘는 혁신이다. 게다가 활을 지니고 마차로 몸을 보호하며 벌이는 적과의 전쟁은 매우 유리하여 천하무적일 수밖에 없다.

홍익인간이라는 기치아래 한나라(하나이며 밝으며 크다)이었으므로, 각 부족의 토템을 배척하는 것이 아니라 그 것들을 기반으로 해서 봉황, 용, 사방신, 불가사리… 등을 창조하고, 우주를 관찰하여 마고, 도깨비, 삼족오, 견우와 직녀… 등을 창조한다.

문화까지도 부익부, 빈익빈이 되는 것이다.

당시는 세계가 부족이란 체제였으므로 인류 최초의 국가인 한나라(환인제석 환국, 환웅천황 배달국, 단군왕검 조선)의 세계진출은 매우 쉬웠다. 무엇보다도 중요한 것은 그들은 벼를 생산하는 능력을 가지고 있었다는 점이다.

그때가 17,000여 년 전이다.

그들은 정신적인 면에서도 창조적이었다.

풍족한 식량과 홍익인간을 내세우는 선구적인 인본주의적 통찰을 지녔기 때문에, 그에 따라 한나라로 포함되려는 부족들이 계속 있어 왔으며, 현대

세계종교의 기원인 『천부경』을 작성할 정도로 매우 뛰어난 정신세계에 놓여 있었다. 그때가 10,000여 년 이전이다.

몇 천여 년을 뛰어넘는 발명품들을 기반으로 해서 그들의 영토는 중국은 이미 포함하고 있었고, 그 너머 슈메르문명, 이집트문명, 인도문명, 아파치나 남미의 잉카, 마야 등의 거대 돌 문화에 직접적으로 관여한다. 그러므로 한글의 고어를 연구하는 것은 인류사의 변천을 파악하는 데 있어 매우 유용할 것이다.

한은 칸으로, 마고와 웅녀와 여와와 마리아, 우리, 우르, 소, 소울타리, 소머리, 소몰이, 소울, 서울, 솔, 수컷, 섯다, 십, 백두, 흰머리, 힌두교, 아메리카와 서유럽까지 퍼져 있는 까마귀 신화, 고대문화의 공통점인 태양과 돌 문화, 차칸은 몽골어로 흰색이며, 한민족에게는 있어서는 착하다이며, 착하다는 말은 또한 흰색이어서 백의민족이었으며, 몽골 및 마야문명인이 흰옷을 입고 붉은색과 흰색으로 꾸며진 천으로 치장한 도구로 주술 하는 것, ㅊ, ㅋ 발음이 한국에서는 ㅎ으로 많이 치환되었고 마야에서는 ㅊ, ㅋ 발음이 많은 것은 결코 우연이 아니다. 아사달(닭은 땅임)과 아스땅에서 비롯된 중앙아시아 국가명에 ~스탄으로 사용하고 있는 것, 또한 아스땅으로부터 아즈텍으로 이어지고… 멕시코 라칸돈족이 기후로 인하여 코가 커지기는 했지만 흰색 옷을 입는다는 점과 생김새는 영락없는 동부아시안이다.

미르, 메르, 니르, 나ㄹ, 리버, 슈메르, 크메르, 우루, 우물, 우무르, 샘, 강江이라는 동일성… 왜, 전설도, 이야기도, 신화도, 문자도, 문화도, 문명도 유행하기 때문이다.

언어는 힘센 나라에서 사용하는 언어로 점차 바뀌기 마련이다.

또한, 그들은 자연현상을 파악함이 매우 뛰어나 있었다는 것을 주지해야 한다.

후에 다시 거론하겠지만, 서구의 철학을 포함한 과학법칙의 발견(정량화)이란, 역으로 말하자면 인간이 자연의 현상을 이용하여 지금보다 더 쉽게 더 거대한 일을 할 수 있음을 제약시키는 한계를 지어놓은 것이기도 하다.

한반도에는 세계에서 제일 많은 고인돌이 있으며, 아메리카에 산재하는 것은 물론 남방권에 있는 고인돌도 한민족의 이주에 의한 산물이다. 한나라의 돌 문화는 슈메르문명, 이집트문명, 인도와 황하, 남미의 잉카, 마야 등에 영향을 끼쳤다.

그들은 큰 돌의 부림을 우주와 밤과 달의 운행을 이해하여 어떤 자연현상과 함께 사소한 어떤 장치로 쉬이 할 수 있었다.

한민족의 경천애인敬天愛人, '하늘을 우러르고 사람을 아낀다'는 사상은 이미 17,000년 전 훨씬 이전에 벼농사를 짓기 시작할 때부터 사람의 손길이 닿지 않았던 땅을 논밭으로 만들어감에 따라 크고 작은 돌이 계속 나오기 때문에 공간을 최적화하려고 논밭의 주변에 옆으로 나열하는 것 아니라 위로 축적하여 돌 하나라도 아름다운 탑을 만들어 쓰임새가 있게 하고(경천;敬天), 사람이 지나가는데 불편이 없도록 신경을 쓴 것이다(애인;愛人). 그 사상으로 말미암아 고인돌이 생성되었고 결국 적석총과 지구라트, 피라미드, 잉카 등 거대 돌문화로 발전하였던 것이다.

주판-파스칼의 계산기-진공관-IC-컴퓨터-PC-스마트폰, 창조의 변천사이다.

인류 초기에 컴퓨터를 발명하지도 못하지만 발명했다 해도 사용할 수도 없다.

시간을 거슬러 올라가 최초로 주판을 창조한 사람이 없었다면 컴퓨터는 발명되었을까, 아니면 시간만 다소 늦어졌을까. 아니면 지금과는 다른 것이 창조되었을까, 우연과 필연은 동시에 존재한다. 과거든 미래든 현재든… 그러므로 최초의 한 획(하나의 창조)에 의해서 세기를 거듭하며 위대한 창조물이 나타난다는 사실이다.

창조란 결국 우주 내의 원리를 발견하여 가는 것이다. 새로이 만들어 내는 것이 아니라 발견하는 것, 우주 내의 0.00001%인 인간이 아니, 0.00000001%일지도 모르는 인간인 것이다. 고로, 아인슈타인의 이론은 새로운 무엇의 발견으로 다시 수정, 다시 정립해야 하는 숙명에 놓여있는 것이다. 그럼에도 창조라 함은 주판을 만들든 PC를 만들든, 창조자는 그것의 기능과 모양을 창조해야 하며, 선각자와 마찬가지로 심미안이 있어 창조해냄이 가능함을 직관(인지)하여야 하는 것이다.

그들은 태양, 별, 행성, 달 등 천체의 움직임을 계속 주의 깊게 바라보고 매일 기록을 하였으며, 관찰의 결과물로 음양의 조화를 깨달았고 천지에 비교한 인간의 성품을 연구하였다.

그것이 곧 삼신사상이다.

천- 하늘을 경외하고

지- 자연을 귀히 여기고

인- 사람을 사랑하였다.

천- 군주의 도

지- 신하의 윤리, 조직의 논리

인- 득오(개인).

천- 아버지(할아버지, 할머니)

지- 어머니(부모)

인- 자식(손주).

천天, 지地, 인人 간의 상호 존중.

이미 각성인(득오한 사람)이 있었다는 것을 알 수 있다. 신선이다. 한민족에게 현재까지도 추앙되는 신선이다.

10,000여 년 이전부터 내려오는 『천부경』이 그것을 말하고 있다. 다시 말하지만 체계화된 문자는 없지만 말은 있다.

현재의 한글은 아니지만 기존의 한글이 있는 것이다.

홍산문화 유적에서 '전'이라는 한글이 새겨진 토기가 발견되었음을 알아야 한다.

천[위의 ㅡ], 지[아래의 _], 인[중간의 · 즉, 人 = 하늘 밑 지구 위에 서있음. 한글에서 사람의 시옷(ㅅ)]

그것들로 기반으로 한자를 발명한다.

(ㅈ) 하늘 밑에 사람이 있어 아래 하下요, (ㅅ) 땅 위에 사람이 있어 위 상上이요, 大=사지를 벌리고 있는, 세상을 만족한 사람 상태인=큰 대자이며, 천天=사람 위에 있는 것으로 하늘을 뜻하고 있다

사람 밑에 사람이 있는 게 아니라, 하늘 밑이냐, 땅 위이냐에 따른 상하의 구별이다.

상하가 있어, 상하란 글자를 만들었지만, 상하의 구별을 비참하게 구분하지 않은 것을 주목해야 한다. 홍익인간에 걸맞는 고도의 정신이라 볼 수 있다. 또 하나, 신선神仙. 정신이 빼어난 사람이란 뜻이다.

사람과 산의 조합. 仙.

한국의 산은 바위와 자연이 적정하게 이루어져 있고, 소나무와 참 나무가 많아 공기가 신선하며, 무기질이 풍부한 신선한 물이 계곡마다 흐른다. 각종 들풀과 열매가 있으며, 적정히 동물도 있다. 너무 높지도 않고, 너른 바위도 많아 안락한 기운이 돈다. 영험의 기운이 느껴지는 곳이다.

신선은 사람과의 거리를 두지 않았다. 민가와 가까워 사람과의 교류도 쉬이 가능한 곳이었다.

현재 한국의 절에는 북두각(북두칠성, 우주)이나 삼성각(삼신의 별칭)의 중앙에 하얀 수염을 길게 늘어트린 신선이 있고 뒤에는 태양이, 좌우에는 어린아이와 호랑이를 곁에 두고 있는 신선도가 그려져 있다.

삼성각은 삼신과 다름이 아니다.

한인제석. 환웅천황. 단군왕검. 즉 삼신은 모두 신선이며=삼신일체를 경배

하는 곳이며, 할아버지, 할머니이며 부모이며 자식(손주) 및 천지인을 아우른다는 의미이다.

북두각은 항상 그 자리에 있어 스스로가 스스로에게 확신하는 길잡이 ― 북극성은 제일 밝은 것 ― 정신이 맑아지는 곳 ― 정수이다

한나라 의미는 하나이며 환하고 크다는 의미이다.

한마음, 하얀(착함), 홍익인간, 제세이화, 광명개천, 상하는 구별되나, 상하의 표현방법. 하늘의 해, 바다 해, 돼지 해….

즉, 선각자가 아니면 그 한없는 인류애를 느낄 수 없는 단어들이다. 선각자[신선-흰수염-하얀-노인-노자-부처(득오자)]가 있었다는 것. 한글을 문자화하려 여러모로 시도를 했었지만 완성치 못하였고, 이미 쓰고 있는 말, 한글의 뜻과 발음을 기초로 하여, 천(위의 ㅡ), 지(아래의 _), 인(중간의 · 즉 人. 하늘 밑 지구 위에 서있음)과, 숫자 (一), (二), (三)…(+)으로 선각자=신선이 작성하여 군주와 조직원(신하)과 백성과 부, 모, 자식 모두에게 공부하라 준 교과서 즉, 10,000년 전의 『천부경』이다.

깨우친 자는 인류애가 한없음을 알아야 한다.

루소는 노자나 부처에 대하여 모르고 있었겠지만 프랑스대혁명이 성공된 것을 보면서 스스로 영욕을 버리고 방랑을 택한 것은 이후 자신이 영욕에 휩쓸려 오히려 인류사에 독이 될 수가 있음을 알았기에 영화의 싹을 제거한 것이다.

노자는 상선약수를 말하였고, 고인 물은 썩기에 스스로 무위자연으로 간 것이다.

도가도비상도道可道非常道이며, 삶도 도가도비상도인 합일이다.

하찮은 먼지 하나에도 의미를 부여한 부처에게도 그것을 볼 수 있다.

그리고 인류최초의 선각자=신선은 숫자, 문자를 한자화(그 당시는 가림토문자에 근거한 것이기는 하지만, 이후 한자화化로 되었다는 의미)하며, 81자로 구성되어진 『천부경』의 숫자 하나하나 속에 감춰진 오묘함과 예리함과 그 창조력과 그

완벽함에 감탄하기를 바란다.

『천부경』에서 말하고 있는 각 숫자의 의미는 아래와 같다.

1(일), 一(하나) - 음⇔양 - 천(하늘) - 본질론

2(이), 二(둘) - 무⇔유 - 지(땅) - 존재론

3(삼), 三(셋) - 무인식⇔인식 - 인(사람) - 인식론

4(사), 四(넷) - 양 - 하늘(태양)과 인간은 본래 밝으니 양으로 표현

- 천(1)과 인(3)을 합한 수로 우주(하늘, 태양)가 인간을 보호하고 있는 것.

- 태양이 모든 존재에 빛을 발하여야 비로소 존재가 태동하는 것.

천지사방에 빛을 비추는 빛(광명)을 말함.

- 이집트에서 역시, 시간과 태양의 운행을 이해하는 성스러운 숫자다. 4개의 기둥이 하늘의 궁륭을 떠받치고 있다. 4가지 기본 방위와 연관되는 호루스(Horus)의 네 자식들임.

- 힌두교에서는 창조주인 브라흐마는 4개의 얼굴을 가지고 있었으며, 정사각형으로 건축물을 지었음.

- 도교 또한, 하늘을 지키는 네 사람의 수호신을 의미하는 동시에 4종류의 영적인 짐승으로 된 4신과 4령이 있다.

- 마야에서의 4란 천둥번개를 타고 지상계의 기본방위로 나타나는 챠크스 신이 있으며, 또한 바카브 신과 4인이 교대로 1년의 1/4씩 지상계를 통치한다.

- 기독교에서 4의 의미는 하나인 영기(하늘의 빛)에서 불어오는 4개의 바람을 뜻하므로 모든 종교의 기원은 『천부경』에서 유래된 것임을 알 수 있다.

- 네모가 아닌 원으로 표현하려는 시도도 가능하였으나, 『천부경』에 쓰여진 글자 匭: 상자 궤자 = 이미 포화 상태가 되어 한쪽이 폭발하려고 하는 그 시점과의 연계성을 고려 ㅁ로 표현.
- 궤자匭字에서 車는 스스로 움직이는 것을 뜻하며, 九는 꽉참임: 스스로 움직여 포화됨을 의미.

5(오), 五(다섯) - 유 - 하늘 밑 땅 위에 존재물(무생물, 생물 모두)이 차(九)있음(당연히 하늘 아래 땅 위에 있는 당연한 존재들을 표현)
- 즉, 하늘과 땅의 오묘한 순리에 의해서 인간이 존재하게 되었다는 것을 의미하나, 깨달음 이전의 존재를 나타냄.
- 나 오吾자의 구성은 먹는 존재 즉, 나(개체)이다.

6(육), 六(여섯) - 인식 - 깨달음, 우주는 빅뱅, 개인은 득오하여 완성된 사람을 나타냄.
- 왕王자의 구성 또한, 세 개가 이어진, 세 개를 관통한, 꿰뚫은, 통달한 즉, 깨달은 사람을 표현한 것이며. 한나라에서는 정신의 가치를 매우 중요하게 생각하였던 것을 알 수 있다.

황제皇帝요, 천황天皇이요라며 오로지 권력의 세기로써 힘이 많음을 강조한 단어와는 비교해서는 안 될 단어가 바로 왕王자이다.
- 천(1), 지(2), 인(3)의 합한 수 - 하늘 밑에 땅, 땅 밑의 마음 넓은 사람(人: 좁은 소견을 가진 사람이 八: 마음 넓은 사람으로 표현됨)
- 천지인의 순서대로 구성된 우주의 완벽한 조화를 표현
- 돼지머리해 두亠자는 풍요를 뜻 함. 제사에는 올리지 않으나 풍요와 복을 비는 고사에는 돼지머리를 올림.

7(칠), 七(일곱) - 정신의 완성.

내(나)가 한 획(깨달음)을 그으면 석가모니釋迦牟尼요. 빼어남(비수 비:匕)이며

- 한글인 '나'에서 비롯된 'ㄴ'으로써 유추된 깨달은 사람 = 한 획을 그으면 니: 尼라는 것을 표현함.
- 북두칠성北斗七星 - 정수: 깨어있는 정신 = 칠七이며 비匕다.
- 한자 기氣자의 경우 원시 한자에서는 삼신의 三에서 한 획을 그은(쌀미 자가 빠진) 것이 기운 기자로 쓰였으나 후에 쌀 미米자가 들어감.(벼 재배를 세계최초로 짓기 시작한 한민족에 의해 한자가 발명됨을 의미) 화목할 화和자의 구성 역시 벼화禾자에 입구口자로 이루어져 있는 바, 적어도 사람에게 밥은 먹여야 화목해짐을 나타냄.

8(팔), 八(여덟) - 마음의 완성

- 팔八. 이夷. 인仁은 각 글자의 발명순서이다. 단, 팔과 이는 깨달은 후의 넓은 아량을 가진 득오자의 마음을 뜻하지만 인은 이해의 양을 늘려 넓은 마음을 지니라는 의미여서 차이점이 있다.
- 팔자가 가진 내포는 좁은 소견(인: 정신)을 가진 자가 분별, 독선, 아집에서 벗어난 득오자의 넓은 아량(팔: 마음)을 나타내는 것이며.
- 이자의 구성은 큰 대자와 활 궁자의 조합자이다. 큰 활의 시위를 최대로 당기면 큰 원이 되는데 곧, 우주며, 태양이며, 팔공八空이며 만공滿空인 보름달이므로 득오한 사람의 상태를 표현한 것이다.

시위를 벗어난 화살은 표적을 관통한다. 즉. 세계(3개: 천지

인 3계 3개: 천지인 중 세 번째의 계 인간계, 세계: 世界)를 관통한 왕(王)이다.

- 부처 불佛자의 구성 역시 사람과 두개의 화살. 총3개의 화살과 활궁자의 조합자이다. 이는 세계최초로 활을 만든 한민족(한, 하나)임을 내포하고 있는 동시에 큰 원에 세 개의 화살 =『천부경』의 석삼극무진본인 사상, 왕자의 구성처럼 천지인의 본질을 깨달은 삼신사상을 관통한 사람임을 한글자로 표현한 것이다.
- 한나라 한韓자의 뜻에는 하얀(착한)의 뜻도 있다.

인품이 착함(하얀)은 한나라에서는 왕과 제후 및 백성에게 요구한 제일의 덕목이었음.

9(구), 九(아홉) - 세상의 완성. 존재의 꽉 참.

- 한글인 고리 'ㄱ'에서 고리가 한 획을 그으면 구九요. 고리고리 이어져 꽉 차게 된 세상을 의미.
- 한글고어에서 고리를 표현한 것은 (∞)이다.

0(영), 無(무) - 없을 무자는 고어에서는 세 개의 화살로 표시 됨 = 석삼극 ─ 인식하든 못하든 이미 세 개가 있음(천지인 및 음, 무, 무인식) - 고로 무無가 무가 아닌 유有임.

- 영(0 : 없음)과 영(1)(혼령 영: 없으나 있음)
- 옛 인도에서 무의 의미를 발견하고 자살한 사람이 많았다는 것에서의 유추는 뭐든지 지나치면 독이라는 걸 보여 줌.
- 태台, 시始와 현玄- 마고 - 웅녀 - 현빈 - 태허 - 진공묘유 -창조(탄생)가 가능한 가물가물한 여성의 자궁 = 도道를 의미.

10(십), 十(열) - 우주의 완성, 진리.

- 하늘一이 한 획(한소식, 깨달음)을 그은 모양 십十자는 진리를 나타냄.
- 만卍자는 십(+)자에서 유추된 글자임.
- 불교에서의 시방삼세. 삼라만상.

『천부경』

일시무시일 석삼극 무진본
一始無始一 析三極 無盡本

처음 시작됨이 하나로 시작됨이 아니라,

삼극(삼무)에서 비롯되며, 무(삼무)가 다해도 본래 무(삼무)이다.

일- 천, 음, 본질론

이- 지, 무, 존재론

삼- 인, 무인식, 인식론

무가 뜻함은 그 속에 이미 삼무를 내포하고 있다.

무의 고어는 화살 세 개로 표현하였는데, 즉, 음, 무, 무인식이다.

삼무는 인간이 인식하지 못할 뿐이지 이미 세 개가 있다는 것을 표현함.

없다는 것은 이미 있다는 것임.

삼신일체란 신이란 하늘, 자연, 인간으로 현상되었으며 다시 하나(밝음)로 지향하므로 삼신일체이며 일시(하나의 시작)는 삼무에서 비롯되고 삼무는 일시를 촉발한 것이어서 삼신일체이다.

한민족의 역사에 있어서는 한인제석, 한웅천황, 단군왕검은 삼신이며 모두 신선으로 돌아가므로 삼신일체인 것이다.

始(시)란 - 여자와 별을 의미하며 까만 하늘에서의 불빛이 반짝거림, 무에서 유를 뜻하며, 노자는 玄(현)이란 - 도란 가물가물하다고 표현한 이유이다.

일시一始는 한울님(하느님)이기도 하며, 일시는 개천이요 태극이다.

태극은 정중동靜中動이며, 동중정動中靜이므로 끊임이 없어 항생恒生이다.

끊임없이 움직이는 것 같으나 태극은 실상 움직이지 않음으로 무극이다,

태극을 굳이 무극이라 강조한 고전적 이 표현 속에 녹아있는 뜻은. 생은 멸하므로 불멸인 무극이라 부연한 것이다.

『천부경』의 첫 구절과 마지막 구절.

일시무시일一始無始一

일종무종일一終無終一

시작도 없고 끝도 없다.

무시무종無始無終이니 무극이요. 항생恒生이다.

태극一始은 한소식한 먼지다.

"먼지 하나에도 우주 삼라만상이 깃들어 있다"는 불가의 명언처럼, 태초에 먼지 하나가 한소식하여 주위로 먼지를 끌어드리고 끌어드리며 뭉쳐있는 것끼리 순환하며 당겼다, 밀쳐내며 결국 수금화목토가 발생하여 우주가 탄생하는 시발점이기 때문이다.

힉스입자란 한소식한 먼지이다.

태극一始은 한소식한 사람이다.

그래야 비로소 하늘의 순리에 어긋나지 않으려 하고, 사람에 대한 분별을 하지 않기 때문이다.

광명개천으로 모든 것을 비추니 경천애인敬天愛人인 무애요 절대평등이다.

광명인 하늘, 순리인 자연, 깨달은 인간이 어울려 불멸하는 것이다.

천지인이며 부, 모, 자식이며, 왕, 조직(신하), 백성인 것이다.

상호보완하며 모두가 능동과 완숙의 단계로 나아가는 것이다.

삼태극이며, 삼신사상이다.

색불이공, 공불이색, 색즉시공, 공즉시색이란 것을 달리 표현하면 음에서 양으로 다시 음으로 돌아가는 것이다.

마찬가지로 무에서 유이며 다시 무로 돌아가는 순환이기도 하며, 무인식에서 인식으로 결국 무인식으로 바뀌는 것을 말한다.

색불이공, 공불이색, 색즉시공, 공즉시색은 연기법에 의한 자세한 설명이며 단계. 단계의 차이점을 표현한 것이다.

『천부경』을 작성한 신선은 섬세한 사람이었으며. 가능한 많은 사람이 이해하기를 원한 친절한 사람이었다.

무가 다해도 본질은 변하지 않는다.

또한, 무인 본질이 다해도 본래인 무이다.

존재가 생을 다한다 해도 본질은 바뀌지 아니한다.

즉 색불이공, 공불이색, 색즉시공, 공즉시색이란 바람, 햇빛, 물이 없다면 꽃은 피지 않는다.

무형인 바람, 햇빛, 물이라는 발화점. 즉, 먼지 같은 자유전자가 각각 없다면 색불이공, 공불이색, 색즉시공, 공즉시색이란 논리는 불가한 것이다.

마찬가지로 인간이 적멸인 상태에서 역시 묘한 일이 발생한다. 진공묘유眞空妙有 그러므로 공은 아무 것도 없는 텅 빈 상태가 아니다.

'먼지 하나에도 우주 삼라만상이 깃들어 있다'는 것은 모든 삼라만상에 먼지(=자유전자)가 들어있다는 것과 같으며, 만물은 우주인 것이다.

공이 발화할 먼지(자유전자)가 없는 진공이라면, 한소식을 할 불꽃은 누가 발화할 것인가. 그런고로 우주의 만물은 우주와 동일하다.

진공묘유. 텅 비워 있음에 모든 것이 스스로 발생한다.

노자의 현빈(공묘-비워있음에 스스로 생겨진다), 도는 무명, 무형이지만, 모든 사물이나 사건을 만드는 원천이다.

장지의 태허(공묘-비워있으니 묘한 일이 발생한다), 도는 일체의 것 전체공간에 확산되고 명칭도 표현도 초월한 실재이다.

또한 천, 지, 인 모두에는 음양이 있고, 유무가 있으며, 인식과 무인식이 있는 것이다.

태양도 별이지만 인간이 비로소 태양이라 인식하여야 태양이 태양인 것을 말함이다.

태양은 물론, 자연도 인간도 본래 밝음, 불성이 있음을 인식하여야만 깨달음이 있게 됨을 말한다.

『천부경』에서의 무진본은 원효의 본래면목이나 장자의 반박귀진과 다름이 아니다.

새로이 무엇을 창조해 나가는 것이 아니라, 원래 가지고 있던 것을 발견하라는 뜻이며 고로, 창조란 발견인 것이다.

우주가 있으므로 지구가 있고 지구가 있으므로, 자연이 있고, 자연이 있어 내가 있는 것이다.

부처의 연기설이다.

존재에 대한 본질론이다.

석삼극이요 삼신사상이며, 삼태극인 까닭이다.

연기설은 깨달음(무가 아닌 유인 차원을 넘어 인식하게 된)으로 가기 위한 절대요건이며 천(우주), 지(자연), 인(사람)에 대한 전반적 통찰 없이는 불가하다.

깨달음의 순간 우주 밖에 다른 행성과 자신이 일렬로 서 있다가, 점점 점으로 변하다 먼지가 되어 사라지는 그 먼지 같은 자유전자처럼 가벼운, 상쾌한 자유로움을 느끼게 되는 것과 같다. 그리하여,

一(일)인 하늘(태양, 한울님, 신:神)은 빛을 발하니, 삼라만상이 광명인지라 광명개천이요. 일은 태극이며 무극이어서 불생불멸이며

一(일)인 자연은 모든 것을 포용하며 보듬어서 물이 흐르고 만물을 생하게 하니 불생불명이요.

一(일)인 인간은 진공인 적멸에 들어서면 색과 공을 초월하니 색불이공, 공

불이색이며 색즉시공, 공즉시색인지라 불생불명이다.

연고로, 석삼극 무진본析三極 無盡本이란, 천, 지, 인이며, 음, 무, 무인식이며, 무에서 유로, 유에서 다시 무로 가는 삼무요. 삼극이다.

연고로, 무진본이란 무가 다해도 본질은 변하지 않는다.

삼무가 생하여 다시 멸하나 본래 삼무로 돌아가니 무진본이요. 고로, 불생불멸이다.

천일일, 지일이, 인일삼.
天一一 地一二 人一三

하늘과 자연(땅)과 사람은 모두 일이므로 존귀하나, 하늘이 첫 번째로 열리고 지구인 땅(자연)은 두 번째 존재하며, 인간은 세 번째로 탄생한다.

천생지성天生地成이란 하늘은 낳고 땅이 완성을 이룬다는 뜻이다.

즉, 천생지성 이후 인사人思가 생략되어있는 것이어서 마지막으로 사람이 사유로써 모든 존재를 가치 있게 한다는 의미를 가지고 있다.

노자 도덕경 42절.

도생일, 일생이 이생삼 삼생만물

道生一 一生二 二生三 三生萬物.

도는 하나를 낳고, 하나는 둘을 낳고, 둘은 셋을 낳으며 삼은 만물을 낳는다.

태극에서 비롯한 음양이 사상을 낳고 사상은 팔괘를 낳는다.

도(하늘)는 한소식하여 태극인 무극을 지니고,

땅은 음양을 지녀 존재(순리)를 있게 하며,

사람은 하늘과 땅에서 비롯한 존재가 되며 하나인 사유가 있어 모든 존재에 가치를 부여한다.

구체적으로 표현하면,

천일일天一一이란 하늘이 광명개천하여 모든 만물에 빛을 비추며

지일이地一二란 태극에서 비롯한 음양으로 만물을 생하게 하며

인일삼人一三이란 그로 인해 생하여 사유로써 만물을 가치 있게 한다.

일시一時는 일신一神이며, 일신은 삼신이다.

일신은 형체가 없는 고로 사람은 볼 수 도 없고, 만질 수도 없으며, 느낄 수도 없다.

일신은 삼신이어서 천, 지, 인으로 나타나 사람에게 나타난다.

일시무시일 석삼극 무진본

一始無始一 析三極 無盡本

하나로 시작됨이 하나가 아니며…

석삼극, 삼태극, 삼신일체, 일목삼신어, 삼신사상에 근거한 삼무이므로 천지인이며, 왕, 조직, 백성이며, 부, 모, 자식인 만물을 낳는 것이다.

개천광명인 태극(무극), 깨달아 마음 넓은 사람, 한소식한 먼지 모두 개천광명으로 같다.

모든 생물은 색불이공, 공불이색, 색즉시공, 공즉시색에서 비롯되어 점점 진공묘유인 상태로 나아가는 것이 제일의 과제인 것이다.

천지인, 왕 조직(신하) 백성, 너 나 우리가, 육체 정신 마음이 조화로운 삶을 추구해야 모든 생물은 비로소 정중동이며, 동중정이어서 그 모든 것은 불생불멸이며, 존귀한 것이다.

태양과 땅과 사람은 물론, 먼지 하나, 박테리아 하나, 물고기 한 마리, 석탄 한 조각, 석유 한 방울, 풀 한포기, 나무 한그루, 토끼 한 마리, 호랑이 한 마리 그 모두가 소중한 것이다.

하늘은 물론 자연, 사람에게도 세 가지가 있으니, 음양, 유무, 인식과 무인식이다.

상하가 사람 위의 사람이 아니며, 사람 밑에 사람이 있음이 아니라.

상하가 하늘 밑에 있나, 땅 위에 있음에 근거하므로, 모든 사람이 존귀하여 인일이지만, 하늘, 자연, 사람 = 천지인 모두 으뜸(존귀)하나 하늘이 일이요, 땅이 이이며, 사람이 삼이다.

조선朝鮮이란 한자의 구성은, 득오자가 가지게 되는 인류애와 정신의 정수에 입각한 신선이 만든 한자이다. 여기서 선은 어류와 양을 뜻하는데. 바다와 대륙, 해양인과 유목민의 합성이므로 '크고 하나이다'는 뜻을 가지고 있으며, 선은 선善이며, 선명(밝음)이며. 착함(몽골어로 차칸, 흰색)이다.

착함(하얀 - 백두 - 빛나다 - 깨우치다)는 한나라에서 사람에게 요구하는 최고의 덕목이었다.

하늘 밑 땅 밑 아래 마음 넓은 사람의 조합. 六 즉, 완성된 조화의 세상을 건설하려던 『천부경』을 작성한 신선의 정신을 헤아릴 수 있는 글자다,

첫째, 하늘에 있는 해(태양)요.

둘째, 동물인 돼지를 풍요의 상징으로써 한자로 해亥이며,

셋째, 바다를 또한, 바다 해海자로 만든 것처럼 삼신사상에 의한 정신의 완벽과 모두의 조화와 각각의 존엄을 겸하여 한민족인 추앙글자 태양인 "해"로 발음을 굳이 통일한 것이다.

하늘의 해, 바다의 해, 동물의 해. 어린해, 안해, 바깥해, 한(할)아버지, 한(할)머니.

이는 한나라(환인제석 환국, 환웅천황 배달국, 단군왕검 조선) 이후 현재까지 한국의 문명을 이해하는 핵심사항 중 하나이다.

삼신사상에서 알 수 있듯이 천, 지, 인 및 너, 나, 우리를 생각하는 상대성과 존엄적 인식론에 입각하여, 거의 모든 문화에 적용하였기 때문이다.

상하의 개념처럼, 천일일, 지일이, 인일삼 / 천이삼, 지이삼, 인이삼 그리하

여 인중천지일로 마무리 짓는 그 정신에서 전장의 왕은 군사들과 똑같은 나무의자에 앉았으며, 궁궐을 지어도 자연을 훼손하지 않으면서 자연과 어울리게 지었으며, 절과 집도 또한 그 자연에 맞게 설계하였고, 광개토대왕비는 거대 자연석을 자연 그대로 사용하였으니 역발상 그 자체가 오히려 품격 있는 것을 보여 준다.

한민족은 현란한 색을 경멸하였고, 자식보다 귀한 손주에게 "개똥도 약에 쓸려면 없다"는 속담에서 알 수 있듯이 사방에 있어 흔하지만, 귀하다는 의미에서 손주를 "개똥아, 개똥아"라고 불렀는데, 사람은 먼저 겸손해야 한다는 속 깊은 할아버지 할머니였던 것이다.

또한, 이름에 길에 굴러다니는 돌乭자나 어리석다는 뜻의 우愚자를 넣고, 별 성星자와 같은 큰 뜻의 단어는 가급적 넣지 않은 이유는 타인과 어울려 잘살라는 사상이었다. 바보(마음 넓은 사람)가 먼저 되어야 성공하는 사람이 된다는 이중적 함축이다.

부처를 불佛이라 하면서도, 아니 된다는 불不이라는 동음이어를 굳이 만든 것은 제일 경계해야 할 인간의 탐욕, 그 중 제일 독한 탐욕 - 신선병, 부처병을 사전에 막아보자고 『천부경』의 저자 인류의 최초의 선각자(신선)는 글자를 만들면서 부처처럼 미소를 지었던 것이다.

온화하면서도 오묘한….

일적십거 무궤화삼
一積十鉅 無匱化三

하늘의 기운(일)이 쌓이고 쌓여(음, 무, 무인식)

더 이상 담지 못할 상자가 되어, 천, 지, 인으로 변한다.

왜, 일적십거인가.

1. 한글의 나의 니은(ㄴ)에서 한소식 들으면(깨달으면) 북두칠성의 칠七, 비匕요, 석가모니尼요. 어머니의 니이다.
2. 한글의 사람 시옷(ㅅ)에서 인(人)을 창출하였고, 한욕심만 버리면 마음 넓은 사람(八)이 되는 것이며
3. 한글 고리의 기역(ㄱ)에서 창조된 하나로 곧 세상의 완성인 고리고리 연결된 구九가 되는 것이고
4. 하늘(一)이 한생각 품으면 십十, 진리인 삼라만상을 이루는 것이다.
5. 태초에 먼지 하나가 한소식(깨달음)하여 자신의 주위로 모든 것을 모이고 모이게 한 결과

   - 무궤화삼. 궤匱자는 빅뱅 바로 이전이다.

     차:車 차는 스스로란 뜻인 자동사이며, 구:九는 존재의 꽉 참을 표현한 것인 바, 스스로 꽉 차 빵 터지기 직전의 상태를 한글자로 표현한 것이다. ㅁ로 표현하면 외벽이 견고하니 터지지 않을 느낌이 있어 ㄷ으로 표현하였으니 그 섬세함과 완벽함은 가히 경이롭다.
6. 클 거巨자가 있음에도 클 거鉅자로 굳이 표현한 것은 삼무의 작용으로 인하여 수화목토 외에 금속까지 탄생시켰음을 말하고자 함이다. 수금화목토의 생성이다.

무궤無匱: 더 이상 담을 공간이 없어 터지기 직전의 그 순간.(빅뱅 이전의 바로 전 상태)

화삼化三: 꽉 찬 것이 폭발(빅뱅)하여 천지인(하늘, 땅, 사람)이 생겨난다.

빅뱅. 똘똘 뭉치고 뭉쳐 있다가 빵! 그러므로 모든 것은 인하든 못하든 같은 삼극을 지닌 존재들이다. 또한 모든 물질은 같은 물질을 가지고 있어서 지구 내 모든 생물은 상호간에 살기위해 다른 생물을 먹을 수 있는 것이며, 개가 고양이 새끼를 품는 것이다.

모든 존재는 먹어야 살게 되어 있는데, 역으로 말하자면 다른 것을 죽임

을 해야 살아가는 것이므로 모든 존재는 숭고한 것이다.

음, 무, 무인식이란 우리가 인하든 못하든 간에 만물에는 이미 모두 삼극을 가지고 있다는 것을 주지해야 한다.

일시一時는 곧, 일적一積이다.

태초에 먼지 하나가 한소식하여 모이고 모여 쌓이고 쌓여, 서로 댕기고 물리치며 수금화목토가 발생하여(十鉅), 무궤無匱요.

시간은 흘러흘러 수금화목토는 당기며 밀치면서 하늘이, 지구가, 그리고 사람이 태어난다.

화삼化三이다.

그 먼지 하나가 ― 그 일시가 우주를 이룬 것처럼 우리 인류사의 쌓이고 쌓인 억겁의 인연, 유위 ― 그 지나간 인연과 유위의 결과물, 인간의 창조물에 의해서도 현재의 패러다임을 형성하여 현대인에게 그 숙명에 놓여 있게 한다.

먼지 하나하나마다 삼라만상이 담겨 있음이다.

천이삼, 지이삼, 인이삼
天二三 地二三 人二三

하늘天은 땅地과 사람人이 있어야 비로소 존재의 의미가 완전체인 삼이 되는 것이며, 땅은 하늘과 사람이 있어야 존재가 가치 있게 되는 것이고, 사람은 천지가 있어야 비로소 사유로써 스스로 의미 있는 완성을 이루는 것이다.

먼지 하나하나가 소중한 이유이며, 그로 인해 잡초가 있고 그로 인해 물이 있고 바위가 있고, 박테리아가 있으며, 토끼가 있고 호랑이가 있어 그로 인해… 사람이 있기 때문이다.

노자 39장.

天得一以清 地得一以寧

하늘은 하나를 얻어 맑으며 땅은 하나를 얻어 편안하며

神得一以靈 谷得一以盈

신은 하나를 얻어 신령하며 계곡은 하나를 얻어 편안하다.

萬物得一以生 侯王得一以爲天下正.

만물은 하나를 얻어 살아있고 군주는 하나를 얻어 천하에 공정하다.

其致之一也.

그 극치에서는 하나일 뿐이다.

남자는 여자를 취하며, 여자는 자식을 취하고 자식은 부모를 취한다.

신선은 삼신사상을 단어에도 적용하려 하였는데 그 중 조삼, 해삼, 인삼 역시 마찬가지다.

조삼이란 삼족오를 말하며 하늘(天, 신)의 계시를 사람에게 전달해 주는 역할이며, 해삼이란 바다地에 생존하는 인삼처럼 유용한 생물이고, 인삼이란 사람人에게 유익한 약초이다.

한민족이 진출하여 건설한 이집트, 메소포타미아, 잉카 및 아즈텍의 피라미드가 삼각형인 근본적 이유이다.

사람으로 적용하자면 상황에 따라 천이이며 천삼이요, 지이이며 지삼이며, 인이며 인삼이 될 수 있으며, 왕은 조직과 백성이 있어야 완성됨이며, 조직은 왕과 백성이 존재해야 의미가 있는 법이며, 개인은 왕과 조직이 있어야 비로소 제 역할을 하게 되는 것과 같다.

한나라 한민족이 『천부경』 제작 시에는 운이 닿아 번성하니 일이며, 곰 토템 족은 이이며, 호랑이 토템 족은 세 번째인 것을 말하자 함이다.

불가의 제행무상이다.

그를 보았음에 그가 있으며, 들었음에 그가 있으나

그가 나무 밑에 있음과, 그가 곁에 있음에의 유무는 달라진다.

개에게도 불성이 있다는 것을 인식(깨달은)한 사람은 일이며,

불성이 있는 사람에게 순종하는 개는 이이며,

불성이 없는 개. 즉, 오만한 개는 삼이다.

일인 하늘이, 일인 군주가 오만하거나 인류사에 역행한다면 세 번째가 되는 것이다.

군주도 장관도 모든 인간은 길거리에 쓰레기가 있는 걸 보았으면 남 시키지 말고 본인이 직접 치우라는 뜻이다.

군주도 장관도 모든 인간은 우주 내 모든 존재를 위해서 덜 가지라는 덜 먹으라는 뜻이다.

군주도 똥을 싸니 자신이 싼 똥을 스스로 치우라는 뜻이다.

똥을 치우는 게 싫으면 똥 같은 짓을 하지 말라는 경고다.

남편은 바깥 해요. 아내는 안 해이며, 어린애는 어린 해이다.

할아버지, 할머니는 태양 중의 태양 제일 환한 아버지요, 어머니이다.

어른을 공경하고 어린애를 존중하지만 실질적 일꾼은 남편과 아내이다.

실권이 남편과 아내에게 있으니 약자인 어른을 공경하고 어린애를 존중하라는 가르침이며,

할아버지, 할머니는 어린애가 어린 해인지라 건방질 수 있으니 일부러 "개똥아, 개똥아" 부르고 아이는 의도도 모른 체 아빠와 엄마를 스스로 존경하게끔 하는 것.

삼신사상이다. 천일일 지일이 인일삼이지만, 천이삼 지이삼 인이삼이기도 하기 때문이다.

한인제석, 환웅천황, 단군왕검이요.

석가, 보현, 문수 삼존불이며 성부, 성자, 성령인 삼위일체다.

브라흐마, 비슈느, 시바이며 잉카에서 태양신은 아버지 태양(아포인테이), 자식 태양(첼리인테이), 형제 태양(인테이카오키)의 세 가지 모습이 있었고, 삼신일

체였다.

그리스, 로마 또한, 숙명, 운명으로서 세 가지 모습을 가진 하나의 신 모이라이(라케시스, 클로토, 아트로포스), 헤카테(Hecate) 여신도 삼위일체다.

이집트에서는 한나라에서 사용한 한민족의 삼태극 사상을 상징하는 일목삼신어를 똑같이 사용하였다.

단어 하나하나에 신선은 은유를 심어 놓았다.

수상행식 역부여시 사리자이다.

상대성에 의한 존재론이다.

먼지든, 박테리아든, 전자든, 못생겼든, 뚱뚱하든, 이쁜든, 대통령이든, 거지이든… 모두 소중한 것이며, 천일이요, 지일이며, 인일이다.

그러므로 인간사에서는 홍망이 있는 것이므로 왕은 물론 사람은 '겸손하라'는 의미인 것이다. 네가 있음에 내가 있는 것이다.

일시와 태극은 한울님이며 지고지순이요 무극이어서 무시무종인 불생불멸이요. 인간에게는 사유가 있어 총체를 이룬다하지만, 순리인 자연이 없다면 황량함에 던져진 것처럼 인간이란 비참할 것이며, 순리를 부정함으로써 인간은 자연치 못한 존재가 되는 것이다.

인간과 자연에게만 먼지(자유전자)가 있다하여 태극이어서 무극이요 불생불멸이라 해도 하늘은 가치 없는 고로 사유 없는 개체에 의한 한울님은 무의미할 것이요.

마찬가지로 태극이며 무극인 하늘과 순리인 자연에게만 먼지(자유전자)가 있다면 인간이 가진 사유 없는 세상이란 고로 우주도, 하늘도, 자연도 그 어떤 의미도 없는 무가치인 것이다.

결론적으로 삼신사상 중 하나만, 혹은 둘만을 이기적인 인간이 취한다면, 인간의 우월성, 특히 과학적이란 맹목 하에 우주를, 자연을 훼손하고 있는 인간의 그 오만방자함을 버리지 않는다면, 인간이 삼신사상 중 어느 것이던 하나만 취하는 것은 황량함, 무의미, 무가치인 세상이 되는 것이다.

그러므로,

천일일, 지일이, 인일삼이며

天一一 地一二 人一三

천이삼, 지이삼, 인이삼이다.

天二三 地二三 人二三

모두 귀하나 하늘이 일이요 땅이 이이며 인간은 삼이요라 함은 사유 있는 인간이 비로소 삼을 완성시키는 것이요. 늘 천일만, 늘 지이만, 늘 인삼만 고집한다면 그것 또한 황폐함이며 무의미요 무가치한 것이다.

대삼합육생칠팔구
大三合六生七八九

여기서 대삼이란,

1. 음과 양
2. 무와 유
3. 무인식과 인식

즉, 대삼(음양, 유무, 무인식과 인식)의 작용과 과정을 겪으면서 최종의 목적지인 인식(깨달음)을 해야만 6六생 - 깨달은 삶이 됨을 말하고 있다.

인식하지 못하더라도 본시 있는 것이지만(본질론), 꽃을 꽃이라 부르는 사람이 있어야 존재가 비로소 존재함(존재론)을 내포한 것이어서 '나'='하늘'='자연'은 존엄하다는 것을 강조하고 있는 것이다.

『천부경』을 저작한 신선의 최고의 가치 및 최종의 목표는 모든 사람이 인식(깨달음)하여 서로서로 공경(사람간의 관계)하고 순리(자연의 속성)에 따르며 하늘(온누리에 빛을 비추는 태양)을 경외하여 비로소 만물이 생생하게 됨을 지향한 것이다.

"그에게 꽃이라 하니 꽃으로 다가왔다." 인식론이다.

사물도, 물건도 소중한 것이다.

왜, 사람이 사물을 하찮게 인식하면 그만이니까.

왜, 사람이 애지중지 보물이라 부르면 소중한 거니까.

"태양도 별이지만 나에게 의미 있는 태양을 별과 달리 태양이라 부르니 태양이 태양이지 않은가." 인식론이다.

시始자의 구성. 시자는 태초에서의 탄생이므로 검은 곳에서부터 '비로소'라는 뜻이며, 노자가 현玄이라 한 것 역시 "도란 가물가물하다." 한 것이다.

789. 태양계는 수금지화목토천해명(9개의 행성이다)이다.

수금화목토로 지구가 생겨 낳고 그다음 천왕성이라 함은 하늘이 비로소 열렸음을 의미하며, 해왕성은 바다가 생겼으며, 마지막으로 명왕성이라 함은 광명으로 천지사방을 비추어 모든 만물이 소생케 되었음을 말하고 있다. 만 년 전의 사상이다. 글자 하나하나가 가히 경이롭다.

7+8+9=24이며 24절기와 각 숫자의 의미를 천. 지, 인의 원리를 설명하는 것이기도 하거니와, 천은 아버지이고 지는 어머니로서 그로 인해 내가(인) 태어났으니, 부는 하늘과 같으니 1이요.

웅녀족 어머니도 하늘과 동격인 1이며, 나도 인격체이니 1이다.

아버지는 하늘이니 아내와 자식을 부양해야 하며(부=夫, 사람이 두 축을 들고 있음), 어머니는 남편과 자식을 위해서 밑(희생)에 있으나 上이요, 자식은 "부모에 의해 내가 태어나고, 희생으로 자라니 부모를 공경하여라."라는 뜻을 가지고 있다.

군주 및 조직(신하), 백성 모두 소중하다는 의미이다.

789란, 개인적으로 깨달아(육:六), 정신의 완성을 이루고(칠:七), 마음의 완성을 이루며(팔:八), 세상의 완성(구:九)을 이루라는 것이다.

팔각정이 팔각인 이유는 경치 좋은 곳에서 시원한 바람을 느끼고 맑은 공기를 마시면서 좁은 소견(인:人)을 훌훌 버리고 잠시나마라도 득오한 사람의 마음상태처럼 안온하며 넓은 마음(팔:八)을 지니라는 신선의 배려이며, 장기판의 알이 팔각인 것은 즐거운 놀이하면서 승부에 얽매여 무엇보다 중요한 사람을 잃지 말고 아량 넓은 사람이 되어 일부러 져주기도 하면서 즐거운 바보가 되라는 신선의 미소이다.

운삼사성환오칠(육:六이 빠져있음)
運三四成環五七

삼무(1, 2, 3)와 4인 양이 움직여 만물이 서로 고리고리 연결(환:環:세개의 구슬-삼무가 꿰어져 있다. 王, 고어:∞)되어 조화를 이루니 인간이 비로소 존재(무인식한 존재=오五)하게 된 것이다.

천원지방天圓地方이란 한민족이 하늘에 제사를 지낼 때는 제단을 둥글게 쌓고 땅의 신에게 제사를 지낼 때는 제단을 네모지게 반듯하게 쌓았다는 것을 말한다.

홍산문명과 우하량유적지 및 강화도 마니산의 제천단도 천원지방형이다.

천원天圓이란 한민족이 하늘을 관찰한 결과 우주(하늘)은 둥글다는 것을 발견하였으며 해로 인해 그림자가 생겨지는 것에 비추어 12등분(12시각)으로 나눈 12지간을 창조하였다.

천원지방天圓地方을 달리 표현할 수 있는 것이 천지사방天地四方이다.

사방이란 네모반듯한 정방형의 사방이며, 사방은 곧, 무한한 공간을 지닌 사방이다.

원인 '우주'란 곧, 인식할 수 없는 삼무인 무한한 시간(한소식한 먼지 이후부터 빅뱅까지 및 미래의 시간이 합쳐진 시간)과 사방이 무한한 공간四인 양이 작용으로 천지인이 탄생한 공간이며, 시간이다.

탄생은 오五이며 존재이며, 칠七이란 공간과 시간 속에서 생각도 가지게 되었다는 것을 말한다.

지구地球는 수금화목토(오행성)의 작용으로 생성되었으며, 인간 또한 요욕칠정이다.

태양이 지구에 영향을 주지만, 사람의 욕심에 의한 무분별한 잡초제거 – 잡초의 없어짐은 또한 태양도 없어진다.

존재가 있음으로 해서 의식이 생기고 이름이 생기고 도가 생긴다.

그럼 어떤 인식이어야 하고 어떤 이름이어야 하고 어떤 도이어야 하는가.

태양은 모든 존재에 골고루 빛을 주며, 북두칠성이란 늦은 밤의 길잡이이고, 자연은 모든 걸 포용하여 완성을 이루는 것이므로 사람은 우선 육六해야 한다.

깨닫는 것이 최고의 가치이다.

일묘연
一玅衍

六이다. 인식(깨달음, 한소식, 한생각)이며, 우주는 빅뱅이다.

불경에 "우주는 확장하고 확장하다 다시 수축한다."는 문장이 있는 것으로 유추해보면 이미 『천부경』을 해석한 승려가 있었다고 추정할 수 있다.

一玅衍=깨달음의 순간 우주 밖에 다른 행성과 자신이 일렬로 있다가, 점점 점으로 변하다 사라지는 먼지처럼, 연기처럼 홀연히 사라지는 묘한 순간이다. 그리고 가벼움.

수금(지)화목토 6개의 행성(인식) - 마침내 지구가 있으며, 수성이라 처음 표기한 것은 상선약수이기 때문이며, 지구라 함은 세 번째 사람이 있기 때문이며 그 세 번째는 나머지 다섯 개가 있어서이며, 비로소 6개의 행성 중 지구가 있다.

인간에게 주어진 의무라면 6이라 할 수 있다 — 깨닫는 것이다.

신선은 글자 하나하나에 의미를 숨겨두었다.

6은 평형, 조화를 상징한다. 6은 1에서 10까지의 범위 안에서 완전수(1+2=3=6)다. 필론에 따르면 모든 수의 중심(『천부경』에서 정중앙에 위치한 중심 글자)으로써 가장 생산적이다.

6은 통일을 상징하며, 자웅 두 개의 삼각형이 합쳐진 것을 말한다. 이때 꼭지점이 위를 향하고 있는 삼각형은 남자와 불, 하늘(양)을 나타내고, 역삼각형은 여자, 물, 대지(음)을 나타낸다.

서양에서는 주사위에서 6이 다른 숫자를 누르는 가장 강한 숫자다. 즉, 하늘(천), 지(대지), 인(깨달은 사람, 六한 사람)이 가장 중요하다는 것을 말하는 것으로써 『천부경』의 핵심사상이다.

고대 서아시아에서는 창조에 소요되는 6일간을 뜻하고 카발라 역시, 창조, 아름다움의 상징이다. 창조란 빅뱅이며, 아름다움이란 조화를 상징하는 것으로써 사람으로 치자면 마음이 넓은 사람(통달한 사람)을 뜻하고 있다 하겠다.

유태교에서 역시 태고, 창조에 필요한 6일간, 명상, 지성을 나타내면서 아울러, 히브리어 성서에서 6자는 회개하다는 뜻으로써 어근인 '하얗다'(흰머리, 흰두, 백두)에서 회개하다 = 하얗게 하다 = 착해진다는 연결고리는 한나라에서 유래된 것임을 알 수가 있다.

인도의 힌두교 및 여러 나라에서 흰옷을 입고 종교인들이 하얀 옷을 입는 것은 우연이 일치가 아니며 힌두란 단어자체가 바로 흰머리이며, 즉, 백두이다.

내면 깊은 곳에 있는 진리를 찾아내면, 이전에 인식하지 못했던 것들로부터 새롭게 접하는(깨달음, 육=6=六) 것임을 말하고 있다.

불가에서는 제5식이란 전 오식(눈, 귀, 코, 혀, 몸)으로써 알게 되는 의식의 전 단계인 감각으로써의 느낌을 말하고 있으며, 이후 제6식이란 바로 의식(六, 깨달음, 한소식, 본래 면목, 빅뱅)이며, 비로소 참 나인 나로서 홀로 생각하는 인식(깨달음)을 말하고 있다.

기독교에서도 완성, 우주 창조에 필요한 6일간을 나타내는데, 역시, 깨달음을 의미하고 있으며, 6을 사람으로 표현하며, 숫자 7을 비상한 정신(七, ヒ)을 가진 완벽한 사람으로 표현하는 것 역시 『천부경』에서의 6(六 = 깨달음, 빅뱅)에서 정신의 완성까지 나아간 것을 말한다.

순수한 경외의 념으로 신을 바라보던 유대교에 비해 신약은 더욱 이성적, 신격화, 남성화된 것임을 알 수가 있다.

즉, 기독교는 한나라의 정신에=유태교에 1이란 숫자를 합한 것이다.

그렇기 때문에 기독교에서는 인식(깨달음)은 인식(깨달음)으로 끝난 것인데도 즉, 자유면 자유임에도 자유의지라 표현할 수밖에 없었으며, 불교에서 또한, 돈오돈수냐 돈오점수냐의 구분과 같은 의미로 해석할 수는 있다 하지만 차이점은 기독교에서는 깨달아도 인간일 뿐이고 『천부경』과 불교는 둘(육:六:깨달음과 그 이후의 칠:七:정신의 완성)로 표현하고 있으므로 둘 간의 미묘한 차이가 있다.

돈오돈수이던, 돈오점수이던 불교에서는 육은 이미 자유이나, 기독교는 깨달아(6)서 이미 자유인데도 신의 수란 일을 합한 그 다음의 수. 칠 —『천부경』에서 정신의 완성을 얘기한 것으로부터 연유된 한 단계를 더 붙인 것이다. 연고로 기독교는 영원한 의식의 흐름이므로 영원한 부자유에 놓이게 되어 있다.

다른 의미로 보자면 인간과 인간이 살고 있는 현실을 외면한 것이 되며 인간으로서 독자적 삶을 포기 한 것이다. 기독교는 영원히 이기적인 에고일 것이다.

"지혜는 생명의 나무는 아니다."라고 한 바이런.

이성이란 얼음에 불과하다. 머릿속에서 나온 지혜라는 것도 얼음조각인 독수리에 불과하다. 그 독수리는 결코 날지 못한다.

여기서 서양철학의 한계점이 있다. 6인 인간을 인간이 사랑해야 함에도 — 자연, 자유를 거부하고 7인 예수를 사랑하라는 — 강요, 부자유가 기독교에는 내밀히 잠재해 있다는 점을 강조하는 것은 다음 단계인 8을 얘기하고자 함이다.

『천부경』에서 8이란 마음의 완성이다. 바이런은 사랑을 말하고자 함이겠지만 사랑은 없다.

그러나 깨우치고 나면 정신의 완성은 그다지 어려운 일은 아니니다. 색안경을 벗은 상태와 같은 것이기 때문에 본래의 색이며, 질이며, 숨은 뜻을 쉬이 볼 수가 있기 때문이다. 마음의 완성 또한 정신의 완성보다는 길지만 그리 길지는 않다.

"절에서 주정뱅이 중이나 되어야 하겠다."라고 한 어느 고승의 진언은 깨달은 직후의 자괴였을 것이다. 미친 세상에다 구부러진 잠재의식에 끌려 다니는 사람들만 만나기 때문이어서 화만나기 때문이다. 그러기 때문에 마음의 완성은=인자한 마음은 매우 중요한 것이다.

'무차별적 수용' 즉, 자비란 단어 그 자체의 마음으로 완성되어야 하는 것은 필연적이다.

에리히 프롬은 다음과 같이 기독교를 비판한다.

"그리스도는 우리를 대신하여 온갖 사랑을 해주신다. 우리는 그리스도의 영웅들의 행동을 계속하면 된다. 그래도 우리는 구원을 받는다. 그리스도에 소외된 신앙은 그리스도를 본받는 일의 대용이기 때문이다."

그리스도의 영웅들의 행동이란 것은 제압, 정복, 수탈, 거짓말을 말하는 것이고, 신앙으로 인해 그 죄는 예수가 씻어주니까 죄의식은 느끼지 않는다는 의미이다.

여기서 서양철학의 한계가 있다. 마음의 완성을 보지 못하고 정신의 완성까지만 보기 때문에 서양의 정신은 냉정한 이성적이고, 자로 잰 듯한 합리성이며, 권력의지에 의한 폭력성이요, 논리에 논리를 가미한 괴리성이며, 한 학문만 연구하는 외발잡이인 삐뚝이들이 넘쳐나더니 효용이란 것을 인간에게도 적용시키는 무자비성이다. 결국 황폐화이다.

현재의 서구에서 비롯된 자본주의는 인간의 모든 숭고한 가치들을 비웃고 있으면서 지구 곳곳의 정신이던 물질이던 모두 쓰레기로 만들어 버렸다.

8-마음의 완성이 중요한 것은 6을 하든, 안하든 7-정신의 완성만을 이룬 상태에서는(외발잡이가 용을 쓴들 양발잡이와 같겠냐마는 6을 이루지 못한 외발잡이라면 심각하다) 자신의 안온을 느끼지 못하며, 6을 이룬 사람이더라도 마음의 완성을 이루지 못하면 보이는 족족 정신병자들만 보이기 마련이어서 스스로도 화만나기 때문이다.

뛰어난 분석자 에리히 프롬은 사랑의 본질에 대해 탐구하고는 사랑에 대해 회의적 결론에 이르렀나보다. 그는 사랑이란 단어자체가 워낙 중요하기 때문에 포기는 못하고 '사랑이 있다고 믿는다.'며 추정적 낙관으로 결론을 맺는다. 인간에게 있어 '사랑은 열병 같은 감기이다.' 일상에서 일상적으로 이루어질 수 없다는 내포를 가지고 있다. 모든 사람이 간과하고 있는 것은 사랑은 바로 감수성이란 점이다. 어떤 사람은 꽃을 보면 아름답다 하지만 어떤 사람에겐 세련된 건축물을 아름답다고 한다. 자라온 환경 탓이다. 하필 나에게 있어 저 사람은 사랑의 대상이 된다. 타인은 그 상대방에게서 사랑이란 감정을 느끼지 않는다. 그에게는 사랑의 요소가 보이지 않는다. 사랑을 느끼는 감수성에는 사람 모두에게 있어 질량의 차이가 있다는 것을 나타낸다. 근대조선에서 서경덕에 대한 황진이의 짝사랑이 그것을 보여준다. 인의예지신이 휘날리는 깃발인지라, 서경덕을 포함한 선비들에게 있어 사랑은 추구할 가치가 아니기 때문이다. 남자에게 있어 사랑은 하는 것이라 믿고 있는 반면에 여자에게 있어 사랑은 받는 것이라 생각하는 차이점도 보인다. 현재는 사랑이란 깃발이 드높게 휘날리고 있다. 다시 한 번 말하건 데

흔들리는 부패한 로마정권이 사랑을 구걸하였고, 예수를 빙자하여 그 당시 제일 잔학했던 로마 교황청이 자신들의 패악을 감추고자 사랑, 사랑을 남발하였기 때문이다. 그 이후의 지구인은 사랑이란 몸살을 앓고 있는 것이다. 사랑이 휘날리는 깃발이 된다면 남녀 중 누가 피해를 볼까. 여자다. 매시매분매초 들려오는 사랑이란 단어로 인해 여자는 사랑을 덜 받고 있다는 착각이 생겨 불만족스러워지기 때문이다. 반면에 사랑의 희구가 적어지면 누가 피해를 볼까. 여자이다. 여성이 남성에 비해 감수성이 뛰어나기 때문이다. 아예 사랑이란 언어가 없다면 어찌 될까, 좋으면 옆에 있고 싫으면 떠난다. 그때 그것이면 그것이다. 즉, 순수다. 모든 언어와 마찬가지로 사랑도 언어다. 언어는 생동하는 행동을 지금 느끼는 감수성을 고착화, 고목화, 의식화, 관념화, 이념화하기 마련이다. 그러므로 언어는 신중하게 사용해야 한다. 남에게 상처를 주기 때문이다. 그러므로 인간은 언어를 가지고 놀아야 한다. 그것은 인간이 만든 도구이기 때문이다. 수사학, 논리학, 언어학, 관념론, 이성론, 정반합의 원리 그 얼마나 부질없는 짓이라 할 수 있는가.

인간의 원죄는 인간의 탐욕이다. 그 이전의 독이든 사과는 바로 언어이다. 만왕만래 용변 부동본이니라. 만 년 전 신선은 경고한다. 아무리 달리 쓰고 달리 변형해도 본질은 변하지 않는다고, 노자의 현빈, 부처의 진공묘유, 장자가 말한 태허이다.

시고공중무색是故空中無色 무수상행식無受想行識 무안이비설신의無眼耳鼻舌身意 무색성향미촉법無色聲香味觸法 무안계無眼界 내지乃至 무의식계無意識界 무무명無無明 역무무명진亦無無明盡 내지乃至 무노사無老死 역무노사진亦無老死盡 무고집멸도無苦集滅道 무지역무득無智亦無得 이무소득以無所得.

시고 공(우주, 적멸, 일묘연, 부동본, 현빈, 태허, 진공묘유) 중에는 생각도, 눈도 코도, 신체도, 고집멸도도, 생사도, 얻을 것도, 얻지 못할 것도 없다.

인생이란 얼마나 하찮은 것인가. 먼지와 같기 때문이다. 인생이란 또 얼마나 경탄할 만한 것인가. 먼지처럼 자유로운 존재이기 때문이다. 고로 무가애이며 고로 무공포이기 때문이다. 만물은 우주요, 나는 우주이다. 모든 인간은 깨어나야 한다.

사랑은 총체적 이해다. 사회엔 오해의 요소들이 많다. 억겁으로 쌓여 와서 이해하기 어려운 본질, 사회가 유지되기 위한 각종의 인위, 개인적으로는 아름다움에 대한 갈망, 행복의 추구, 권력지향, 지식의 숭상, 심지어 사랑의 희구자체도 오해의 요소이다. 그런 오해는 시기와 질투, 잘남과 못남, 힘의 우월, 수준의 차이를 불러일으키며 '내가 더 사랑하리 나는 더 사랑받으리라'는 의식을 부른다. 분별심은 사람으로 하여금 사람을 사랑하는 것을 방해한다.

인간이 사랑을 희구하는 이면에는 미워하거나, 시기, 질투하는 분별심이 있어 인간이 괴롭기 때문이다.

지금처럼 사랑을 해야지, 하지 말아야지로 사랑을 접근하면 지금처럼 회한의 반복일 뿐이다.

사랑이란 총체적 이해이므로 상대방이 나와 다름을 인정하고, 그것엔 그럴 이유가 있음을 알아야 하고, 난 모르는 것을 상대방이 알고 있다면 경청해야 하며, 상대방이 나보다 힘이 강함을 인정하는 것이다. 뚱뚱한 사람을 보면 그냥 인정하면 된다. 약자인 상대를 보면 도와주고, 그리고 그것뿐이다. 난 오늘 사랑을 베풀었다며 말장난을 하면서 다시 관념의 부자유로 자신을 몰아넣지 말아야 한다. 난 바보임을, 다 알지 못함을 대신 유머력이 있음을 제대로 이해, 인정하여야 한다. 열등감, 비참, 우월감 등 분별심을 발생치 않으려면 저 사람은 나보다 더 인내하며 공부하였고 가진 사람이 더 가져가는 시스템임을 이해하면 된다. 일적십거 무궤화삼이다. 산은 산이고 물은 물이다. 물은 산에게 숲을 주며, 산은 물에게 미네랄을 준다. 산이 물일 수도, 물이 산이 될 수도 없다. 상대방을 상대방이 가진 그대로 관조하는 이해의 정신이 필요하다. 그러므로 지금 어른이 아이의 장래를 위한다는 명분하에 벌이는 아이에 대한 수많은 요구는 가히 테러 수준이며 정신집중자로 키우고 있는 것이다.

부처의 사성제, 고집멸도를 정리하면. 고란 어린아이가 어른에게 칭찬을 받으려는 마음, 또는 남보다 더 위에 서려는 마음, 혹은 그 권력의지가 꺾임에 의한 마음 등으로 부터 구부러진 잠재의식을 가지게 되어 내가 나로써가 아니라 그 구부러진 잠재의식에 의해 거짓 삶을 살게 되는 것을 말한다. 천부경에 의한다면 음, 무, 무인식의 결과로 4인 양이 발생되었음을 말한다.

집이란 그로인해 각종 분별심이 생겨 괴롭기 때문에 행복, 돈, 명예 즉, 권력을 더욱 추구하게 되어 괴롭다. 천부경에서는 5인 존재임을 나타낸 것이며, 멸이란 그 구부러진 잠재의식을 찾아내어 고를 멸하게 됨을 말하는 것으로 돈오돈수를 일컫는다. 육, 깨달음 그 자체가 절대적이다.

도란 천부경에서 말한 정신의 완성과 마음의 완성을 말하는 것으로써 모든 오해를 불식시키고 총체적 이해를 이룬 것을 말한다. 돈오돈수에서 돈오점수까지의 과정이다.

만 년 전에 그 위대한 정신의 결정체인 천부경이 말하는 것 다른 하나는 너무 이른 시기에 너무 빼어난 정신의 발견으로 인해서 동양은 아류가 됨을 두려워한 반면에 서양은 다양한 아류가 발전하였으며, 능동적인 개인주의가 발현되었다. 발전이 꼭 발전은 아니다. 인간은 나비이기 때문이다. 애벌레로부터 번데기가 되고 비로소 훨훨 나는 나비가 되듯이 번데기에게 나비의 날개는 현실적이지 않다. 아류가 됨을 두려워하지 말고 자신의 가진 능력으로 자신이 관심을 가진 분야를 즐거이 공부하며, 자신의 삶을 활짝 살다 가면 된다. 본래 음, 무, 무인식이므로 무엇이든 할 수 있는 것이니만큼 내가 나대로 살면 된다. 우주 내 모든 존재는 존엄이고, 자애이므로 모든 존재의 존엄과 자애를 훼손치 않으면 될 일이다.

결론을 먼저 말하면 사랑은 없다.

사랑은 무차별적 수용이기 때문이다.

"명상에 사랑이 있다."던 오쇼 라즈니쉬 말은 관조(적멸)에 사랑이 있다고 해석하면 쉬이 이해될 것이다.

관조니 적멸이니 그런 의식도 없는 관조와 적멸이랄까!

무차별적으로 다가오는 대상을 무차별적으로 모든 걸 수용하는 자세 — 자비이다.

미친 세상에다, 그 세상에 살고 있는 미친 사람들.

그들의 잘못이 아니라, 사회가 국가가 요구함에 따른, 자연적 숙명 외에도 인위적 숙명의 무게에 중압에 눌려 있는, 근본적, 개인적으로 보면 언어란 고착화와 그에 따른 유위와 함께 개인마다 가지고 있는 권력의지로 인해 미쳐있는 사람들.

그들을 슬픈 마음(슬플 비:悲)을 머금고 너그러운 마음(인자할 자:慈)으로 지긋이 쳐다보는 것이 바로 자비이다.

어머니가 위대하다는 이유는 자식을 무차별적으로 수용하기 때문이다.

아쉽게도 일반인에게는 불가한 상태다. 육六을 이루지 못했기 때문이다.

사람들이 말하는 사랑은 굳이 다른 말로 표현하자면 '열병 같은 감기'이다.

능동이냐 피동이냐, 수용이냐 거부냐, 희생이냐 받음이냐 하는 식의 인간의 삶이란 자궁에서부터 밀쳐 나와 보호의 유년에서 또 밀쳐 나와 경쟁의 세계로 밀쳐지게 된다. 삶에 지칠 때마다 유년시절을 떠올리며 어머니의 사랑을 그리지만 — 어머니의 사랑(희생)은 숭고하지만 실상은 아이는 슬프면 엉엉 울었고 좋아할 때는 펄펄뛰며 좋아했던, 육제와 정신 및 마음의 통일이 있었기 때문이다. 통일이기에 의식의 흐름이 없었으며. 없었기에 부자유가 없었기 때문이다. 다시 말하자면 어린 시절에는 갈등적 요인이 없는 의식적 분열이 없었기 때문이다. 자유이었기 때문이다.

마음의 완성이 매우 중요한 이유이다.

"지혜로운 사람이란 반드시 말하는 것만이 아니다. 두려움도 없고 미움도 없으며 착함을 지키는 것이 지혜로운 사람이다." 『법구경』

『천부경』의 정신이 모든 종교에 깊숙이 녹아 있는 것이다.

노자의 현빈, 장자의 태허, 부처의 진공묘유이다. 표현을 달리 했을 뿐 깨달음의 사상이다. 빛과 물과 공기만 있음에도 꽃이, 나무가 존재하는 것이며, 그리하여, 박테리아가, 잡초가, 토끼가, 사자가… 그리하여, 인간이 존재하는 것이다.

천즉지이고, 지즉인이며, 인내천이다. 모든 것이 존귀하다.

『천부경』 81자에서 육六이 제 41번째 글자이며. 정중앙의 글자 = 앞에 40자 뒤에 40자 중 제일 가운데 위치한 글자이다.

그만큼 중요한 의미를 갖고 있음을 말하는데, 모든 사람이 육(인식, 깨달음, 빅뱅)하여 칠-정

신의 완성, 팔-마음의 완성, 구-세상의 완성, 그리하여 십(+)-우주의 완성을 이루고자 함이다.

십(+)은 곧 진리로 채워지고, 진리로 순환되어 우주와 정신이 둘이 아닌 하나이며, 자연과 도 역시 둘이 아닌 하나이며, 인간과 사회의 순환도 물 흐르듯이 자연스럽게 나아간다는 의미이다. 만물은 우주다.

육六 이전의 삶도 40자의 생이요, 육六 이후의 삶도 40자의 생이어서 같은 생이지만 6 이후의 삶은 7, 8, 9 그리하여 10인 생이라는 의미이다.

육六 이전의 삶이란 1, 2, 3, 4의 작용에 의한 오五: 존재 = 하늘 밑, 땅 위에 존재하는 존재론적 생을 말함이며, 그것이 의미하는 바는 단지 존재에 불과한 삶이라는 의미다.

육六 이후의 삶이란 하늘 밑, 땅 밑에 마음 넓은 사람이 존재(실존, 참 나, 견성)한 완벽한 생이라는 뜻도 가지고 있는 것이다.

제일 밑에 있는 마음 넓은 사람八 = 밑에 있으니 상上이요.

마음 넓은 사람아 당신이 최고다. 인중천지일人中天地一이라.

『천부경』에서의 핵심글자가 바로 육六이다.

깨달아라! 사람이여.

만왕만래 용변 부동본
萬往萬來 用變 不動本

우주만물이 생멸하고 만물의 쓰임이 변하더라도 근본은 변하지 않는다.

삼무에서 비롯된 모든 존재는 멸해도 다시 삼무로 돌아간다.

고로, 모든 생물이, 먼지 하나가, '내'가 태어난 것은 까마득한 세월의 인연이 있어서 가능한 것이다.

『반야심경』의 구절.

시고공중무색 무수상행식 무안이비설신의 무색성향미촉법

是故空中無色 無受想行識 無眼耳鼻舌身意 無色聲香味觸法

무안계 내지 무의식계

無眼界 乃至 無意識界

무무명 역무무명진 내지 무노사 역무노사진 무고집멸도 무지역무득 이무소득.

無無明 亦無無明盡 乃至 無老死 亦無老死盡 無苦集滅道 無智亦無得 以無所得.

부처가 아승지겁을 논한 이유이다.

본심본 태양앙명 인중천지일
本心本 太陽昻明 人中天地一

천지인 모두 본래 밝으니 모두 밝음을 추구하며 그 중에 사람이 제일이라.

천즉지이고, 지즉인이며, 인내천이다.

'사람이 곧 하늘이다'라는 것은 내가 인식해야만 사람을 하늘로써 존재하게 하는 것이다.

사람을 동물이라 불러도 틀리지는 않으니까….

'꽃이라 부르니 꽃으로 다가 왔다'와 같으며 인식론의 중요성을 말하고자 함이다.

자식이 부모의 고마움을 깨달아 부모에게 정성을 다하므로 부모가 최고의 가치가 됨을 말하자 함이다.

별이 아니라 태양이라 불러주니 태양 또한 스스로 좋지 아니한가.

내가 질투가 없고 분별심이 없어 평안한 마음이어야 가능한 것.

내가 마음이 넓어야 태양을 태양이라 하며, 꽃을 꽃이라 부르지 않겠는가.

'천상천하 유아독존'이란 바로 인중천지일이며 고로, "사람아, 마음 넓은 사람아(八 = 夷) 당신이 최고다."라는 뜻이다.

본래면목, 반박귀진.

그리하여 진공묘유.

그리하여 일체유심조.

득오자는 분별에 의한 의식이 아닌, 진공묘유인 마음이며 우주는 본래 그러하니 사람도 우주도 일체유심조임을 말하자 함이다.

무진본, 부동본, 본심본

無盡本, 不動本, 本心本

반야심경의 불생불멸, 불구부정, 부증불감이다.

일종무종일
一終無終一

우주는 끝나지 않는 끝남이로다.

죽어 1생 끝이지만 본래 삼무로 돌아간 것이니 1종終이 아니로다.

『천부경』의 첫 구절.

일시무시일一始無始一

하나로 시작됨이 아니 듯 하나가 끝남도 아니다.

무시무종이다.

생과 사를 생각해보면 먼지처럼 이승에 와서 먼지같이 홀연히 사라지는 것.

우주 내에서 0.000001%에 불과한 인간이여 겸손하라.

왕과 백성은 『천부경』을 읽고 읽어 인식(깨닫고)하여 도와 순리로써 국가든, 조직이든, 가정이든 도치, 인치, 덕치를 하라는 가르침이다.

우주와 지구와 하물며, 먼지든, 박테리아든, 원자든, 전자든, 동물이든, 식물이든, 못생겼든, 뚱뚱하든, 예쁘든, 대통령이든, 거지이든, 부국이던, 빈국이던 간에 서로 고리고리 연결되어 도우는 것이니 삼라만상에 귀를 기울이며 순응하여 개인은 『천부경』이 가르친 대로 인식(한소식)하여 탐욕을 버리고 분별을 버려서 마음 넓은 사람이 되어 한:韓(하나이고 밝고 큰)마음을 가져, 서로 한(하나)마음이 되어 티끌 같은 자유전자처럼 자유롭게 살다가 우주(삼무=공空인 음, 무, 무인식)로 먼지처럼 돌아가라는 뜻이다.

장자가 아내를 장사지내며 춤을 춘 까닭이다. 아내는 자유로운 존재가 되었으니까….

불교 윤회설의 근거이며, 고대 이집트 및 기독교의 부활설의 근원이다.

우주의 완성은 까마득한 이전의 자유전자를 지닌 한소식한 먼지로 비롯된 빅뱅이 아니다. 그것은 시작이다. 태양과 함께 행성, 혜성, 은하계가 생긴 것은 탄생이다. 우주의 완성은 음, 무, 무인식인 시간과 공간을 알 수 없는 암흑의 공간과 시간이다. 그들의 완충과 그들의 긴장, 완화, 팽창, 축소, 모든 티끌도 거대한 행성도 수용하는 그들의 무차별적 수용성이다.

인간의 죽음 역시 완성이다. 음, 무, 무인식으로… 천국도 지옥도 없다. 먼지에게도 자유전자가 있다. 그러므로 먼지도 죽어도 죽지 않으리라. 그러므로 인간이 삶에 놓여 있는 와중에도 침묵부터 시작해서 명상, 적멸, 무차별적 수용(자비)를 행한다는 것은 완성이다.

만왕만래 용변 부동본萬往萬來 用變 不動本이다.

죽음으로 완성된다는 것이 뜻하는 바는 인간이 생전에 무슨 일을 하였건, 거대한 일을 성취하였건 간에 미완성이며, 미혹이며, 찰나에 불과하다는 것을 말하고 있다. 고로 인간은 겸손해야 한다. 이 얼마나 경외할만한가 81자에 모든 것을 심오하게 심어 놓았으니, 모든 기축문화의 기원이었으니, 『천부경』 삼신사상에서 각각 분할된 절름발이인 현재의 모든 종교는 신선(삼신)사상=『천부경』의 정신으로 다시 돌아가야만 하는 이유이다.

위대한 선각자[신선-흰수염-노인-노자-부처] 중 한 사람인 유위자에 대하여 단기고사의 구절을 인용하면, 26년에 임금께서 유위자有爲者에게 묻기를,

"도道라는 것이 무엇인지, 선생은 나를 위해 설명하기를 원하노라." 하시니,

유위자가 대답하기를,

"도는 상대相對가 없으므로 억지로 이름을 붙여 도라 하는 것입니다. 그러므로 도를 도道라 하면 정상적인 도가 아니며, 이름을 이름이라 하면 정상적인 이름이 아닙니다. 천지가 큰 것에서부터 하나의 작은 티끌에 이르기까지 다 그 도를 포함하지 않는 것이 없습니다. 그렇기 때문에 천지는 천지의 도가 있고, 인생은 인륜의 도가 있고, 만물은 만물의 도가 있고, 각종 업무에도 다 그 도가 있기 때문에 우주가 존재할 수 있는 것입니다. 무형無形하고 유실有實하게 도를 이룬 자는 신神이니, 보아도 볼 수 없으며, 귀를 기

울여도 들리지 않고, 사물의 형체로 되어 존재할 수 없습니다.

천지가 비록 크나 그 안에서 떠나지 못하고, 짐승의 털이 비록 작으나 능히 대도大道를 담을 수 있으며, 밝은 것은 어두운데서 형태가 생겨나고, 형태가 있는 것은 형태가 없는데서 생겨납니다.

정신은 도道에서 생기고, 형체의 근본은 정精에서 생기는 것입니다. 그러니 만물이 형상形象으로 서로 생기는 것이기 때문에, 아홉 구멍九穴이 있는 것은 태로 낳는胎生 것이며, 여덟 구멍八穴은 알로 낳는卵生 것이고, 일곱 구멍七穴은 부화하여 나오는孵生것이며, 세포공細胞孔이 많은 것은 심어서 나는植生 것입니다. 그런데 그 생명이 있기는 하나 온 자국跐象은 없고, 그것이 갈 때에는 없어져가는 형질殘質이라도 남아 있으나, 정한 곳定涯이 없어 출입하는데 문이 없습니다. 그러나 우주 안에 충만한 것은 일진기一眞氣입니다. 우주는 무한히 광대한 공간과 시작도 끝도 없는無始無終 시간을 이르는 것이니, 진기眞氣가 공간에 충만하여 항상 보편운동普遍運動이 있어 영구히 윤회상輪回狀을 지어냅니다.

그러나 혹은 일정한 진화進化의 과정을 밟아 나가는, 그 진화의 상태는 늘 그 밀도密度 변화로 말미암아 생기고, 그 밀도는 계량計量할 것도 있고 계량 못할 것도 있어, 이 두 가지는 엄연히 구별되어 각각 무한한 소소체小素體를 만들어 내는데, 이 소소체는 수 없는 응집중심凝集中心을 거쳐서 실체實體를 이룹니다. 그러므로 이에 따르는 감성感性과 경향傾向이 또한 하나의 원인이 되어, 이렇게 미소微少한 실체實體가 점점 모여서 큰 것을 이룹니다. 그리하여 그 응집의 경로를 거쳐 마침내 한쪽의 형체를 이루니, 다른 쪽이 그 반동력反動力으로 중간에 반드시 계량을 할 실질적인 긴장세력緊張勢力을 일으킵니다.

이때에 우주의 모든 물체가 서로 충동衝動함으로 파괴되어, 능히 고도의 회전력이 생겨 대기大氣를 운동하게 하고, 기계적 충돌 원인에 의하여 고도의 열熱을 내기 때문에, 반드시 신진운동新振運動의 세력勢力이 생겨나 성운星雲의 운동이 일어납니다.

성운은 곧 태양과 만물의 본체이므로, 스스로 원심遠心과 근심近心의 서로 끄는 작용으로써, 혹은 집중하며 혹은 분산하여 나선형螺旋形, 타원형楕圓形, 환형環形을 이루고, 다시 집중작용으로써 끝내는 구형球形 혹은 성군星群을 이루니, 그 집단의 성원成員은 몇 개 혹은 몇 백, 몇 천입니다. 이것이 천체 중의 태양계입니다.

태양계의 물체는 집중작용에 의하여 분형상태分形狀態로 되어, 널리 두루 구형球形으로 된 기체氣體 중에 포함된 분자分子가 운동력 분산으로써 내부와 외부 사이에 점점 차고 더운 온도의 차이가 생기며, 때때로 환형環形의 일부가 떨어져 나가 한 물체를 이룹니다.

그 나머지 부분은 오히려 분화작용分化作用을 하여 점점 같은 온도와 같은 종류를 합하여 커져서 꼴을 이루니, 이것이 항성恒星과 태양과 혹성惑星, 중성이衆星 생기는 현상입니다.

지구도 태양계의 하나의 행성이나 본래는 태양에서 분리된 천체이니, 한편으로는 공기와 수소의 높은 열로 각종 기체를 만들고 또 다른 요소를 합하여 환상기체環狀氣體를 조직하여 자체의 주위를 싸서 반사작용에 의해 점점 냉각冷却됩니다.

이것이 장구한 시일을 경과하여 제일 뜨거운 부분을 분리하여 끝내는 냉각되어 고체固體를 이루기 때문에, 환기環氣 중에 포함된 무거운 요소는 가라앉아 고체와 액체를 이루고, 가벼운 요소는 위로 올라가 기체가 되어 늘 온도의 변화로써 구름과 비도 되고, 혹은 서리와 눈도 되고, 운동으로 전광電光이 일어나고 뇌성雷聲이 일어납니다.

태양의 빛은 기氣의 맑고 탁함과 두껍고 얇음 때문에 변색變色하는데, 붉은색赤, 노랑색黃, 등색橙, 녹색綠, 파랑색靑, 남색藍, 자색紫이 다 흡수되면 검은색黑이 되고 발산되면 흰색白이 되는 것입니다.

이리하여 태양광선이 늘 알맞은 정도와 때를 맞추어 비치므로 형형색색의 동식물動植物이 빚어지기 때문에 동식물의 무수한 종자種子의 원인을 연구하니, 다 같은 원자原子에서 되어 진 것입니다. 그러나 각각 그 위치와 시간이 다르기 때문에 만물이 만들어 지니, 스스로 위와 아래, 영원과 순간, 고통과 즐거움, 숨을 내쉬고 들이쉬는 것과 같은 상대성相對性의 원리가 있기 때문에 생명을 갖고 존재하는 것입니다.

사람이 만물의 영장靈長인 것은 우주생명宇宙生命의 돌발점突發點이며, 사람이 가장 귀한 것은 하나의 사상思想이 있기 때문입니다. 이것은 천지자연 생물의 원리이며 현상現狀입니다." 하였다.

임금께서 이르시기를,

"옳은 말이라, 선생은 참 천고의 성인聖人이라." 하시고 궤장几杖을 내리셨다.

48년에 평화롭고 풍년이 들어 국태민안國泰民安하니, 남문南門 밖에 태평루太平樓를 짓고, 많은 신하를 모아 조서를 내리시기를,

"평안할 때 위태로운 것을 잊지 말고, 즐거울 때에 괴로움을 잊지 말라. 사람이 먼 앞날을 염려하지 않으면 반드시 가까운 시일 안에 근심이 있게 되고, 오늘의 예비가 없으면 훗날에 어려움이 있을 것이다. 한 그릇의 죽과 밥이 만들어지기까지는 쉽지 않음을 마땅히 생각하고, 실 한 오라기나 쌀 한 톨을 가지고도 쓸 것이 넉넉하지 못하다는 생각을 하고 아끼라. 근검과 절약은 국가가 부해지는 으뜸가는 근본이니, 나와 신하와 백성은 하나가 되어 부지런히 움직여야하느니라." 하셨다.

[출처] 숭산경당 제 80강—단기고사2: 도道란 무엇인가 유위자有爲子 성인聖人의 도道.

얼마나 놀라운 통찰력인가. 대단하지 않은가, 빛에서의 스펙트럼을 이미 알고 있지 않은가. 금속이 왜 생겼는지, 생물이 어떻게 발생하였는지 알고 있지 않은가.

미세자가 있고 빅뱅이 있으며, 진화가 있지 않은가.

현대는 과거보다 더 발전했으리란 맹목하에 현대의 물리학에서 홍분하고 있는 암흑물질에 대하여 설명하고 있지 않은가.

상대성 이론을 거론하지 않는가.

만 여년 전의 『천부경』에서 말한 음, 무, 무인식과 다름이 아니다. 『천부경』의 첫 구절 일시무시일一始無始一의 시始자란 탄생을 하는 여자의 자궁처럼 한줄기 빛이며, 노자가 말한 현玄=道이란 가물가물하다는 표현과 같은 것이다.

모든 물질에 질량을 부여했다는 힉스입자란 건 무엇인가, 태초에 한소식한 먼지와 같은 것이다. 그러므로 현대 과학에서 힉스입자를 발견했다 해서 요란을 피울 것은 아니다.

『천부경』은 또한, "우주는 확장하고 확장하다 다시 수축한다."를 표현하고 있다.

즉, 확장 시의 입자이지, 수축 시의 입자는 아닌 것이며, 고로, 아인슈타인의 이론은 다시 재정립되어야 하는 숙명에 놓여 있는 것이다.

우주 역시 그 스스로 자정 중(스스로 움직이며 조정 중)이니 지구와 혜성의 충돌도 점차 사라질 것임을 알 수 있지 않은가.

천체에 관한 정확성도 알 수 있지 않은가.

그 까마득한 시절에 한민족은 달의 본궤도는 물론이거니와 달 운행이 사람에게 보여지는 궤도(황도)까지도 평면에 그려내었다.

현대의 과학이란 게 그 까마득한 예전의 것을 쫓아가고 있는 형국이라 하지 않을 수 없다. 창세기이다.

『천부경』에서 9는 꽉 참(완성)의 숫자이어서, 궁극적으로 정신과 마음의 완성을 통해 세상의 완성(9)까지 도모한 것이었다.

『천부경』은 81자이다.

(본질론×존재론×인식론), (우주×자연×사람), (왕×조직원×백성), (도×윤리×개인), 3×3×3×3으로 해석하여 81가지의 논단이 나오게 된다.

노자의 도덕경은 81장이다.

노자는 꼭 『천부경』은 아니겠지만 인식(한소식)하여 도덕경을 작성하였던 것이며 그러므로 도덕경은 최초의 서적이 아닐 수도 있다.

노자는 BC 600여 년 전의 인물이므로 10,000년 전 이후 『천부경』을 노자 이전에 많은 사람이 깨닫고 해석하였다고 보여 지며, 문자로 모든 것을 표현하는 것이 가능했을 때 비로소 노자가 81장으로 완성시켰다 할 수도 있다. 그러므로 도덕경은 노자 홀로 작성한 것이 아니라 면면히 하나하나 추가, 수정, 기록되어진 결과물이라고 볼 수 있다.

그 이유는 유위자는 노자보다 선대先代의 득오자이였고, 그가 단군왕검에게 도에 관한 대답 첫 구절을 다시 상기하자면,

"도는 상대相對가 없으므로 억지로 이름을 붙여 도라 하는 것입니다. 그러므로 도를 도道라 하면 정상적인 도가 아니며, 이름을 이름이라 하면 정상적인 이름이 아닙니다. 천지가 큰 것에서부터 하나의 작은 티끌에 이르기까지 다 그 도를 포함하지 않는 것이 없습니다. 그렇기 때문에 천지는 천지의 도가 있고, 인생은 인륜의 도가 있고, 만물은 만물의 도가 있고, 각종 업무에도 다 그 도가 있기 때문에 우주가 존재할 수 있는 것입니다."

노자의 도덕경의 첫 구절 "도가도비상도 명가명비상명道可道, 非常道. 名可名, 非常名."과 같기 때문이다.

마찬가지로 『천부경』 이후 음양에 의한 팔괘를 표현하였으며, 태극을 논한 태호 복희씨가 공자보다 한참 전의 인물이었으므로 공자의 철학도 이미 선대부터 면면히 축적되어 왔다고 볼 수 있다. 문자화가 가능해졌을 때 비로소 그 사상이 세상을 보게 된 것이다. "나의 학문은 은에서 전수받았다."는 공자의 말이 그것을 말해주고 있다. 그렇기 때문에 노자, 공자, 부처가 비슷한 시기에 세상에 나오게 된 것이라 추정된다. 부처 역시 신선의 제자이

었으며, 물론 모든 그 원전은 『천부경』 이다.

신선이 계곡에서 바둑을 두었다는 속뜻은 바둑이란 19×19의 줄로 되어진 361의 점이 있고, 가운데 점을 천원(우주, 태양)이라 하며 일종의 땅 싸움 놀이인데, 일 년 365일을 말하고 있으며. 인간사 평안함을 기원하는 놀이였던 것이다.

치우천황의 용병술은 구(9)미호를 연상시키는 9×9인 81명의 무사술이며, 우사. 운사를 거느려 안개가 낄 것을 예견하고 그날에 공격하여 적을 혼비백산하게 만들곤 하였다.

결론적으로 말하면 『천부경』은 불교의 핵심경이라 불리는 반야심경을 포함한(넘어선) 것이다. 그 어느 종교든 간의 뿌리이다.

『천부경』은 한울님(하느님)으로써. 순리(자연)로써. 인간으로서 그중의 하나로만 해석하여도 틀린 것은 아니다. 그러나 『천부경』은 그 셋 각각의 본질적 능동을 이해하여 상호작용으로 인한 스스로의 긍정인 상생을 지켜야 한다는 게 핵심이다. 즉, 삼신사상이다.

무진본, 부동본, 본심본無盡本, 不動本, 本心本

즉, 불생불멸, 불구부정, 부증불감은 모든 만물에게 공통된 것이요.

고로 만물이 무한하려면 태극과 마찬가지로 인간은 정중동靜中動이며, 동중정動中靜인 가운데 탐욕을 버리고 아집을 버리고 마음 넓은 인간이 되도록 노력해야 한다.

『천부경』에서의 나란 존재는 삼무에서 비롯된 것이므로 겸손하며, 천지를 경외하며, 또한 먼지처럼 자유롭게 살다 다시 삼무로 돌아가라는 것이요. 그러기 때문에 불생불멸, 불구부정, 부증불감인 것이다. 우주도 순환하며, 지구도 순환하며, 인간도 순환한다.

"텅 비어 있으면 묘한 일이 발생한다."

우주를 포함 적멸인 인간에게 있어서 진공묘유인 이유이다.

『천부경』의 핵심 중 하나는 천지인 모두 소중하며, 자유로운 것이니만큼 그게 아니 된다면 인간은 비참해지리란 것을 경고하고 있다.

그런 연고로 노자의 도가도비상도란 천지인 중 그 하나에만, 또는 그 둘에만 치우치면 외로운 노자처럼, 숙명인 불가처럼, 윤리적 측면에서 이상적인 공자의 인仁사상도, 기독교처럼 신에게로 만의 몰입이 지나쳐도, 그것은 곧, 도가 아니며 그럼으로 자연치 못한 고로 오히려 인류에게 독이 된다는 은유인 것이다.

10,000년 전의 『천부경』이 의미하는 바는, 노자 이전의 노자가 있었음을 말하고 있고(도, 군주의 철학) 공자 이전의 공자가 있었으며.(음양, 기, 오욕칠정, 효, 윤리) 부처 이전의 부처가 있었다.(득오송, 반야심경은 부처의 작품이 아님) 즉, 신선이다.

그가 작성한 『천부경』은 기축문화의 근원이요, 삼신사상(삼태극)과 삼신일체=일체는 다시 삼신으로 종착된다는 귀중한 진리이자. 자유전자처럼 가볍게 살다, 가볍게 돌아가라는 의미이다.

인간은 왜, 인위적인 것을 추구하고 있는가, 유독 인간만이 인간 스스로를 구속하고 있는가, 그동안 이 위대한 『천부경』이 대접을 받지 못한 이유는,

- 깨닫지 못한 학자들에 의한 오역 탓이며
- 선각자=유위자의 예언, "이후 5,000여 년간 한민족은 갖은 역경과 곤란을 겪을 것이며, 그리하여 정신마저 외부에서 가져올 것이다."처럼, 한민족이 많은 고초를 겪어 심신이 피곤하여 스스로를 믿지 못하는 탓이며
- 3극을 음양이나, 기나 에너지, 시공으로만 해석하려 하였기에 오독을 할 수밖에 없었다.

  음과 무와 무인식이 본래 3극임을 알 수 없었던 것이다.
- 중요한 것은 인류역사상 최고, 최상의 81자 작품을 오만한 현대의 인간이 10,000여 년 전 상고시대의 작품인지라 낮은 수준으로 대하려 했던 탓이다.

삼신사상의 붕괴로 인하여, 노자는 무위자연으로 홀로 돌아갔고, 숙명을 받아들인 것이기도 하거니와, 혈기 있는 중년의 무위자연은 허하다. 부처는 생로병사를 고(고통)로 접근하여, 숙명(엄숙 및 신중)을 강조한 샘이며, 왜, 생도 가볍거니와 사도 가벼운 거니까, 늙어 감은 자연스러운 것이며, 병 또한 가볍게 마음먹기에 달리지 않았는가. 인간은 본래 자유로운 존재이니까…. 공자는 유교의 실천방안에 대하여 강조함에 따라 권력의 집중화와 권력에 의한 수단이 될 수밖에 없었다. 그리하여 권력자의 입에 맞추는 신하(예 : 사마천 이후 절대복종자들)를 양산하게 되었다.

물론 최선의 윤리에 의한 생활이 인간에게 법치에 의한 것보다 더 인간적이고, 자유를 가능하게 하지만 인간이 워낙 욕심이 많은지라 인仁, 덕德, 예禮 등의 덕목을 지향하는 인간 스스로 양심껏 지켜낼 윤리의 이상적 한계를 명확히 하는 것이 급선무이긴 하나, 윤리의 강조 그 역시 제약이다.

원론적으로 유교는 깨달음보다는 학문이다. 군자라는 명목(그 역시 권위) 하에 인의예지신이란 덕목을 요구한 학문이다.

기독교 역시 『천부경』의 삼신사상을 버린 탓에 유일인 신의 굴레에 인간을 머물게 하였다. 왜, 도가도비상도이니까, 도라 물으니 굳이 도를 말하지만… 우주 삼라만상 모든 존재는 자유로운 존재인데… 정해진 것은 없는 것 일진데… 허나, 스스로 자유로워야 하니까… 그렇다면 최상의 것은 스스로 좋은… "도가도비상도"라고.

"도는 상대相對가 없으므로 억지로 이름을 붙여 도라 하는 것입니다. 그러므로 도를 도道라 하면 정상적인 도가 아니며, 이름을 이름이라 하면 정상적인 이름이 아닙니다." – 유위자

노자(BC 600?), 공자(BC 551~479), 부처(BC 563~483).

장자는 노자의 도덕경을 읽고 난 후인데, 희한하지 않은가. 왜, 거의 비슷한 시기에 결국은 같은 의미이나, 실천적 방안은 문자로써 표현이 가능한 시

기에 세 가지로 구분되어져 나타났을까.

노자는 하늘, 우주와 군주의 도를 논하고, 공자는 국가체제의 실천적 방법과 신하의 도리에 대해 설명하며, 부처는 개인의 득오(깨달음)에 관한 것을 말한다.

즉슨, 노자는 天이며, 공자는 地이고, 부처는 人이다.

천지인天地人, 우주, 지구(자연), 사람… 다른 표현으로는 하늘(군주), 땅(군자), 사람. 왜, 비슷한 시기에, 세 명의 성인이 출현했는가? 또 다른 하나 삼황오제.

天皇 태호 복희씨, 地皇 염제 신농씨, 人皇 여와씨. 천지인天地人이다.

천지인 삼신사상은 한민족의 사상이다. 태호 복희씨, 염제 신농씨, 여와씨는 모두 한민족이다.

중국문명의 시원인 황하문명 이전부터 한민족이 정착하며 중국문명을 일깨웠던 것이다.

조선은 삼신오제본기로써 기술하기 시작하는데, 중국은=한漢은 삼황이 있음(스스로 사당을 지어 예를 취하고 있음)에도 애써 삼황을 부인하며, 황제로 시작되는 오제본기 서술인 사마천의 사기史記는 사기詐欺임을 알 수가 있다.

도가사상, 인사상, 득오의 사상은 모두 한민족의 정신이며, 기축문화의 기원인 한나라임을 상기한다면 여기서 알 수 있는 또 하나는 한나라의 통치영역이 중국을 포함하여 넘어 있다는 것을 말하고 있다.

그 예로 상고시대 중국인은 정신적, 문화적 측면에서 한나라를 흠모하는 게 나타난다.

공자의 말 하나, "나의 학문은 은(한나라의 제후국)에서 전수 받았다"

두 번째 노자가 공자에게 한 말, "…군자는 성덕이 있으나 그 용매는 우매한 것처럼 보인다고 한다. 그대의 교만한 기상과 욕심 많음과 얼굴과 태도를 꾸미는 일과 산만한 뜻을 버리라."

공자가 노자를 평한 말, "나는 새가 잘 난다는 것을 안다. 물고기가 잘 헤

엄치는 것도 안다. 짐승이 잘 달린다는 것… 그러나 용에 대하여는 나는 그것이 어떻게 바람과 구름을 타고 하늘에 올라가는지 알지 못한다. 나는 오늘 노자를 만났다. 그는 용과 같은 존재이다."

노자의 노老는 늙었다는 의미가 아니다. 사람에게 늙을 노자를 쓰기도 그렇거니와 노자는 놈者 자자 밑의 비수 비匕자에 근거하면 예리한 사람, 정신의 완성을 이룬 사람을 뜻한다. 학자에서의 자자는 스스로 자自자이다.

연고로, 노자란 이름에는 선지자(신선-흰수염-노인-노자. 유위자, 득오자, 부처)라는 것을 나타내고 있다. 공자의 말에서 알 수 있는 것은 노자는 이미 공자를 알고 있으며, 공자는 노자를 처음 본 것이다. 노자가 공자에게 산만하지 말라고 경고한 것은 이후 "춘추필법"을 사용한 공자가 중국역사에 끼친 영향을 보면 노자의 혜안은 대단하다는 것을 알 수 있다.

공자는 그 후에도 여전히 한민족 사상인 인仁을 강조하고 "나의 학문은 은에게서 전수받았다" "인의 나라(한나라=조선)에 가고 싶다."며 정통성을 가지려 하였고, 유가사상을 확립하는데 큰 역할을 하였지만, 그러나 사마천이 헌원을 황제로 등극시키려 하였던 것처럼, 중국의 역사가들은 공자의 춘추필법을 기저로 하여 공자를 인용하며 절대적인 왕정 및 관권체제를 구축하는 것에 일조를 하였기 때문이다. 그것은 곧, 결과론적으로 보면 노자가 공자에게 한 경고처럼 산만과 욕심을 부려 민초의 자유를 억압하는데 기여를 한 것이며, 노자의 혜안이 의미하는 것은 공자가 가진 탐욕 때문에 인류사에 독이 되리라는 것을 알았기 때문이다. 도가도비상도이며, 인위는 인위를 부르기 때문이다.

공자가 노자와 루소처럼 인류사에 독이 될까 우려하여 스스로 홀로 돌아간 정신이 있었다면 동북아에서 아직까지 벌어지고 있는 역사전쟁과 국가조직이 일방적인 국가위주(조직)의 체제로 되지는 않았을 것이다.

노자와 루소, 공지와 로크의 차이점은 깨달았냐 아니냐의 차이이며 그 차이로 인해 국가조직에 비한 개인의 자유의 폭이 늘어 나냐, 아니면 적어지냐 하는 결과가 초래된다.

공자와 로크는 국가가 개인의 자유를 제한하는 것이 당연하다는 것이고 노자와 루소는 국가가 개인의 자유를 최대로 보장해야 한다는 의미이다.

깨달은 노자와 루소는 사심을 버리고 자연으로 돌아간 것은 그 둘에게는 한없는 인류애가 있었기 때문이며 개인적 탐욕을 버리는 깨달음이 있었기 때문이다.

배고픔은 발전이다.

중국은 물이 풍부하며 따뜻해서 절실함이 없었으므로 시작은 후발이지만 배고픈 주변국은 계속 풍요로운 그곳을 탐하게 되고 오히려, 그로 인해 문화의 발달과 기술의 향상을 이루게 되면서 점차 흥하게 되리란 것을 예견할 수 있다.

환인제석 환국 이후 한글의 문자화를 못하였으며, 이미 백성이 사용하고 있는 한글을 버릴 수는 없었기 때문에… 대체용으로 발견한 문자(한자)와 기록과 문명은 중국으로 귀속되었고, 『천부경』을 통달한 노자는 홀로 자연으로 돌아갔으며, 한민족의 인仁사상은 공자로 인해 중국이 시원이 되었으며, 『천부경』을 읽고 깨달은 부처의 득오得悟정신은 인도로 귀결되었다.

어느 영토 내 어느 국가든 하나의 국가가 존재하였고, 존재하다 그 국가가 쇠망하였다면 그 이후의 국가의 구성원이란 바로 전의 국가의 구성원으로 대부분 차지하게 됨은 두말할 여지가 없다. 다시 말하자면 노자와 공자가 한민족이란 연구물이 없는 것은 아니지만 연구물을 논외 하더라도 하나의 국가가 쇠망하였다 해서 갑자기 이민족이 몰려오지는 않는다. 그런 의미에서 한중일 삼국은 이전에는 같은 밥을 먹은 사이였다 말 할 수 있다.

노자 14장의 이夷는 인仁을 말하는 것으로써 인仁 이전의 단어이며, 단어이므로 노자와 인仁의 글자가 새로이 발명되기 전까지는 이夷로 통용되었다. 또한 인仁은 한글고어 가림토문자에서 사람의 ㅅ을 토대로 인人이란 한자를 창조하였고 마음 넓은(팔:八)이며, 이夷는 한민족을 표현한 단어이면서 마음 넓은 민족임을 나타낸 것이다.

연고로 노자의 사상과 공자의 인仁 사상은 한민족이 시원이면서 맹자의 용이변화用夷變華란 선진문명인 한나라(동이족)에게 배워 화華족의 번영을 도모하자는 뜻이므로 인仁사상을 제일 먼저 확립한 선진문명인 한나라에 대한 동경과 추구임을 말하고 있다.

이夷의 다른 뜻은 체격이 크면서 날렵하다는 것과 최초로 활을 만들었으므로 활을 잘 다루는 민족이란 뜻도 가지고 있다.

그 외에도 다른 것들을 살펴보면, 최초의 통일국가인 진의 진시황이 동방(한나라)에서 온 산삼에 흡족해하며, 한나라 장례풍습인 순장=토우를 대체 사용한 것.

중국의 새 왕조는 국호를 기존에 있던 나라에서 차용하거나, 발음을 비슷하게 하여 토착민인 백성에게서 호응을 얻음과 동시에 정당성을 확보하려 하는데, 환桓=한韓과 비슷한 음인 한漢을 사용한 것. 공자가 은의 사상을 이은 주에 정통성을 부여한 점. 장자가 동방(한민족)에 대한 언급으로 보건데 득오의 원천으로 바라 본점.

단군왕검 조선의 정신적 화신인 유위자란 표현은 노자의 무위자와 연결고리가 있지만, 단군왕검의 정치, 사상의 스승인 유위자는 무위자가 될 수 없다. 왜냐하면, 무위자인 군주가 있으므로 정신의 세계는 무위자일 망정 스스로 유위자의 태도를 견지해야하기 때문이다.

최초의 선각자 환인제석 안파견 이후, 『천부경』 저자인 웅족인 신선, 배달국 한웅천황, 태호 복희씨, 조선의 단군왕검 그 중 선지자 한사람이 유위자이다.

"그럼, 평범한 사람은 어떻게 가치부여를 해주어야 하나." 단군왕검이 물어보자 "사람이란 자기가 맡은 바에 성실하고 능동적으로 일함에 훌륭함이 있으니 맡은 바 임무에 충실한 사람에게 왕은 의미를 주어야 합니다."며 유위자는 대답한다.

또한, 단군왕검이 시행하려한 것에 대해 주위의 신하들이 반대의견을 표명하자 단군왕검이 유위자에게 "나는 성군인가, 폭군인가." 하고 물었다. "많은 신하가 왕에게 반대의견을 표현한 것으로 보면 성군이다"라 하였다.

군주에게 진실을 말하는 신하가 없다면 그 군주는 권력을 잃은 후 주변에 진언을 하는 신하가 없었다는 것을 후회하고 말 것이다.

유위자는 이어 제후국 단군왕검 조선의 제후국 하(중국의 역사는 요순 하상(은)주로 이어짐)의 멸망을 예견하면서 "한민족은 향후, 5,000여 년간 갖은 고초를 겪으면서 정신마저도 외부에서 가져와 사용할 것이다."라고 예견한다.

사기는 역사적 사실을 입증할 수 있는 시기와 근거가 있다 하여 진서라 하지만, 한韓에서 한漢으로의 역사왜곡을 할 수밖에 없었으니 위서이다.

반면에 단기고사에서의 유위자는 시기를 밝히지는 않았으나 이름과 지향하는 뜻의 심도는 조작이 불가하며, 예언은 적중하므로 위서라 하지만 진서이다.

조선朝鮮이 곧 한韓나라이다. 하나이며 크고 밝다가 선鮮이며 조朝가 나라이다.

한민족은 17,000년 전부터 국호를 한나라(가림토문자) - 환인제석 환국桓國 - 환웅천황桓雄 배달국 - 단군왕검 조선 - 삼한 - 대한제국大韓帝國에서 현재의 대한민국大韓民國으로 장구하게 사용해 온 것이 바로 "한'이다.

세상과 인간을 하나이고, 크며, 환하게 한다는 한韓사상을 국가의 이념으로 삼으며 계속 지켜 나가고자 국호에 "한"을 면면히 사용하였던 것이다.

한민족은 한(환) 곧, 환한 - 광명 - 빛나는 - 밝은 - 하얀 등은 신神과 동일한 의미로 사용하였기 때문에 환국 환인제석, 배달국 환웅천황 및 단군왕검에서의 단이 가진 뜻도 곧 밝은, 환한 이란 뜻이며, 단군왕검은 고로 천손天孫이며, 한자로는 천군이다.

천의 중국발음은 텐이며, 지금도 아시아 초원의 유목민들은 하늘을 텡그리라 부르는데, 텡그리는 천신이란 뜻이다.

왕검에서 검이란 곰이며, 곰은 웅녀이므로 지신地神인 땅을 말한다.

천신과 지신이 합일하여 비로소 인간인 광명개천의 천군天君이 곧 단군왕검이다.

고로 하늘과 땅의 합일이니 천원지방(하늘은 둥글고 땅은 방정하다)이며, 천원지방은 천지사방이어서 사방팔방으로 끝없이 영역이 넓다는 것을 말한다.

단군왕검 조선이라 함은 또한, 조선이란 단어와 같은 의미로 대륙과 해양을 지배한, 그 당시 최고의 선진문명으로써 드넓은 세상을 지배한 의미가 바로 단군왕검 조선이란 말 안에 들어 있다.

세계 사대문명을 건설한 민족이 환인제석, 환웅천황 이후 단군왕검의 시대에 있던 한민족임을 나타내고 있다 하겠다.

환국 한인제석의 홍익인간, 배달국 한웅천황의 제세이화, 단군왕검의 광명개천이라함은 득오자(깨달은 사람)가 가질 수 있는 보편적 이해와 평등 및 자유의 개념이다.

또한, 『천부경』에서 밝히는 인중천지일人中天地一에 포함된 인본주의와, 긍정적 삼신사상과 함께 몇 세기를 뛰어넘는 본질론 - 존재론 - 인식론적 접근방법은 현대의 철학을 부끄럽게 하고 있다.

중국과 일본이 한나라의 정통성을 부인하며 영토, 원천, 문화를 폄훼한다 해도 정신은 단어 한글자의 오역에 의해서도 바로 수준의 차이를 볼 수 있으므로 폄훼나 왜곡은 불가하다. 홍익인간, 제세이화, 광명개천의 사상을 포함하여 기축문화의 근원인 『천부경』에서 비롯된 삼신사상, 도道사상, 인仁사상 득오사상 등은 면면히 한민족에게 이어질 것이다.

인용 하나.

영국 대영박물관에 소장중인 것으로 알려진 석가모니 붓다의 초상 - 부루나 존자가 생존의 석가모니를 그린 그림이다. 석가모니는 벼농사를 짓던 한민족 출신이다. 부처 생존 시 10대 제자 중에서 설법을 제일 뛰어나게 잘했다는 부루나 다라미자 尊者가 직접 그렸다는 초상화가 가장 신빙성 있어 보이는데 그 초상화를 기준으로 상호를 보게 되면 굵은 선의 부드러운 적당한 곱슬머리에 수염도 적당히 있고 이마나 안면의 선이 아주 서구도 아니고 몽골리언 모습에 가까운 티베트인들과의 중간형이며 어깨 골격도 넓고 강하며 석굴암의 부처 정도의 비율의 골격에 인간적인 굴곡이 강한 아주 호남형으로 앞가슴도 적당히 넓게 벌어진 모습 등으로 보아 키도 약 1m87㎝~1m90㎝ 정도로 짐작되는 형상이다. 석가족은 현재 네팔(티벳남부) 포탈라카국 감자대왕의 후예로서 지금의 네팔 타리이지방 카필라국에 정착하였고 코살라국의 주인이 되었으며 카필라국의 수도난다(정반왕)는 마야부인에게서 석가를 낳았다.

영국의 사학자 빈센트 스미스에 의하면 석가족과 藁離族은 동쪽에서 이동했으며 몽골리언 중에서 한민족을 형성한 고리(고구려)족이 네팔지역에 이동한 것으로 추정하는〈석존 몽고인설〉을 주장하였다. 마야부인은 常盤大定의 석가모니전에 의하면 코리족藁離族, 九黎族이며, 정반왕과 마야부인은 같은 종족이라고 했다. 따라서 석가모니의 진정한 모습은 그리스의 화풍이 들어간 아테네식도 아니고 후에 전통을 이어간 아리안(현재의 이란 및 인도의 종족) 계통의 심목고비가 아닌 몽고계인 것이 확실하다. 왜냐하면 현대 네팔에 샤카족이라 하여 석가모니의 후손들이 있는데, 그들의 모습은 바로 한민족의 모습과 같기 때문이다.

석가모니가 동쪽에서 이동해 온 고리(고구려)족이라면 당연히 한왕조선의 후예임이 명백하다 할 것이다. 석가는 샤카(샤키야, Sākya)라는 민족의 명칭을 한자로 발음한 것이고 모니(muni)는 성인이라는 의미를 가지고 있다. 즉 석가모니라 함은 본래는 '석가족族 또는 샤카족 출신의 성자'라는 뜻이다. 샤키야족은 그 왕호가 정반왕, 그리고 정반왕의 동생이 백반白飯·감로반甘露飯 등으로 불리고 있는 점에서 미작米作 농경생활과 깊은 관계가 있었던 것으로 생각된다(네팔은 산악지대임). 부처 역시 삼신이란 표현을 하였으며 대웅전에도 삼존불이고, 부처를 시방삼세(십十과 삼三)불이라 하는 것은 곧, 『천부경』에서 유래된 것임을 알 수 있다.

'석가족族 또는 샤카족 출신의 성자' 석가모니를 보며 그 당시의 한나라 왕과 『천부경』을 주며 숙제를 낸 신선의 미소가 보이지 않은가.

석가가 설법한 화엄경에는 "해중海中에 금강산이 있는데 옛적부터 모든 보살들이 그 산중에 살고 있다. 현재도 법기라는 보살이 1,200명의 보살의 무리를 거느리고 금강산에서 상주하며 불법을 강설하고 있다." 한 바, 부처 이전의 부처가 있음을 말하고 있다. 즉, 신선이다.

* 해중海中이란 표현은 한민족과 인도와는 육로뿐만이 아니라 배를 이용하기도 하였으며, 중中이란 단어로 미루어 보면 그 당시에는 한나라를 중국이란 의미로 사용되었음을 알 수 있음.

[신라 제3대 왕이며 석씨 왕조의 시조가 된 탈해에 관한 신화. ≪삼국유사≫ 권1 기이紀異 탈해왕조와 ≪삼국사기≫ 신라본기 제1의 탈해이사금조가 주된 자료이나, ≪삼국유사≫ 권2의 가락국기에도 탈해왕에 관한 기록이 조금 있다. 이 신화의 내용을 요약하면 다음과 같다.

남해왕 때에 아진포에 혁거세왕에게 해산물을 바치던 아진의선阿珍義先이라는 노파가 살고 있었는데, 어느 날 문득 바다에서 까치들이 떼를 지어 날며 우짖고 있음을 보았다. 이상히 여긴 노파가 살펴보았더니 거기에 배 한 척이 있었고 배 안에 큰 궤짝이 있었다.

궤짝을 열어젖뜨리니, 그 속에 단정하게 생긴 한 사내아이와 그 밖에 여러 보물, 노비들이 들어 있었다. 그 사내아이를 7일 동안 보살펴 주자, 스스로 입을 열어 말하기를 "나는 본디 용성국龍城國사람이다. 그 나라의 왕비에게서 알로 태어났으므로 버림을 받아 이곳에 닿았다."고 하였다.

그 아이는 말을 마치자 지팡이를 끌고 두 사람의 종과 더불어 토함산에 올라가 거기다 돌무덤을 파고 7일 동안 머물렀다. 그런 뒤에 산을 내려와 성 안을 살펴 살 만한 곳을 물색하던 중 호공瓠公의 집에 다다랐다.

그는 호공의 집 곁에 남몰래 숫돌과 숯을 묻고서, 이튿날 아침 관가에다 그 집은 자신의 조상이 대대로 살았던 집이었는데 자신이 잠시 집을 비운 사이 호공이 들어와 차지한 것이라고 송사를 제기하였다.

그는 숫돌과 숯을 증거물로 제시하여 그 집을 차지하게 되고 그 소문이 나자 남해왕은 이 사람(탈해)이 슬기로운 사람이라고 생각하여 그를 맏공주와 배필이 되게 하였다.]

고구려, 부여, 신라의 설화 공통점.

첫째, 그 출생의 원천이 해나 물(바다)이라는 사실이다.

둘째, 남자는 해(태양), 해모수, 양이고 여자는 바다 해海나 우물 음인데 『천부경』의 사상이다.

셋째, 석가모니와 석탈해의 공통점은 석자이고 석은 "제대로 된"이란 뜻이며 석가모니와 석탈해(탈해 = 해탈 : 깨달음)는 또한 현명한 사람을 뜻하고 있다. 7일이 거듭 인용되는 것은 『천부경』의 정신 7-정신의 완성을 내포하고 있다.

넷째, "숫돌과 숯을 증거물로 제시하여 그 집을 차지하게 되고 그 소문이 나자 남해왕은 이 사람(탈해)이 슬기로운 사람이라고 생각하여 그를 맏공주와 배필이 되게 하였다"에서의 문구가 의미하는 바는 - 숫돌과 숯을 증거물로 하여 대장장이의 아들이란 것은 한왕韓王의 후손임을 입증한 것이고 남해왕이 탈해=슬기로운 사람임을 인정하였단 의미이다.(탈해임. 아직 석탈해가아님.) 숯은 철제를 다루는 능력이며 숫은 수컷, 솟대, 서있는 사람(ㅅ, 人)이다. 여기서 알 수 있듯이 오똑섬을 의미하고 있는데, 집어가야 할 단어. 섯다이다. 십과 마찬가지로 섯다 또한 정신이 제대로 섯다는 뜻과 함께 남자의 성기가 불끈한 상태도 섯다이다. 그 예로 지증왕의 성기性器가 매우 크다고 최치원이 기록을 남긴 것으로 봐서도 섯다란 정신과 육체 모두 제대로 된 사람을 말하고 있다.

즉, 한글을 문자화하지 못해 한자화 함에 따라 숯, 수컷, 솟대, 섯다의 발음이 석으로 변환된 것을 말한다. 석은 또한 바위이다 - 묵묵히 그 자리에 있어 나그네의 이정표가 되어주고 만물이 스스로와 뿌리를 내리고 자라며, 어류의 안락처요, 동물의 은신처가 되어준다. 석은 또한 저녁이다 - 한나라 백성은 농사를 짓고 저녁엔 식구가 모두 모여 저녁을 먹고 사방이 고요한 가운데 방에 큰대자로 누워 풀, 바람, 곤충 그리고 구름이 흘러가는 소리를 듣는다.

문밖의 달이 문을 똑똑똑 노크한다.

달은 밤에 떠 만물의 길잡이가 되어 주고. 보름달은 한적한 풍요요. 팔공八空인지라 넉넉한 진공眞空이요, 빛이 있는 만공滿空인지라 밤이 지나면 만물이 다시 생생하게 되는 것이다.

다섯째, [타밀어로 대장장이를 뜻하는 석갈린감(Sokalingam)을 줄인 말로 성과 집안 직업이 그대로 일치한다. 석, 석가(Sok) 등은 대장장이 집안의 이름으로 통용됐으며 지금도 타밀인 남자 이름에 남아 있다. 또 탈해(Talhe)는 타밀어로 머리, 우두머리, 꼭대기를 의미하는 탈에(Tale)나 탈아이(Talai)와 거의 일치한다. 따라서 석탈해라는 이름은 타밀어로 제대로 된 대장장이 우두머리를 가리킨다.

그 곳의 옛 지명 중 하나가 부르구네(Purugunai)다. 현지에서는 '에'를 우리와 달리 'ai'로 표기하기 때문에 '부르구네'란 일연의 〈삼국유사〉를 보면 혁거세가 둥근 박을 깨고 나온 데서 '박朴'이라는 성을 갖게 되었으며 이름은 '혁거세赫居世' 또는 '불구내弗矩內'라고 하였다는 기록이 나온다. '불구내'는 '붉은 해'라는 뜻이다. 이것을 한자식으로 옮겨 적은 것이 '혁거세'이다. "타밀어에서 자력이 아니라 타인의 도움으로 왕위에 오른 운 좋은 왕 또는 행운을 가져다주는 왕을 지칭하여 박히야거세(Pakkiyakose) 또는 박히야거사이(Pakkiyakosai)라고 불렀는데 이를 우리말로 표현한 것이 바로 박혁거세朴赫居世이다. 이를 한자로 표기하면서 "박처럼 둥근 알에서 태어났다." 하여 성은 박朴, 세상을 밝게 한다는 뜻이다.(혁거세는 최씨 집안에서 도와 주었음.)

왕의 명칭 거서간居西干도 당시 타밀어 거사간(kosagan)과 그 발음과 뜻이 완전히 일치한다. 소벌도리는 타밀어로 '훌륭한 지도자(Good Leader)'를 뜻하는 소벌두라이(Sobolthurai)와 거의 같다.]

* 인도남부(타밀)에서 신라로 언어가 유입된 게 아니라, 한나라에서 인도로 언어가 유입되었음.

이로써 알 수 있는 것은 한나라의 영역이 상당히 넓었다는 것을 말하고 있으며 왕족이 아니어도 밝은 해(박혁거세) 등 깨달은 자에게는 한나라에서 영토를 내주어 그들의 왕국을 세우게 한 것임을 알 수가 있다.

단군왕검에서의 단이 박달나무 단자이므로 배달민족이 아닌 밝달(밝은 달, 발달)민족이 맞는 이유이며 박은 밝다는 뜻을 가지고 있다. 모수 역시 당시의 세력가(하백)와 지략을 벌인 후 해모수가 된다. 권력을 쥐게 되는 것 역시 석탈해의 경우와 같은 연유(은유)가 있어서이며, 공통된 다른 하나는 왕에 의해 인정을 받으면 잠적하여 후에 나타나 모수가 아니라 해모수로 탈해가 아니라 석탈해로 바뀌는 것을 볼 수 있다.

해모수, 석탈해, 석가모니가 공통으로 내포하고 있는 것은 "비로소 제대로 된 내가 바로 왕이다."라는 것을 뜻하는 것이며, 백성에게 공표(사자후)를 함으로써 백성에게 인정을 받았다는 것을 말한다.

중요한 또 다른 공통점은 해모수와 석탈해의 경우처럼 하백(남해왕)의 집에 들어간다는 것이다. 즉, 여자의 집에 = 웅녀족 신선에 의해 다시 그들이 왕으로서 자격이 되느냐 하는 점과 왕으로서 갖춰야 할 교육을 받는 것이라 추정할 수 있다.

한나라 왕의 후손임을 입증하여야 되는 것이므로 요건들을 직접적으로 표현할 수는 없다. 너도 나도 그 방법을 들이대기 때문이다.

적통이어야 하며, 또한 석가모니 = 해탈 = 탈해 = 석탈해 = 해모수처럼 정신과 육체가 제대로 된 사람이어야 한다.

그런 의미에서 단군왕검신화에 담겨 있는 은유인 마늘이란 것은 웅녀족 신선이 왕의 후보인 모수가, 탈해가 수양을 제대로 하지 못하면 톡톡 쏘는 마늘처럼 신선의 회초리이었으며, 쑥이란 스승인 신선이 왕의 후보인 모수와 탈해의 정신을 쑥쑥 크게 만들어 비로소 육체와 정신이 제대로 선 해모수요, 석탈해인 진정한 왕이 되었다는 신선의 은유이다.

다시 말하면, 왕(권력자)이 모수와 탈해를 시험을 하며 적통임을 인정하게 되면, 인정하는 그 당시에는 모수와 탈해로 표현하는 것으로써 알 수 있으며, 그 이후 여자의 집에 들어가서 = 웅녀족이 머무는 곳 = 즉, 『천부경』을 작성한 신선이 모수와 탈해를 마늘과 쑥으로 수양시키고 나서 완전체가 되면 비로소 세상으로 내보내며 "내가 바로 왕 중의 왕 해모수요, 주몽이며, 석탈해요, 김수로다"라고 사자후를 하도록 하였던 것이다.

해모수란 머슴아 중에 해처럼 빛나는 진정한 머슴아이며, 석탈해란 지혜있는 자 중에 제대로(뛰어난) 지혜를 가진 자이고, 김수로란 우두머리 중에 금처럼 반짝반짝 빛나는 우두머리란 의미인 것이다.

가야인들이 한데 모여 "거북아, 거북아 머리를 내밀어라…"라며 구지가를 애타게 부른 것은 "단군왕검의 적통을 보내주십시오"라는 갈망이었던 것이다.

부처의 사자후 "천상천하 유아독존이다"라는 것도 맥락을 같이 한다.

왕王자의 구성은 세 개를 관통한, 삼신사상을 이해한, 즉, 통달한 사람을 뜻하고 있음을 상기한다면 더 명확해진다.

그것은 한인제석에서의 석釋이란 것에서도 바로 깨달은 제대로인 왕이란 것임을 알 수가 있다.

한민족은 보편적 평등, 한없는 인류애를 실현할 수 있는 사람을 왕으로 추대하였던 것을 알 수 있는 것이니만큼 중국의 황제와 일본의 천황이란 것은 단지 권력의 최고자리라는 의미에 불과한 것이므로 서로 비교할 게제가 아니 된다.

그것은 단군왕검신화에 내포된 곰과 호랑이에게 던져진 화두와 일맥상통한다. 호랑이는 신선의 후보로 끝난 것이며 곰은 제대로 된 신선이 된 것을 말하고자 함이다.

곰은 정진하고 정진하다 게을러지면 톡 쏘는 마늘을 한 옴큼씩 먹으며 눈물을 흘렸고 이후 정진하고 정진하여 쑥을 먹으며 정신과 육체가 쑥쑥 자라 비로소 신선이 된 것임을 은밀한 은유로 표현한 것이다.

단지 신화에 불과한 옛날 옛적의 동화라며 막연히 발전된 미래인 현재라 해서 현재보다 뒤떨어진 과거의 사고라 생각한다면 오만이며, 진실을 찾기 어려울 것이다.

만 년 전의『천부경』= 깨달은(득오한) 신선의 뜻을 한참 후인 지금이 더 선진이라면서 그 뜻을 왈가왈부하며 오역을 일삼는 오지랖은 신선에 대한 모독이다.

부연하건데, 천은 조화신이요. 땅은 교화신이며, 인은 치화신이다.

천=조화신은 한웅천황이요, 지=교화신은 웅녀족 신선이요, 인=치화신은 단군왕검이다.

한은 하나이고 크고 밝으며 착하다(하얗다) = 해 = 빛 = 별 = 밝달 = 아사달 = 보름달 = 바다 해 = 우물 = 샘 = 그루 = 벼 = 벌(들) = 벌(곤충) = 십十과 십(성행위) = 섯다(정신과 육체 모두 제대로다) = 돌 = 석(바위) = 석(저녁) = 다시 보름달 = 팔공 = 만공 영락없는 천지인 사상이다.

"깨달은 자는 왕국을 건설하게 해준다."

한왕의 정치적, 사상적 스승 즉, 신선의 지혜이다.

이해와 오해 역시 해이다.

제대로 한 것은 이해요. 즉, 석이요, 부처(불:佛)요, 밝음이다.

잘 못된 인식은 오해요, 아니 불不인 것이요. 무명이다.

불식拂拭이란 그러므로 무명을 다 털어내는 것이며, 오해한 것들을 모두 이해하였다는 것을 말한다.

제대로 말끔히 한 이해 - 육六이요. 한소식이요. 해이며, 석이다. 빅뱅이다. 무궤화삼이다. 탈해 중에서도 석탈해이어야 하는 이유이다.

그것은 곳 해모수, 주몽(고구려), 석탈해(신라), 석가모니, 김수로(가야) 등 본인이 스스로 적통임을 입증하여야 하며, 백성은 그가 적통이며 현명한 왕임을 인정하였다는 것이며, 생각을 넓혀 보면 한나라의 영역이 매우 넓은 동시에 왕족의 혈통이 넓은 영토 내에 산재해 있었기 때문에 멀리서 온 그들이 스스로 스스로를 입증하고 인정받아야 하는 것이다.

연고로, 모수(머슴아; 사내 중에 사내인 남자) 중에서도 제대로 된 해모수이어야 하는 것이다.

해모수란 "내가 왕 중의 왕. 모수가 아닌 해모수"라며 백성에게 공표한 것이며, "천상천하 유아독존이다."이란 부처가 견성오도 했음을 만천하에 공표한 것과 같은 연유다.

해에서 보름달로 다소 기운 게 부처(석가모니)이다.

깨닫지 못하면 한나라 왕의 적통이더라도 왕으로 추대하지 않았다는 것도 내포하고 있다.

석탈해도 혁거세나 동명왕처럼 사후의 이적異蹟을 보이고 있으나, 그 이적이 나머지 설화에서는 볼 수 없는 특성을 갖추고 있다.

석탈해에게서 보이는 사후의 이적은,

1. 그 골상이 특이하였다는 점

한민족의 특성인 편두였을 것이다.

" 프랑스 등 서유럽에 사는 한민족 후예들에게서 몽고반점이 발견되고 골상은 편두(扁頭, 납작 머리)이다. 학자들은 몽골 지역부터 독일 튀링겐과 오덴발트, 프랑스 칼바도스 지방에 이르는 한나라 이동 경로에서 발견된 분묘에서 나온 인골을 분석한 결과 관자놀이와 이마가 특이하게 눌려 있었고 머리 둘레에 고랑 같은 주름이 팼으며, 머리통이 길게 늘어 나 있는 편두라는 것을 알아냈다." – 이종호

삼국지위지 동이전에선 "어린 아이를 낳으면 돌로 머리를 눌러서 납작하게 만들려하기 때문에 진한 사람 머리는 모두 그렇다兒生便以石壓其頭欲其褊今辰韓人皆褊頭" 하였다.

김해 예안리 85호 무덤에서 출토된 사람 뼈를 조사해 본 결과 편두의 흔적이 발견되었으며, 김해 지역이 변한 지역이므로 편두는 주변 지역에서도 두루 행해진 것을 알 수 있고 편두 흔적이 사람 뼈 모두에서 발견된 것이 아니고 10구 정도에서 보인 것으로 봐서는 편두가 일반적인 풍습은 아니고 일부 특정인이나 왕족 등이 했던 것으로 보인다.

신라의 왕들도 편두였는데 최치원은 신라의 국사 지증대사의 공덕비에 법홍왕이 편두라고 기록되어 있다고 하였다.

편두는 새와 연관이 있다. 곰이나 호랑이를 토템신앙으로 삼으면 힘의 우월과 여유로운 포식자로서 이해가 되지만 위협적이지 않은 새를 대표적 토템으로 삼았을까하는 의문이 든다.

새조鳥의 조요, 조선朝의 조자며, 조삼鳥으로 불리 우는 삼족오와 관계가 있다.

아침을 여는 닭처럼 인류문명이 시작된 곳이라는 의미와 함께 편두를 행한 주 요인은 한민족은 태양(신)과 인간을 연결하는 삼족오를 성스럽게 여겼기 때문이다.

왕족의 머리를 눌러 갓을 쓰고자 편두로 만들어서 갓에는 새처럼 깃을 꽂아 태양(신)과 동일한 왕임을 표명하고자 한 의도라 볼 수 있다.

2. 탈해왕 자신의 현몽과 그 지시를 따라 이른바 중장重葬을 치른 동시에 빻아진 시신의 뼈로 소상塑像이 만들어져 토함산에 모셔짐으로써 동악신東岳神이 되고 대대로 나라의 제사를 받게 되었다는 점인데, 특히, 뼛가루로 빚어 만든 죽은 이의 상은 시베리아 지역 샤머니즘에서 볼 수 있

는 '온곤'에 비교될 수 있는 만큼 매우 뜻 깊은 자료라고 생각된다.

3. 문명 발산지는 시베리아가 아닌 만주 및 한반도에서 사방으로, 즉 대륙에서 해양으로 나아갔음을 추정할 수가 있다. 조선朝鮮에서의 선의 조합자인 양(羊 = 대륙)과 물고기(魚 = 해양)가 그것을 말하고 있다.
   양羊에 알 수 있듯이 한반도 북부지역인 만주지역의 한민족이 천손사상과 함께 대륙으로 이동하며 세계로 진출하였던 것이며, 한반도 남부지역 魚은 해양국가로서 바다를 통하여 인도를 비롯하여 동남아와 유럽의 일부지역으로 진출하였던 것이다.

인용 둘.

- 한글은 세계의 알파벳이다 - 로버트 램지(미국의 언어학자, 메릴랜드대학 교수)
- 한글은 세계에서 가장 진보된 문자다 - 게리 레드야드(컬럼비아대학 교수)
- 한글은 모든 언어가 꿈꾸는 최고의 알파벳이다 - 존 맨(영국의 역사가, 문화학자)
- 한글은 전통 철학과 과학 이론이 결합한 세계 최고의 문자다 - 베르너 사세(전 함부르크대학 교수)
- 한글날은 모든 언어학자들이 기념해야 할 경사스런 날 - J. D 맥컬리(시카고대학 교수)
- 한글은 전 세계에서 가장 단순한 글자이며 가장 훌륭한 글자이다. 세종은 천부적 재능의 깊이와 다양성에서 한국의 레오나르도 다빈치다.
  - 펄 벅(1938년 노벨문학상 수상 작가, 《대지》의 작가)
- 세종이 만든 28자는 세계에서 가장 훌륭한 알파벳이자, 세계에서 가장 과학적인 표기법 체계이다 - 레어드 아이아몬드(캘리포니아 의과대학)
- 한글은 인류의 위대한 지적 유산 가운데 하나다 - 제프리 샘슨(영국의 언어학자, 리스대학 교수)
- 한글은 한국의 문화창작품 중 최고의 작품이라 해도 과언이 아니다"(라

이너 도르멜스 오스트리아 빈대 교수),

- 영어, 프랑스어와 달리 한국어는 쉽게 배울 수 있는 독특한 언어다. 한글 읽기를 깨치는 데 하루면 족하다. 한글은 매우 과학적이고 의사소통에 편리한 문자다." (2008년 노벨문학상 수상자 장 마리 귀스타브 르 클레지오, 프랑스)

한글은 세계 언어의 뿌리며 오래되었기에 한글에는 타 언어에 비해 단어가 많고 형용사가 다양하며 문장을 꾸밈에 더 자유롭다. 또한, 한국인에게는 문맹률이 거의 없다.

한글에서 'ㅁ'은 육체며 정체이고 'ㅇ'은 정신이며 이해를 나타낸다. 음절 하나에도 의미가 있는 매우 과학적인 언어임은 두말할 필요가 없다.

기원전 한韓나라의 가림토문자

이것 외에도 한나라는 신지문자 등 한글을 문자화하려고 많은 노력을 하였다.

세종대왕은 한글을 재정립(문자화)함에 있어 'ㅂ'자를 새로 창제하기가 제일 어렵다고 하였다.(가림토문자에도 없음)

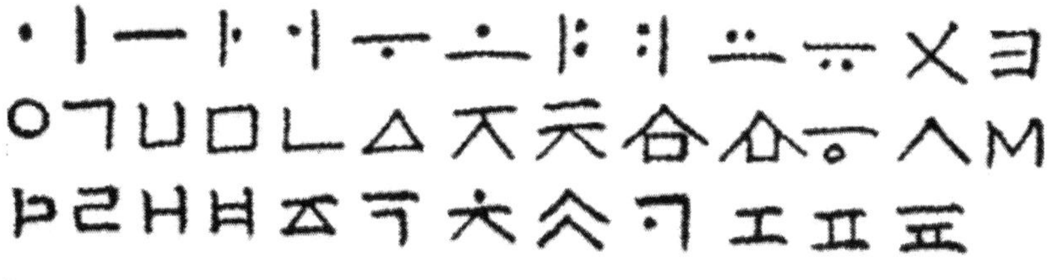

한나라는 일반적으로 사용하는 한글을 문자화 못하여 이두를 사용할 수밖에 없었고, 한나라가 창제한 한자로 의해 음역을 하고, 후에는 중국의 사

서로 한글을 추적하게 되었으니 참으로 모골이 송연하다 할 수 있다. 그렇기 때문에 밝달을 배달로 오역하는 것처럼 옛한글 'ㅂ' 발음은 현재도 제대로 해석하거나, 오역이 제일 심하다. 부여, 사비… 등등.

오역하기 쉬운 다른 이유는 별, 빛, 별빛, 빛나다, 해, 햇빛, 환하다 하는 것처럼 밤에 밝으냐, 낮에 환하냐도 구분해야하기 때문이다.

"차칸노르, 스탄, 니하오마, 모시모시, 아이러뷰, 쿼바디스 도미네, 아모레…" 현대세계의 언어는 원시언어에서 크게 벗어나질 못했다.

즉, 세계의 언어는 한글처럼 초중종성이 한 글자로 표현되는 것이 적다.

- 밥, 먹다, 땅콩, 숟가락, 좋아했다…

그 중 십(+)자를 살펴볼 필요가 있는데,

1. 위 예에서 보듯이 초중종성이 한글자로 이루어져 있다는 것은 원시원어(한글고어)가 아니라는 것을 뜻하며
2. 'ㅂ'자가 들어가 있다는 것은 현재의 'ㅂ' 발음보다는 세기가 약하다는 것이며, 또한 음 오역이 있는 'ㅂ'자라는 것.
3. '십'자는 천지인사상과 비롯된 도가도비상도를 문자에도 적용한 결과물이다.
   - 한글의 나의 니은(ㄴ)에서 한소식 들으면(깨달으면) 북두칠성의 칠七, 비匕요, 석가모니의 니尼요, 하늘(-)이 한생각 품으면 십十이요 진리이며, 삼라만상을 이루는 것이다.
   - 고로, 십(+)은 하늘의 관통이다. 사람의 관통도 한글로 십(씹)이다. 남녀의 성행위를 말한다.
   - 십이란 것은 개인 및 하늘의 통달도 뜻하지만, 육체도 소중하다는 것을 뜻하는 것이다.
   - 연고로 한나라에서의 십의 발음은 초기 발음은 시ㅂ이었으며, 인도 우주의 신 브라흐마는 붉은 해를 풀어놓은 것, 종성 없는 원시발음으로 돌아가면 비슷하며,

- 창조의 신 시바는 '시ㅂ'가 되는 것이다.

卍(만)자는 부처의 표징이며, 한자인데, 이집트 및 메소포타미아 문명에서 공통적으로 사용하였다. 그렇다면,

첫째, 이집트와 메소포타미아 문명은 동일민족에 의해 건설되었다는 것이며,

둘째, 이집트와 메소포타미아 문명 건설자가 동일민족에 의해 건설되었다면 이집트문명과 메소포타미아문명 보다 이른 문명이 존재해야 한다.

셋째, 황하문명은 이집트와 메소포타미아 문명과는 500년 이후이므로 卍(만)자에서 알 수 있는 것은 한자는 중국이 창조한 것이 아니며,

넷째, 부처의 표징으로 사용되는 卍(만)자가 부처 이전인 근 3,000년 전에 이미 사용하고 있었다는 것은 부처 이전의 부처(득오자)가 있었음을 나타내고 있다.

지금까지 이집트 및 메소포타미아 문명 등 4대문명지가 한민족이 이룩한 홍산문명보다 500~1,000여 년 늦으며, 현재 홍산문명보다 이른 문명은 발견되지 않았다.

최초의 국가성립으로 인하여 문자의 필요성이 절실함에 따라 한글고어인 가림토문자에 근거한 한자를 창조한 민족 역시 한민족이며, 그 문자를 가지고 세계로 진출하며 각자의 왕국을 건설하였던 것이다.

득오의 길을 알려주는 『천부경』을 작성한 부처 이전의 부처가 바로 한민족인 신선이며, 그 예가 10,000년 전의 『천부경』과 불교에서의 반야심경의 내용이 똑같다는 점이다.

간지스강의 신이 '강가(GANGA)'란 여신이고 강가란 말은 우리말의 '강江'과 같다

대표적인 게 바로 힌두교에서 힌두(hindu)란 발음이다. 한글을 사용하는 모든 사람이 '힌두'란 단어로 바로 알 수 있는 것은 곧, 한글로 흰머리요. 백

두이다.

흰머리 또는 해머리는 한민족의 태양숭배 사상인데, 본토인 한글발음을 고대 인도에서 변형하지 않고 똑같이 사용하였으며, 사상 또한 그대로 수용한 것임을 알 수 있으므로 한민족의 이주에 의한 결과물이라 할 수 있다.

세계 최초로 활을 발명한 한민족은 스스로에게 활弓과 함께 마음 넓고 체격이 큰仁 사람의 뜻인 대大자를 조합한 동이東夷의 이夷자는 大 + 弓인 것이다.

부처 불佛자는 활 쏘는 궁弓과 사람人을 조합한 것인데, 부처는 한민족韓民族임을 나타내기 위함이었다.

석가모니의 불교는 후불後佛시기와 이전에는 전불前佛시기가 있었다는 기록이 있다.

불佛은 고대인도의 종교+정치 지도자인 [브라만(블아만)], [바라문(발아문)]도 [블아] [발아] 즉 [벌아] 즉, [벌의 사람]이라 하겠다.

그리고 [브라만(블아만)]이 썼다는 범어梵語의 '범' 역시 '벌'과 '범'이 상통한다 하겠다.

'한웅 밝달국의 신시神市'를 한글로는 '서벌'이라 했듯이, '시市'를 '벌'이라 했는데 서벌의 '벌' , 불교의 '불'이 상통한다. 즉, 밝다는 의미이다.

" 산스크리트어(인도유럽어)는 대부분 고대 한국어인 전라도 사투리이다."

– 강상원

한국 전라도에서 현재 사용하고 있는 토속사투리가 실담어이며, 산스크리트어의 모태母胎가 되는 말이다. 산스크리트어는 실담어(산스크리트어의 어원)가 인도로 유입되면서 변조된 것이다. 1만 년 전부터 한민족은 실담어(한글)로 말하고 있던 민족이었다.

드라비다족은 본래 인도 북부지역에서 살았는데, 삼신사상, 광명신(한님)을 섬긴 아리랑(아리안)족의 침입으로 남부지역으로 밀려난 종족이다. 아리랑(아리안)족은 고대 한국어를 사용한 한민족의 갈래였고 또한, 이들의 일부가 유럽지역으로 이동하여 아리안문명을 형성하였다.

한국에 아직 전래해 오는 "아리랑"이란 노래에서 "아리랑 고개를 넘어 간다"는 의미는 저 멀리 아스라이 펼쳐진 새로운 곳으로 간다는 의미이며, "아라리가 났다"는 의미는 전장에서 승리하고 돌아왔다는 뜻이다, 오랜만에 서방을 보았으니 아내는 기뻐서 어쩔 줄 몰라 탄성을 하는 게 바로 "날 좀 보소, 날 좀 보소, 동짓달에 꽃 본 듯이 날 좀 보소"라 한 것이다.

히틀러가 게르만족의 뿌리를 찾기 위해 동북아시아까지 독일 고고학자들을 보내는데, 본래는 고대 한국인들과 체형과 풍습이 같았던 동북아시아 인종이었지만, 혼혈화된 유대인(조선피플)들처럼 그들 역시 코카서스인종과 혼혈화된 독일민족의 조상은 아리안족인이었다는 점이다.

따라서 현재 서양언어의 조상어가 이들 아리안족이 사용한 언어이기 때문에 영어에 한국어 발음이 많이 있고, 독일. 프랑스어에도 한국어가 섞여 있는 것이다.

또한, 인도 MS대학에서 인도글자의 변천을 기록한 것이 있는데, 한글의 자모와 같은 'ㄴ, ㄷ, ㅌ, ㅇ. ㅁ, ㅂ, ㄹ, ㅓ, ㅗ, ㅣ' 등이다. 영락없는 한글고어이다.

인도남부지역 타밀어에 신라의 어휘가 발견된 것으로 미루어보면 인도로 진출한 순서는 초기엔 마한이며, 후기엔 신라라 볼 수 있다.

" 잠에 일본은 다시 빠져들게 될 것이다. 훗날 우리가 해야 할일은 이루지 못하여 대신 책임질 동방민족이 이 세상을 바로 잡을 것이다. 동방민족이 서로를 믿지 못하여 남북으로 나누어지고 뿔뿔이 흩어질 것이다. 흩어진 동방민족이 동국으로 모이는 순간 그것은 전 세계가 몰락하는 날인 것이다. 독일 민족이 패망하여야 한다. 더 위대한 동방민족을 위해… 동방에서 라스트 바탈리온이 나오게 될 것이다. 인류는 새로운 끝 새로운 시작을 겪게 된다."

– 히틀러의 나의 투쟁

"이후 5,000년 간 한민족은 수많은 고초를 겪을 것이며, 외부에서 정신마저 빌려 쓰게 된다."는 유위자의 예언과 같은 맥락이다.

히틀러는 한나라의 역사에 관해 알고 있었다.

상고사시대에 한나라가 세계를 지배한 역사를, 한민족이 인류문명의 기원임을, 고도의 정신을 가지고 있었다는 것을, 한민족과 뿌리가 같은 몽고, 터키, 위그루, 네팔, 실크로드를 장악한 흉노(한민족)의 영토가 동서남북으로 갈라져 있는 현실을 직시하였던 것이며, 다시 합치면 일본은 잠에 다시 빠진다는 것을, 한민족이 4대문명의 시발점임을, 결국, 세계 문명을 시작하였기 때문에 한민족이 결자해지하게 됨을 히틀러는 알고 있었던 것이다.

그리하여 한인제석이 통치한 방법 = 노예가 없는 평등사회로 점점 나아가게 될 것임을 알고 있었다.

근대조선이 사대주의 빠진 것처럼 지금은 선진문명이라는 전제하에 서구정신을 무분별하게 수용하고 있는 한민족은 부끄러워해야 한다.

선각자 유위자가 경고하고 독재자 히틀러도 인정하고 있으며, 수많은 학자들이 안타까워해도 한민족은 노예적 정신(식민사관)에 젖어 있다는 것을 자각해야 한다.

인용 셋.

산스크리트어가 우리의 토속사투리인 증거를 결론만 한마디로 기술하면,

1. 한민족은 천축강역에서 발생한 1만 년의 역사이다.
2. 이 상고역사와 언어로 밝힌 1만 년의 역사는 일치한다.
3. 천축은 인도가 아니다. Sanskrit(梵語범어)는 인도어가 아니다.
4. 불교는 인도에서 발생하지 않았다.
5. 천측天竺에서 발생했다.
6. 역사에서 '중국中國'은 현재의 '중화민국'과 구별해야 한다.

상고사 사서에서 '중국中國'은 중심된 나라 또는 중원의 여러 나라라는

뜻이다. 나라의 중앙(임금이 있는 곳)이란 조선朝鮮이란 뜻이, 조선은 한반도에 국한 된 것이 아니다. 고구려, 백제, 신라의 삼국과 고려·朝鮮(근대조선)의 역사무대는 대륙이었다.

7. 천지인, 음양 오행사상과 불교·도교·유교는 韓民族(한민족) 고유의 우주만유자연 철학사상이며, 太初(태초)의 실담思想이다. 중화민국의 思想이 아니다.

   중국 진晋나라의 각박은 조선천독이라 하여 단군왕검 조선을 낙원이라 표현하였으며, 부처는 조선천독에서 나왔다 하였다.(강상원)

홍산문화에서 출토된 6,000여 년 전의 웅녀상을 보면 가부좌를 튼 채 두 손을 다소곳이 모으고 있다. 불교의 수도법 중 하나인 가부좌로 단좌한 모양이다.

단지 문명발견으로만 해석하자면 석가모니에 비해 3천 년 전 환웅천황 배달국시대에 이미 불교가 있었다는 것을 말하고 있으므로 전불시대가 아니라 신선시대라 불리어져야 한다.

싯담어의 예. (강상원)

(1) grahang khyene(그랑께네):

comprehended the meaning so as to make it manifest.

그 本質(본질)을 이해하고, 확인하고, 밝히는 바이다.

(2) mara kheyena(마라 켄나?):

what do you figure out and make menifest?

뭐라고 헤아리며 밝히고 있나?

(3) vame mev-ta(밤 무따!):

drink the milk, eat rice.

우유를 마시거나, 밥을 먹다.

연관성.

1. 한글은 세계어의 동질성을 이룬다.
2. 한글은 아메리카의 원주민언어와 유사하다.
3. 스페인어와 싯담어가 흡사하다.
4. 중앙아시아어와 한글이 유사하다.
5. 영어와 한글이 흡사한 것이 많다.

한글과 영어의 공통점은 매우 많으나 축약하고 축약하면 다음과 같다.

갓: God(신)과 어원이 같다. 신에게 제사를 지내던 사람이 쓰던 모자에서 유래되었다. 갓의 고어는 '갇'이다.

가: go

개구쟁이: 개구는 gag(익살, 농단, 속임수)와 어원이 같다.

거룩하다: great look과 어원이 같다.

고을: '우리 고을'의 '고을'은 서유럽 켈트 족의 거주지였던 골(Gaul)과 어원이 같다.

국 : cook(요리하다)과 어원이 같다.

기부하다: give(주다)와 어원이 같다.

김치: 독일어의 Gemisch와 어원이 같다.

노: row(배를 젓다)

덩실덩실: dancing(춤추다)과 어원이 같다.

둘소: '둘소' (새끼를 못 낳는 암소)의 '둘'은 dull(우둔한)과 어원이 같습니다.

땅: 'Pakistan' · 'Kazakhstan'의 '탄(tan)'과 어원이 같다.

똑똑하다: doctor(박사. 박식하다)와 어원이 같다.

똥: dung(동물의 배설물)

마치: match(동등한 사람, …과 대등하다)와 어원이 같다.

많이: many와 어원이 같다.

머리얹다: marriage(결혼하다)와 어원이 같다.

바구니: bag(가방)

바래다: bare(낡은)과 어원이 같다.

발랄하다: ball(무도회), ballad(민요), ballet(발레)와 어원이 같다.

방: barn(헛간, 곡식 창고)

사뿐: supple(유연한)과 어원이 같다.

색시: sexy(성적인)는 '색시 같이 예쁜'의 '색시'와 어원이 같다.

생각하다: think(생각하다)

숯: soot(검댕, 매연)

쏘다: shot, shoot

씨: seed(종자)

아기: egg(계란)와 어원이 같다.

아름: arm(팔)은 양팔을 펼쳐 껴안은 둘레라는 말인 아름과 어원이 같습니다.

아름다운: 아르(Ar)다운이 어원이다

안: 부정을 나타내는 접두어 un과 어원이 같다.

에덴: 우리문명의 발상지인 이전원伊甸園은 Edhen Garden을 한문으로 음사한 것. '하늘에서 얻은'이란 뜻이며, 수메르 문명에서는 Eden(에덴)으로 표기한다.

에라이: error(실수)

예: yes

올바르다: 올은 all(모두)과 어원이 같다.

자랑스럽다: 자랑은 giant(거인)과 어원이 같다.

진저리: gingerly(조심스럽게)와 어원이 같다. 생강(ginger)의 자극적인 맛에 놀랐던 데서 '진저리나다: 진저리치다'라는 말이 생겼다.

천둥: thunder(천둥)과 어원이 같다.

춤: charm(매력)과 어원이 같다.

크낙새: '크낙새'의 '크낙'은 knock(두드리다)와 어원이 같다.

타다: tan(햇볕에 타다)

탄탄하다: tan(가죽을 무드질하다)과 어원이 같다.

함부로: humble(천하게, 지위가 낮은)과 어원이 같다.

해자: hazard

허드렛물: 허드레는 huddle(아무렇게나…)과 어원이 같다.

허수아비: 허수는 hush(조용히 하다)와 어원이 같다.

훌륭하다: whole royal(모두 왕다운, 모두 고귀한)과 어원이 같다.

희다: white(흰)와 어원이 같다.

인용 넷.

C.H. 고든: "슈메르 사람은 동방에서 갔으며, 슈메르 사람들이 근동에서 들어갈 때에 고대적 문자를 가지고 갔다."

일본의 우에노上野景福: "슈메르의 설형문자는 복희문자이다"

천황 복희씨의 문자란 『천부경』에서 비롯한 음양오행설에 의한 팔괘이다.

『천부경』의 석삼극 무진본.

삼무란 인식하든 인식하지 못하든 이미 있다.

무(없다 0)와 무(있다 1, 혼령 영 : 없으나 있다)의 표현이다.

영국학자 크래머: "머리가 검은 동아시아인들이 문명을 다 가지고 들어와 수메르문명을 세웠다."

S. 크래머와 C.J. 볼: "이집트 피라미드와 마야 잉카 문명권의 피라미드보다 기원이 오래된 지구라트라는 고산 숭배족들의 이동 정착 중 티그리스, 유프라테스의 평원지대에 벽돌을 구워 인조산을 세웠는데, 이것이 바로 슈메르의 '지구라트'이다."

이스라엘 민족의 신관(창세기)이 한민족의 신관과 처음부터 일치하였다는 사실은 영국의 R. Nelson의 '한문과 창세기'에서 밝혔다. 성서의 사본인 쿰란공동체(세례요한공동체)의 사해문서에는 고대 한자어들이 많이 기록되어 있다. 즉, 기독교 발생지는 만주와 백두산 지역임을 보여주고 있다.

슈메르인에게서 발견되는 태양숭배, 삼신숭배, 간장점, 상투, 평좌법, 씨름 등이 한민족과 같다.

한국어와 슈메르어가 유사성이 많다는 것은 우연의 일이 아니다.

아누(Annu) [최고 신] 하느님 [하느님, 上帝]

Bad 바드 [밭] 밭 (Bat) [밭, 田]

안 (An) [天] 하늘 (ha) [하늘, 天]

Na 나 [나 1인칭] 나 Na [나, 我]

기르(Gir) 길 (Gil) [路]

Ge 그 [3인칭] 그 Ge [3인칭]

라 (Ra) [~에서] 로 (Ro) [조사]

이 [1 인칭] 이 [지시대명사]

아비 Abi [아버지] 아비 (Bo) [夫]

Uhma 움마[엄마 母] 엄마 Uhma [엄마 母]

니므 Nim [님 任] 님 (Nim) [사람 任]

* 한국어와 슈메르어는 교착어이며, 어근을 같이 한다.

환국 환인제석 안파견이 만주의 최고신 아브카이한으로 불리우고 중앙아시아에서는 통치자 아바칸이 되었으며, 슈메르어로 안파-게니(Anpa geni : 안파견 : 하늘의 삼위신)를 사용하는 것은 우연이 아니다.

'아사달'과 신성한 도시 '아이사타'와 슈메르의 '아쉬테' 또한 우연이 아니며, 코카서스의 박타르와 박달, 독일신화에서의 찌우와 치우, 구약 성경에 등장하는 gebarkan(강력한 군주)은 환웅천황 거발한과 다름이 아니다.

이미 환인제석 환국 시대부터 세상으로 진출한 것임을 보여주고 있다.

제6대 단군왕검의 이름은 달문인데, 수메르 신화에서는 딜문이며, 제9대 단군왕검은 아술이고 그 또한 메소포타미아의 나라인 앗수르를 의미한다.

고어한글은 환인제석 환국시대부터 이어 내려온 것으로써 받침 없는 단어인 여타 언어와 같았을 것이다. 점차 단어에 초중성이 모두 있는 한글로 진화해 오고, 한자를 병용함에 따라 한글고어가 적지 않게 상실되었으나, 그 당시의 받침 없는 한글을 찾아나가면 세계 언어의 공통부분이 더 많이 밝혀질 것이다.

중국에서 한자로 표시된 갑골문자 해석률이 30%에 불과한 것은 이미 한자의 차원을 넘어선 것을 뜻한다. 다시 말하면 고대사 유적의 문자를 해석하려면 반드시 한글고어 연구자가 있어야 한다는 것을 말한다. 유대인을 셈족이라 표현된 원초는 사막의 샘(오아시스)에 근거하여 생활하였기 때문에 슈메르 등에 진출한 한민족이 통용함에 따라 굳어졌을 가망성이 크다.

한민족은 예부터 백의민족이라 불리었는데, 몽골도 흰옷을 중시하고 아라비아인을 비롯해 세레요한의 공동체도 흰옷을 중시하며, 아즈텍 라칸족 역시 흰옷을 입었다.

슈메르인의 일족인 이스라엘 민족이 내세우는 선민이란 의미가 조선피플[the chosen]이다. 이는 곧, 단군왕검 조선의 사람(한민족)이 주축이며, 슈메르를 넘어 중동 및 유럽으로 퍼져 나갔다는 것을 나타내고 있다.

불교, 유교, 도교 및 이슬람교, 구약, 기독교의 근원은 『천부경』이다.

홍산문명, 요하문명, 대문구, 슈메르문명의 공통점은 여신숭배 : 마고=여와, 웅녀로서 이집트의 달의 여신, 그리스의 비너스, 기독교의 마리아로 이어졌다.

인용 다섯.

" 인류의 기원은 이집트가 아니라 한국인이다"

– 존 카터 코벨과 앨렁 코벨

" 왕조 시대 직전 이집트인들은 동방에서 온 새로운 종족에 의해 정복당했다"

– 영국의 이집트학자 브라이언 에머리

" 고왕국의 피라미드 건설자는 아시아에서 온 비흑인 침략자"

– 플린더스 페트리

이집트 유물을 보면 다음과 같이 한민족에게 있는 특성이 모두 나타난다.

1. 위의 벽화를 보면 세모, 아들 '子, ㅅ, ㅣ, ㅁ, ㄱ, 一, ㅇ, 二' 및 아라비아 숫자 7 등이 보이며, 다른 벽화에서는 큰대大자가 보인다. 영락없는 가림토문자이며, 체계화하지 못한 한글을 대체하기 위한 초기의 한글, 한자인 것이다.
2. 이집트 전시실에 전시되고 있는 미술품 가운데 람세스 이세 부조

(BC.1279-BC.1213)가 있고, 이 부조그림을 보면 머리와 콧잔등이 이어져 있고 이마가 거의 돌출되지 않았으니 분명 편두이며, 한국 고대에는 왕이 편두를 하였다.

3. 봉황과 삼족오 등 새를 믿는 한민족과 같이 새 모양으로 청동으로 만든 다음 금으로 상감을 해서 끼워 박은 호루스 신은 이집트 사람들이 가장 일반적으로 믿는 신으로 작은 신상이나 새 눈을 그린 것을 부적처럼 몸에 지니고 다녔으며, 이집트 왕은 태양의 아들로서 지상에서 하늘(태양)로 자유롭게 날 수 있는 새(삼족오)를 신성시하고 숭배했던 것이다.
4. 이집트 왕은 파라오라고 불렸는데, 파라오는 위대한 집안이라는 뜻으로 후손 대대로 이어진 왕족 출신이라는 것을 말하고 있다. 왜냐하면, 이집트는 비흑인 아시안이 건설하였기 때문에 고대 한국의 왕족의 후예로서 왕국을 건설하였음을 말하고 있다.
5. 이집트 사람들은 파라오 왕의 능력이나 존재는 세계가 만들어질 때 신에 의해서 주어진 것이라고 믿었다. 그래서 왕은 태양신 라의 손자이고, 태양신 라를 이집트 최초의 왕이라고 믿었다. 환인제석과 환웅천황과 그리고 비로소 인간인 단군왕검처럼 파라오는 태양신이 아들이라 표명하며 태양신을 경외하는 것 역시 같다.
6. 한나라의 대표적 정신인 삼신사상, 삼태극을 달리 표현한 삼신일체사상인 일목삼신어가 이집트에서도 발견되었다.

4대 문명의 공통점은 다음과 같다.

첫째, 기후가 따뜻하고 큰 강 유역에서 발생하였다.

둘째, 전제 군주가 출현하였다.

셋째. 도시가 형성되었고, 문명(문자 등)이 발생하였다.

넷째, 법률이 제정되었다.

다섯째. 거석문화가 발달하였다.

여섯째, 태양숭배 사상이 있었다.

첫 번째 큰 강 유역에서 문명이 발생한 것은 벼농사를 지을 수 있는 곳, 즉, 물이 필요하였기 때문이며 17,000년 전부터 이어온 그 당시에 최초인 벼 재배능력을 가진 한민족이었기 때문에 가능한 것이었다. 한자 병秉자의 두 가지 뜻은 잡다와 벼를 묶는다는 뜻이다. 그것이 시사하는 바는 벼 재배법을 알면 권력을 잡을 수 있다는 것을 보여준다.

두 번째 공통인자는 소수정예로써 세계로 진출하였고, 우주 내 모든 존재에게 절대적으로 필요한 식량의 풍요에 의하여 강으로 사람들이 몰려왔기 때문에 급격한 인구증가와 함께 소수정예로써 다수를 통치하여야 했기 때문에 전제군주는 필연적이었다.

4대문명에 비해 500년에서 1,000여 년 정도 앞선 홍산문명(만주 및 한반도) 지역은 같은 민족이었기 때문에 홍익인간, 제세이화, 광명개천이란 사상에 의해 인본주의적 사상으로 통치하였지만 홍산문명으로부터 거리가 멀면 멀수록 전제군주의 강화는 필연적이었다.

세 번째의 경우는 한민족은 홍산문명 이전 시기부터 이미 체계화 되지는 않았으나 세계최초로 체계화를 거친 한글 고어인 가림토문자와 그것으로써 파생된 한자를 창조하여 사용하고 있었기 때문이며, 다른 이유로는 최초로 국가를 성립함에 따라 문자가 절대적으로 필요함과 동시에 국가란 체제자체가 구성원에게 보다 높은 차원의 예술성과 정신을 요구하였던 것이다.

네 번째는 몰려온 다수의 사람을 컨트롤할 필요성이 절대적으로 제기되는 것이기도 하지만, 단군왕검 조선에는 이미 8조 법금이 있었다.

다섯 번째와 여섯 번째는 세계에서 제일 먼저 건설된 홍산문명에서도 집안의 피라미드 및 한민족의 무대였던 중국 서안에도 피라미드가 있는 것은 한나라 시절부터 한민족에게는 적석총의 문화가 있었기 때문이며, 거석문화는 필연적이었다. 즉, 4대문명 외 잉카, 마야 등 한민족에 의하여 세계의 거석문화가 이루어진 것을 말한다.

현재도 한국 내에 위치한 산을 가보면 산행자는 뒤이은 산행자가 불편하지 않도록 길에 굴러다니는 돌을 주워 횡으로 쌓으면 면적을 많이 차지하기 때문에 길 한편 구석에 종으로 차곡차곡 쌓는다. 같은 연유로 4대문명지에서 농사를 처음 짓게 된다면 땅을 일궈야 하며, 많은 돌이 나오는 것은 기정사실이다. 한민족은 『천부경』에서 알 수 있듯이 천손사상(하늘, 태양)을 가진 민족이었으므로 쌓여진 돌을 오히려 유용하게 활용하여 신석기에서의 고인돌로 비롯된 하늘을 향한 거석문화가 발전된 것은 필연적이라 할 수 있다. 구체적으로 말하자면 돌은 굳건하게 변하지 않고 늘 그 자리를 지킨다. 고인돌은 영원을 상징하는 것이며, 고대로 부터 영원을 향한 순장의 풍습을 이어왔기 때문에 거석문화가 발생된 것은 필수적인 것이다.

고인돌로 비롯된 제사 및 장례풍습이 점차, 적석총으로 바뀌면서 천원지방으로 표현되는 하늘을 의미하는 둥근 제단과 지신地神(웅녀)을 의미하는 방정한 네모의 제단을 사용하였는데, 같은 연유로 제단인 피라미드 건설은 너무나 당연한 일이다.

메소포타미아, 이집트 및 마야문명에서도 한민족이 세계로 진출한 곳에서 여지없이 거석문화를 볼 수 있는 연유이다.

슈메르인이라 불리 우는 한민족이 중앙아시아에서 인도로 남하하면서 폭이 10m나 되는 도로를 건설했으며 상수도와 쓰레기 처리장은 물론 공동 목욕탕까지 갖춘 계획도시를 만들었는데, 잉카를 포함한 남미 도시에서도 돌을 정교하게 다듬어 배수로를 만든 것으로 보아도 공통점은 고대 한국인이라는 것을 나타내고 있다. 또한, 메소포타미아, 이집트 등에서도 볼 수 있는 하늘(태양)을 숭배하는 거석으로 된 제단을 진출한 곳에서는 반드시 만들었다. 참고로 태호 복희씨와 여와씨의 고대 그림을 보면 여와는 컴퍼스를 복희는 직각자를 들고 있는 것으로 봐서 그들은 뛰어난 수학, 과학문명과 함께 피라미드를 건설하는 방법을 알고 있었다고 보아야 한다.

한민족은 세계로 진출하고자 베링해협을 건넜으며, 세계에서 최초로 고래 사냥을 한 민족이었기 때문에 해로를 이용하여 남방지역과 인도 및 유럽에도 진출하였다.

위에서 거론되지 않은 그 외의 공통점은 편두가 만주 및 한반도와 연해주 시베리아 초원지대, 중국, 인도, 메소포타미아 및 이집트와 유럽과 미주대륙에서도 나타난다는 점이다.

환웅천황 배달국 14대 치우천왕과 전욱은 편두를 한 것으로 보는 견해가 있고, 중국사서에도 편두는 한민족의 풍습이 있다 하였다. 한민족의 편두 풍습은 적어도 서기전 6천년 이상으로 거슬러 올라감으로써 이집트문명이나 메소포타미아 문명보다 훨씬 앞선다.

기원전 3-4천 년 전 중동에 슈메르 문명을 건설한 고대 한국인들은 백두산지역에서 떠난 소호씨이다. 그들은 한민족의 상징인 봉황과 소토템을 가지고 일부는 슈메르로, 일부는 인도로 남하하였다. 따라서 중동지역과 인도에는 봉황(서남해지역의 꼬리 긴 닭)과 농경지역인 한나라에서 근원을 둔 소를 숭상하였고 그들의 언어는 마땅히 고대 한국어이다.

인도지역과 중동지역은 강과 바다를 통하여 문화적 교류를 지속했다는 사실이 고고학적으로 밝혀진 것이 의미하는 바는, 동족이었음을 나타내고 있다.

슈메르인들이 중동지역에 왕국을 건설하면서 하늘에서 내려 온 왕권이라고 점토판에 기록했는데 12환국 중 하나인 수밀이국을 말한다.

한나라의 역사인 환인제석 시대의 12환국과 12지신은 거석문화에서 공통되게 나타나며, 복희여와도에서는 복희씨와 여와씨가 하반신이 뱀의 형상으로 반인반수로 둘이 엉키어 있다. 이는 깨우침의 사상에서 유래된 것으로써 '깨닫는' 그 순간이 곧 일반 사람이 가지고 있는 아집, 독선, 허영 등에서 벗어나는 = 뱀이 허물을 벗어나는 것과 같은 해탈의 경지에 이르게 되는 것을 뜻하며 즉, 지혜로운 사람이 되었다는 것을 뜻하고 있다. 뱀은 지혜를 상징한다. 또한, 복희여와도는 이후 세계에서 나타나는 반인반수의 시조이다.

슈메르에서는 뱀의 신이 등장하고, 아즈텍에서는 12머리를 한 뱀의 조형물이 출토되었으며 이집트 및 그리스 등 12신을 섬기는 다신교국이 많다. 예수의 제자도 12명이다.

또한, 슈메르인들의 설화와 지혜서들을 토대로 편찬된 구약경의 에덴동산의 시원지는 백두산지역이며, 기독경에서 에덴동산은 동방이라 기록하고 있는 것은 그것을 뒷받침한다.

또한, 『천부경』에서는 유불도의 합일과 개인의 자유를 제시하였지만 한나라와 거리가 멀면 멀수록 삼신 사상의 농도가 적어졌으며, 또한, 멀어질수록 더욱 남성화, 신격화, 절대화된 것을 볼 수 있다. 구약에 하늘이 노하고 불로 태워버리리라는 경고의 표현이 많은 것은 한나라가 세계로 진출하면서 소수정예로 절대다수를 통치할 수밖에 없었기 때문이었다.

한나라엔 득오자(선각자)가 많았다. 추구해온 가치를 살펴보면 존엄적 자존:천:군주(도교), 최상의 윤리:지:군자(유교), 득오한 개인:인:천상천하유아독존(불교)란 세 가지의 가치를 추구한 것이 나타난다.

법은 인위며, 인위면 구속이므로 최소한으로 하고 능동인 세 조직이 상호 능동적 흐름을 물 흐르듯이 흘러가는 것을 즉, 그 셋의 황금비율을 찾기 위해 노력하였던 것이다.

반면에 구약과 신약은 지배하기 위한, 피지배계급을 통치하기 위한 암묵적 의식이 흐르고 있다.

인도 불교에서 말하는 수미산은 수밀이(소머리)로 동방 백두산을 의미한다. 그들은 백두산 대신에 앞에 보이는 히말라야산을 상징으로 삼았다.

한민족의 정신인 홍익인간, 제세이화, 광명개천, 그리고 『천부경』, 『삼일신고』, 『참전계경』의 사상을 지니고 한민족은 외부로, 세계로 진출하였던 것이다. 또한, 벼 재배 능력으로 가짐으로써 큰 강이 있는 곳에 터를 잡았으며, 의식주 중 가장 우선되어야 할 식량의 풍요로 인해 사람이 몰려왔고 도시국가를 건설할 수 있었다.

눈치 챘는가?

다 알고 있는데, 정작 한국인만 한나라를, 한민족을, 밝달 민족임을 모르고 있다는 것을, 위대한 역사를 지녔음에도 유위자가 "이후 5,000년 한민족은 갖은 고초를 겪으면서 자신을 스스로 부정하고 정신도 남에게 빌려온다."고 한 예언대로 한민족은 스스로 역사를 부정하며 비참에 빠져 있다는 것을.

눈치 챘는가?

문명의 발산지가 물이 있는 곳에서 다발적으로 일어났고 동시에 거대 돌문화와 태양의 문화가 동일하게 보여질 수밖에 없었던 이유를, 한나라와의 거리 차가 가깝거나 멀기 때문에 문명발생 시기가 차이가 있음을, 슈메르 옆의 그리스가 부흥하고, 그 옆의 이탈리아가 그 다음에 부흥한 이유를.

아놀드 토인비는 "역사(모든 문명)는 동방에서 시작되었다." 하였으며, 폴란드 수학자 브로노브스키 역시 고대 그리스문명을 동양 문화권에 묶어두었다.

가장 빠른 홍산문명과 그로 인해 최초인 언어를 지니고 창조적 발상에서 비롯된 세기를 뛰어넘는 문명을 접하며, 『천부경』에서 비롯된 고도 정신에의 빠른 접촉은 곧, 부흥이었던 것이다.

이탈리아인이 여타 서양인에 비해 키가 작고 검은머리가 많은 것은 우연이 아니며. 유럽인에게 있어 동양인과의 DNA 비율이 50:50이란 것은 그 긴 역사에 비추어 보면 놀랄 일도 아니다.

이제야 알겠는가? 그 당시 유대인들이 자신들을 일컬어 '조선피플the chosen'이라 하였으니, 곧, 조선인(한민족)이란 것이며, 다른 내포는 조선인임을 자랑스럽게 여겼다는 것을, 한나라의 8조 법금과 구약이 비슷하며, 석관문화가 있었음을, 구약원전에 선민의 뜻이 조선으로 표기되었으며, 현재도 영어철자 조선(chosen)이 선민이란 뜻을 지닌 단어가 된 이유를, 조선朝鮮에 내포된 의미 때문에 양이 선, 즉 착함의 상징이 되었고 물고기가 오병이어로 유용이 되었음을, '네 이웃의 아내를 탐내지 마라'는 정신은 한민족의 뿌리 깊은 사상임을, 모세가 이집트에 있었던 이유를, 소돔과 고모라에서 롯의 아내가 소금기둥이 된 것은 한나라의 망부석에서 비롯되었다는 것을, 길가메시 서사시로 비추어보면 성경이 길가메시를 비롯한 수메르 신화를 카피한 쪽으로 결론이 나는 것을, 수메르, 메소포타미아, 이집트의 여러 설화와 구약이 비슷한 이유는 한민족에 의해 한나라에서 취합한 신화 및 설화를 인용하였기 때문이다. 그러니, 밀의 재배가 벼보다 늦은 원인에 대해 고민하지 말라.

서구가 아메리카 침략 시 석기를 쓰는 인디언도 보았는데, 알래스카를 포함하여 곳곳에 철기유적이 나타나고 고인돌이 나타나는 이유에 대해서도 고민하지 말라, 이른 시기에 넘어간 한민족이 외딴 곳에서의 정보부재에 의한 삶의 지속이었고, 북아메리카에는 철이 생산되지 않았으며, 배링해로 걸어 갈 수 있을 때까지 넘어갔기 때문이다. 그러니 1492년 콜럼버스가 신대륙을 발견했다 하는 것은 어처구니없는 일이다.

헤로도투스도 고민하지 말라.

한나라는 친구문화 때문에 동쪽은 관대하였고 아직 친구가 아닌 서쪽엔 냉혹하였던 것이며, 인력 적은 고구려가 한, 수, 당에 걸쳐 110만여 침략군에도 연전연승한 것은 고구려 서쪽, 중국 북쪽에 있던 친구들이 한수당의 후방 보급로를 공격하였기 때문이다.

마빈헤리스 역시 아메리카에 대한 의문에 대해 더 이상 고민하지 말라.

발해인이 아즈텍문명을 건설하면서 이웃의 왕자를 건국의 시조로 삼은 것은 베링해를 거쳐 먼저 넘어간 한민족이었음을 알고 있었기 때문이다.

손성태 논문 '중남미 고대어에 나타난 우리말 흔적 – 아즈텍 문명과 잉카 문명의 언어'는 우리 조상의 것이라고 주장한다. 그 증거로 문장구조, 조사, 개별 단어 등 여러 측면에서 나와틀(Nahuatl)어와 케추아(Quechua)어에 우리말의 흔적이 매우 많이 남아있다 하였다.

문장구조의 경우 '주어+목적어+동사'로 어순이 일치하며 주어의 생략이 가능한 것으로 나타났다. '가/이, 의, 을/를, 에서, 와/과, 로, 로부터, 끼리' 등의 조사를 사용하며 그 종류와 쓰임새도 우리말과 일치하고 있다. 우리말이 그대로 남아있는 경우도 여럿 있다. '나와틀'이라는 말 자체가 나와(나)+틀(복수형어미 '들')이며, 즉, '우리'가 지금도 남아있는 예라는 것이다. 아즈텍(Aztec) 역시 스페인어 발음으로는 '아스떽'이며, 이는 곧 '아사달'이라 하였으며, 날(nal), 오다(wala), 가다(ga), 여기(ye), 누구나(noo' yuna), 어제(izi'i) 등도 우리말과 일치한다고 하였다.

또한 그는 아리랑에서 유래된 'alariga' (아라리가)란 말이 나와틀(Nahuatl)어에서는 '이렇게 해서(영어의 thus)'의 뜻이며, '아라리가 났네.'는 '그렇게 해서 이겼네.'란 표현이다 하였다.

아리랑은 친선경기나 전쟁에서 이겼을 때 부르는 승리가 또는 승전가라고 주장했다.

손성태孫成泰는 직접적인 관련 없이 이처럼 공통점이 많기란 불가능하다며 "세계 문화사를 다시 써야 할 정도로 깜짝 놀랄만한 큰 발견"이라고 주장하였고 "인류가 베링해협을 건너 미주 대륙으로 이동했을 것이라는 가설이 상당한 설득력을 가졌음에도 불구하고 그동안 구체적인 증거가 없었다며 언어적 관점에서 그 증거를 찾아낸 셈"이라고 말했다.

아직도 멕시코는 아즈텍시대로부터 이어져 온 한국과 똑같은 윷놀이를 하고 있으며, 현재도 윷놀이에서 한글과 똑같이 말은 말이라 부르고, 모가 나왔을 경우 〈조오타〉란 말을 사용하고 있다. 즉, 한글로 '좋다'는 의미이며 아즈텍어도 여타 언어와 같이 한 단어에 초중종성이 결합된 글자가 거의 없기 때문에 '조오타'로 변질된 것이다. 또는 아즈텍문명 건설 당시에는 한민족 역시 초중종성이 결합하지 않은 조오타로 발음했을 가능성도 많다.

스페인은 아즈텍을 침략하면서 언어와 풍습을 지켜온 수장들을 처형하여 전통문화는 대부분 사라지고 가톨릭문화로 대체되었다, 하지만 500년이

나 전해 온 전통놀이 중 윷놀이, 자치기, 구슬치기, 말타기, 공기놀이, 팽이치기, 줄팽이, 굴렁쇠, 씨름 등은 한민족의 고유 놀이이다. 잉카와 아즈텍은 한민족이 남미로 진출하여 이룩한 문명인 것이다.

아메리카 인디언과 잉카 및 아즈텍인의 공통점은

1. 몽고반점이 있다.
2. 한민족의 전통놀이와 같은 것이 많다.
3. 언어가 한민족의 언어와 같다.
4. 한민족의 상징인 까마귀와 곰을 신성시하였다(아메리카 인디언).
5. 한국은 산이 많아 산속 사람들은 산에서 계단식 농법을 하였다.
6. 거석문화를 이루고 있다.

특이한 것 하나는, 동충하초이다.

1. 상고사 관련 책이 거의 없는 한국에서 기록을 찾는 게 매우 어려우나 한민족인 은에서 최초로 기록이 발견된 것은 의미가 크다.
2. 단군왕검 조선은 선진문명이었고 은은 제후국이란 점을 상기하면서, 환국과 은의 시간차는 10,000여 년 이상 차이가 나므로 한국에 관련서(상고사서)가 없어졌기 때문이지 은에서 기록이 나왔다 해서 중국의 유산이라는 생각은 오류이다. 동충하초의 재배가 만주 및 한반도가 꼭 늦었다는 결론을 내리는 것은 매우 경솔하다.
3. 동충하초의 분포지역은 한반도는 물론 중국의 오지 사천, 운남, 청해, 감숙 지방과 티벳, 네팔, 러시아의 연해주와 남미의 해발 3,000~4,000m의 고산대이다. 각 지역은 한민족이 이동한 지역임을 떠올린다면 결코 우연이 아닌 필연적 결과라 할 수 있다.
6. 한민족에게서 동충하초가 유래되었다는 근거는 『천부경』의 사상인 무진본, 부동본, 본심본의 사상과 같기 때문이다. 음에서 양으로, 다시 음

으로. 무에서 유로, 그리고 다시 무로··· 색불이공, 공불이색, 색즉시공, 공즉시색의 사상이 있었기 때문에 동충하초를 발견해 내었을 것이다.

최근 학설에 의하면 발해가 만주에서 먼지처럼 홀연히 역사에서 사라진 이유가 백두산의 화산폭발에 의한 것이라는 주장이 제기되었다. 그 시기 세계의 토양을 추출하여 검토한 결과 당시에 지구온도가 내려갔음을 입증하였으며, 이후 만주에 무혈입성한 거란(요)이 송과의 오고간 수차례 문서에서 식량이 매우 궁핍함을 계속 강조하는 것으로 봐서는 화산재로 인하여 농사를 지을 수 없었던 것과 함께 소출이 매우 적었다는 것을 말한다.

즉, 백두산이 있던 만주의 발해인은 일부는 고려로 투항하고 일부는 아즈텍으로 갈 수밖에 없었다.

발해인은 또한, 크메르로 소금과 벼 재배법을 가지고 가서 크메르 호수의 생선을 저장, 유용하여 부를 축적하였고, 소금에 절인 물고기를 일꾼들에게 제공하여 단백질을 보충하게 하여 거석문화를 이룰 수 있었다.

고구려 요동성이 해자 성이었으며, 앙코르와트도 해자성이다.

한민족은 고대부터 남방과 인도를 포함 유럽과도 육, 해로를 이용하여 교류하였기 때문에 인도의 문명이 한반도에 있는 연유이며, 로마의 유리제품이 한반도에서 많이 출토되는 연유이다. 거석문화를 사막, 고산, 밀림에 구축한 연유는 농사를 짓는 땅이 중요하였기 때문이다.

17,000여 년 훨씬 이전, 세계최초의 재배볍씨. 식량의 잉여.

10,000여 년 전의 『천부경』. 그 위대한 정신.

기축문화의 시원인 삼신사상이 분화되면서, 모든 종교가 절름발이로 시작됨에 따라 각각의 권위화는 필연적이었었다.

홀로인 도교, 조직의 강화를 초래한 유교, 숙명적인 불교, 또한 만주와 한반도에서 거리가 멀면 멀수록 신격화, 남성화 및 절대적인 태양신을 숭배한

한 슈메르, 이집트, 기독교, 잉카 등 남미지역에서 볼 수 있는 연유이다.

기독교는 '지금이란 현재는 인간만이 인간을 행복하게 할 수 있다.'는 명제를 잃어 버렸다.

『천부경』의 자유로움이 숙명으로 바뀐 것을 말한다.

본래 자유로운 존재인 인간이 신의 굴레영역으로 바뀌어 진 것을 말한다.

…

……

………..

그렇기 때문에 세월이 흐르고 흘러 문명이 발전하면 할수록 인간은 더욱 괴로워졌다.

『총, 균, 쇠』의 저자 제레드 다이아몬드가 간과한 것이 있다.

문명발전이 인류학적 요소가 아니라, 환경적 요인에 기인하는 것에는 동의하지만, 결론적으로 말하면 '발전이 곧 발전은 아니다' 하는 것이다.

총과 쇠를 개발하여 지금이 과거보다 발전했다고 생각하는가?

현재의 인간이 과거에 비해 행복하다 할 수 있는가?

남이야 어떻던 총을 들이대며 침략국에 있는 모든 것을 다 뺏어간 제국주의가 발전이라고 생각하는가?

발전이란 명분하에 더 살상적인 무기 더 폭발적인 무기, 더 잔인한 무기가 발명되었다는 것이 뜻하는 것은 다름 아닌 힘의 세기가 정신문화보다 더 강화된 = 고로 인류사는 후퇴한 것이라 말 한다면 오류라 할 수 있는가?

쓰레기 양산에 의해 지구가 황폐해지는 것, 수질오염으로 의해 다시 사용수로 전환하기 위한 비용증가, 그 둘로 인해 토질이 오염되어 소출이 적어짐에 따른 식량 값의 증가, 그 셋과 함께 최고의 수익만 강조한 나머지 각각의 오염과 식량의 오염으로 점점 늘어나는 암환자. 그로 인한 가계경제의 악화, 그 넷과 함께 횡횡하는 불신에 빠져있는 개인들.

발전이라 볼 수 있는가?

달이차면 기우는 법. 식량의 풍요로서 인간은 비만과 함께 고혈압 등 성인병은 늘어났고, 포만으로 인하여 신체는 허약해졌으며 물질의 풍요로 인해 정신은 이기적이 되었고, 사람과 함께 이뤄나가는 게 아니라 홀로 물질의 편리함에 빠져들게 만들어 개개인이 홀로인 소외를 자초하고 있다.

현재까지의 인류역사란 정신병적이어서 정신병자를 양산하고 있으며, 권력적이어서 권력을 쥐기 위한 맹목에 놓여 있으며, 탐욕적이어서 정신도 육체도 물자도 쓰레기로 토해내야 하는 문명의 발전이라는 점이다.

또 하나, 서구에서 『총, 균, 쇠』가 비약적 발전을 하게 된 원인은, 한나라가 서구로 진출함에 따른 서구에서 지어낸 드라큐라와 한민족이 즐겨먹는 마늘에서 비롯된 공포와 동경이 어우러진 결과였다는 점이다.

- 유럽은 무엇보다 총의 발전에 총력을 기울였고 지금도 마찬가지로 특히, 미국은 전쟁무기의 발명에 집착하고 있다. 그로인하여 유행처럼 번진 서구의 제국주의는 침략국으로부터 유무 적인 모든 것을 피탈하면서 그에 따른 서구가 현재 여유인 이유이다.
- 정신의 콤플렉스로 하늘, 자연, 인간 및 너, 나, 우리 같은 삼신사상이 아니라 단편적인 각 각의 학문만을 비약시켰고, 감성(구약)이 요구되는 종교에 이성(신약)을 지나치게 강화하여 정신화, 신격화, 남성화로 바꾸었으며, 그 절대화로 인하여 사람인 신앙자가 신의 허무인 공간에 홀로 남아 있게 만들고 말았다.

왜, 도가도비상도이니까… 뭐든 지나치면 도가 아니니까, 『천부경』에 숨어 있는 무(0)는 유(1)이다. 도가 심하다는 것은, 0이란 의미 하나 발견으로 인해서 그 많은 구 인도인을 자살하게 만드는 것이다.

굳이 도를 말하자면… 굳이 말하라 한다면… 굳이. ok! 너 좋고 나 좋아 우리 모두 좋으면 되지 않겠는가, 그리하여 도가도비상도인 것이다.

진공묘유, 현빈, 태허가 공통적으로 뜻하는 바는 인간이 행하는 인위를 가능한 하지 말라는 것이다. 말이 말을 낳듯이 인위는 인위를 부르기 때문이며, 점차 사람에게 구속으로 다가오기 때문이다.

그 인위들로 인해 의도하든, 의도하지 않았든 간에 후세는 새로운 시대적 숙명=억겁으로 쌓인 숙명 — 공기처럼 보이진 않으나 마셔야 하는 것처럼 사람들을 그 숙명에 눌려 있게 한다. 그것은 제국주의 피탈국에 억지와 모순이 아직도 만연한 것과도 같다. 인위란 것은 인간이 인간에게 자연적 숙명 외에도 불가피한 숙명을 가압하여 존재를 피로하게끔 만든다. 그것은 모든 동시대 인간에게 부여되며 그 어느 누구도 덜어낼 수 없는 숙명이다. 무위의 중요함이 더욱 필요해지는 작금이다. 유위를 줄여야 한다. 유위는 인간이 업을 계속 짓는 것이며 그로 인해 업을 억겁으로 쌓아가고 있기 때문이다. TV 등 방송매체를 통한 정부, 종교, 기업 등 다수에 의한 표출 — 연속극, 뉴스, 선전, 광고, 토크 등 다양한 방법을 통한 국민의 우매화를 의도한 유위를 멈춰야 한다.

법의 만연, 지식의 숭상, 권력에의 함몰, 배금주의 깃발(인위) 등을 내려야 한다. 또한, 개인으로서도 타인을 자신의 생각에 꾸겨 넣으려 하는 인위를 멈춰야 한다. 그것은 나도 타인도 자연스런 삶을 방해하는 것이어서 나도 타인도 분노와 억눌림의 늪에서 허덕이게 만든다. 모든 인간에게 가해지는 숙명의 중력이 더욱 강해지기 때문이다.

그렇기 때문에 개인의 인생을 개인만의 인생이라고 말할 수가 없는 것이며, 고로 개인은, 조직은, 사회는, 국가는, 세계는 스스로 개인의 가진 무게의 가압(시대적 숙명)을 덜어주는 것이 최선의 과제가 되어야 한다고 말할 수 있으며 고로 불변의 진리 하나는 개인 모두가 깨어나서 숙명의 굴레에서 벗어나는 — 해탈하여 자유로운 삶을 향유하는 것이라 할 수 있다. 현대인의 불행 중 하나는 무엇이든 하나라도 해야 행복하다는 착각에 놓여있다는 사실을 주지해야 한다.

하늘은 빛나고 땅은 습기를 머금고 있어 박테리아, 잡초, 토끼, 호랑이, 고래… 사람이 그리하여 지구가, 우주가 모두 유쾌, 상쾌, 호쾌, 통쾌하면 되지 않겠는가.

왜, 인생이란 의미는 사람과 사람이 어울려 사는 것임에도 불구하고 다윗이 '신에게 속죄 받았다,'며 그를 숭상해야 하는가? 다윗은 농락한 여인들에게 용서를 구했는가?

왜, "군주는 백성을 힘 있음을, 잘남을, 똑똑함을 추구하게 하지 마라…" 하였는가. 추구하게 되면 싸움이 나니까, 탐욕을 더욱 일으키니까, 똑똑한 척 하게 되니까.

왜, 도가도비상도니까, 도가 무어냐 물어 보길래 굳이, 말한다면… 도가 지나치면 도가 아니니까, 도를 강조하면 속박이니까. 도가 없으면 경솔해 지니까.

한 학자가 도를 구하고자 이름 있는 선각자를 찾아다녔다. 한 도인에게 묻자 그는 한 마디만하였다. 그 후 다른 도인에게 도에 관해 묻자 그는 아무 말도 하지 않았다. 그는 마지막으로 장자를 찾아가서 물었다. "도를 묻자 한 사람은 한마디만 하고 두 번째 사람은 아무 말도 하지 않으니 도대체 무슨 의미이냐." 하자 장자가 말하기를 "아무 말도 하지 않은 이가 진실로 깨달은 자이다"라 하였다.

언어는 유위며, 어떤 말이든 유위를 더욱 강조하는 지라 본래 자연인인 인간을 구속 하게 되는 원초가 되기 때문이다.

다른 면으로 살펴보면 탐욕을 부추기고, 잘남을 추구하게 하고 권력에의 의지를 돋우게 하여 결국 분열을 일으키기 때문이다.

왜, 한나라의 확장에 의한 공포로 피탈된 그들(서구 제국주의)로 의해 피라미드는 마야는 앙코르와트는 전설로 남았다.

우연은 필연을 부르고, 필연은 우연이 있어야 이루어진다.

"왕조 시대 직전 이집트인들은 동방에서 온 새로운 종족에 의해 정복당했다"란 분석은, "한민족은 물이 있는 곳에 정착하여 벼농사를 지었고, 식량의 잉여로 주변에서 사람이 몰려와 고대국가를 형성하였다."가 정확한 표현이다.

한나라는 그 당시에 최적의 문명을 이전하였으며, 식량의 재배 등 물적 풍요 뿐 아니라, 자연에의 순응 - 부족해도 만족하는 정신도 같이 뿌렸다.

정착지의 자본을 한나라로 가져가지 않았다.

이후 서구 및 일본의 제국주의 마냥 정신적 피탈도 있을 수 없었다.

왜, 지금도 이해하기 어려운 81자 인본이 바탕인 『천부경』 정신이기 때문이다.

하물며 서구는 현재 제국주의 시 동양 및 온 대륙의 자본과 각종 지혜마저 수탈하였고, 하였는데… 지적재산권이란 명분하에 원창조자들에게 사용료를 내라고 하고 있다.

갖은 자본 및 노동력을 착취한 제국주의로 여유를 누리는 선진국이 피탈된 후진국에서 뺏어간 지적재산권마저 빼앗더니 이젠 지적사용료를 내라 하고 있다. 그것은 손 안대고 코푸는 것이나 다름없다. 단물을 뽑아 먹으면서 후진국이 한걸음씩 올라갈 수 있는 사다리마저 치워버린 그들이다.

땅 위에 있으므로 상이 아니라, 사람 위의 사람이라는 권력의 논리로 치장한 그들은 그들만의 리그에 불과하며 그들이 주도하는 삶이란 황폐화 될 것이며, 파멸로 귀결될 것이다.

복희문자→주판→ 파스칼의 계산기→ 진공관→ IC→ 컴퓨터→ 스마트폰.

창조의 변천사이다. 주판 없이는 스마트폰이 발명되지 않았으며, 한민족인 태호 복희씨의 문자를 이해하여 이진법으로 재해석한 라이프니츠가 없었다면 컴퓨터도 스마트폰도 발명되지 못하였다.

일적십거一積十鉅이므로 최초인 한민족 태호 복희씨에게 지적사용료를 내야 되는 게 맞지 않을까? 늑대를 인간의 영원한 반려자 개로 최초로 가축화한 것도 한민족이다.

양을 기르며 풀을 먹여야 하는데 사람이 말을 타고 몰이를 하는 것보다 늑대 한 마리 출현으로 양이 일사분란하게 움직이는 걸 보고 필요성이 제기되었으며, 창조의 경우처럼, 직관력이 탁월한 심미안이 있어 사나운 늑대를 보았는데도 기를 수 있는 확신이 있었기 때문이다.

한민족이 이주한 곳에서 벼를 심어 식량을 생산한 것을 처음 본 사람에게 있어서는 바로 六이요, 혁명이며, 빅뱅이다.

그 이후 밀을 재배하든, 고양이를 가축화하든 아무나 할 수 있는 것이다.

사람이 하나 그으면 부처요, 엄마가 하나 그으면 어머니요, 우주가 하나 그으면 십(+)이요, 먼지 하나가 한소식하면 일적십거 무궤화삼一積十鉅 無匱化三이라, 그리하여 삼라만상이 이루어 진 것이다.

…

……

인중천지일人中天地一이다.

그 중 천지인 중에서 최고는 마음 넓은 사람이니라.

…

……

그러니 겸손하며 욕심을 버리고 버려야 함을… 기록이 없어 다행이지 않은가? 그 까마득한 시절의 한나라의 창조력을 상상해보라, 세계에서 지적사용료만 수거해도 한국은 영원불멸할 것이니까.

재배 볍씨 하나만 생각해보라, 경작이 좀 더 일렀다면, 혹은 좀 더 늦었다면, 지금 당신은 존재하지 못하였을 것이다. 고로, 한민족에 의해 이승에 태어나게 된 것이니만큼 고로, 새로 탄생하는 모든 인간은 지적사용료처럼 해석하면 한민족에게 감사세를 내야 하지 않은가.

필연과 우연은 뫼비우스 띠처럼 엇갈려서 이어진 것이기 때문이다.

현재까지의 서구란 자국 백성만을 위한, 자국만을 위한 잉여 추출이지 않은가, 문화, 지식, 경제 등 모든 걸 빨아들이는 블랙홀이며 문제는 그로써 머물지 않고 문화 재정립, 이론의 경제화 하물며 각종의 시스템까지도 자본화하고 있지 않은가.

미국식 자본주의의 본말은 GDP 성장 우선에 위한 다국적기업으로의 이윤극대화로 가고 있는데, 가고 있으니 국가의 부채는 늘어나고, 늘어나니 백성에게 1/n 징수를 반복하고 있다.

연고로 미국과 같은 구조를 지향하는 한국도 극부와 극빈, 두 계층으로 귀결될 것은 너무나 명약관화하다.

아리스토텔레스의 주창인 이자소득세만 징수하는 것은 구시대의 좁은 구멍에 현대의 정신을 꾸겨놓고 있는 것이나 다름없다.

타인에 비한 부의 지나친(양과 질 및 정확. 정당성 확보?) 어느 개인으로의 함몰.

국가자본 대비 지나친(양과 질 및 정확. 정당성 확보?) 어느 집단으로의 블랙홀.

미래를 보고 그들에게 창조세, 쓰레기세, 잉여세, 생물멸종세, 인류멸망앞당긴세 등을 부과해야 한다.

일례로 쓰레기 양산에 의한 수거비용을 누가 치러야 하는가.

소비자? 백성에게 공익을 제공할 의무가 있는 국가?

또, 1/n을 징수하면 되는가? 왜, 또 내야 하는가? 남이 내니까 나도 내니 덜 억울해서 인가? 법률로 제정하였으니까? 전기 사용량 증가로 인하여 전기 확보를 위해 댐을 건설한다면, 건설비용은 누가 지불해야 하는가? 이미 돈을 많이 가져간 에디슨도 내야 되지 않겠는가? 수질오염, 토지오염에 의한 작물의 생산력 저하와 그에 따른 부대산업의 침체 역시 에디슨도 책임져야 하지 않은가? 발전이란 명분하에 벌어지는 만연한 환경오염은 누가 책임질 것인가.

위성, 휴대폰, 전자파 증가 - 꿀벌 감소 - 꽃의 감소 - 식량감소.

꽃을 보지 못하게 되었는데, 고단한 이 삶에서 유일한 낙이었는데, 누가 책임져야 하는가, 누군가는 돌려놔야 하지 않은가.

당장 양봉업자는 수입이 줄었는데, 그로 인한 부대사업도 침체되었는데… 식량 값은 오를 것인데, 누가… 왜. 누군가는 돈을 무엇보다 우선으로 생각하여 불법을 합법으로 가정하든… 자신은 배를 불리고 일반 사람에게는 병과 약을 주었고 가계를 악화하기 때문이다.

현재의 경제구조란 게 돈이 발생하는 곳에서만 돈을 가질 수 있다.

역으로 말하면 돈이 발생치 않는 곳에서는 최후에는 임종을 맞이하기 위한 비용마저 다 쓰게 만들며, 심지어 자식에게 빚을 안겨야 하는 구조이다.

연예인에게 관심을 가진 10대의 주머니를 겨냥하여 10대에 알맞은 또는 10대를 현혹시키는 방향으로만 나아가고, 나아갔기에 가요계 내에서 그 외는 모두 침체를 겪게 되는 것과 마찬가지이다.

효용의 법칙이란 것도 되는 곳에서는 되는 곳에서만, 안 되는 곳에서는 안 되는 곳에서만의 효용일 뿐이다.

즉, 안 되는 곳에서는 되는 곳과의 양과 질에서 부족함으로 인한 가치의 절하가 아니라 안 되는 곳에서의 피땀이 되는 곳으로의 꿀로 변환되는 것을 말한다.

농부가 농사를 하며 투입하는 노동력은 우리가 생각하는 것보다 강도가 훨씬 쎄며, 그들이 늙어 허리가 굽어지는 노동력에 비하면 농산품의 가격은 싸다고 할 수 있다.

물론 농산품이 비싸면 도시의 공장노동자의 급여가 올라가야 하며 그에 따라 생산품의 가격이 올라가야 한다.

그러나 그것은 단언컨대 현재처럼 최고의 관리자에게 묻지도 따지지도 않고 최대의 수익을 보장하는 경우이다.

만약, CEO에게 합법을 가장한 불법이든, 마케팅을 위한 거짓이든 간에 CEO가 거의 모든 수익을 가져가지 못하도록 한다면 오히려 구매력 있는 다수가 발생될 것이며, 연고로 농부가 투입하는 노동력은 정당하게 보상받을 수가 있는 것이다.

휴대폰 하나가 쌀 한가마보다 훨씬 비싼 것이 뜻하는 의미는 ― 경제규모가 낮은 곳에서 큰 곳으로 흐르는 제로섬이론과 같다.

현재를 이어간다면 인류사의 경제 역시 무한한 원의 궤도만 돌게 될 것이다.

효율, 효용, 최대의 이익, 경제논리에 사람을 맞추려 하고 있기 때문에 현대인은 밥 먹을 시간도 없다.

효율을 비롯한 경제논리 때문에 제반인의 노동력이 더욱 필요하기 때문이다.

자본가의 이윤 극대화란 것은 공공에 사용할 국가재원을 국가가 백성에게 1/n씩 걷는 만큼, 자본가가 백성총합 1/n을 더 가져간 것이다.

CEO가 이익을 최대로 가져가는 것은 백성의 세금으로 쓰레기를 처리하는 비용, 수질오염, 토지오염, 환경오염을 처리하는 비용으로 충당하는 것과 다를 바 없다.

이익을 최대 남기어 가져가는 이익우선 생산자에게 그 이후에 발생하는 비용을 포함하지 않았기 때문이다.

세계고층건물 태반이 대기업이거나 보험회사이거나 다국적 제약업체 소유란 게 의미하는 것은, 소득이 정해져 있는 백성이 불확실성 미래 대비 지출이 많은 것을 뜻하는 지라 다른 생산품 구매를 줄일 수밖에 없다.

건물이 높다는 것은 화학약품 판매이익이 이외 생산품 재판매가 이익률에 비해 높다(양과 질 및 정확. 정당성 확보?)는 것을 의미하고 있으며, 타산업의 부실을 초래하고 있는 것이나 다름없다.

암을 진단 받고, 6개월 선고를 받으면 환자는 6개월이 되면 죽는다.

효과 없는 비싼 화학치료로 인한 다국적기업의 폭리는 의대 신입생을 포함… 의사에게로까지 많은 돈이 로비로 현재도 세계 각국에서 쓰이고 있는데도 건물의 높이는 올라가고 있다.

공포인 암으로 인하여 보험은 또 들게 되고 정해져 있는 소득이기 때문에 다른 생산품 구입을 포기해야 하므로 타산업의 침체가 옴에도 보험사 건물은 높이 올라간다.

- 결국 그 비싼 방사선치료, 화학치료는 6개월에 맞춘 치료라 할 수 있다.
- 비싼 지불을 하였는데도 효과가 없다는 것은 암은 공포로 다가온다. 값비싼 치료방법도 효과 없을 뿐이라는 암묵적 무의식이 저변에 흐르고 있어 공포의 최초 원인인자이다.
- 암에의 자연 치료제 조제, 판매하는 행위는 자격증 위법이라 한, 각국 판사의 선고는 공포의 두 번째 원인인자이다.
- GDP 성장을 위해 다국적 제약업체를 밀어준 국가는 결론적으로 경제 쇠퇴의 원인인자를 도출한 것이며 세 번째 공포의 인자이다.
- 천연치료제와 자격증 있던 의사와 미국의사협회와(FDA 포함)의 타협 결렬의 원인이 무료냐 유료의 차이였는데, 개인인 의사가 무료화를 주장했다는 의미는 공포의 다음인자이다.
- 개인은 자본가의 이익을 보장하는 연유로 인하여 잉여된 생산품, 곧 쓰레기로 버려질 쓰레기 비용까지 포함되어 있는 구입 대가 = 미래란 즉, 이미 대가 지불 상승인 현재로 되어가는 시점인 탓과 함께 예비비를 마련하기 위해서 맞벌이를 해야 한다.
- 기업가는 폭리를 취했음에도 국가만큼 공공에 사용할 의무는 없다.
- 국가는 침체된 경제를 회복하기 위하여 필연적으로 공적예산으로 부실을 회복시켜야 한다.

그렇다면 국가여. 돈은? 또, 1/n?

마찬가지로 연예인이나 스포츠스타의 경우 역시 고액의 광고비를 지불받는 것이 뜻하는 바는 자본가의 속성상 상품에 값을 포함시킨 것으로써 고액의 광고비는 전체 소비자의 총합 1/n만큼 가져간 것이 되므로 지나친 대가를 지불받은 것이 된다.

결국 원인인자들로 인하여 세계경제는 늘 불안한 완만한 후퇴의 속성을 가지고 있다고 볼 수 있다.

부정으로의 일적십거 무궤화삼이다.

처음부터 불순하였기 때문이다.

너무 많은 어류를 포획하는 자에게도 인류멸망앞당긴세를 징수해야 하며, 코끼리 상아를 얻기 위해 무차별 죽임을 하는 자에게도 인류멸망앞당긴세를 징수해야 한다.

또한, 잉여로써 잉여를 더욱 축적한 자에게는 보잉보잉세를 물려야 하며, 그것도 점보점보로 징수해야 한다.

왜냐하면, 거의 대부분의 사람은 먹고사는 것 자체가 힘든데, 개인의 신성한 노동에 비해서도 개인의 능력에 비해서도 너무 많은 것을 가져갔기 때문이며, 많이 가졌다는 것은 다른 사람이 덜 가져간 것이기 때문이다.

일례로 잉여로써 부동산을 구입하여 가격을 올린 후 폭리를 취하고는 빠져나갔기에 오른 집값을 서민의 봉급으로는 구입하기 어렵게 만들어 버렸기 때문이다.

인간의 삶을 더 지치게 만들었으니 더블로 듬뿍듬뿍…,

"우주는 팽창하고 팽창하다 다시 수축한다."

고로, 팽창이 아닌 축소, 절약, 검소, 절제가 요구되는 시점이다.

고로, 똑똑하기 보다는 바보같이 마음 넓은 사람이 필요하다.

『천부경』으로 다시 돌아가야 한다.

천, 지, 인 모두 존귀하므로 너, 나, 우리 모두 존엄한 삼신사상으로 귀착하라는 의미이며, 하늘, 자연, 사람을 공경하고 이해하는 본래 자유로운 사상으로 회귀해야 한다.

정신, 육체, 마음 모두를 소중히 생각할 수 있는 여유 있는 세상으로 돌아가야 한다.

한나라(하나이며 밝고 큰)이며 한마음의 나라로 돌아감을 의미한다.

민족을 떠나, 국가를 떠나, 빈부를 떠나, 권력의 유무를 떠나… 현재의 시스템 상 인간은 더욱 탐욕적이어야만 되고, 더욱 이기적이어야만 되며, 더욱 정신병적이 것을 요구하기 때문이다.

백은 하얗다는 다른 표현인데, 하얀 것은 착하다는 것을 뜻하며, 백은 100이기도 해서 백수는 건강하게 장수하라는 의미요, 하얀 수염인 신선이 되어 평안하라는 축원이며, 어른에의 공경을 말한다.

또한, 백수는 직업 없는 사람을 뜻하는 바, 무위자연인 신선처럼 시간을 보내고 있으니 아직 젊은 사람은 자격이 없으니 노동을 하라는 역설의 재촉이다.

악은 지나치게 화를 내어 '니 속도 괴롭고 남의 속도 뒤집어 놓지 말라'는 악쓰지 말라는 것에서 유래된 바, '인생은 선도 아니고 악도 아니다.' '그때 그것이면 그것으로 된 것이다.'

진정한 악은 너도 남도 괴롭게 하는 것이고, 선만 추구하면 반쪽의 삶에 불과함을 경고한 것이다.

벌은 꽃을 피게 하는 곤충이며, 넓은 들도 벌이어서 벌은 벌을 마음껏 돌아다녀야 한다.

바닷가 넓은 들은 뻘이고, 넓은 뻘에 홀로 있는데 모든 사람이 나만 바라보면 뻘줌한 것이다. 너무 잘난 척하지 말라는 것이며, 니 말이 맞아도 맞지 않다는 뜻이다.

혈관 내의 혈액을 피라 하는데 선각자는 굳이 껍데기 - 가죽을 피자를 만들어 피부라 통용되게 한 것은 겉과 속이 갖으라는 것이며, 늘 한결 갖으라는 의미요, 육체와 마음과 정신을 합일하여 어서 득오하라는 신선의 온화한 은유이다.

십+과 육체적 십, 부처 불佛과 아니 불不 = 육체도 정신도 모두 소중하다는 동음이어들.

사람이 고생 좀 해야 사랑을 안다.

몸, 마음, 이해… 'ㅁ'은 고체. 정체, 육체며, 'ㅇ'은 우주고 자유이며 정신이다.

몸과 마음(사랑)과 이해의 차이는 동그라미가 하나씩 많아지는 것이다.

'ㅇ'가 많아질수록 향유할 자유의 양은 늘어난다.

최초의 선각자, 신선, 태호 복희씨, 노자, 유위자, 부처, 원효, 경허….

한민족에게 득오자가 많은 이유는 언어에 삼신사상과 도가도비상도 사상이 내포되어 있어서 이며, 한민족이 머리가 좋다는 것도 언어에 있다.

언어 사용을 넘어 언어유희가 자유로움은 그 이후 맞이하게 될 것들에의 자유로움을 이미 확보한 셈이 되기 때문이다.

한글은 뜻의 유희가 가능하며, 발음적 유희, 동음이어에 의한 은유적 유희도 가능하다.

"배를 타고 배를 타니 배를 먹어 배가 부르다."

선박, 섹스, 과일, 식사까지 한 것이 '배' 한 단어에 다 포함되어 있다.

유리알유희. 정신을 합일하자는 그리하여 평화로운 인류로 가자 던 헤르만 헤세, 언어부터 통일해야 한다.

통일되면 민족 간 우열도 점차 없어진다.

한글은 이미 17,000년 이전에 세계화되어 있었다.

슈메르 언어, 이집트, 구약, 멕시코언어, 미국 지명 코네티컷은 인디언 발음대로 표기한 것인데 - 뜻은 큰 강가 옆임. 한글로 읽으면 큰 내(내천 川)의 곳이다(손성태).

한민족은 벼를 재배하여야하므로 강가로 가서 정착하였기 때문이다.

시애틀 역시 인디언의 언어이다. 시애틀을 사이에 둔 두 부족장의 공통된 이름 씨앗틀에서 유래되었다 하는데, 한글로는 씨앗틀=모범이 되는 사람을 의미한다.

아메리카로 진출한 전후의 차이일 뿐 동일어를 사용하는 동일 민족임을 나타내고 있다.

그 외도 네가람은 나이아가라, 여자는 가시나, 지붕=덮이, 여보시오=보시오, 이쁘다=이쁘나, 마을=리, 네 개의 바다=네바다, 도끼=토막 등이 있다.

브라질에서 생선이란 단어 피라는 한국의 담수어 피라미이다. 피라미… 피라냐… 피라미드… 메시아의 어원은 불교에서 말세중생을 구제하러 올 미래불인 미륵(마하트리아 혹은 메테아)에서 유래했다.

신선이 발명한 한자는 중국이 쓰고 있으며, 문자화(체계화)하지 못한 한글 고어가 일본어이다.

단어를 외워야 사용할 수 있는 언어들, 발음에 제약이 있는 언어들, 같은 단어가 지역마다 발음이 다른 언어들, 타 언어와 결합하지 않으면 독자적으로 발현되지 못하는 언어들… 사람 간에 상호소통하며 유용하고자 발명한 언어가 오히려 사람에게 표현상, 발음상 등으로 스트레스를 받고 있다는 것을 알면서도 방치하는 것은 옳은 일이라 할 수 없다.

하루면 족하니, 문맹률이 없어지며, 게다가 언어유희도 맛볼 수 있으니 한글로써 하나가 되어 가야 한다.

바벨탑이 무너진 이유는 저마다 높이, 높이 세우려 한 욕심이 근원이다.

훌훌 버려야 한 언어로 갈 수가 있다.

한글을 세계 공통어로 내세우는 이유이다.

· 한글은 모든 언어가 꿈꾸는 최고의 알파벳이다.

— 존 맨(영국의 역사가, 문화학자)

· 한글은 전통 철학과 과학 이론이 결합한 세계 최고의 문자다.

— 베르너 사세(전 함부르크대학 교수)

· 한글은 인류의 위대한 지적 유산 가운데 하나다.

— 제프리 샘슨(영국의 언어학자, 리스대학 교수)

· 한글은 한국의 문화창작품 중 최고의 작품이라 해도 과언이 아니다.

— 라이너 도르멜스(오스트리아 빈대 교수)

· 영어, 프랑스어와 달리 한글은 읽기를 깨치는 데 하루면 족하다. 의사소통에 편리한 문자다.

— 장 마리 귀스타브 르 클레지오(2008년 노벨문학상 수상자, 프랑스)

근본적으로 세계의 안녕과 평화 그로 인한 인류가 지닐 미래가 삶의 질 및 조직의 질 향상을 위해서도 개인마다 득오자가 되어야 한다.

『천부경』에서의 10까지 각각 숫자 중 육六에 주목해야 한다. 1(음), 2(무), 3(무인식), 4(양), 5(존재)까지는 태어나면서부터 이미 갖춰져 있었으나 육(六, 인식, 일묘연, 깨달음)이 있어야 깨달아야만 7(정신의 완성), 8(마음의 완성), 9(세상의 완성), 10(우주의 완성)이 이루어질 수 있다는 것을 『천부경』은 말하고 있음에 주지해야 한다.

고로, 노자, 부처, 공자, 예수, 모하메드를 다시 합쳐 신선인 삼신사상으로 돌아가야 한다.

삼신사상에서 하나만을 취하여 절름발이로 시작된 절름발이 콤플렉스에 의한 거품(권위화와 숙명적 및 고립)을 제거하여 다시 총화인 삼족오로 가야한다.

두 다리가 정상이지만, 남은 한 다리는 멋있는 사람한테는 멋있다고 인정할 수 있는 여유로 남겨두어야 한다.

일이 안 풀리는 사람에게는 온화한 미소를 지을 수 있는 이해로 남겨두어야 한다.

네 다리 짐승이 갑자기 두 다리 인간을 보면 놀라지 않겠는가, 그러니 세 다리가 필요하다.

한마음 한 뜻으로 하나가 되어 환하게 웃으면서 한나라로 돌아가야 한다.

노예가 없었던 한인제석 한나라로 돌아가야 한다.

원점이다.

발전이 아니라 원점이다.

UN의 역할을 확장하여야 한다.

UN이 한(하나이며 밝고 큰)나라가 되어, 쓰레기세, 꿀벌세, 수질오염세… 보잉보잉세를 징수하여야 한다.

왜, 지구를 위하여 사용해야 하니까.

국가에 맡기면 자국만을 위하니까.

전쟁보다 기아로 죽는 사람이 더 많은데, 이대로 방치할 것인가.

아프리카 사막화를 마냥 보고만 있을 것인가, 생산의 활력으로 바꿔가야 하지 않겠는가, 원초적 불능을 계속 방치할 것인가.

종족 간 싸움에서 호랑이의 싸움이 제일 짧은 이유는 피차 한방이 있기 때문이며, 침팬지의 싸움이 제일 긴 이유는 충분히 먹을 수 있는데도 저쪽 집단보다 더 먹고 더 편하려고 하기 때문이다.

죽은 에디슨에게 수질회복세를 내라고 할 수는 없고, 빌게이츠에게 이미 지난 꿀벌감소를 초래하여 식량 값을 올려놓았으니 식량감소세를 징수할 수는 없으니, 지금부터라도 인류멸망앞당긴세를 징수하고… 보잉보잉세까지 징수하여 한나라인 UN으로 하여금 우주와 자연과 인류를 위해서 사용하게 하여야 한다.

CEO가 회사원에 비하여 월급을 독식하여서는 아니 되는 이유다.

컴퓨터 회사는 해킹에 대비하지 못했으므로 현재 각국에서 해킹으로 인한 피해액에 대한 각국의 1/n을 징수해야 하며, 지구인이 겪고 있는 정신적 피해에 대해서도 인간고통세를 징수해야 한다.

각 국의 군을 없애고, 최소의 경찰만 존재하게 하여야 한다.

각국의 모든 핵폭탄은 즉시 없애야 한다.

조직원이 소 권력자에게도, 권력자에게도 인간만이 인간을 행복하게 할 수 있다는 통합 하에,

인간이 인류를 불행하게 만드는 모든 것에 대한 불복종이 의무화, 정당화 되어야 한다.

권력자에 대한 절대복종자가 능력자가 되는 것이 불가능하도록 해야 하며, 절대복종자는 스스로 인간 밖에 홀로 살아야 하는 대의를 지향해야 한다.

최고 권력자는 자신의 권력을 배분하고 또 배분하여야 한다.

역대의 폭군들이 권력에서 퇴출당하며 "나에게 직언을 한 신하가 없었구나." 하고 뒤늦은 탄식을 하였음을 잊지 말아야 한다.

'하'가 '상'에 대해 경을 취하지 않고, '상'이 '하'에 예를 취하지 않으면 바이러스 걸린 꿀벌이 되도록 해야 한다.

남자는 이해로의 경향이 강하고 여자는 사랑으로의 경향이 강하니 서로 차이점을 존중하여, 남자는 여자의 수다를 가만히 들어주며 "많이 괴로웠구나." 말하며 미소 지어주면 족하다.

합리적 결론에 입각한 이해를 요구하지 말고 그 시간에 그냥 설거지를 하라,

아내는 공부 못해도 좋으니까 친구랑 재밌게 놀라는 남편을 존중하라,

자식에 대한 회초리가 눈물을 가슴속에서 흘리며 행동하는 사랑임을 이해하라.

산은 못난 나무가 지키는 법.

잘난 나무는 궁궐의 대들보로 쓰이나니 내 자식만 잘나게 하지마라 국가의 자식일 뿐이다.

풍요가 나아갈 바지만 풍요란 빈한에도 만족이 있는 것임을 알아야 한다.

노동 등 고통이란 것도 내가 존재함으로써 느낄 수 있는 희열이며, 행복이라는 걸 알아야 한다.

발전과 성장이 좋은 것만은 아니라는 걸 알아야 한다.

전기의 발명은 인간을 잠을 덜 자게 하였으며 경쟁의 심화로 자살을 가져온 원인이기도 하며,

벌의 감소를 불러와 꽃의 쇠락과 물을 오염시키는 원인이며 식량의 감소를 불러온 것이기도 하다.

인간이여, 인간이 꿀벌보다 못해서 되겠는가,

UN이 징수해서 우주, 지구, 자연, 인간을 위해서 사용하여 인간의 탐욕을

원초적으로 제거해야만 한다. 물론, UN을 견제하는 기구도 있어야 하거니와 힘의 세기는 논외 하고 각국이 돈을 UN으로 넘기는 데 있어 국가가 UN이 행하는 각종 사업을 검토하여 많고 적음을 조정하는 시스템도 마련되어야 할 것이다.

또한, 사업진척 및 사업을 입안, 계획 및 결과에 대한 유익과 유해는 물론이거니와 선명성과 검토 및 수정의 단계를 반드시 거쳐 인류사의 유용에 초점을 맞춰 가부를 묻는 시스템 역시 구비되어야 한다. 그렇지 아니하면 공산주의처럼 종교 및 조직, 민주 및 평등을 지향한 법을 무력화함에 따라 스탈린과 같은 잔혹한 독재정권에 대항할 다른 권력이 없게 되어 계속 독재자가 탄생하기 때문이다. 또한 홀로 권력을 쥔 UN의 독점을, 횡포를 막을 수 없다.

각국은 한꺼번에 무기를 버려서도 아니 된다. 핵무기는 당장 폐기하더라도 일반 무기는 천천히 없애야 한다. 급격한 게 아니라 천천히 민주와 평등을 향해 나아가야 한다. 그렇지 않으면 힘이 균형이 이루어지지 않기 때문에 전쟁을 유발할 수가 있고 공포가 존재하게 된다.

급격하면 부정적 방향으로 가고 있음에도 쉬이 수정할 수 없어지며 차근차근 나아가야 국가와 조직은 물론, 인류애를 향한 가치를 점차 수용할 수 있게 되기 때문이다.

물론 현 국가와 현 조직과 현 개인도 현재의 패러다임에 의해 움직여 왔기 때문에 급격함은 의도하지 않은 엉뚱한 곳으로 흐르게 할 수 있기 때문이다.

그럼으로써 인류를 위해 밀림을 수호하고 있는 — 발전을 유보하고 있는 인도네시아, 말레이시아, 브라질 등에 보호료를 주어야 하며 그렇게 하지 않으면 인류사는 앞으로 나아가면 나아갈수록 더욱 정신병자를 양산할 것이고, 탐욕만 부추길 것이어서 많은 생물과 무생물의 단종과 파괴와 쓰레기의 양산으로… 시간이 흐르고, 흘러… 흘러흘러….

우주는 스스로 자정 중이므로 인간만이, 인간의 탐욕이 우주는 물론 지구와 인류를 불행의 나락에서 헤매게 하고 있다. 고로, 인류멸망을 앞당기기 때문이다.

달이 차면 기우나니
닭이 울어야 해가 뜨고
꽃이 피니 벌이 오는구나.
땅이 있으니 허공이 있어
허공에 걸터앉은 달이 밤을 지새야
해는 다시 뜨는 도다.
신선이여 어디로 가셨는가.
돌아와 제자를 불러
계곡에서 바둑이나 두시게.

오해와 진실

고기古記에 일렀다. 옛날 환인제석桓因의 아들 가운데 환웅桓雄이 있어 천하에 자주 뜻을 두고 인간 세상을 탐구貪求했다. 아버지가 아들의 뜻을 알고 삼위태백三危太伯을 내려다보니 인간들을 널리 이롭게 할 만 했다. 이에 천부인天符印 세 개를 주어 내려가 다스리게 했다.

환웅은 무리 삼천 명을 거느리고 태백산 꼭대기 신단수神壇樹 아래로 내려와 이곳을 신시神市라고 불렀는데 이 분이 환웅천황이다. 풍백風伯, 우사雨師, 운사雲師에게 곡식, 수명, 질병, 형벌, 선악 등을 맡기고, 무릇 인간살이 삼백 예순 가지 일을 주관하여 세상에 살면서 교화를 베풀었다.

때마침 곰 한 마리와 범 한 마리가 같은 굴에서 살았는데 늘 신웅神雄에게 사람 되기를 빌었다. 이 때 환웅신이 영험한 쑥 한 심지와 마늘 스무 개를 주면서 "너희들이 이것을 먹고 백 일 동안 햇빛을 보지 않는다면 곧 사람의 모습을 얻으리라"고 했다. 곰과 범은 이것을 얻어먹고 삼칠일三七日 동안 몸을 삼갔다. 곰은 여자의 몸이 되었지만 금기를 지키지 못한 범은 사람의 몸을 얻지 못했다. 웅녀熊女는 혼인할 자리가 없었으므로 늘 단수壇樹 밑에서 아기를 배게 해달라고 빌었다. 이에 환웅은 잠시 사람으로 변해 웅녀와 혼인하여 아들을 낳으니 이름을 단군왕검壇君王儉이라 했다.

단군왕검은 요堯 임금이 왕위에 오른 지 50년 만인 경인년에 평양성에 도읍하고 비로소 조선朝鮮이라 일컬었다. 또 도읍을 백악산白岳山

아사달阿斯達로 옮겼는데 그 곳을 궁홀산弓忽山이라고도 하고 금미달今彌達이라고도 한다. 그는 1,500년 동안 나라를 다스렸다. 주周의 무왕武王이 즉위한 기묘년己卯年에 기자箕子를 조선에 봉하니 단군왕검은 곧 장당경藏唐京으로 옮겼다가 뒤에 돌아와 아사달에 숨어 산신山神이 되었다. 수壽는 1,908세였다.

한韓나라의 건국신화이다.

환인제석 환국이후 그로부터 까마득히 먼 근대조선의 고종은 일제국주의가 근대조선을 탐하며 갖은 포악으로 한반도를 유린하는 긴박한 시점에 근대조선을 대한제국이라며 대내외로 공표한다.

1. 환인제석桓因帝釋 환국, 환웅천황桓雄天皇 배달국, 단군왕검檀君王儉 (고)조선朝鮮에 관한 통찰이 있었음을 말하고 있으며
2. 환인제석, 환웅천황, 단군왕검에 관한 역사서들을 통독하였고 한나라의 상고서가 조선에 있었다는 것을 나타내고 있다.
3. 현재도 한민족이 의아해 하고 있는 나라 한韓자와 환국의 환桓과 환웅桓雄의 배달국倍達國 및 나라 명을 (고)조선朝鮮으로 삼은 각각의 의미와 관련성을 알고 있었다는 것이며
4. 고종이 긴박한 그 당시에 굳이 대한제국이라 표명한 내포는 우리나라는 17,000여 년 이전부터 세계를 통치한 역사가 있으니 이제 기울어가는 조선 내외의 한민족은 자긍심을 가지라는 것이요. 일본 등 제국주의는 경거망동하지 말라는 경고였다.

현재 한국에는 한국의 상고사에 관한 책이 거의 없다.

환국桓國 환인제석桓因帝釋시대 이후 단군왕검 조선朝鮮까지 한韓민족이 사용하든 한글의 뜻과 모양을 기초로 하여 한민족이 창조한 한자漢字를 중국은 계속 사용해 왔는지라 한자로 쓰여 진 고서는 자신들의 언어로 쓰여

졌다는 이유로 갖은 기록을 중국의 역사로 치환하고 있으며, 서적이 존재하기 때문에 중국에 이롭게 역사를 왜곡하여 왔다. 최초로 중국 통일을 한 진시황은 한韓나라에 대한 콤플렉스를 없애고자 한나라 상고사 서적을 분서갱유하였었고, 일본은 조선을 침략하여 20여 만 권에 달하는 조선의 책을 불태우는 동시에 한민족의 상고서는 일본으로 모조리 가져가 스스로 왜곡한 역사적 사실들을 지금도 지속적으로 호도하고 있다.

지금도 중국과 일본이 역사적 사실을 왜곡하며 어떤 경우에는 뒷골목의 깡패처럼 생떼 쓰는 이유는,

1. 두 나라는 한국에 상고사관련 서적이 거의 없다는 것을 알고 있다.
2. 한국 내 주류사학인 식민사관 학자들이 오히려 "한국에는 만주역사가 없었다."며 중국이 동북공정을 펴는 것을 도와주고 있으며, 역사학자들이 새로운 역사적 사실을 제시하면 식민사학자들은 일절 수정하지 않는 만행을 일삼으며 기득권을 유지하려 하고,
3. 한국 내 친일파와 함께 유일신을 주창하는 기독교인들이 기독교의 근원이 한민족인 줄도 모르면서 단군왕검 조선을 부정하기 때문이다.

그런 연유로 한국 학자에 의해서가 아니라 중국, 일본에서 역사를 탐구한 서양의 학자들에 의해서 한민족의 상고사가 하나하나 제대로 입증되고 있는데 반해, 한국사학자들의 활동이 적은 것은 한국학자인 경우 한국 내 한민족의 상고서가 없는지라 한국사를 제대로 입증하기란 쉽지 않으며, 새로운 학설과 의문점이 생긴 것을 입증하려면 중국이나 일본으로 가야 하는데 그들은 한국 학자에게는 국수주의적 성향으로 기울기 마련이다.

고종은 왜, 대한제국大韓帝國으로 국호를 바꾸었을까?

다른 것은 알겠는데, 한韓은 어떤 의미인가?

우선 무엇보다 한나라, 한민족의 시원인 환국의 환桓자에서 비롯한 한민족이므로 환桓자와 한韓자와의 연관성을 찾아내야 한다.

『설문해자』에 따르면 "환桓자는 호단절胡端切 호胡의 ㅎ과 단端의 '안'이 결합한 글자로써 한이라 읽는다며, 사람들이 한을 환桓으로 잘못 쓰고 있다." 하였다.

호자에서의 "古자는 십十은 진리이며 ㅁ은 설파한다."는 의미로써 "성인이 진리를 설파하다"란 뜻이며, 단端자는 처음 또는 첨단이므로 환국이란 "진리와 문명이 시작된 땅"이라는 의미를 가지고 있다.

여기서 알 수 있는 또, 하나는 환국시대의 백성은 말로써는 한글로 사용하고 있지만 문자화(체계화)하지 못하여 부득이 한자를 발명할 수밖에 없었는데, 그 체계는 한글의 모양과 음과 뜻을 상형인 한자로 창조하여 조립하였던 것이다.

바로 한桓자의 구성을 보더라도 하나의 단어에서 'ㅎ'를 추출하고 다른 단어에선 '안'을 추출해내 그 당시에는 '한'으로 발음되는 '환桓'자를 만들었던 것이다.

하늘과 태양을 뜻하는 고대 한국어 '한'자를 뜻하는 한자가 환桓과 한韓이다.

과거 환국桓國 이후 현재의 한韓민족에게 있어 제일 좋아하는 단어를 꼽으라면 'ㅎ'자가 포함된 단어이다.

해(태양), 한마음, 하나, 하늘, 하늘색, 돼지해, 동해, 한(크다), 환하다, 하얀, 하얀(착한)… 즉, 한나라란 의미는 하나이며 크다는 동시에 환한(빛나는) 나라란 뜻이다.

그를 말해주는 것이 첫 번째 환인제석 안파견이 환국桓國이라 국호를 정하고 하나이며 크고 동시에 밝다는 의미에 걸맞게 홍익인간을, 뒤를 이은 배달국 환웅천황은 제세이화, 이후 조선의 단군왕검은 광명개천을 통치이념으로 삼은 것은 모두 하나이며 크고 동시에 환하다는 것을 입증한다 할 수가 있다.

홍익인간이란 널리 사람을 이롭게 한다는 뜻.

환인제석은 민족, 국가 간 차별이 없으며 계급에 의한 상하는 있으나 "사람 밑에 사람 없고, 사람 위에 사람 없다."라는 보편적 평등을 인류역사에서 최초로 실현하였다.

유네스코에서는 "한인제석 환국시대에는 노예제도가 없었다."고 발표한 바 있다.

보편적 평등, 절대적 자유, 한없는 인류애.

한인제석 안파견은 인류사에서 최초의 선각자(신선, 득오자, 유위자, 노자, 부처)이었으며, 제1대 한인제석 안파견부터 한웅천황, 단군왕검은 모두 선지자였다.

환국의 적통인 배달국 한웅천황이 주창한 '제세이화'가 뜻하는 것은 '현존하는 세상을 이치에 맞게 한다'는 뜻인데, 그것은 곧, '도로써 세상을 다스린다'는 뜻이므로, 하늘의 도, 이치를 본인 스스로 알고 있는 자격자(득오자)가 되어 통치를 하겠다는 표명이다.

환웅천황은 호랑이와 곰의 소원을 들어주고, 도망간 호랑이를 불러 호통을 치지도 않고, 아이를 갖고 싶다면 당연하듯 그 부탁을 들어주는 '홍익인간 및 제세이화'를 몸소 실천한다.

고조선 단군왕검의 통치이념인 '광명개천' 또한 '빛으로 하늘을 연다'는 것이어서 즉, '내가 깨우쳐서(광명) 득오자의 상태로 하늘(도)과 통치가 부합하게 하겠다'는 뜻이다. 단군왕검이란 깨우친 자이며 하늘의 신과 지상의 신이 결합한 결과물인 첫 번째 인간이라는 뜻을 가지고 있다. 그러므로 단군이 아니라 단군왕검이라 불려져야 한다.

환국시대 17,000년 이전부터 한민족은 천손사상인 해(태양)와 하늘을 외경의 마음으로 대하면서 인치와 덕치를 하였던 것이다.

환국桓國이 곧 한韓나라이다.

환桓 역시 하나이며, 빛나다(환하다), 크다(한)는 뜻을 가지고 있다.

태양이 빛을 온 누리에 골고루 비추듯이, 환함은 널리 퍼져나가는 것으로써 하나이기 때문이다. 그러므로 한없이 크다가 환桓이며, 곧 한韓이다.

환국시대에 사람들이 대화하며 사용한 한글을 문자화(체계화)하지 못하여 환국시대 이후 한글의 뜻과 음과 모양과 연계한 한자를 먼저 체계화하였는데 태초에는 체계적인 한글도 한자도 없으므로 기록은 불가하였기 때문에 처음부터 한자인 환국이 아니라 실질적 백성 간 소통어인 한글을 기반으로 한 한나라라고 하였을 것이다.

환국은 한나라와 다름 아니다.

18대에 걸친 한웅천황이 다스린 배달국倍達國

현재도 한국역사가들은 배달국의 의미를 통일하지 아니 하였다.

학자들이 배달이란 단어의 뜻을 모르는 게 아니라 학자들 간 서로 의견을 수렴하지 아니하여 공통된 분모를 찾아내지 못한 데에 있다. 역사학자들의 직무유기라 하기 보다는 기득권인 식민사학자들이 대화를 거부하며 새로운 의견을 일절 수용하지 않으려하기 때문이다.

그 일례가 '배달국'이다.

- 《규원사화》에서는 박달朴達 또는 백달白達로 사용하며 단檀 즉, 박달나무로 인식하였다.
- 안호상은 1964년 『배달의 종교와 철학과 역사』에서 박달·배달을 두고 '밝달'이라는 표현을 사용하였으며 '한밝산'이라는 지명을 말하는 것이라고 보았다.
- 임승국은 『한단고기』를 번역·주해하면서 '桓', '檀', '朝鮮', '阿斯達', '韓' 등을 같은 의미로 보고 밝은 땅(밝달)이 박달, 백달, 배달의 어원이라고 보았다.
- 신채호는 『전후삼한고』에서 배달의 말의 연원을 어윤적의 『동사연표東史年表』라고 들며 그 전래 과정을 통해 볼 때 믿기 어려운 것이라고 주장하였다. 또한 단군왕검의 단檀에 대해서도 단壇을 사용하여 배달과의 관련성을 부정하고 있다 하였다.

배달을 두고 상고시대부터 이어져 온 말이라는 세간의 인식과 달리 이 용어의 연원은 근대 이상으로 넘어가지 않는 것으로 보인다. 이에 따라 이 용어의 근거에 대하여 많은 비판이 있어 왔다.

참고로 어윤적은 일제강점기 식민사관사학자로서 조선총독부가 지시한데로 역사를 꿰어 맞춘 조선사편수위원회 위원이었다.

단檀은 밝달, 박달이란 의미를 갖고 있으며 한나라, 환국, 환웅 이후 조선, 삼한까지의 정통성 및 역사의 유구함을 나타내는 중요한 단어이다.

신라 최치원부터 고려의 이규보, 근대후기조선의 신채호 근래에는 안호상까지 밝달 또는 박달로 해석하였음에도 불구하고 기껏해야 60여 년 전에 조선총독부에서 지시한데로 펜대를 굴렸던 식민사학자의 의도된 오역 '배달국'이란 단어 하나를 아직도 정정하지 못하고 있는 역사계의 구조는 매우 안타까운 일이다.

정당하면 정당하게, 오역이면 정당하게 정정하는 것이 순리대로 되지 않는다는 구조란 그 조직에 속해 있는 존재(백성)를 비참할 수밖에 없게 만드는 것이며, 순리가 아닌 억지도 대세에 속하면 진실이라는 비정상을 후세에게도 업보처럼 물려주는 것이나 다름없으니 친일사학자들은 반성하고 반성해야 한다.

17,000년 전의 '홍익인간'과 이후 '제세이화' '광명개천'을 상기한다면 역사가 미래로 나아간다 해서 인간이, 제도가, 법이 순리로 나아가지는 않으며, 사람 또한 점차 선해지는 것이 아니라는 걸 보여준다.

마지막으로 단군왕검檀君과 조선朝鮮 그리고 한韓과의 관련성은 다음과 같다.

임승국은 환= '桓' , 단= '檀' , 조선= '朝鮮' , 아사달= '阿斯達' , 한= '韓'은 곧, 밝달(발달)이다 하였으니 단군왕검(檀君:박달나무 단)은 배달이 아닌 밝달왕이며 발달왕이라 할 수 있다.

조선에서 朝와 韓에서의 공통인 조朝자는 까마득한 시절. 한나라의 설화.

"하늘에는 열개의 태양이 있고 태양마다 그 안에는 삼족오가 있어 매일 아침과 저녁마다 하나하나 새로이 뜬다."는 구절에서 유래된 것이다.

열 개의 태양(+), 매일(日), 저녁(月)에도 새로이 뜬다(+) 즉, +日月+의 조합자이다.

이는, '해 뜨는 땅' , '진리(문명)가 빛나는 땅'을 말하고 있다.

十(십)자는 원래 '진리'를 뜻하며, 불교에서 진리를 뜻하는 卍(만)자는 十자의 변형이다.

삼족오는 달리 현조玄鳥라고도 표현하는데, 노자의 도에 관한 사상. "도란 가물가물하다"에서 비롯되는 '현빈玄牝'과 같이 하늘(태양)의 뜻을 인간에게 전해준다는 즉, 진리인 세상을 만들겠다는 의지 표명이기도 하다.

삼족오란 곧, 홍익인간, 제세이화, 광명개천 사상을 밑받침하는 매우 중요한 매개체였던 것이다. 연고로 산해경은 한韓민족 사람이 지은 책이다.

하늘, 신(태양)을 숭배한 민족에게 있어서 조朝자는 매우 신성한 하늘의 문자이었기 때문에, 한韓나라의 한과 朝(왕조) 등의 경우에만 제한적으로 사용하였다.

조선朝鮮은 또한, 득오자가 가지게 되는 인류애와 정신의 정수에 입각한 신선이 만든 한자로 표현한 것이다. 여기서 선鮮은 어류와 양을 뜻하는데. 바다와 대륙, 해양인과 유목민의 결합이므로 하나이며 크다는 의미를 내포하고 있는 것이다.

선鮮은 또한, 선善이며, 흰색이며, 선명이므로 밝다는 의미이다.

조선朝鮮이 곧 한韓나라이다.

하나이며 크고 밝다가 선鮮이며 조朝가 나라이다.

'한'이란 글자가 만들어진 순서는 한(한글=가림토문자) = 한(한자 환:桓) = 밝달(단:檀) = 조선朝鮮 = 한(三韓:한자) = 한(현재 다시 한글)의 시대별 수순을 밟아

왔다고 볼 수 있다.

단어 각각마다 하나이며, 크고, 밝다(환하다)는 뜻이다.

한韓자의 의미와 구성으로 살펴보면 한韓나라(진리의 나라)를 둘러쌓은 울타리衛(통치영역)이므로 한나라의 영토가 적지 않았다는 것을 알 수 있다.

땅이 좁다면 굳이 둘러쌓은 울타리(위:韋=부드럽게 다룬 가죽=영토 위:衛)를 스스로 표명하여 영토가 좁음을 나타낼 필요가 없기 때문이다.

그럼, 울타리는 어느 정도일까?

(고)조선의 건국신화에서 나오는 삼위태백三危太伯을 말하는 것인데, 그곳은 어디를 지칭하는가 하는 점이다.

- 어떤 학자는 중국 돈황에 있는 삼위산과, 태백은 백두산을 일컫는다 하고,
- 다른 학자는 몽고지역의 금악, 발해권역의 천해, 위그루, 티벳권역의 삼위, 남만권역의 태백이다 한다.
- 삼위三危는 인세人世 서방西方의 산, 태백은 인세人世 동방東方의 산이라는 뜻으로 해석하는 등 양자를 별개의 산으로 해석하는 경우가 대부분이다(김재원, 1988)
- 태백산이란 것은 어느 특정한 산을 지칭한 것이 아니라 하늘에서 신이 높은 산에 내려왔다는 것으로 산악숭배(=천손사상 : 높은 곳일수록 하늘과 가깝다)와 결부된 것으로써 이것은 각지에 성산聖山 또는 신산神山으로 숭배한 산을 이름한 것이라는 의견이 있다.(김정학, 1988) 태백산太白山에서 태太는 형용사이고 핵심은 백산白山인데, 백산白山은 우리말 "밝달"의 한자표기로 "밝달"은 태양신, 즉 "밝검"이 깃들어 있은 성산聖山을 지칭한다고 하였다.
- 삼위태백三危太白은 환인桓因이 환웅桓雄의 의지실현을 위해 선택한 장소로서 하늘과 대좌하는 공간이며, 환인桓因이 홍익인간弘益人間을 펼 수 있는 조건을 갖춘 장소라고 판단한 선택된 공간이며 태백은 오늘의 백두산을 지칭하는 것으로 고대문헌에 보이는 불함不咸, 개마蓋馬, 태

백太白, 도태산徒太山, 장백長白 등은 모두 같은 산, 즉 현재 백두산의 다른 명칭으로 백두산은 동북아시아의 각 민족이 숭배하든 공통의 산이었다고 한다.(윤명철, 1988)

위 사항의 공통점을 유추해보면 삼위태백이란 주변에 우뚝 서있는 산봉우리가 한나라를 보호하고 있는 지역 = 각각의 준봉 사이 내에 위치한 곳 = 태백, 백두(흰머리)에서 알 수 있듯이 백은 밝음, 신시神市, 밝달국이라 할 수 있다.

이하 환인제석은 한인제석, 환국은 한국, 환웅은 한웅, 배달국은 밝달국, 고조선은 조선, 한나라는(한인제석 한국, 한웅천황 밝달국, 단군왕검 조선 3국을 포함)**, 조선은 근대조선.**

세계 최초로 벼농사를 재배했던 한인제석 시대라면 첫 번째보다 두 번째 주장이 타당성이 높다고 할 수 있다.

왜냐하면 태초 이래 우주 내 모든 존재는 먹고 생존하여 자기 씨를 퍼트리는 것이 최대최고의 본능이므로 식량의 풍요를 확보한다는 것보다 더 절실한 것은 없기 때문이다.

존 카터 코벨과 앨렁 코벨이 함께 저술한 『코리안 임팩 온 재패니스 컬처』란 책에는 요동성 근방 만주지역에서 17,000년 전의 대량의 탄미가 발견되었는데 DNA 분석결과 자연산이 아닌 교배종이라 밝히며 인류의 기원은 이집트가 아니라 한국인이다 하였다.

교배종이 의미하는 바는 첨단 농경이었음을 뜻하는 것이며, 교배종이라 함은 벼 외에도 다른 작물을 생산하고 있었다고 봐야 한다. 대량의 탄미가 의미하는 바는 대전투가 있었음을 말하고 있으므로 전쟁에 사용할 무기가 있었다는 것을 의미한다.

채집, 수렵, 어로 및 단순 농경사회였던 그리하여 식량이 궁핍했던 신석기 이전 시대부터 벼 재배능력이 있다는 것이 뜻하는 바는 세계 어느 곳이든 강가에 정착하여 벼를 재배하면 사람이 몰려와 점차 규모가 커져 새로운 국가를 쉬이 세울 수 있는 것을 말하며, 벼 재배 능력자는 쉽게 권력자가 될 수가 있다는 점이다.

더구나 그 당시는 민족이나 국가개념이 없던 시기이므로 한나라(한인제석 한국, 한웅천황 밝달국, 단군왕검 조선)가 세계로 진출하는 것은 지금보다 훨씬 용이하였을 터이므로 삼위태백이란 몽고지역의 금악, 발해권역의 천해, 위그루, 티벳권역의 삼위, 남만권역의 태백이라 할 수가 있을 것이다. 또한 위그르의 투르판 분지에서 복희여와도가 발견되었다는 점은 그것을 뒷받침한다.

한발 더 거슬러 올라가면 70,000년경에 파미르고원에서의 마고시대가 있었다는 것을 영국 고고학자 제임스 처치워드에 의해서 밝혀졌고 C. 보렌은 저서 『대세계의 역사』에서 메소포타미아 키쉬라는 곳에서 아무림왕과 아라르가르왕의 통치기간이 64,800년 전이라 하였다.

멕시코 분지에서는 20,000~50,000년경의 몽고인종과 모습이 흡사한 흙인형이 발견되었으며,

65,000년 전 급격한 한랭이 있었다 하였다.

존 카터 코벨과 앨링 코벨은 상고시대 사람의 DNA결과 그 당시에는 수명이 1,000여 년이라 밝히어 단군왕검 조선 이전의 시대(한인제석 한국, 한웅천황 밝달국)가 있었음을 입증하면서 인류의 기원은 이집트가 아니라 한국인이라 하였던 것이다.

세계역사학자들이 새롭게 발견한 유물, 유적은 물론이거니와 기존의 유물과 유적을 해석하고 결론을 맺음에 있어 공통적으로 부딪히는 것이 『환단고기』와 『삼성기』의 내용과 년도를 본의 아니게 따라가고 있다는 점을 알게 되었다.

그러면 급격한 한랭인 시기 65,000년 이후 17,000년 훨씬 이전 사이에 몽고지역의 금악, 위구르, 티벳권역의 삼위, 남만권역의 태백, 발해권역의 천해권역에서 따듯한 중국 돈황에 있는 삼위와 태백인 백두산으로 천도하였으

리라는 추정도 가능하다. 또한 역으로는 한랭의 시기에 제일 따뜻했던 동방으로 몰려 왔다고 말할 수도 있으며, 따뜻한 그곳에 상주하여 왔다고 할 수도 있다.

꽤 오래전에 유럽은 주로 밤이었고 동방에는 해가 떠 지상을 비춘 시기였다 하는데, 그 근거로 백인의 알코올을 흡수하는 능력이 뛰어나다는 것을 꼽는데 밤보다 이른 저녁부터 잠을 주로 자기 때문에 효소가 발달했다는 이유이다. 암흑인 유럽 쪽이 아닌 태양이 떠 빛이 있고 따뜻한 동방으로 향했을 것이고 동쪽으로 가면 갈수록 따듯하며 확보할 식량이 많았으므로 동방으로의 진출은 당연하다 할 것이다.

더구나 삼성기에는 "한인제석 7세의 역년이 3,301년 혹은 53,182년 전이다." 적혀있으니 삼위태백의 위치는 가볍게 생각할 문제는 아니다.

사실 『삼성기』에 한인제석 한국 말기에 한인제석 인파견이 태백에는 한웅을, 반고는 돈황 삼위산에 직접 파견하였다라고 기록되어 있다. 중국신화에는 반고가 천지창조의 주역으로 나오는 데 희한한 것은 중국의 여러 역사서에서는 반고에 대한 기술은 교활한 사람으로 표현되어 있다는 점이다. 춘추필법을 유지해 온 그들이란 점을 상기 한다면 반고는 중국의 입장에서는 도움이 되지 않은 인물이었던 것 같다.

환웅은 무리 삼천 명을 거느리고 태백산 꼭대기 신단수神壇樹 아래로 내려와 이곳을 신시神市라고 불렀는데 이 분이 한웅천황이다. 풍백風伯, 우사雨師, 운사雲師에게 곡식, 수명, 질병, 형벌, 선악 등을 맡기고, 무릇 인간살이 삼백 예순 가지 일을 주관하여 세상에 살면서 교화를 베풀었다.

한반도 및 만주 그리고 중국 동부지역은 구석기 이후 신석기, 청동기까지 한민족의 유물출토가 동일하게 나오는 지역이다. 하가점하층문화, 하가점상층문화, 그리고 맨 위에 비로소 홍산문명이 나타나듯이 하나의 고인돌 밑에는 구석기 문명, 그 위로 신석기유물이 출토되곤 한다.

이는 곧 구석기인과 신석기인, 청동기인 까지 생활지가 비슷비슷하였다는 것을 의미한다.

생활지는 생활지대로 사용하고 농사 짓는 곳은 계속 농사를 지었다는 것인데, 생활지야 옮길 수는 있다 해도 벼농사를 짓는다는 것은 벼를 재배할 공간이 늘 그 자리에 있어야 하므로 만주에서는 17,000년 훨씬 이전부터 이후 그 외의 한반도, 중국지역에서는 논농사를 함에 있어 부득이하게 토지의 쓰임이 제한되었을 것이다.

한반도 내에서는 15,000여 년 전에 재배볍씨 화석이 충북 소로리에서 나왔으며, 반면 중국에서는 이후 한민족 정권인 은의 영토 허난성에서 12,000년 전에 볍씨가 발견되었다.

재배볍씨의 출토지 역시 다른 유물과 같이 출토지역이 만주에서 산동반도로 ㄱ자로 꺾어져 있는데, 구석기 이래 그 긴 시간 동안 한민족이 중국으로 이동할 시에 직선으로만 고집하며 스스로 구속을 감수하면서 중국의 동부지역 한쪽으로만 치우쳐 이동하였다는 건 납득하기 어려운 점이다.

한나라에 대해 콤플렉스를 가지고 있던 진시황은 한나라 서적을 불태운 분서갱유를 저질렀고,

중국 내에 있는 한민족의 유물을 파괴하였다. 특히 한나라에 대한 역사왜곡이 제일 심했던 한漢을 포함 이후에도 계속하여 왜곡을 일삼은 중국왕조이었기에 'ㄱ'자로 꺾어진 유물분포가 될 수밖에 없는 원인 중 하나라 할 수 있다.

그러나 우리가 잊고 있는 중요한 사실 하나는 마고시대 한국 이후 17,000년 전의 한인제석 한국시대를 거쳐 한웅천황 밝달국 시절인 마지막 빙하기 10,000년 전 어느 시기까지는 서해는 육지였다는 점이다.

서해의 심해는 깊어야 70m이어서 바다라 하기 에는 너무 얕다.

서해가 육지이므로 바로 한반도에서 중국으로 횡으로 이동한 것이어서 만주에서 'ㄱ'자로 꺾어 이동한 것보다 빈도수가 많았다는 것을 알 수 있다.

곧 유물의 흔적이 많았기 때문에 지우려 해도 흔적이 남았다는 점이다.

양자강 유역 절강성에서도 고인돌이 발견되었고, 그 결과물은 한반도 남방지역(전라도)의 고인돌 형식과 같다. 동에서 서로 이동한 것을 나타내는 것이다.

물론 빙하기까지 시베리아와 북아메리카가 이어져 있어서 도보로도 서로 이동이 가능하였다.

또 하나, 간과할 수 없는 것은 북한에서 검은모루동굴에서 발견된 유물의 절대연한을 70만 년~100만 년으로 추정하여 20만 년 전 현 인류의 아프리카기원설을 부정한 것도 흥미 있지만, 30만 년 전인 제천점말동굴 벽화를 보면 코끼리, 코뿔소, 물소, 원숭이 등 열대지역에서 사는 동물들의 그림이 그려져 있다.

일본에 원숭이가 있는 것은 대륙판이론에 근거하면 일본이 연해주와 캄차카반도에 거쳐 붙어 있다가 태평양 방면으로 떨어져 나갔다 볼 수 있다.

이를 종합해보면 발해에서 100만 년 전, 한반도에서도 70만 년 전의 유물이 나왔으며, "중국의 베이징원인, 진뉴산인은 한반도 구석기 문화와 관련이 있다."고 중국유물전시관에서 밝히고 있는 것은 최소한 구석기에는 한국과 중국은 붙어 있었다는 것을 의미하고 있다.

산동반도 및 절강성과 은의 지역 허난성, 산서성과 함께 티벳과 신장자치구지역을 제외한 중국 내 삼위산은 중국에서 제일 끄트머리인 돈황이 소재한 감숙성에 있다. 감숙성은 반고가 정착한 곳이고 보면 중국전체는 한민족이 차지하고 있었다고 보아야 한다.

15,000년 전의 한반도 충북 청원의 재배볍씨만 보아도 한민족의 역사는 황하문명보다 더 유구하다.

한반도는 한민족이 이어이어 현재 까지 살아옴에 생활지는 생활지대로 집터인 곳은 집터대로 골목길은 골목길대로 사용하며 현대에 다가올수록 각각은 점차 넓어졌으므로 재배볍씨 화석이 나오는 건 적잖은 의미를 가지고 있다. 즉, 조그만 볍씨는 발견하기가 쉽지 않으며 역사가 미래로 향할 때마다 시설을 확대하여야 함에 본의 아니게 화석지를 훼손하였기 때문에 그 이전이든 그 이후든 재배볍씨 화석이 나올 확률은 매우 적다는 사실이다. 그러므로 한반도에서 15,000년 이전의 재배볍씨 화석이 나왔다는 것은

1. 홍산문명인 만주와 한반도는 적어도 15,000년 이전에 동일민족이거나, 합병이나 복속으로 동일문화였다.
2. 한반도의 소로리 볍씨 이후 3,000년 후에 재배볍씨가 중국 내 한민족의 허난성(은의 영토)에서 출토된 것이 의미하는 바는 중국은 물론 만주 및 한반도는 동일문명이며 구석기 이후 은殷, 주周왕조까지는 한민족이 중국을 장악하고 있었던 것을 말한다.
3. 소로리의 한글명은 '벌터'이고 근처 대전의 한글명은 '한밭'이다, 두 한글명의 공통점은 농사지을 땅이 평평하게 넓게 퍼져있다는 뜻이므로 벼농사 짓는 것을 매우 중요하게 생각한 것을 알 수 있으며, 식량의 잉여가 보장됨으로 인해 그 당시 만주와 한반도 및 중국 내 한민족에게는 단순 농업, 수렵, 채취로 식량을 확보하는 시간이 줄어드는 것이어서 확보된 시간의 잉여로 타 부족과는 달리 더 창조적이고 더 생산적이며 궁극적으로는 세련된 문화를 체계화하는 데 많은 시간을 투자할 수가 있었다.
4. 나아가 국가체제를 제일 먼저 확립하면서부터는 이기는 전쟁에 대한 전투력과 왕에게로의 충성으로 예술성 향상을 도모하며, 문자가 절실해지면서 문자를 체계화하려 시도하면서 논리의 정확성이 요구되어 국가체제가 더욱 확고해졌고, 다시 처음으로 돌아가 하늘(태양, 신)에게로의 외경의 사상이 더욱 고취되는 선순환이 이어졌다.

식량의 잉여란 자연적으로 존재하는 모든 생물을 끌어들이는 제일 큰 요소이다. 인간 역시 마찬가지이다. 그럼에도 구석기 이후 만주 및 한반도의

유물 출토지가 거의 동일하다는 것이 뜻하는 바는, 한나라 영토 내로의 유입인은 많지 않았다는 걸 나타낸다. 유입에 의한 과밀이라면 동일지역 외 다른 곳에서도 출토되어야하기 때문이다.

그럴 수밖에 없었던 이유 중 중요한 사실은 한인제석, 한웅천황, 단군왕검은 정신적으로 성숙(깨달은, 선지자)한 백성에게 볍씨를 주어 자신의 영토 외 지역에서 자신의 왕국을 건설토록 도와주웠기 때문에 유입과 동시에 세계로의 개척이 계속 이루어졌다는 점을 말하고 있다.

제국주의 일본은 한인제석 한국시대, 한웅천황 밝달국시대, 단군왕검 조선시대를 허상으로 만드는 동시에 그 유구성을 희석시키면서 자신들의 제국주의를 영구하게 하려는 의도로 한민족이 시베리아에서 온 '이주설'을 주장하였다. 한민족은 토착민족이 아니라 외부에서 온 이민족에 의해 건설된 민족이라며 정통성을 고의로 훼손하는 동시에 한민족의 기상을 꺾으려는 교모가 숨어있는데, 더구나, "알타이어족"이라고 명명한 구스타프 람스테드(1873~1950)에 의해서 한민족의 외부에서의 이주설은 더욱 굳건해져 왔다.

람스테드는 알타이산맥을 여행하던 중 동쪽엔 몽골어를 사용하는 사람이, 서쪽엔 투르크(터키)어를 사용하는 사람이 살았는데, 두 언어가 유사함을 발견하고 '알타이족어'라 명명하였다.

이후 람스테드는 한국어, 일본어, 만주어가 몽골어와 투르크어와 유사함이 많은걸 발견하고 세 언어를 알타이어족에 포함시켰는데 결론적으로 말하면 그가 알타이산맥보다 홍산문명인 적봉을 끝으로 두고 뻗어있는 대흥안령산맥을 먼저 발견하였다면 대흥안령산맥 좌우로 언어가 같으므로 안홍령산맥어라 명명하고 멀리 있는 터키어계열을 포함시켜야 했다.

람스테드는 타계하기 전 "알타이어족이란 명칭을 먼저 만들었다 하여, 알타이산맥 쪽에서 생겨난 언어가 대홍안령산맥 쪽으로 퍼져 나갔다고 볼 수 없다."며 신실을 밝힌 만큼, 동쪽으로는 한국어, 일본어, 만주어가 같고 서쪽으로는 몽골어와 거리가 먼 터키어까지 같으므로 '대홍안령어'라고 명명함이 옳다고 하겠다.

그런 와중에 현 인류 중 제일 오래된 만주의 홍산문명이 밝혀졌고 널리 사용되고 있으니 만큼 '홍산어족'이라 명명해야 한다고 이성규는 주장한다. 앞서 밝혔지만 거기서 한발 더 나아가 세계어는 '한국어족'이냐, 아니냐로 구분되는 것이 옳을 것이다.

알타이산맥 좌우는 유목를 하는데 사람은 부지불식간에 발전된(정착한) 곳보다 목가적인 곳을 고향(원천)이라 생각하는 경향이 있다.

그 일례가 한민족의 시베리아 이주설이다.

1. "신석기인은 구석기인과 별개이며 돌연변이나 기후변화에 의한 새로운 탄생이며, 현 인류는 20만 년 전 아프리카에서 기원하였다"는 학설이 주류이다. 또한, 그 구분의 핵심은 구석기인과 현 인류의 DNA의 구조가 다르다는 점에 있다.
2. 로젠버그는 "스트레스반응 조절자가 핵심 네트워크 허브 역할을 하는 것처럼 세포에 대한 주요한 요인(factors)을 밝히면서, 네트워크의 단백질 대부분이 세포가 스트레스를 느끼느냐 아니면 느끼지 않느냐의 여부를 다뤘다."며 항생제와 같은 주변 환경 또는 굶주림과 같은 스트레스로 인해 돌연변이 비율이 증가한다는 것을 밝혔다.

   로젠버그는 또한, "생명체 내의 DNA합성효소 중에는 유독 실수를 많이 일으키는 것이 있어 필요한 경우 스스로 돌연변이가 생기도록 부추겨 진화 속도를 빠르게 한다."고 설명하였다.

4. 현인류 유적 중 '홍산문명'보다 더 이른 유물은 발견되지 않았다.
5. '알타이어족'이란 명명은 람스테드의 실수로 밝혀진 만큼, '홍산어족'이라 불리 워야 한다는 당위성은 충분하며, 한글과 바이칼호의 언어가 유사하다 해서 한글이 시베리아에서 온 것인지, 아니면 시베리아로 퍼진 것인지는 분명치 않다. 일례로 바이칼호 근처 주민에게 '고올리'란

말이 있는데, 고려(고구려) 사람이 농사지은 곳이란 뜻이다.

6. 단지 시베리아에 마고유물이 좀 더 이른 시기에 나왔다 해서 한인제석 시대보다 앞선, 시베리아에서 만주로 이주하여 정착하였다는 결론을 내리는 건 섣부른 판단이라 할 수가 있다. 교배종 볍씨가 17,000년에 만주에서 출토된 사실에서 교배종이 뜻하는 것은 꽤나 오래전부터 정착했다는 것을 알 수 있기 때문이다.
7. 신석기시대 주민은 구석기시대 사람들의 후손이므로 구석기시대의 사람들도 우리의 조상이다. '윤내현'은 두개골에 대한 연구 결과도 본토기원설에 무게를 실어준다 하였다.

   우리나라에서 출토된 것과 주변 것의 평균관계편차는 중국 황하 유역 사람은 0.81, 일본 쯔구모는 2.51, 연바이칼은 1.65, 자바이칼은 0.79인데 평균관계편차가 0.4보타 클 때는 통계학적으로 본질적 차이가 있다 하였다. 따라서 한민족은 처음부터 한반도와 만주에서 독자적 특성을 지니고 형성된 민족이라 하였다.
8. 신석기인(호모 사피엔스)이 외부에서 유입할 때에도 만주 및 한반도에는 기존 신석기인이 있었다. 또한 부산동삼동조개무지는 6,000년 전까지 거슬러 올라가고 한민족에게 있어 대표적 신석기인 빗살무늬 토기는 기원전 방사선 탄소연대 측정결과 기원전 4,000년까지 비정하므로 시베리아보다 더 이른 문명이었다.

1~7에서 공통점은 인류는 어느 순간에 갑자기 진화하여 지금에 이른 것이 아니라, 한 종에서 다양한 종으로 나뉘고, 서로 경쟁 끝에 남은 종만이 살아남아 지금에 이르게 된 것이다. 이것은 비교적 최근에 밝혀진 것이며 상승곡선처럼 DNA 스스로 진화하던 개체의 교배 등을 통해 진화하면서 동시에 적응하지 못하면 도태되었다는 것을 알 수 있다.

물론 급격한 기후변화(홍적세말기시점)에 의한 굶주림으로 스트레스 받은

DNA로 돌연변이가 발생하였다. 인류가 불을 사용하게 됨으로써 이전에 맛보지 못한 구운 고기, 익힌 채소, 구운 곤충, 꿀과 벌집 등 섭취하는 음식이 변화함에 따라 인간의 정신과 육체가 점차 향상되어 외부환경에 대한 대처능력이 강화된 것이기도 하다.

그것은 다르게 표현하면 이전의 세대부터 고기를 먹어 온 유럽인의 성인병 발병률은 과거와 비슷하나 주로 채소를 섭취해 온 동양인(원주민 포함)에게 있어서는 고기를 쉽게 접하게 됨으로써 성인병의 발병률이 높아지고 있는 것으로 알 수 있다.

또한, 구석기인이 고기를 구워먹기 시작하면서 뇌의 용량이 커지며 머리가 좋아졌다는 연구결과가 그것을 뒷받침하고 있다.

신석기에 한민족 역시 다른 곳과 마찬가지로 '이주설'과 함께 '본토기원설'이 존재하고, 그 둘은 서로 상충하는 게 아니라. 서로 보완하며 종種을 강하게 만들어 온 것이다.

즉, 한반도와 만주는 '본토기원설'에 더 무게를 두어야 한다고 본다.

'본토기원설'이란 남쪽에서든 북쪽에서든 이주한 사람이나 문화가 이입되었어도 주류를 이루지 못했다는 것이 핵심이다.

"한웅이 3,000명을 거느리고 태백산 신단수에서 내려와 신시를 세웠다."

본문 그대로 해석하면 한웅은 3,000명을 거느리고 신단수에서 내려와 밝달국(신시)을 세웠다는 것인데, 그 당시에 한반도 및 만주에는 이미 자생해 온 신석기 인이 살고 있었으며, 타 부족은 제외하더라도 곰족과 호랑이족은 강한 부족임을 알 수가 있다.

신단수를 내려왔다는 것이 의미하는 바를, '만주 및 한반도 저 멀리에서 온' 또는 '만주 및 한반도와 그 전에 연결고리가 없었던 곳에서 온'이라 해석한다면 한웅천황이 거느리고 온 3,000명의 무리로 기존 토착부족과의 힘겨루기에서 모두 승리할 수 있었을까?

한웅천황의 군사가 첨단 무기로 무장하였거나, 하늘의 아들(천손)임을 입증하였다면 가능하지만 그 외는 여의치 않을 것은 자명하다.

무기가 비슷하다면 우선 부족원의 수부터 감당이 안 될 것이며, 토착민은 자신들이 사는 곳이니 만큼 지세지형을 잘 알고 있으므로 매우 불리한 여건이다.

그러므로 '신단수를 내려와'란 타지에서 멀리 온 만주 및 한반도 외의 지역이 아니라 그 영역 내의 백산=태백=밝은 산에서 내려왔다고 봐야 한다.

즉, 한웅천황은 유입족이 아니라 토착민이라 보아야 한다.

본문으로 돌아가면 곰족, 호랑이족이 환웅에게 경의를 표하며 스스로 자세를 낮췄으므로 전쟁은 일어나지 않았으며, 이미 천손天孫인 한웅천황을 알고 있었다고 보아야 한다.

다시 말하자면, 한웅천황의 백성이 되고자 한 것은, 한인제석 한국, 한웅천황 밝달국, 단군왕검 조선으로의 적통계승에 대하여 곰족과 호랑이족이 이미 인정을 하였던 것이다.

"곰은 마늘과 쑥을 먹으며 100일을 견디어 사람이 되었고, 호랑이는 버티지 못하고 굴 밖으로 도망갔다."

단순히 힘의 논리에 의한다면 한웅천황에 의해 곰은 선택되었고 범은 배제된 것이다.

승리자 곰은 여자가 되어 환웅과 짝을 이뤄 단군왕검의 어머니가 되며, 범 족은 무대 밖으로 사라졌다.

신화의 마지막 구절.

"단군왕검은 곧 장당경藏唐京으로 옮겼다가 뒤에 돌아와 아사달에 숨어 산신山神이 되었다. 수壽는 1,908세였다."

우리가 알고 있는 신선도는 곧, 단군왕검도이며 고로, 단군왕검도 신선이다.

가운데 하얀 수염의 신선(단군왕검)이 앉아있고 양옆에는 호랑이와 어린아이를 보호하며 뒤로는 구름과 하늘과 자연을 거느린다.

천지인이요. 우주(태양), 자연, 사람인 삼신사상이다.

이상한 것은 곰은 승리하였는데 사라졌고, 무대 밖으로 사라진 호랑이는 신선(단군왕검)과 같이 있다는 점이다.

한웅과 웅녀는 혼인한 사이이며, 웅녀는 단군왕검의 어머니이다.

하늘의 신인 한웅에 비하면 웅녀는 땅의 신이다.

천天인 한웅과 지地인 웅녀가 합하여 비로소 인人인 단군왕검이 탄생한 것이다.

아버지와 어머니와의 관계처럼 서열은 있으나 부모는 동등하다.

한웅과 웅녀는 동격인 것이다. 즉, 웅녀도 신이다.

문제는 여기서 발생한다.

승리자 곰은 없어졌고 패배자 호랑이는 단군왕검(신선)과 함께 한다.

또 다른 하나, 사방신의 구성은 동 청룡, 서 백호, 남 주작, 북 현무로 이루어져있다.

그럼 중앙신은 무엇인가라고 고민하게 되어 찾아보면, 중국에서는 사방신은 모두 같으나 중앙신을 느닷없이 황제라고 말하고 있다.

황제는 인간이며 그러므로 유한이므로 신이 될 수 없다.

다시 말하면 신은 인간이 인지할 수 없는 존재이므로 인간인 황제는 인간이 인지 할 수 있는

범위 내에 있으므로 신이 될 수 없다.

그 당시 중국 한漢에서도 중앙신을 황제라 하기에는 무리하다 생각하였는지 황제 헌원의 제위 시 '시내에 황룡이 출현하였다'는 픽션을 만들고는 황룡은 황제이므로 황제는 중앙신이다라고 서둘러 황룡을 중앙신이라 표명하였던 것이다.

사방신四方神은 신神이다.

모두 상상의 동물이고 기러기에서는 어느 한 부분을, 까마귀에서는 어느 한 부분을, 그리고 어떤 것에서는 어느 부리 하나, 어떤 것에서는 발톱 하나를… 추출하여 각각에 상징성을 부여하면서 황금비율을 찾아내어 우아하게 창조해낸 한민족의 그 노력과 예술성과 정신의 섬세함에 비한다면 좌청룡이 있는데도 불구하고 동종인 황룡을 중앙신이라 표현하였다는 것은 후안무치며 조악함이며 정신의 빈곤함을 그대로 나타낸 결과라 할 수 있다.

하기는 한漢 그 당시에 조악이니, 뻔뻔함이니, 예술성을 따질 게제는 못된다 할 수 있다. 단군왕검 조선의 문화를 모방하는 그 자체가 선진이기 때문이었다.

여기서 짚어 가야할 것 하나, 중국에서 기록이 나왔다 해서 중국이 원조라 하는 것은 오산이다. 왜냐하면 중국문명은 황하문명부터 요순 이후 하은주는 한민족의 역사이기 때문에 한민족韓民族의 문화인 것이다.

중국에서 주장하는 중앙신은 황제란 것은 춘추필법에 충실한 국수주의의 결과물인 표절인 것이다.

그렇다면 고구려 벽화에 그려져 있는 오방신이 아닌 사방신은 정당한가.

정당성 여부를 알기 위해서는 아래 전제를 짚고 넘어가야 한다.

1. 한나라에 관하여 중국왕조는 한나라의 유물 파괴와 사마천을 비롯하여 이후 중국사학자들은 자신들에게 유리하도록 왜곡하고 있고 일본 역시 왜곡하며 호도하는 것을 지금도 하고 있다는 것.
2. 한국에서는 진시황의 분서갱유, 일본에 의한 한민족의 관련서 20여 만권의 소각과 자국으로 이전으로 상고사 관련 책자가 없어 반박을 제대로 하지 못하고 있는 것.
3. 한자를 중국에서 사용한다 해서 한자로 쓰여 진 각 서적과 사방신을 비롯해서 봉황, 용, 마고, 직녀, 태극, 음양, 사상팔괘, 더 나아가 노자의 도道사상, 공자의 인仁사상 등을 무조건 중국에서 창조한 것이라 믿고

있는 것.

4. 17,000년 전부터 벼농사를 지어온 것은 차치하고라도 홍산문명이 황하 문명에 비해 1,000년 앞서고 있으며, 국가체계를 먼저 확립함에 따라 모든 기술, 언어, 무기 등 각 분야에서 첨단의 발명품을 갖고 있으리란 것은 너무나 명확하며, 마고신화는 마고제국으로부터 황궁씨, 유인씨를 거쳐 한민족으로 이어온 것이므로 신화를 비롯한 설화 및 제 문화가 더욱 풍부하면서 발달하리라는 것도 자명하다는 것.
그러므로, 여인상과 함께 그려진 동굴 여인그림이 뜻하는 것은 신앙적 요인이라 볼 수 있다. 단순히 다산을 상징하는 게 아니라, 배고플 때는 풍요를 빌었고, 전쟁 후에는 다산을 빌었던 여인상은 신앙이며 신이었다. 그것은 곧 마고라 할 수 있으며 웅녀로 재탄생하였던 것이라 보아야 한다. 함께 모여 기도를 할 건물이 없으므로 동굴은 곧 사당이며, 동굴벽화에 여성을 표현한 곳이 도처에서 표현되어 있고 암벽(암각)화가 세밀하고 그 나름대로 우아하게 표현한 것으로 봐서 마고신앙은 널리 퍼져 있었다고 보여진다.

5. 국가를 성립하였는데 문자가 있어야 함은 당연하다. 처음에는 『천부경』으로 알 수 있듯이 만여 년 전에는 서툴지만 이후 한민족은 한글고어인 가림토문자 체제법을 연구하는 등 다방면으로 시도하였으나 미진하여 한桓이란 글자에서 알 수 있듯이 한민족에게는 뜻을 전할 문자가 필요로 해진 것이다. 그 당시 한민족이 사용하던 한글로 호胡의 "ㅎ"과 단端에서 "안"을 추출하여 한글발음인 "한"을 만들었고 한글 한이 뜻하는 "하나이고 빛나며, 크다"라는 의미인 한인제석 한桓, 한웅천황 밝달국, 단군왕검(밝달왕)의 조선朝鮮, 한韓이란 글자가 모두 같은 뜻이며 만 년 전의 『천부경』으로도 알 수가 있듯이 실체인 역사임에도 한국인 스스로 한나라의 실체를 부정하고 있다는 점이다.

"승리자 곰은 없어졌고 패배자 호랑이는 단군왕검(신선)과 함께 한다."

패배자도 감싸않은 게 '홍익인간'이다.

그렇다면 승리한 곰은 호랑이보다는 나아야 하지 않겠는가.

한민족 역사에 있어 곰이 차지하는 바는 무엇이며, 그에 따른 한민족의 표징인 곰의 의미를 찾아 사라진 그 연유를 밝혀야 한다.

그 중 하나가 단군왕검壇君王儉이며 바로 검자이다.

ㄱ·ㅁ, 검, 금, 개마, 고마 등의 음가는 모두 곰에서 유래된 것으로 추측되며, 동북 시베리아 일대에서 무당을 가리키는 Kam, Gam이나 고古터키, 몽골, 신라, 일본, 아이누 등에서 신을 의미하는 Kam, Kamui 등도 모두 관련이 있는 것으로 보고 있다. 웅녀 역시 이러한 지모신地母神이며 대지신大地神이다.

『부도지』에 따르면, 인류의 조상 마고는 두 딸 궁희와 소희를 낳았고, 궁희에게서 청궁과 황궁이 태어나고, 소희에게서 백소와 흑소가 태어난다. 지금 지구상에 살고 있는 인류는 이들의 후손이 된다. 한민족은 황궁의 후손으로, 황궁에게서 유인이 태어나고, 유인에게서 한인이 태어나고, 한인에게서 한웅이 태어나고, 한웅에게서 단군왕검이 태어난다.

마고는 태초의 하늘에서는 직녀성이고, 북두칠성에 좌정하여 곰으로 불린다.

큰곰별자리와 작은곰별자리가 이리하여 생긴다. 마고의 자손은 칠성의 자손으로 불리기 시작한다. 곰은 단군왕검 때에 와서 검으로 변한다. 검은 곰이고 곰은 한자로 쓰면 고마固麻이다.

한국 음악의 고유한 이름을 매昧라고 한다. 매는 북두칠성에 소속한 별이다.

매를 친다, 두드린다는 의미가 있다. 두드린다는 '북두칠성에 드린다'는 의미이다. 곰에게 드린다는 뜻이기도 한다. 곰은 검이다. 검에게 드린다는 뜻이다. 따라서 신에게 드린다는 뜻이 된다. 매는 신의 의미로 쓰는 마고에서 나온 것이다. music은 마고에서 온 것으로 본다.

아마데라스 오오미카미는 가야제국시대의 우리 고어로 볼 수 있는 말인데, 아마데라스를 한자로 바꾸어 쓰면 阿麻洞窟宿이 된다. 이를 풀이하면, 阿는 나라의 도읍지나 임금의 무덤으로, 마麻는 마고로, 洞窟은 절로, 수宿는 별로 볼 수 있다. 이 말을 하나로 엮으면 '마고를 모신 동굴무덤을 비추는 별'이 된다. 사당이 세워지기 전에는 굴에 들어가 소원을 빌었기 때문이다.

그러니까 아마데라스는 직녀성으로 풀이가 되는 말이라고 하겠다.

고어한글古韓語 연구자들은 우리 말 '고맙습니다'라는 표현에 쓰이는 고마가 마고에서 온 것으로 보고 있다.

당시에 '神 같다'는 표현으로 썼는데, 오늘날 '고맙'다는 표현으로 의미가 바뀌었다고 한다. '곰 같다'→'검 같다'→'신 같다'로 보는 것이다.

일본에서는 神을 かみ(가미)라고 한다. かみ는 우리 말 검=곰神의 일본어화이다.

그러므로 곰, 검, 웅녀는 마고로부터 이어진 지신이며 모신이다.

참고할 또 하나는 상고사의 여러 자료에 의하면 만주에서 바라본 별자리란 점이며, 사방신의 위치를 보아도 만주에서 한반도 및 중국을 바라본 것을 알 수 있다. 그러하기에 좌의정(한반도)가 우의정(중국내 한민족)보다 앞서며 이후에도 왕은 북쪽에 앉아 신하를 접견하였던 것이다.

고려의 이승휴李承休는 『제왕운기』에서 신화구조상 단수신檀樹神이 웅녀와 동일한 위치에 있다. 그러나 웅녀는 단수신에 비해 환웅과의 갈등대립의 관계가 분명하며 그 극복과정이 복잡하다. 이것은 웅녀가 단군왕검의 탄생으로 상징되는 단군왕검신화의 논리를 부각시키기 위해 설정된 존재임을 시사하고 있다. 웅을 모계추장母系酋長의 표상으로 보는 경우도 있으며, 웅녀를 곰토템(totem)을 가진 모계중심사회母系中心社會의 고마족 여성으로 보는 견해도 있다. 또한 웅녀를 곰암(암콤)으로서 여성격을 가진 지상신으로 보기도 한다.

조선의 학자들은 조선초기에는 "숭유억불정책"을 추진하고자 한인제석 등의 어휘로 의한 불교적 색체가 강하다 하며 단군왕검 조선을 부정하였고 실학파인 정약용은 단군왕검신화가 실재성 및 사실성이 부족하다 하였다.

물론, 한국 상고사의 관련서가 없기 때문이기는 하지만, 이황과 이이도 사대주의에 입각하여 문자 및 문명은 중국에서 왔다고 역설하였으니 안타까운 일이다.

근대조선에서는 한나라에 관한 서적을 국가적으로 수거하였으며, 소지한 사람은 징벌하였다. 구체적 원인이 무엇인지 알 수는 없지만 중국과의 관계가 원인 중 하나임은 분명하며. 그 누구도 아닌 근대조선의 왕과 권력층이 스스로 나약함을 선택한 것이다.

10.000년 전에 기록된 『천부경』을 접하면 불교와 유교, 도교의 시원은 오히려 한민족으로부터 생성된 것임을 모르는 데에 기인한다.

또한 세계최초 교배종 재배볍씨 출토시기가 17.000년 전이란 것은 우리가 지금 알고 있는 한인제석 한국 시대. 한웅천황 밝달국 시대 그리고 단군왕검 조선의 시대를 다 합쳐도 남는 시간이며, 9.000년 전의 소하서문명과 이후 홍산문명에서 웅녀(여신)상이 나온 것으로 비추어보면 마고에서 웅녀로 이어지고 웅녀는 곧, 곰토템을 가진 웅족이 실존여부를 떠나 신격화한 것을 나타내고 있다. 즉, 웅녀란 지신과 모신을 겸한 사직社稷으로써의 위치에 있었던 것이다.

사직인 의미이나 다른 사방신과 같이 비존재인(존재라면 유한임) 대상과는 달리 실재인 곰이라는 점과 그리하여 지모신, 대지신으로 보자면 신으로서 존재하므로 사방신과는 다소 차이가 있다.

중앙신이라 표명하면 실존인 존재가 신이 되며, 실존은 유한이 되기 때문에 중앙신이시만 고구려 벽화에서는 생략하였던 것이다.

한민족에게는 곰은 중앙신이지만 표현하지 않은 것은 고도의 정신이 있었기 때문이다.

생략이란 만 년 전 한민족의 경전『천부경』에 녹아있는 정신이다.

일시무시일 석삼극 무진본

一始無始一 析三極 無盡本

하나가 시작됨이 하나가 아니라 셋이다.

음에서 양이며 다시 음이라. 무에서 유이며. 다시 무이며, 무인식에서 인식이며 다시 무인식이라. 불가 식으로 말하자면, 색불이공. 공불이색, 색즉시공, 공즉시색이다.

중앙신은 있으나 존재란 유한이므로 중앙신은 없다.

무시무종無始無終이니 항생恒生이다.

무인 중앙신 곰은 곧 불생불멸인 것이다.

발전한 문명인 한웅천황(하늘신)과 토착민인 곰(땅신)이 결속과 함께 그로 인한, 단군왕검의 존재란 두 신(천신과 지신)의 합일이요, 적통인 비로소 인간인 왕임이 더욱 분명해진다.

단군이 아니라 단군왕검이라 불리 워야 하는 이유이다.

즉, 웅녀족인 곰토템족이 있냐, 없냐 하는 것보다 실재하였지만 실재라는 사실보다 중요한 것은 대지신이며 모신인 마고에서 비롯한 웅녀로 이어지며, 또한, 널리 퍼진, 또는 널리 퍼트린 세계적 믿음인 마고신화(또는 한민족에게서 퍼져나간 신화)를 수렴, 확장으로 세계로의 진출을 용이하게 하고자 한 것이라 볼 수도 있다.

한민족의 별자리에 곰에 관련된 별자리가 많다. 북두칠성에 위치한 큰곰자리, 북극성에 위치한 작은곰자리 및 한인제석, 한웅천황, 단군왕검의 별자리가 북두칠성에 있으며, 웅녀의 원천인 직녀성도 존재한다. 지구상 최고最古인 현 인류의 유적인 홍산문명임이 밝혀진 만큼 중국이 한민족의 문화, 기술, 문자, 설화 등등을 차용했으리라는 것은 쉬이 추정할 수 있다. 여러 가지 정황상 기록되어진 별자리는 중국인 남쪽에서 북쪽을 바라보며 기록된 게 아니라 북만주에서 보며 기록한 사실이란 것이 그것을 뒷받침하고 있다. 중앙신이 황제라 하는 것은 중국 내 한민족인 은, 주의 멸망 이후 가장 왜곡이 심했던 한漢과 한漢의 사마천이 중국의 시조를 급히 헌언 황제로 옹립하여 선진문화 단군왕검 조선에 대한 콤플렉스를 없애고자 한 저의가 숨어있는 것이다.

요녕성박물관 전시실에서 가장 충격적으로 다가온 것은 옥저용이 아니라 '웅熊'이라는 제목만 붙여놓은 빈 전시대였다. 우하량의 여신전女神殿에서는 여신 두상과 나신상, 옥저용뿐만 아니라 곰의 턱뼈가 발견되었다. 곰 턱뼈는 최근까지 이곳에 보관돼 있었다고 하는데, 답사단이 찾아갔을 때는 빈 전시대만 남아 있었다.

우하량 여신전에서는 '곰의 발' 모양을 한 토기도 발견되었다고 하는데, 이 곰발 토기도 전시돼 있지 않았다. 왜 굳이 곰과 관련된 유물은 치워버렸을까? 우하량 여신전은 신성한 곳이니, 신석기인들이 쓰레기를 버리는 심정으로 그곳에 죽은 곰 뼈를 던져 넣었을 리는 없다. 곰 뼈와 여신상 그리고 흙으로 만든 곰발의 출토를 어떻게 해석해야 하는가!

중국은 아직도 여전히 진실을 감추고 있는 것이다.

곰熊女을 감추는 이유는 마고로부터 이어지는 역사의 유구함과 적통성이며, 나아가 단군왕검이 실존이 되므로 한웅천황, 더 멀리 나아가면 한인제석 또한 실존이 되기 때문이다.

자신들보다 앞선 중국의 문명인 한민족의 역사를 감추기 위해서이며, 그들의 땅인 중국에서조차 한민족이 먼저 국가를 이루고 생활하였다는 것을 인정할 수가 없는 것이다.

일본은 지역별로 신라신, 백제신을 지역마다 달리 제사를 지내는데 반해 일본왕실에서는 한신에 대한 제사를 지낸다. 이는 곧, 일본왕은 한민족이라는 것을 말한다.

한신은 한신韓神이다.

우리가 삼신(한인제석, 한웅천황, 단군왕검=신선=삼신일체)에게 제를 올리는 것과 같다.

하늘의 자손인 한웅천황과 땅의 신 웅녀가 결합하여 탄생한 인간인 단군왕검이다.

홍윤기에 의하면 일본왕실의 제사용 축문 말미에 "오게, 아지메 오오오오 오게"란 표현이 있다고 하였으며, 그는 사본을 가지고 있다.

일본어? NO. 한글고어이다.

"오게 아지메 오오오오 오게."

그 뜻은 "어서 오셔서(오게) 웅녀족(아지메)인 『천부경』을 제작한 신선 오吳씨여(오오오오). 어서 오셔서 중략=평안한 세상을 만들어 주십시오."라는 기도문인 것이다.

오吳자의 구성은 진실을 말하고 'ㅁ', 한가로이 노는 '乚', 너그러운 사람을 상징하는 '八'자로 이루어져 있다.

한나라에서 사용했던 한글고어 "머슴아", "아지메(아줌마)", "아제(아저씨)", "우두머리"는 특수한 지위에 있던 사람들에 대한 극존칭인 단어였다.

근대조선 후기까지 성姓이 없던 사람이 많았다는 것을 상기하면 이해하기 쉬울 것이다.

반야심경의 마지막 축문.

"아제, 아제, 바라아제, 바라승아제, 모제 사바하."

인도어? NO. 역시 한글고어이다.

"아제아제(신선님, 신선님)이시여 신선님께 바라(바라아제)오니, 자비(승)하신 신선님께 바라오니 이 세상에 오셔서(사바 하) 모두 성불하게(모제) 하여 주십시오."라는 축원구인 것이다.

아제에서 제諦의 구성은 왕의 말씀 즉, 진리라는 뜻을 가지고 있다.

불가의 반야심경임에도 부처가 아닌 신선으로 해석한 것은 반야심경의 내용은 만 년 전에 작성된 『천부경』에 포함되어 있으므로 신선의 작품이기 때문이며, 반야심경의 주체이기도 하지만 단군왕검의 자손인 부처의 입장에서 아제(아저씨)는 웅녀족 신선이며 부처는 신선으로부터 깨달음을 얻었던 제자이었기 때문이다.

인도(네팔)에서 불교가 들어온 것이 아니라, 전불시대(홍산문화)에 이미 웅녀의 가부좌상이 출토되었으니 단군왕검 조선에서 인도로 전수된 것이며, 부처는 단군왕검의 아들인 왕족이었기 때문에 조선에서 한나라 영토 곳곳에 대대적 지원을 아끼지 않았고 신선은 북두(삼성)각으로 이전하게 된 것이다.

그렇다면 불경의 정점인 반야심경이 신선의 작품이며, 신선의 가르침에 의해 부처는 득도하였으므로 전불과 후불시대로 구분지울 게 아니라 신선시대, 부처시대라 표현되어야 정확한 것이며 더구나 신선의 작품 『천부경』은 모든 기축문화의 근원이므로 당위성은 더욱 크다.

때마침 곰 한 마리와 범 한 마리가 같은 굴에서 살았는데 늘 신웅神雄에게 사람 되기를 빌었다. 이 때 환웅신이 영험한 쑥 한 심지와 마늘 스무 개를 주면서 "너희들이 이것을 먹고 백 일 동안 햇빛을 보지 않는다면 곧 사람의 모습을 얻으리라."고 했다. 곰과 범은 이것을 얻어먹고 삼칠일三七日 동안 몸을 삼갔다. 곰은 여자의 몸이 되었지만 금기를 지키지 못한 범은 사람의 몸을 얻지 못했다.

위의 숨은 뜻은 곰은 정진하다 게을러지면 자신을 채찍질(톡쏘는 마늘)을 하고 눈물을 쏟으며 정진하고 정진하여 정신이 쑥쑥(쑥) 자라 성불한 이가 바로 웅녀족 신선이며, 호랑이족 후보는 결론적으로 성불치 못했다는 것을 내포하고 있는 것이다.

까마득한 옛날의 신화라 생각지 말라. 은유와 내포 그리고 진리인 내용, 10,000년 훨씬 이전부터 이미 깨달은 사람들이 있어왔다.

부처 이전의 신선시대이다.

중국의 서량지徐亮之라는 사학자는 한국의 한글학회장에게 중국이 한韓

나라의 역사를 감추고, 왜곡하였다며 사죄의 표현으로 절을 하였다.

《중국사전사화中國史前史話》에 나오는 기록.

세석기細石器문화를 지닌 부족이 최초로 거주한 곳은 지금의 시베리아 바이칼 호수 근처이다. 곧 중국의 전설 가운데 등장하는 염제신농 등의 본래 종족이 있던 곳이다

— 細石器文化部族 最初乃居住 今西伯利亞的貝加爾湖附近他 們乃中國傳說中的炎帝神農氏本族

중국의 학자 필장복은 중국 인종의 시원이 북방의 시베리아 일대와 동북아 쪽이라는 결론을 내리고 있다.

그 외 왕동령王桐齡, 양관楊寬은, "현조玄鳥(삼족오)는 은나라 사람과 동이의 조상신이다", "동이는 은나라 사람과 동족이며, 그 신화 역시 뿌리가 같다"

중국의 학자 노간勞幹, "우리들이 동방 사람들을 동이東夷라고 부른다. 이夷자와 인仁자는 통용된다. 인仁자와 인人자는 또한 한 근원에서 나온 것이다. 그러므로 중국에 있어서 인人자를 일컫는 것은 그 근원이 동방에서 나왔으며, 만약 한민족이 문화적으로 선진이고, 먼저 '인人'을 사용하였다고 하면 후대에 와서 서방에서 기원한 부족들이 이를 빌어 전 인류의 명사로 쓴 것이다."

일본의 학자 오향청언吾鄕淸彦 — "사마천의 '사기'史記 25권은 한韓왕 조선이 중원 대륙을 지배했었다는 역사적인 사실을 거꾸로 뒤집어 가지고, 마치 중국이 한韓왕 조선을 지배한 것처럼 힘겹게 변조 작업을 해 놓은 것이다."

러시아의 역사학자 유 엠 부찐도 그의 저서 《고조선古朝鮮》에서 "한대漢代 이전에 현토와 낙랑 지역에 이르렀던 조선의 영역은 한 번도 중국의 제후국이 된 적이 없을 뿐만 아니라 연나라나 주나라에 예속된 적이 없다."며, 기자조선 설은 주왕周王이 자신의 지배하에 있지 않은 영토를 마치 통치한 것처럼 꾸민 전형적인 예라고 말하고 있다.

또, "중국의 역사가들은 연나라가 중국의 동북쪽 변방에 있었기 때문에

의식적으로 연나라의 역할을 과장해서 표현해 왔다."며, 당시 국력으로 보아 연나라가 조양에서 양평에 이르는 장성을 쌓는 것은 불가능하다고 강조하고 있다.

"중국의 책력법은 동이東夷에서 시작되었다. 책력을 만든 사람은 희화자羲和子이다. 그의 혈통은 은나라, 상나라의 한민족 조상이다. 동이가 달력을 만든 사실은 실로 의문의 여지가 없다."

"역법曆法은 사실 동이東夷가 창시자이며, 소호小胡 이전에 이미 발명되었다."

"동방 인종의 오행 관념은 원래 동북아에서 창시된 것을 계승한 것이다."

"중국은 한민족에 관한 진실서 '포박자'를 감추고 있다."

공자가 노나라 242년의 역사를 편년체로 기록하여 『춘추春秋』라 이름 지었는데, 이 책은 주나라 왕실을 종주로 삼는 대일통大一統 사상과 존왕양이尊王攘夷의 정신을 표방하고 있다. 그 후 중국 사서들은 이 『춘추』를 역사 서술의 표준으로 삼게 되었는데, 중국사서의 편찬 원칙은 다음 세 가지의 '춘추필법春秋筆法'으로 요약된다.

첫째, 중국에 영광스런 일은 한껏 부풀려 쓰면서 수치스런 일은 감추고爲國諱恥

둘째, 중국은 높이면서 주변 나라는 깎아내리고尊華攘夷

셋째, 중국사는 상세히 쓰면서 이민족 역사는 간략하게 적는다詳內略外

춘추필법은 표면적으로는 대의명분을 밝혀 세우는 역사 서술법이지만, 사실은 중국이 천하의 중심이라는 중화주의에 충실한 필법이다. 사마천 이하 역대 중국의 사가들의 잘못된 춘추필법을 지적한 것은 단재 신채호선생이다. 그는 『조선사연구초』 중 「전후삼한고前後三韓考」에서 중국 역사의 비조로 일컬어지는 사마천을 "공자 춘추의 존화양이, 상내약외, 위국휘치 등의 주의를 굳게 지키던 완유頑儒"라고 혹평하였다.

중국의 뻔뻔함으로 한민족은 심신이 피로한 상황에 일본은 한술 더 떠한韓의 역사를 날조하며 한민족의 자긍심마저 훔쳐가고 있다.

1925년 일제강점기 사이토 총독이 전국에 시달한 교육시책에는,

1. 먼저 조선 사람들이 자신의 일, 역사, 전통을 알지 못하게 만듦으로써 민족혼, 민족문화를 상실하게 하고
2. 그들의 조상과 선인들의 무위, 무능과 악행을 들추어내 그것을 과장하여 조선인의 후손들에게 가르쳐 그 부조父祖들을 경시하고 멸시하는 감정을 일으키게 하여, 하나의 기풍으로 만들고
3. 그 결과 조선의 청소년들이 자국의 모든 인물과 사적史蹟에 관하여 부정적인 지식을 얻어 반드시 실망감에 빠지게 될 것이니,
4. 그때에 일본사적, 일본인물, 일본문화를 소개하면 그 동화同化가 지대할 것이다. 이것이 제국 일본이 조선인을 반半 일본인으로 만드는 방법이다.

"우리는 패했지만 조선은 승리한 것이 아니다. 장담하건데, 조선인이 제정신을 차리고 찬란하고 위대했던 옛 조선(단군왕검 조선)의 영광을 되찾으려면 백년이란 세월이 걸릴 것이다.

우리 일본은 조선인에게 총과 대포보다 무서운 식민교육을 심어 놓았다. 서로 이간질하며 노예적 삶을 살 것이다. 나는 다시 돌아온다…."

– 마지막 총독 아베 노부유키

위의 글을 보자면 노부유키는 단군왕검 조선의 위대함을 알고 있었다.

1945년 9월 9일 그는 미군이 진주해 총독부에서 국기 게양식을 하자 할복을 시도했으나 피부만 살짝 벗겨졌을 뿐, 시늉으로 그쳤고 항복문서에 조인하며, 후에 전범 혐의로 체포됐지만 무죄 석방되었다.

그는 조선에서 일본이 일으킨 전쟁 수행을 위한 물자와 인력 수탈에 총력을 기우렸고, 조선인 의용대를 편성하는 등 조선인에 대한 대규모 탄압과 검거와 무자비한 폭력을 행하였다.

한민족이 일본의 무자비한 폭력에 의한 사망자가 일 제국주의 이후 현재까지 무려 800만 명에 달한다.

그럼에도, 일 제국주의가 만들어낸 역사조작을, 역사허상을 똑똑한 양 그대로 취하고 있는 한국주류사학자들은 도대체 무엇을 위해, 누구를 위해 비참인 식민사관 역사를 자신 및 후손에게 이어가려 하는가, 어리석기 그지없다고 할 수 있다.

그 광활한 영토를 거느린 단군왕검 조선의 영토를 바람이 빠져 쭈그려 진 풍선처럼 만들어서는 변방에 있던 것(기자조선)을 단군왕검조선의 중심부에 위치하게 하여 피탈의 역사로부터 시작하는 한사군을 맨 처음 기술하고 있으니, 그 식민사관에 빠져 있는 자신들은 식민국가로 시작됨이 그렇게도 자랑스러운가.

세계를 호령했던 위대한 단군왕검 조선을 한국인이 스스로 부정하게 하며, 동북공정을 펼치고 있는 중국에 일조를 하고 친일적 교육을 지속하여 후대의 자손과 성인이 되어서도 자긍심이 황폐화되는 것을 계속 바라는 것인가.

"문자와 문명은 중국이 발명하였으므로 선진문명이다."라고 한 이황, 이이는 사대주의라는 것으로 스스로 고삐를 꿰어 굴레를 쓴 것처럼, 지금의 친일파들과 지식인들은 선진문명이라며 일본을 좇아가고 또한, 맹목적으로 서구를 향한다면 그들 역시 역사에서 "어리석은 자"란 고삐를 영원히 꿰게 될 것이다.

"동북아 고대사에서 단군왕검 조선을 제외하면 아시아 역사는 이해 할 수가 없다. 그만큼 단군왕검 조선은 아시아 고대사에 중요한 위치를 차지한다. 그런데 한국은 어째서 그처럼 중요한 고대사를 부인하는지 이해 할 수가 없다. 일본이나 중국은 없는 역사도 만들어 내는데, 당신들 한국인은 어째서 있는 역사도 없다고 그러는지… 도대체 알 수 없는 나라이다."

– 유엠 부찐

"요한계시록의 내용은 고대 한국인이 만든 것이다. 한국학자들은 너무 공부를 안 한다."

주류역사학자들의 근원적 친일에 의한 단군왕검 조선의 위대함을 스스로 부정하는 동시에 기독교는 유일신이라는 맹목 하에 단군왕검 조선을 수용하기가 쉽지 않다는 것을 이해할 수는 있지만 이는 주류사학자나 기독인이 진실을 외면한 체 자기영역을 굳게 지키기 위한 이기심의 발로가 더 크다 할 수 있다.

홍산문명이 6,000년 전이며 유대교 성립 시기는 넓게 계산해도 4,500년 전에 불과하다. 그럼에도 유대인이 백두산 부근을 건설했다는 괴론은 오만인지, 어리석음인지 도대체 무엇인지 모르겠다. 한국인이 한민족에 대한 테러는 중국이 행하는 후안무치요, 일본이 행하는 깡패칼질과 다를 게 없다.

대한민국은 정부수립 이후 부정, 군화, 총과 칼, 은닉, 다수에 의한 소수 밀어내기를 펼친 역사이기 때문에 권력층은 비참인 친일, 맹목인 기독교를 수정하기는커녕 오히려 조장하며 이용하고 있다.

요한계시록에 대하여 진실을 말한 외국인은 한국인들의 부탁, 압력, 부인에 질려 자신의 나라로 귀국하고 말았다.

한나라의 과학성을 알 수 있는 것은 옥과 벽화이다.

한자로 옥玉자의 구성은 왕이 옥을 품은 것을 말하는 것으로써 사람이 옥을 지니면 건강해진다는 것을 알고 있었음을 나타내며, 세계에서 유래가 없는 옥기문화를 이룩했던 것이다. 한나라의 정통성을 이은 고구려는 벽화를 그릴 적에 벽에 먼저 이산화탄소를 뿌려 공기를 증발시킨 후 그림을 그려 채색이 퇴색되지 않도록 만드는 뛰어난 과학을 알고 있었다.

홍산문명 시기에 한민족은 뼈의 편자를 서로 꿴 갑옷을 사용하였는데, 활이나 창으로 공격을 당해도 뼈 편자가 각각 움직여 사상자가 상대에 비해 매우 적었으며, 몇 세기를 뛰어넘는 창조적인 뼈 갑옷은 가벼워서 사람 밑의 말馬에게도 충분한 기동력을 주었기 때문에 전장에서 유리할 수 있었다.

또 하나 한민족의 혁신적 창조력을 볼 수 있는 것이 바로 6,500년 전의 스파이크 신발이다. 발로 말을 차며 속도를 높이는 동시에 말이 죽었을 경우에는 초원에서 빨리 안전지대로 갈 수 있는 용도가 있었으니 가히 현재의 인간도 생각해내기 어려운 창조력이라 할 수 있다.

창조는 모방이기도 하지만, 대비, 대조, 유추 등에 의해서도 창조력은 향상된다. 세계 최초로 활을 발명함으로써 뼈 갑옷, 기동력 있는 말, 이후 필연적으로 마차가 발명되기를 기다리고 있는 것과 같다. 그러므로 창조의 최초의 시작 하나가 계속 관계된 창조를 가능케 하는 것이어서 선진문명이란 그런 연유로 먼저 시작된 창조로부터 다른 창조가 이루어지고 이루어지면서 한동안 역사란 무대에서 주인공이 되는 것이다. 게다가 이후 성립된 여타 국가에 비해 500년~1,000년 전이면서 식량마저 확보하고 있었으므로 시작부터 한나라의 태평성대太平聖代는 이미 보장되어 있었다 할 수 있다.

한인제석 한국, 한웅천황 밝달국, 단군왕검 조선으로 이어지는 세계 최초의 국가 확립과 다방면에서의 창조에 창조를 하는 문명의 발달로 10,000년 전 전후는 한민족이 세계진출을 하는 것은 매우 용이하였다.

만주 및 한반도에 소재한 세계의 70%를 차지하는 한민족에 의한 신석기대의 고인돌 분포를 보면 중국과 남방지역, 유럽, 아메리카에서도 발견되고 있는 것으로 봐서는 농사지을 수 있는 곳으로 사방팔방으로 진출한 것을 알 수가 있는데, 그도 그럴 것이 65,000년 전후로 한랭이 있었고 12,000년 전에 천지개벽의 시기가 있었으며, 10,000여 년 전에는 마지막 빙하기도 있었으므로 농사를 지을 수 있는 따뜻하고 안전한 곳으로 가려 한 것이다.

한반도와 중국이 붙어있는 마지막 시점으로 추정되는 마지막 빙하기가 10,000년 전이므로 17,000년 전에 교배종 재배볍씨가 만주에서 발견되었고 이어서 15,000년 전에는 한반도에서, 그로부터 3,000년 후에는 중국에서 재배볍씨가 발견된 것은 서해를 도보로 이동하여 그 후 중국에서 벼농사를 지으며 생활한 것임을 보여준다.

더구나 볍씨의 발견지역은 은의 영토이며, 은은 한민족 왕조이며, 한민족이 한민족에게만 벼의 종자와 재배기술을 전수했다는 것을 알 수 있다. 벼를 재배한다는 것은 단순히, 종자를 심어서 되는 게 아니라 모판을 짜서 모를 키워 모내기를 하고 수시로 물을 터주면서 다시 막아야 하는 복잡한 기술을 요한다.

한자 병秉자는 벼를 묶는다는 뜻과 함께 잡는다는 뜻을 같이 가지고 있는데, 벼 재배기술을 알고 있으면 권력을 지닐 수 있다는 것을 말하고 있다.

벼 종자와 함께 벼 재배기술을 지니고 한민족은 세계로 진출하여 4대문명을 이룩하였던 것이다.

홍산문명에서 봉황과 용이 같이 출토되었는데 다음과 같은 논리가 발생된다.

1. 봉황과 용. 이 둘은 한민족인 은에서도 같이 사용하였다. 그리고 은의 뒤를 이은 주 역시 조선의 제후국이었다.
2. 한민족의 홍산문명이라 함은 6,500년 전이다.
3. 한민족 문명권에서는 봉황과 용을 같이 사용하였다.
4. 황하문명은 홍산문명보다 1,500년 이후며, 그 후 중국에서 왕실은 용을 사용하였다.

재고할 필요도 없이 중국왕조가 한나라의 용을 차용한 것이다. 그들은 왜, 용을 선택하였을까,

결론을 먼저 말하면 첫 번째는 단군왕검 조선에서 용보다 봉황을 더 중요시하였기 때문에 덜 사용한 용을 차용할 수밖에 없었으며, 두 번째는 그 당시 중국 한漢의 문화적 능력으로는 무엇인가를 새로 창조해낼 능력은 없고 차용한 용을 역사의 무대로 등장시키기 위해 사마천이 억지로 헌원을 황黃제로 등극시키고자 황黃과 관련한 황용黃龍에 관한 동화를 지어내었던 것이다.

한漢의 유물을 보면 한민족의 상징인 삼족오를 의식적으로 두 개의 다리로 표현하며, 단순히 까마귀로 치환시키어 태양과는 가장 멀리 떨어져 있는 곳에 그려서는 삼족오와 태양과의 연결고리를 끊어버리려 애를 쓴다. 역으로 말하자면 단군왕검 조선에 대한 동경과 콤플렉스가 어우러져 일개의 까마귀로 치환된 삼족오는 삽화에서는 필요 없는 존재임에도 불구하고 굳이 삼족오를 의식하여 까마귀를 그려 넣었고 아무 의미 없는 까마귀를 배짱 있게 생략하지 못했던 것이다.

삼족오란 『천부경』의 삼신사상으로써 하늘과 사람을 연결해주는 하늘의 뜻을 한민족에게 알려주는 세 개의 다리를 가진 새를 뜻한다. 사람과 시간과 역사는 물이 단계, 단계로 흘러 나가듯이 점차 나아가기 마련인데 단군왕검 조선이란 선진문명에 대한 비참을 감추려고 춘추필법에 의한 교모로써 삼족오란 문화를 까마귀라는 사실로 치부한 것과 같다.

중국은 한나라의 사직인 곰(웅녀-대지신)을 숨기는 것처럼 한나라의 핵심사상인 삼족오(천손사상)을 제거함으로써 원초적으로 발생되는 한민족에 대한 콤플렉스를 극복하고자 의식적 배타를 조직적으로 하고 있음을 알 수가 있다.

"본래 황제 헌원은 배달국 14세 치우천황을 주군으로 모시고 운사雲師라는 사법부의 수장 노릇을 했는데, 그 주군을 사로잡아 죽였다."고 하는 중국 역사가 사마천은 사기史記에서 첫 페이지부터 거짓말로 시작한다. 그로 인해 인류사의 역사의 불의를 동북아에서 볼 수 있는 것이다.

사마천은 치우천황의 운사였던 헌원을 중국의 시조로 삼기 위해서 한민족(한민족)이었던 중국의 시조인 삼황 및 오제에 견줄만한 인물을 만들었는데 그가 바로 황제 헌원이다.

1. 사마천에 의한다면 그 말대로 치우천황의 부하에 불과한 헌원이 기나긴 전쟁에서 이겼으므로 이후 한민족(한민족) 정권이 아닌 황제의 정권인 하화족이 존재하여야 함에도 그 이후 계속되는 한민족 왕조가 뜻하는 것은 사마천이 헌원을 황제로 등극시키기 위해서 국수주의에 도취되어 민족 우월주의를 내세운 역사가가 아닌 소설가였음을 나타낸다.
2. 선진문명 단군왕검 조선의 창조물인 봉황과 용중에서 한민족이 봉황을 더 신성시하며 주로 사용하였기 때문에 그 중에서 용을 차용하게 되었고, 사방신 중에 이미 청룡이 있었음에도 백호나, 주작이나, 현무 같이 새로운 신을 창조하지는 못하였고 황룡이라 급설정한다. 소설가 사마천은 상상력은 부족했던 것 같으며, 이런 경우라면 모방이 창조가 되는 게 아니라 빈약이란 굴레가 되어버린 것이다.
3. 치우천황은 이미 그 당시에 날씨를 예측하여 안개가 낀 날에 공격을 하여 적을 혼비백산하도록 만들었으며, 병사를 9×9인=81명의 구미호전략을 전투에서 활용하여 적을 섬멸시키곤 하였다. 치우천황의 신하, 운사였던 그가 단기전도 아닌 기나긴 전투 끝에 천황을 이긴다는 것은 군사동원 능력, 무기의 다수 및 전술과 전략 면에서 매우 부족하므로 황제 헌원은 허상이다.

"거짓말을 하면 계속 거짓말을 하게 된다"는 말처럼 사기는 첫 장부터 거짓말이니 진실의 역사를 위해서는 불태워져야 할 책이라 할 수 있다.

중국은 이미 한민족인 삼황을 중국의 시조로서 모두 사당에 모시고 있으며, 근래에는 치우천왕도 시조로 삼더니만, 이제는 기어코 웅녀상도 세웠으므로 욕심과 뻔뻔함은 이루 말할 수 없다 하겠다.

한웅천황은 삼신오제본기로써 사상과 정치의 틀로 삼았으며, 중국에도 똑같이 삼황오제를 두어 중국을 다스리게 하였다.

천황 복희씨, 염제 신농씨, 인황 여와씨가 삼황이며, 그 밑으로 오제가 있었다.

그것은 역사적 사실이며 중국도 인정하는 바임에도 그러나, 중국은 오제본기로 시작점을 잡았는데. 그것은 바로 단군왕검 조선이 삼신오제본기로 시작되는 것에 비추어 자신들의 자존심을 회복하고자 오제본기로 기술한 것에 불과하다.

첫 번째는 한민족에 의한 삼황오제의 역사를 부정하려 함이며

두 번째는 삼황 밑인 운사인 헌원을 황제로 억지로 등극시켜 놨으니 삼황을 부정할 수밖에 없는 것이며

세 번째는 단군왕검 조선의 삼신오제본기로 시작되는 것에 비추어 자신들의 자존심을 회복하고자 오제본기로 기술한 것이므로 오히려 그것은 스스로 후진국임을 자백하는 것과 같으며 처음부터 왜곡이었으므로 그 뒤로 이어지는 역사는 계속 거짓일 수밖에 없었던 것이다.

중국학자 낙빈기는 "모계족인 구려족이 일어나 황제계랑 싸움을 벌였고, 이 과정에서 황제는 소호에게 왕위를 주고 쫓겨나 왕위에 오르지도 못했으며, 이 싸움은 치우구려족의 승리로 끝나 다시 모계인 전욱고양씨에게 왕위가 이어졌다." 즉, 사마천은 황제가皇帝家가 환웅천황에게 쿠데타를 일으켰다는 점 하나만으로 후발인 중국역사의 뿌리를 만들어 선진문명인 한민족의 역사에 대한 콤플렉스를 없애고자 하였던 것이 농후하며, 환웅천황, 치우천황에서도 알 수 있듯이 이름 뒤에 천황을 붙였으므로 황제皇帝란 어순은 틀린 것이고 제帝가 의미하는 것은 천황이 아닌 제후에 불과한 것이다.

중국역사는 요순이후 하은주이다. 한민족에서 한민족으로 이어진 왕조 사이에 한민족이 아닌 하화족인 하왕조가 중간에 갑자기 등장하다 흔적도 없이 사라지는 것은 권력의 구조상 결코 쉽지 않은 일이다. 중국은 하를 명분으로 하여 스스로를 하화족이라 명명하였으나, 유물은 나오지 않는다고 한 바, 단군왕검 조선의 제후국인 하왕조를 부정하는 동시에 하화족의 명분을 유지하려고 유물이 나타나지 않았다며 거짓말을 하고 있는 것이다. 거꾸

로 생각하자면 유물이 나오면 한민족의 유물일 것은 너무나 명확하기 때문에 "있어도, 없다."라 해야 하는 숙명에 놓여 있는 것이다.

단기고사에서는 단군왕검과 유위자가 하를 제후국이라 칭하며 하왕의 성품에 대해 논의를 한다. 그러므로 중국의 하에 대한 기술은 허위이며, 허위이므로 사마천의 사기는 사기詐欺이며, 오히려 단기고사는 진실이다.

이상용은 "위만은 한명의 강도에 불과하다." , 신채호는 "위만조선은 우리의 변강 침략사로 다루어야 한다." 하였고, 또한 "안산을 경기도에서 찾지 말라" 하였다.

오향청언吾鄕清彦은 "사마천의 『사기史記』 25권은 역사적인 사실을 거꾸로 뒤집어 가지고, 마치 중국이 한왕 조선을 지배한 것처럼 힘겹게 변조 작업을 해 놓은 것이다" 하였고, 유 엠 부찐도 "한대漢代 이전에 현토와 낙랑지역에 이르렀던 조선의 영역은 한 번도 중국의 제후국이 된 적이 없을 뿐만 아니라, 기자조선 설은 주왕周王이 자신의 지배하에 있지 않은 영토를 마치 통치한 것처럼 꾸민 전형적인 예"라고 말하였다.

사마천은 『사기史記』에서 "기자箕子가 책봉을 받았지만 '주나라의 신하가 되지는 않았다而不臣也'"라 하였는데. '기자를 제후로 임명했다'는 말 바로 다음에 '신하로 삼지는 못했다'는 모순된 말에는 기자가 무왕의 신하였던 적이 결코 없었으니, 사마천이 자신도 모르게 없던 역사를 역사의 무대에 등장시킨 것을 고백한 것이다.

사마천은 한사군 역시 한반도 내 평양의 낙랑성을 포함 4군을 단군왕검 조선에 두었다 하였으나, 중국 동북부에서 임둔의 봉니가 발견되었다는 것은 위의 세 가지 근거로 해석하면 한사군은 단군왕검 조선의 변방인 곳이다 할 수 있고, 봉니가 발견된 곳이 위치가 시사하는 바는, 그 당시에는 적어도 중국의 동쪽방면은 단군왕검 조선의 영토임을 말하고 있다.

한민족의 상고사를 중국과 일본은 교모하고 치밀하게 왜곡을 해온 것임을 알 수 있다.

한민족인 은의 마지막 왕의 폭정에 백성이 항거하여 주나라로 권좌가 넘어 갔으며 주 역시 조선의 제후국이었다. 그때 공자가 역사의 무대에 등장하였고 그는 중국 역사가들의 "중국으로부터 문명의 출발"이란 슬로건 아래 다음과 같이 역사에 인용되곤 한다.

공자가 쓴 『춘추』에서 기술된 세 가지의 춘추필법春秋筆法을 다시 상기하면,

첫째, 중국에 영광스런 일은 한껏 부풀려 쓰면서 수치스런 일은 감추고爲國諱恥

둘째, 중국은 높이면서 주변 나라는 깎아내리고尊華攘夷

셋째, 중국사는 상세히 쓰면서 이민족 역사는 간략하게 적는다祥內略外

인의예지신仁義禮智信을 표명한 공자가 아니던가.

소인배와 같은 이런 정신으로 대학자가 된 중국이라는 그때 그 수준이란 게 보잘 것 없지 않은가.

"나의 학문은 은에게서 나왔다." "주가 은을 따르니 나는 주를 따른다." "인仁의 나라에 가고 싶다." 인仁을 가장한 기회주의적 사람이라 느껴지는 게 나 혼자만일까, 참고로 인仁의 나라란 단군왕검 조선을 뜻한다.

중국이 공자를 유독 내세우는 원인은 비로소 그 때문에 중국이 한나라에 대한 콤플렉스를 무시하고 중국의 역사로 왜곡하여 기술하면서 '중화'란 기치아래 화려한 중국의 역사로 진입하였기 때문이다. 반면에 한민족의 입장에서 보면 같은 한민족인 그는 배신자에 불과하다.

한자는 한민족이 만들었으며 인사상은 본래 한민족의 사상임에도, 그것도 모르고 "문자와 문명은 중국에서 왔다."며 스스로 고개를 숙였던 근대조선은 안타까운 역사이다.

근대조선은 그 당시 석학이란 사람들은 깨달음도 아닌 그저 학문에 불과한 유교에 지나치게 치우친 나머지, 진작 먹고사는 생산적 활동을 무시하고 선비라며 폼생폼사만 생각한 기득권이었을 뿐이다. 600년 동안 단 하나의

학문에만 몰입한 것은 고집이요. 인仁이 아닌 평범한 인人일 뿐이다. 기득권인 선비들이 편안하였기 때문에 기득권인 그들이 달콤한 유교를 버리지 못하고 집착한 그 결과=그 유약함은 결국 일본에 의해 굴욕을 당하게 된 필연이었다.

부연하자면 각 권위(권력)를 조직인 양반들이 모두 가지고 있음으로 한 안일함과 권력배분을 하지 않은 결과에 따른 그 외의 조직의 부실… 궁극적으로 개인의 창조력 부실을 초래하였던 필연이었다.

"이후 5,000여 년 간 한민족은 갖은 수모와 고초를 겪으며 정신마저 외부에서 빌려올 것이다." 한 단군왕검의 스승 유위자의 예언처럼 한민족은 더 핍박을 당해야 하는가. 스스로 수모를 당하려는 그 몸부림은 무엇인가.

진실을 얘기하면 회유, 협박, 반박, 부인만을 하고 있으니 이제는 진실을 말해주고자 했던 외국인들도 다 떠나고 없다.

중국의 새 왕조는 국호를 기존에 있던 나라에서 차용하거나, 발음을 비슷하게 하여 토착인인 백성에게 호응을 얻음과 동시에 정당성을 확보하려 하는데, 한韓과 비슷한 음인 한漢을 사용하며 동질성을 확보하기 위해서 의도적으로 국호를 한漢이라 한 것임을 알 수가 있다.

전국시대에 칠웅七雄 중 하나인 한韓이 있다.

중국내 시대별 고지도를 보면 있음에도 없어 보이게 할 요량으로 전혀 설명이 없는 한韓나라가 시대별로 잊지 않을 정도로 띄엄띄엄 나타나는 것을 보게 되는데, 춘추필법에 충실한 중국정부 및 학자들의 암묵적인 묵살이란 공통분모가 있음을 보여주는 사례라 할 수가 있다.

신석기로부터 더듬어 내려오면 중국 내의 권력가는 한韓민족이었거나 한나라에 유입한 부족이거나 복속한 부족이라 할 수 있다.

일례로, 선비鮮卑라는 단어 그 자체 "조선의 아래"란 뜻이다.

근대조선의 국호도 조선이다. 조선은 단군왕검이므로 곧, 왕을 지칭한다. 바로 그 밑의 권력자인 양반을 선비라 호칭하였던 것이며, 당태종이 선비족이었다. 명의 『대명일통지』에는 주원장이 말하기를 "짐의 조상은 조선인이다. 짐의 조상의 묘소가 조선에 있다." 하였다.

원, 청 등이 중국정권을 잡기는 하였으나 그들은 북방민족이다. 원은 만주를 넘어선 북쪽에 위치하고 있었으며, 청은 연해주에 살던 여진족이었다.

그러므로 중국은 만리장성 넘어 현 몽골자치구역 및 만주와 한반도를 지배한 적이 한 번도 없었다.

중국이 '진, 한, 수, 당'이라며 자신들은 외자로 국호를 표현하고 그 외의 지역은 두세 글자로 표현하였다.

고구려 지명 집안集安은 한글인 집안이다.

무슨 뜻인가 하면 집안은 고구려의 수도이기도 하며 만리장성 넘어 북녘은 중국의 영토인 적이 없었으므로 한인제석 이후 단군왕검 조선 및 삼국시대, 고려까지 한나라의 영토이었으므로 한자로 된 지명을 한자로 풀이하려 하거나, 한자음으로 오역하지 말고 한글로 풀어서 이해하여야 한다는 점이다.

즉, 한글인 집안은 편안한 내 집(궁궐)이 되는 것이다.

거란족에 대해 한국 내외 역사학자들은 결론을 내리지 못하고 아직도 혼란을 겪는 이유는 다시 말하건 데 한자로 풀이하려 하기 때문이다.

한인제석 이후 삼국시대까지 한민족의 영토이었으므로 한민족이 사용하던 한글로 해석하면은 거란이란, 한나라의 영토 내 궐 안(궁궐 내=수도)에 거주하였던 이민족이란 뜻이고 그 중 기탄(글단)족이 다수를 차지하였다는 의미이다.

처음에는 기탄족이라 불리었지만 기탄과 거란과의 연결고리를 찾아낼 근거가 전혀 없다.

신채호는 글단이라 표현하였으나 그 당시에도 거란으로 불리 우고 있었으므로 실제 호명한 것으로 추정하여야 사실에 가깝다고 할 수 있다.

마찬가지로 돌궐은 돌로 된 궁궐이다. "돌로 궁궐을 구축한 곳"이란 뜻을 가지고 있다.

사막인 곳이어서 목재가 없는 지역이기 때문에 돌로 성을 쌓을 수밖에 없었던 돌궐. 즉, 투르크이다.

위그루 역시 한글로 해석하면 높은 지대(고산)에서 벼농사를 지은 곳(나라)임을 의미하고 있다. 위는 높다이며 한국어로 그루는 벼의 별칭이다.

17,000년 전의 기록 중 흥미로운 것은 마고제국의 유물이 바이칼 호수에서 출토되었고, 위그루 지역에는 고도의 수학, 과학문명이 발달했던 도시가 발견되었으며, 한민족 무대인 만주에서는 재배볍씨 화석이 나온 점이다. 그 세 가지로 유추하건데 충분한 타당성이 있는 것은 마고에서 분화된 동질성이란 점이다. 즉, 위그루가 고도의 문명을 지니고 번영을 누릴 수 있었던 것은 의식주의 해결, 위그루란 단어자체를 한글로 해석하면 그 당시부터 농사를 지었다는 것을 나타내며, 그곳에 복희여와도가 나온 것은 동일민족, 동일문화임을 나타내고 있다. 의식주 중 무엇보다 식량이 충분해야 문명발달이 가능하다.

한인제석 한국 시절부터 한글고어가 국어이었으며, 세계로 진출하며 곳곳의 지명을 한글로 지칭한 것은 당연한 것이다. 한글을 체계화하지 못하여 한글고어인 가림토문자에 근거하여 한글인 음과 뜻과 형태를 결합하여 한자를 창조하였기 때문에 또한 집안集安, 거란契丹, 흉노匈奴, 돌궐突厥, 여진女眞… 등 한자로 표기 할 수밖에 없었지만, 한글에 의해 태동한 한자이기 때문에 한글로써 재해석해야 하는 근거이다.

흉노, 적, 융 등 중국에서 타민족을 격하하는 표현은 영락없이 춘추필법 중 하나인 중국은 높이면서 주변 나라는 깎아내리는 존화양이尊華攘夷이다.

그 중, 한민족의 별칭인 동이의 이夷는 중국의 상고사에 있어서는 선진문명이며 흠모의 대상이었다. 또한, 이夷자는 중국에서 자랑하는 유교, 인仁자의 근원이건만 이후 그들은 오랑캐 이夷자로 폄훼하게 된다.

연고로 동이족東夷族이란 말은 사용하지 말아야 한다. 한민족이 주류였으므로 한민족이 정당하며, 중국은 남의 영토를 앗아갔고 게다가 은닉, 교모, 날조하고 있으니 하화족이 아닌 도적족盜賊族이라 해야 정당할 것이다. 현재 중국은 있다. 하화족은 존재하는 것이며, 인류사는 면면히 전쟁과 수탈의 역사였다. 고로, 도적족이란 단어도 없어져야 한다.

다른 예가 바로 중국을 계속 침범하였던 흉노에 대한 지칭이다.

흉노匈奴라 표현된 한자의 뜻은 사나운 오랑캐, 수선스러운 노예란 뜻이다. 다시 말하자면 중국의 역사에 있어 만리장성 너머 북녘은 그들이 역사인 적이 없다.

중국 내의 한민족 정권이 무너지면서 흉노는 수시로, 지속적으로 중국을 침범하며 굴욕을 안기곤 하였기 때문에 극도로 신경질적 반응을 나타낸 결과로 탄생된 것이 바로 흉노匈奴란 단어이다.

흉노가 위치한 곳은 만리장성 넘어 현 몽골자치구지역이다. 그러므로 그곳은 한나라의 역사였기 때문에 흉노匈奴가 아니라, 흉노胸怒라 바뀌어야 할 것이며, 즉, 한나라의 가슴을 노하게(슬프게) 한 것으로 해석하여야 한다.

죄를 지었으되 단군왕검과 같은 핏줄이기 때문에 죽이지는 못하고 유배를 보낸 것.

흉노에 관한 기록.

천고마비란 사자성어는 "가을에 말이 살찌기 시작하면서 북방에서 중국으로 돌격하면 할수록 말에게 속도가 붙으므로 흉노의 침범이 걱정된다."는 것에서 유래된 것이다. 말과 화살은 한민족의 상징이다. 한나라 왕에게 죽임을 당할 정도는 아니지만 항거를 하여 옥살이를 하다 쫓겨난 욕살이 흉노의 조상이라는 기록과 일맥상통하다 볼 수 있다

흉노는 원래 감숙성에 있었다는 기록.

거슬러 올라가면 중국의 천지창조의 신으로 등장하는 한민족 반고가 감숙성에 자리를 잡았는데, 이후, 감숙성에 있던 흉노가 북방으로 이동하였는

데 또, 습관적인 패배의식으로 중국에 쫓겨난 것이라 생각하면 곤란하다. 실크로드를 장악하는 것이 더 유리했기 때문이다.

한글로 해석해야 하는 단어가 바로 힌두교에서의 힌두(hind0u)란 발음이다. 한글로 힌두란 곧 흰머리요. 즉, 백두이다.

마지막으로 매우 중요하고 시사하는 바가 많은 단어가 '아사달阿斯達'이다.

다시 한 번 말하지만 한인제석 안파견 이후 한민족은 한글을 사용하였고 문자를 체계화하지 못하여 한자를 부수적으로 발명한 것이다. 그럼에도 습관적으로 아사달阿斯達이란 한자에 집착해서 각각의 학자마다 오해석을 거듭하고 있다. 음차를 위하여 사용한 한자를 뜻으로 규명하려 하니 아사달의 의미를 찾아낼 수가 없는 것이다.

그 일례로 갓이란 단어를 들자면, 세계최초의 문명국가 한인제석 한국이 세계로, 세계로 진출하면서 세계최초로 문자를 체계화하려 노력한 문자를 지니고 진출하였기 때문에 그 체계와 단어를 그 지역에서는 따라갈 수밖에 없는 것이다.

역으로 그 당시의 문법이 지금과 같았다고 볼 수도 없으며, 부사, 명사, 동사 등 혼용이 만연했을 것은 너무나 자명하다.

갓이 한자로는 관冠이며, 관으로는 갓이 왜 신(god)이 되었는지 알 수 없는 것과 같다. 그 당시에는 관이 아니라 갓으로 통칭되었던 것이다. 한나라 왕들은 봉황, 삼족오에서 알 수 있듯이 새를 신성시 여겨 왕족은 편두를 하여 깃을 높이 단 갓을 씀으로서 스스로 하늘과 자신을 동일시하였으며, 백성의 입장에서는 신과 동일시된 왕이 쓴 갓을 신(GOD)으로 사용하였던 것이다.

아사달의 한글고어는 아스땅(아스따)이다.

"아스라이 한없이 펼쳐진 땅"이 바로 아스땅이 지닌 의미이다.

조선朝鮮에서 선鮮과 같은 의미이며 즉, 해양과 대륙을 합한 한나라의 광활한 영토를 표현한 것이며, 한국韓國에서는 한韓과 같은 의미이다. 즉, 진리

(十)인 나라의 영토가 "아스라이 펼쳐져 있는 영토가 바로 아스땅(따)이며, 이후 아사달인 것이다.

한나라 왕(한인제석, 한웅천황, 단군왕검)이 아침마다 신하에게 "아스땅=나의 땅"에 관한 하문을 하다보면 아스에서 나 아我자가 유추되었을 것이고 신하나 백성의 입장에서는 우리의 영토라는 의미로 해석될 개연성이 크며, 아스에서 영어 I와 US가 파생되었다 볼 수 있다.

TOMS, TOM' S 도 마찬가지이다. 또한 중앙아시아에서 사용하는 국가명 ~의 땅으로 불리는 ~스탄도 스땅(따)으로 사용하다가 발음하기 좋게 변질되었다고 볼 수 있다.

아스땅이 단지, 넓은 평양지대를 말하고 있다면 아스땅에서 유래된 아즈텍과 맞지 않다, 그곳은 고산지대이기 때문이며, 도시의 이름을 국호로 사용할리 만무하기 때문이다.

여기서 의문이 드는 것은 과연, 만주는 한나라의 영토가 분명하지만 만리장성을 넘어 북녘에 한나라와 위그루, 돌궐 사이의 넓은 그 땅에 그 긴 세월 동안 국가는 없고 민족으로만 존재하였다는 것을 어떻게 이해해야 하는 점이다.

그곳의 민족(궐안, 위그루, 돌궐, 흉노)을 한자보다 한글로 풀이하면 이해된다는 것은 어떻게 설명해야 하며, 그 긴 세월 동안 흉노, 돌궐, 몽고, 여진, 궐안(거란) 등이 실존하면서 어느 민족도 만리장성 너머 실크로드 그 지역에 자신들의 국가를 건설하려 하지 않은 것을 어떻게 이해하여야 하는 점이다.

바꿔 말하면, 그 모든 지역에 까마득한 이전부터 한나라가 실존하여 왔다는 것을 나타내며, 한나라의 영토이었음을 말하고 있다. 흉노, 위그루, 돌궐은 한나라와 동일 민족이 건설한 것을 보여주며, 한나라의 영향을 받아 그곳에 자신들의 국가를 세웠고 흉노의 본거지는 한나라 영토였음을 나타낸다.

여진족은 토착민이었으며, 한나라는 그들을 탄압하지 않고 더불어 살았던 것이다. 그렇지 않았다면 그 긴 시간 동안 적어도 한 두 번은 쿠데타를 일으켜 자신들의 왕국을 세우려 하는 게 지배와 피지배가 반복인 역사와 부합하기 때문이다.

흉노, 돌궐, 위그루, 궐안 등이 한나라를 한 번도 공격하지 않았다는 것으로 보면 그것을 뒷받침하고 있다, 일단 중국을 점령한 후에야 원(몽고=징키스칸은 고려를 침범하지 않으려 하였음), 청(여진) 두 나라만 한나라(고려, 근대조선)를 공격하였다.

흉노胸怒가 한나라의 가슴을 아프게(노하게) 한 민족이란 것은 한민족과 같다는 의미이다.

그들(흉노, 돌궐, 거란, 위그루, 여진, 몽고)은 모두 중국으로만 창을 겨눴던 이유이다.

흉노는 단군왕검 조선의 제후국이었던 주의 멸망 이후 줄기차게 중국과 전쟁을 벌이고, 서쪽으로만 나아가면서 전쟁을 벌이며 영토 확장을 계속 한다.

흉노는 단군왕검 조선의 최전방군대였다고 보아야 한다.

로마의 간담을 서늘하게 한 아틸라는 한국인이었으며 흉노와 함께 서방으로 나아가 로마가 굴복하는 시점인 마지막 협정을 나두고 하루 전에 그는 의문의 죽음을 하고 만다.

아틸라는 5세기의 인물이다. 그 당시 고구려는 광개토대왕이 정권을 잡은 최전성기이었으며, 백제는 최전성기였던 근초고왕의 바로 뒤인 시기여서 전성기를 향유하고 있었다.

물론 신라 역시 실크로드를 장악하고 있었다.

전성기의 삼국시대이었기 때문에 아틸라가 흉노를 거느리고 서쪽으로, 서쪽으로 진출 할 수 있는 여건이 마련되어 있었기 때문에 가능하였던 것이다. 그가 살았다면 세계사는 지금과 다른 방향으로 전개되었을 것이다.

홍미로운 것 하나는 흉노가 같은 한민족 왕조인 제후국 은을 치자 단군왕검은 흉노가 아닌 은을 치며 은을 바로잡았다는 기록으로 미루어보면 흉노는 조선의 백성이었던 것이다.

1. 흉노가 지금의 몽골자치구에 거주하면서 단군왕검조선의 영토를 침략하지 않은 점
2. 단군왕검조선과 위그루 사이의 더 나아가 투르크에 달하는 광활한 지역에 그 오랜 세월동안 거주하면서 국가를 성립하지 않은 점.
3. 중국 내 한민족 정권이 무너지면서 중국을 줄기차게 침략한 점
4. 단군왕검이 은을 침공한 흉노를 치지 않고 은을 친 점.
5. 단군왕검조선이 역사의 뒤로 사라지면서 주인 없는 공토인 만주에 흉노의 수장인 고구려가 입성하며 해모수의 적통(단군왕검의 후손)인 주몽을 내세우며 국가를 세운 점.

   어찌되었던 고구려는 외부에서 온 세력이고 부여와 해모수와의 동질성을 부각하였던 것은 한민족을 향한 친화를 표명한 것이라 할 수 있으며, 설화의 존재는 주몽 스스로 단군왕검의 후손임을 입증하였고 주몽이란 단어자체가 부여어로 활을 잘 쏘는 사람이란 뜻이다. 한민족인 상징인 활과 왕과 동질어언 이夷자를 떠올린다면 주몽을 부여에서 인정하였다는 것을 말하고 있다.
6. 부여는 이미 쇠락의 길을 걷고 있으므로 무주공산인 만주에 고구려가 들어설 수밖에 없었으며, 또 들어가야만 하였다. 그렇지 않으면 한민족이 아닌 다른 민족이 만주를 차지하기 때문이다. 고구려란 국가가 탄생된 역사적 의무는 잃어버린 단군왕검 조선의 영토를 회복하는 것이 최우선의 목적이 될 수밖에 없었던 것이다. 그로 인해 고구려 역사는 전쟁으로 시작하고 전쟁으로 끝을 맺는 전쟁의 역사가 될 수밖에 없었던 것이다. 연고로, 고구려와 전쟁을 치른 중국의 한, 수, 당 3국간에 걸친 기나긴 전면전을 치르는 이유는 고구려가 잃어버린 단군왕검 조선의 영토를 회복하였고, 그 사실은 고구려와 한, 수, 당 간만의 자존심 싸움이기보다는 훨씬 이른 주에 충성한 한민족인 공자가 오히려 한민족을 배척하려한 춘추필법을 쓴 이후부터 계속 이어져온 한민족과 중

국과의 중국 땅을 두고 벌인 헤게모니였던 것이다. 또한 단군왕검 조선에 대한 적통을 두고 벌인 전쟁이었다.

7. 세계 금관의 60% 이상이 신라지역에서 발견되었고 로마의 유리제품 또한 경주에서 무더기로 발견되었다는 것은 그 당시에 상당한 고가인 두 유물이 출토된 것으로 보아서는 신라는 우리가 상상하는 이상으로 강국이었으며 로마의 유리제품이 무더기로 발견되었다는 것은 신라가 실크로드를 장악하였다고 볼 수밖에 없다.

   신라新羅의 국호의 구성은 새로울 신新자에 라羅자는 그릇 명皿자, 실 사絲와 아름다울 가佳자로 이뤄져있는데, "새로운 실크로드를 개척"이라는 모토가 국가의 이념이었던 것으로 유추되며, 해상경로를 새로이 장악하였다 볼 수 있다. 또한 실과 그릇에서 실크라는 단어가 유추되었을 가능성이 있다.

   지금처럼 물품이 대량생산되어 집집마다 상점마다 공장마다 그릇과 옷이 충분치 않은 시절이다. 그 당시의 물품이란 게 의미하는 것은 모든 것은 장인의 손을 거치는 긴 시간과, 그와 함께 더 섬세한 솜씨를 위해 더 긴 시간이 필요한 물품임을 상징한다. 실과 그릇으로 상징되는 물품은 상당히 귀한 것이어서 그것으로 충분한 부를 축적할 수 있다. 충분한 부는 곧 강한 조직을 구축할 수 있는 것이다. 역으로 생각하면 실크로드의 요충지에 거주한 흉노를 중국이 치지 않은 이유는 즉, 못한 것이다. 단군왕검 조선이 막을 내렸다 해도 잔류세력은 정통성을 이어가기 때문이며, 중국보다 선진문명에서 산 선진인 한민족이었다. 한漢의 시기에는 단군왕검 조선의 모든 흔적을 지우려하고, 감추려고 애썼을 정도로 중국은 후진 문명이었다. 당이 중국을 차지하였을 때에도 만리장성 너머와 중국 동쪽은 고구려, 신라. 백제의 땅이었다.

   흉노(훈)와 함께 로마를 공격하는 와중에 게르만족의 이동을 초래하여 서로마를 멸망케 한 아틸라는 한국인이었다. 그 긴 여정을 흉노가 사람과 군수물자를 지원하였기 때문에 가능하였던 것이다. 신라가 실크로드를 장악했었다는 것은 입증되는 것이며, 백제는 중국 동부지역을 관할하고 있었고, 고구려는 만주와 중국북부 지방을 장악하였다. 그런 의미에서 고구려를 비롯한 삼국시대가 만주를 포함 한반도에 모두 위치한 지도는 뭔가 석연치 않다. 그 지도는 일제에 의해 그려진 것이기 때문에 더더욱 의심이 가며, 신라의 영역이 경상도 한 귀퉁이라는 것은 이해할 수가 없다. 모서리 한 곳에서 그 비싸고 깨지기 쉬운 유리제품이 성한 채 무더기로 발굴된 것에 비추어 보면 실크로드에서 아무런 제지를 받지 않았다는 것을 뜻하기 때문이다.

무엇보다 그것을 뒷받침 하는 게 오른쪽에는 고구려가 위치하고 있었고 만리장성 넘어 몽골자치구 지역은 실크로드인 동시에 흉노가 위치하고 있었기 때문에 단군왕검 조선의 백성이 흉노이며 흉노의 수장이었던 고구려와 같은 흉노인 신라에 두 유물이 출토되었으므로 신라가 실크로드를 관할하고 있었다.

청이 중국의 마지막 왕조이었고 만주족(여진)이라서 중국, 일본의 야심이 더해져서 만리장성 너머까지 현재 중국영토가 되었지만 사실 여진족은 연해주에서 거주했던 민족이었다. 이전에는 단군왕검 조선과 고구려 영토이었던 그곳과 만주 및 실크로드의 유적을 하나하나 발견해 나간다면 그곳에서도 금관과 로마의 유리제품이 나올 가망성은 매우 크다고 할 수 있다. 물론, 고구려는 왕의 무덤인 능과 총을 입구가 있게 설계하였기에 도굴이 심하기도 하지만, 중국은 현재 고구려 영역과 서안의 피라미드 등 단군왕검 조선에 관한 유물이 나오는 곳을 고의로 발굴하지 않고 있다.

8. 흉노의 수장은 고구려였으며 고구려는 신라 역시 흉노라 해서 백제와는 문화를 달리 하지 않았으며 동질의 문화를 계속 이어간 같은 한민족이었다.

고구려가 역사 밖으로 사라지고 고구려 지배계층이 신라로 가서 지배계층이 되는 것으로 봐서는 고구려와 신라는 동일 민족임을 알 수 있다. 그것을 나타내는 게 신라의 골품제도라고 할 수 있다. 즉, 고구려 지배계층과 신라의 지배계층을 새로이 정립하려 한 제도였다.

백제는 백제의 신하가 계략을 꾸며 백제의 왕을 당唐에 넘겼다는 기록이 있는데 아무리 멍청한 사람도 배를 타고 적진 속(당)으로 가지는 않을 것이고 더구나 한 나라의 왕이라면 전혀 말이 되지 않는다. 만주를 차지하고 있던 고구려와 중국 간의 영토전쟁, 실크로드를 지배했던 신라, 중국 내에 있던 백제. 삼국의 위치는 한반도 내에 국한되어 있지 않았다.

"신라는 실크로드를 장악하고 있었으며, 백제는 중국 동부지역을 관할하고 있었다." – 박선희

고구려의 서쪽에는 흉노와 거란(궐 안)족이 우측으로는 여진족이 조선의 영토 내에 살면서 고구려와 중국의 한, 수, 당으로 이어진 중국과의 기나긴 전쟁에서 특히, 당태종은 110만이 넘는 대규모 병사를 동원하였지만 고구려에게 패한 이유 중 하나는 흉노와 궐안족(거란족)이 중국의 후방 보급로를 공격하여 차단시켜 중국은 전장의 병사에게 음식을 보충해 줄 수가 없었기 때문에 연전연패하였던 것이다.

한민족에게 있어 빼놓을 수 없는 것이 바로 '친구'라는 개념이다. 친구에게는 무한한 신뢰를 주고 서로서로 믿고 지낸다.

돌로 된 성의 나라, 돌궐이며 투르크요 이후에는 터키인과도 서로 형제라고 부르고 있으며, 한나라의 친구 개념은 몽골에서의 솔롱고스, 원의 고려환대, 중국 청왕의 조선(한나라)에 대해 고마워 한다는 표현에서도 알 수 있듯이, 중국의 잦은 정권교체 요인 중 하나는 중국에서 시원문명을 건설하였던 한나라와 중국과의 헤게모니요, 동방의 주체였던 단군왕검 조선이 망하

면서 입성한 고구려와 중국의 삼국 한, 수, 당에 걸쳐 벌인 헤게모니이기도 하며, 한나라의 정통성 유무를 확보하려한, 중원에서 정권을 차지한 국가 간의 계속되는 전쟁이었다.

다른 각도로 접근하면 몽고 징키스칸은 중국을 무너뜨리고 원을 세웠지만 고려는 침공하지 않았던 것처럼, 발해가 홀연히 떠나고 무주공산인 만주에 거주한 여진족이 금을 세우고 한반도가 아니라 중국으로 먼저 진출하여 청을 세운 것에서도 알 수 있듯이 한과 청은 친구의 관계였음을 나타내며, 중원의 중국은 다민족이기 때문에 거의 모든 왕들은 자신의 안위를 도모하고자 권력을 강화하였고 또한, 다민족과 강압적 왕권에 의해 취약점이 발생되면 쉬이 무너지는 허약함을 보였다.

발해가 아메리카로 이주 후 발해지역에 남아 있던, 한나라의 백성이었던 여진족(옥저=동예=숙신=물길=읍루=말갈: 모든 단어에 착하다는 것을 나타냄)의 경우마냥 중국은 중국역사에서 정통이라 여기는 중국과 타 국가(한나라) 간 전쟁이 있거나, 침공을 해오면 족族을 남발하며 동이, 동호, 구이, 구려, 산융, 적, 오환, 한汗 등으로 나열하며 혼란을 야기 시켜 왔다.

황하문명의 주체인 한민족이 요순부터 이어 온 우리의 조상이므로 "대부분 한韓나라 백성이다"라 할 수 없었기 때문이며, 또한, 민족으로 잘게 썰어 한나라의 영토를 축소하려고 자신들은 외자인 국으로 표현하고 그 외의 지역은 한나라에서 사용한 지칭어(흉노, 돌궐, 위그르, 궐안)를 사용하였던 것이다.

춘추필법에 근거하기도 하겠지만, 중국의 역사관이란 국수주의(정권이 쉬이 무너지므로)와 민족우월주의(많은 민족에게 동질성을 확보해야 하므로)라는 깃발을 휘날리게 하였기 때문에 중국역사학자에게서 양심과 진실에의 추구는 찾아보기 어렵다고 보아진다.

사방신이 중국의 사상이란 오해. 용을 창조한 것도 중국이라는 오해. 그 외 태극과 무극. 마고를 비롯한 여러 설화와 신화. 공자의 인 사상. 노자의 도 사상 등이 중국 것이라는 오해를 한민족은 불식시켜야 한다. 그것들은 한민족의 역사이다.

한나라시대에 있어 중국中國이란 단어가 의미하는 것은 = 단언 컨데, 고대사에 있어 가운데 중中자는 현재의 중국을 표현한 것이 아니라 그 당시 세계를 움직였던 한인제석, 한웅천황을 비롯해서 단군왕검 조선까지의 중심을 유지하는 곳이 중국이었다. 곧, 한나라의 수도가 위치한 곳을 말하고 있었다. 부처가 말한 해중이란 표현은 한나라와 인도와는 해로를 통해 교류를 하였던 것이며, 중국이란 한나라임을 표현하고 있는 것이다. 이미 실크로드를 비롯하여 그리스, 로마와 유럽까지 장악했던 한나라는 대륙을 지배하고 있었기 때문에 중국이란 말은 한나라를 지칭하였던 것이다.

중국의 역사기술은 존화양이를 주장했던 공자가 원초를 제기하였고 그 후 계속 이어 갔다. 그 중 대표적인 사마천의 사기史記 즉, 사기詐欺는 한나라에 대한 패배의식이 농후한 것이기도 하지만 한인제석 이후 단군왕검조선에 이르기 까지 선진문명에 대한 존경심을 나타낸 것이기도 하다.

그 예로, 중국의 왕은 북쪽에 자리를 두고 앉았다.

북쪽에 있는 한나라의 왕에 대한 암묵적 동경이 중국 내에 있었던 것이며, 나라라는 개념이 지금처럼 지형적, 민족적으로 획일화된 가치관은 아니었다.

그렇기 때문에 한나라, 수나라, 당나라로 표현하지 않고 한, 수, 당처럼 한 글자로 표현할 수밖에 없었던 것이며, 나라라는 개념보다 한나라 및 중국에서조차 한나라 왕의 후손(적통)이냐 아니냐가 무엇보다 우선시 되는 가치였다.

해모수, 주몽, 석탈해, 김수로 등 설화가 의미하는 것은, 그 은유는 적통인 한나라 왕의 후손이냐 아니냐에 대한 최종의 결론을 낸 결정문인 것이다. 단군왕검 조선이 쇠락의 길로 접어들자 드넓은 조선의 영토 곳곳에서 단군왕검의 후손을 자신들의 왕으로 추대하려고 시도한 시기였다.

그것 때문에 한나라 왕의 적통이 아닌 연개소문이 정권을 잡자(642년) 나당연합군을 결성(648년)하여 고구려를 공격하였던 것이며, 그 후, 김춘추가 고구려에서 망명 온 왕족들로 인해 골품제도를 재정립하였던 것이다.

가야에서 애절하게 "거북아, 거북아 머리를 내밀라."며 단군왕검의 후손을 간청한 원인이며, 역으로 백제의 왕은 단군왕검의 적통이 아니었기 때문에 광개토대왕비에 백제가 백잔으로 표현된 원인이다.

현재 중국은 동북공정을 하며 만주를 자신의 영토로 만들려고 하고, 과거 한나라와 고구려, 백제, 신라, 고려의 영토였던 곳이 이미 중국의 영토가 되어버린 이 중요한 시점인데도 불구하고,

– 어처구니없는 것은 한국인 스스로 만주를 부인하고 있으니 중국의 이익을 위해 스스로 자국의 명예를 훼손하고 있음이며, 식민사관의 늪에서 허덕이므로 더더욱 역사를 다시 재정립하는데 노력을 아끼지 말아야 함에도 불구하고 오히려 질기고도 질기도록 한민족 역사에서 방해가 되는 주류식민사학자들이 있다. 현재 한민족이 느끼는 패배감을 없애려면 더는 역사를 그들에게 맡기지 말아야 한다. 그것은 제2의 을사늑약이나 마찬가지다.

– 황하문명이 발생한 원인은 한인제석 한국시대에 한나라 사람들이 벼농사를 지으려고 황하로 갔으며 벼농사로 인한 풍족한 식량이 확보되었기 때문에 주위에서 사람들이 모이고 모여 문명이 발생되었던 것이다. 그러므로 중국역사의 주체자 및 시발점은 한민족이다.

  또한, 황하문명보다 1,000년이나 앞선 홍산문명이므로 그 시기에는 기술, 능력을 포함 예술성과 고도정신 등 모든 것이 선진이었음은 말할 필요도 없다.

– 한민족에 의해서 중국 고대사는 성립되었는데. 그 중 한나라 왕이 통치방법은 천지인 삼신사상에 입각한 삼신오제본기였다. 한나라는 고대 중국의 통치방법도 삼황오제를 택하였나. 삼황오제 모두 한민족이

었으며 그 중 천황 태호 복희씨는 한웅천황의 자손이다. 복희여와도에서 볼 수 있듯이 뱀이 허물을 벗은 — 자신의 아집과 분별심에서 벗어난 득오자이었으며, 득오자답게 만민에게 차별 없이 태평성대를 누리게 했다는 성군이 바로 태호 복희씨이며 그가 바로 요임금이다. 한나라에서는 플라톤이 말한 대로 철인에 의한 정치를 이미 하고 있었으며, 연고로 서구문화의 기원인 그리스문명은 필론, 히포크라테스, 피타고라스 등에게서도 알 수 있듯이 한나라와 사상이 동일한 한나라의 문화였던 것이다.

멀리는 돌궐과 위그루까지 진출하여 실크로드를 장악했던 막강한 한나라가 기껏해야 삼황오제 가운데 오제 중 하나에 불과한 제후 헌원의 쿠데타를 가만히 보고 있지는 않을 것이다. 헌원의 생사는 전적으로 한웅천황에게 달려있다는 것은 의심할 여지가 추호도 없다.

중국문명의 시발점인 황하문명부터 요, 순 이후 하은주 정권까지 하화족 정권은 없었다.

— 사람이란 왕이 있는 한 국가의 백성이라면 국가가 요구하는 어떤 일에 대해 최선을 다하기 마련이다. 그런 가운데 왕과 신(하늘)이 관련되어 있다면 하물며 사방공사를 하더라도 틈이 없이, 특별히 튀어나오거나, 유독 크면 다듬고 다듬을 것이고 더욱 품위 있게 더 세밀하게 더 완벽한 비율을 찾아내 예술성을 높이려 하는 법이다. 고대사 문화가 세련된 원인 중 하나인데 그 예술성과 함께 벼 재배기술을 가지고 한민족은 메소포타미아, 이집트, 인도, 그리스, 아메리카, 잉카 및 마야문명을 개척하였다.

— 한인제석. 한웅천황. 단군왕검은 득오자이었고 백성에게 있어서는 보편적 평등, 절대적 자유를 제공했던 한없는 인류애를 갖춘 왕이었다. 한인제석이 세상에서 제일 빠른 문명을 열었다. 70,000년경에 파미르 고원에서의 마고시대가 있었다는 것을 영국 고고학자 제임스 처치워드

에 의해서 밝혀졌고, 멕시코 분지에서는 20,000~50,000년경의 몽고인종과 모습이 흡사한 흙 인형이 발견되었으며 현재 역시 세계 도처의 원주민의 용모는 기후 탓에 코가 커지거나 풍채가 커졌을 뿐이지 여지없이 몽골리언이다. 세계에서 발견되는 여인상이나 여인의 암벽화는 동일적 감수성에 의한 창조물일 경우보다 동일민족의 이동에 의한 결과물일 가망성이 크다. 우리가 생각하는 것보다 더 이른 시기에 몽골리언(한민족)은 세계로 진출하였을 것이다. 여러 면으로 보건데 현인류의 아프리카기원설은 맞지 않는 게 많다. 만주지역에서는 17,000여 년 전에 이미 교배종 볍씨가 출토되었으며.『천부경』은 10,000여 년 전에 한국인 웅녀족 신선에 의해 작성된 깨우침을 논한 백미 중의 백미인 경전이다. 그 깨우침의 정신은 현대에서도 요구되는 고도의 정신이며, 현 인류가 계속 풀어야할 숙제이기도 하다.『천부경』은 세계의 모든 기축문화의 근원이다.

그러므로 중국과 일본의 이기적 국수주의에 의한 왜곡과 편견을 불식시키기 위해서는 한국학자들이 상고사에 대한 바른 연구논문을 발표하고 채택하여 한민족부터 한인제석 한국, 한웅천황 밝달국, 단군왕검 조선의 역사를 인정하는 게 무엇보다 우선되어야 한다. 친일세력 및 기독교인, 기득권은 자기 밥그릇을 가지고 논쟁을 벌이지 말고 대의에 입각해서 인정하고, 수정하는 폭넓은 정신이 무엇보다 요구된다. 그렇지 않으면 중국과 일본의 뻔뻔함은 계속될 것이며, 우리에게 진실을 얘기해주는 외국 역사학자도 사라질 것이며, 일본은 전적으로 한민족에 의해 건설된 나라임에도 친일배한을 하는 친일세력과, 고대 한국인이 만든 기독교를 옹호하면서 한나라를 부인하는 기독교인 그들은 한민족의 역사에 있어 너무 부끄러워서 도려내야할 생채기로 남게 될 것이다.

인간이란 무엇인가

파스칼은 "인간은 동물도 아니고 신도 아니다, 비참과 신 사이를 왔다 갔다 하는 존재"라 했다. 그렇다면 비참하지도 신이지도 않는 일상이 다반사인 현재에 있는 인간은 무엇인가 비참할 때는 동물이고, 위대할 때는 신이지만 늘 평범한 일상에 머물고 있는 인간은 무엇인가?

인간을 규정한다는 말이 인간을 규정하려 하는 것을 더욱 애매모호하게 하지 않는가?

잡힐 듯이 잡히지 않지 않은가?

그럼, 신은 명확히 규정 되는가?

그럼, 동물은 명확히 규정 되는가?

그럼 동물은 무엇인가?

동물은 과연 비참한가?

동물이 비참하다고 동물들이 스스로 그렇게 표현했었는가?

과연 무엇 때문에 어떤 누가 인간보다 동물이 비참하다고 결론지을 수 있는가?

신이 결론지었는가?

인간이, 동물이, 누가 결론 짓는가?

동물이 인간보다 달리기를 못하는가?

후각이, 시각이, 촉각이 인간보다 부족한가?

그네들은 대재앙이 있을 시 인간보다 먼저 감지하여 대규모 탈출을 하는데 인간보다 못하다 할 수 있는가?

웃고 있는 소를 본적이 있는가?

본 적이 있다면 동물이 비참하다고 말하는 것은 소가 웃을 얘기이지 않은가?

궁극적으로 동물이 인간보다 덜 행복하다는 것을 그 어느 누가, 그 어떤 근거로, 인간과 동물의 행복지수를 계량적으로 수치화하여 인간과 동물 중 누가 더 행복하다고 나타낼 수 있는가?

동물은 맛있는 음식을 먹을 때 행복을 느끼지 않는다는 것인가?

동물은 교미를 할 때 쾌감을 느끼지 않는다는 것인가?

힘 있는 그 다양한 동물 수컷들이 암컷을 다 가지려 하는 이유는 무엇인가?

'종족본능이 유전적으로 우선적으로 작동하여' 동물학자들의 논리는 늘 그렇게 단칼에 일갈하고 사람은 당연하다고 생각하고 있는데, 과연 힘 있는 수컷이 암컷을 모두 소유하려는 것은 교미의 쾌감을 전혀 모르고 권력의 맛을 모르는 단지 본능적인 것이라고 단정지을 수 있는 것인가?

갑자기 그 암컷에게 호감을 느껴 인간이 전가의 보도처럼 휘두르는 사랑이라 봐서는 아니 되는 근거는 무엇인가?

'배설의 쾌감'은 사람만 느끼는 것이지 동물은 느끼지 못한다고 생각하는 근거는 무엇인가?

우두머리가 된다는 것은 권력은 달콤하다는 것을 동물들이 알지 못한다고 말할 수 있는가?

사자의 배설물만 먹는 박테리아는 코끼리의 배설물 옆에 있을 때는 똥냄새 난다며 회피하지만 사자의 배설물을 먹을 때는 달라붙지 아니 한가?

그 박테리아는 지금 행복하다 하면 아니 되는가?

코끼리 배설물이 아니어서 냄새도 나지 않으니 더욱 좋지 아니한가?

동물이 비참하다고 말하는 것은 동물 스스로가 아니라, 신도 아니며, 인간은 동물보다 우월하다는 전제하에 벌어지고 있는 인간만이 인간이 만든 오류의 틀에 갖춰 있는 것은 아닌가?

그래서 소가 이따금씩 웃지 않는가.

"허허, 오만한 인간들"이라고 그렇다고 현재의 동물이 스스로 인간에게 복종하고 있는가?

"야, 인간이 맘대로 하잖아" 인간은 그렇게 말하고 있지 않은가?

인간은 땀 뻘뻘 일하고 난 후에 그늘에서 늘어져 있는 개에게 밥을 주며 "오뉴월 개 팔자가 상팔자야"라고 말하지 않는가?

소에게 아침 점심 저녁으로 여물을 먹이고 사료를 먹이는데 상관관계에 있어 복종하고 있는 것은 사람인가, 소인가?

인간에게는 있는 형이상학이 없다고 사고력이 없다고 하며 동물은 비참하다고 하는데 과연 그네들에게 형이상학이 윤리가 없다고 말할 수 있는가?

과연 누가 규정짓는다는 말인가?

그네들도 그네들 사이에서 교감하고, 함께 그 사회를 유지하려고 질서를 지키고 있는데, 과연 무엇 때문에 어떤 누가 존재의 의미가. 윤리가 없다고 결론지을 수 있는가?

그네들이 생각이 없어서 같이 움직이고 사랑하고 새끼를 낳고 하는가?

배가 부를 때 사자가 코끼리의 배설물을 먹고 발이 다친 동물이 민들레를 찾아 먹는데, 동물이 생각이 없다고 말 할 수 있는가?

수컷이 색깔을 요란하게 하고 벼슬을 만들고 춤을 추며 암컷에게 구애를 하며 시간을 서로 할애하는 것은 큐피드 화살을 맞았기 때문이라면 우스운 얘기인가?

종족유지 본능이라며 단정 짓는 것이 우스운 얘기인가?

개미들이 일사분란하게 움직이는 건 그 사회를 유지하려는 행동이라고 봐서는 아니 되는가?

유해한 균을 보유하게 된 개미는 개미들에게 쫓아내짐을 본적이 있지 않은가?

바이러스 걸린 벌은 스스로 자기가 속해있던 벌집을 나가는데 그것은 그네들의 윤리가 아니라 본능일 뿐이라고 얘기할 수 있는가?

가장이 실수한 것을 두고 집안 식구들이 가장을 모두가 힐책하는 것을 본 그 집에서 기르는 개는 그 가장을 자기 밑이라 생각하여 그 가장에게만 짖고, 깨무는 것을 본적이 있다면 그 개는 나름의 윤리가 있는 것이라 보면 아니 되는가?

나무가 생각이 없다 말하면 어리석은 짓이다. 그들은 달콤한 열매를 만들고 동시에 씨앗을 견고히 하여 움직이는 다른 동물을 유인해서는 자신의 분신을 퍼트리고 있기 때문이다.

유위자의 지혜의 말을 잊었는가.

— 만물은 만물의 도가 있다 —

고로, 식물과 동물에게 도가 없다고, 형이상학이 없다고 말하는 것은 어리석은 짓이다.

형이상학.

신의 의도도 모르면서 신의 계시를 들었다며 인간이 인간을 호도하고 있는 지금.

알지 못하는 형이상학이라면 버려라

인간이 인간을 호도하는 형이상학이라면 순리를 따르는 동물보다 못하지 않은가?

지나친 윤리로 인간이 인간을 스스로 결박시키는 윤리라면 버려야 되지 않은가?

질서를 유지하고자 하는 법이 사람을 구속하고 있다면 버려야 하지 않은가?

동물은 자신에게 이로우냐 아니냐의 구별을 인간이 감지 못하는 초극미

영역에서 느낀다. 다시 말하면 인간보다 더 민감하고, 더 진솔하다.

감성에 따른 동물의 행동은 성인聖人에게의 태도가 순응과 사랑으로 바뀌는 것은 무엇인가?

성인을 보며 좋아라하는 개를 보는 개의 주인이라는 인간은 '왜?'라며 의아해 하는 것은 무엇인가?

성인과 동물은 알고 있음에도 인간만 전혀 알 수 없는 것은 인간은 그 영역을 잊어 버렸기 때문이다.

윤리라며, 형이상학이라며, 똑똑함이라며 해서 감성을 잊어 버렸기 때문이다.

언어라 해서 모든 것을 규정지으려 하는 애초에 틀린 도구로 애초에 틀린 잣대를 들이댄 탓이다.

인간에게서 보이는 힘의 논리로 채운 뇌파를 감지함으로써 동물은 두려움을 느끼는 것이며 성인에게서는 우월이라는 개념이 없기 때문에 스스로를 무장해제하기 때문이다.

왜 동물들은 힘 있는 수컷이 되려하는가?

동물들이 권력의 맛을 모른다고 할 수 있는가?

무리가 우두머리에게 굴복하는 것을 보지 아니 하는가?

순간의 쾌감만이라고 단정 지을 수 있는가?

그들에게 윤리가 없다고 말할 수 있는가?

아메바가 쾌감을 느끼는 신경이 없다고 기억이 없다고 누가 감히 단언할 수 있다는 것인가?

지구상에서 최고로 오래된 그네들은 암수동체인데. 인간보다 더 진화한 것은 혹여 그들이 아닌가?

암수동체가 된 것은 그네들의 윤리였으며 신의 계시였다면 웃기는 얘기인가?

머리로만 진화하고 진화하다 보니 윤리도 싫고 형이상학도 싫고… 단지 현재를 내가 나로써 자유롭게 살다가 가리라 하여 사유를 버렸다면 웃기는 얘기인가?

벌집을 나가는 바이러스 벌에게 이미 벌끼리 소통은 된 것이므로 그렇게 숙명을 부여한 신의 계시이기 때문에 할 수 없이 나갈 수밖에 없었다고 얘기한다면 웃기는 얘기인가?

아니면 진정 그러한 것이라면 그네들에게 윤리가 없다고 신의 존재가 없다고 누가 입증할 것인가?

잘못을 해도 권력에 의해 당연시 되고, 잘못을 해도 신의 계시였다며 버티는, "사회와 백성은 권력과 신을 위하여 권력과 신을 용서해야 합니다."라며 구걸하는 인간의 형이상학보다는 더 낳지 않은가?

동물이 비참하다는 것은 인간의 오만 아닌가, 혹은 미혹 아닌가?

그럼 신은 무엇인가?

다시 한 번 과거의 모든 서적을 뒤집어 봐서라도 신은 무어라고 똑 부러지게 표현한 게 있는가?

도대체 신은 무엇인가?

그리스 신화에서 왜 신들은 인간의 닮은 형상을 하고 어떤 능력을 인간보다 더 가지고 있다고 그렸는가?

제우스는 신의 왕이라고 왕의 체계인 그리스 시절에 표현 했는가?

기독교는 예수라며 신의 아들이라고 표현은 했건만, 굳이 예수의 아버지를 다윗왕의 후손이라 했는가?

그 시대의 왕과 종교의 결탁을 뜻하며, 일반인에게서 왕의 후예라는 것을 강조했던 것이지 않는가?

더구나, 진정 신은 무어라고 표현을 했는가?

그리스 신화처럼 전지전능하다고, 그럼 도대체 신은 어떻게 생긴 거란 말인가?

신의 형상을 닮은 인간을 창조했다고 제우스가 신의 왕이라고 왕정의 시대에 그렇게 표현을 했듯이 인간이 신을 인간의 의도대로 신을 그려낸 것이지 않은가?

단지 그 누구라도 신의 형상을 그려낸 것이라도 있는가?

입증할 수도 없건만 인간보다는 더 나을 거란 가정을 하고 지어낸 얘기 아닌가?

전지전능, 영속, 인간이 꿈꾸는 그것에의 지향으로써 나타난 표상 아니던가?

인간보다는 훨씬 나은 존재가 있으리라는 인간의 상상에 의한 존재라 한다면 이상한 얘기인가?

"죽음 이후의 세계가 있을 지도 모르므로 믿지 않는 것 보다 믿는 게 더 사후에 이로우니 믿는 게 이롭지 않은가"라고 파스칼이 본인은 신을 확고히 믿으며 그러나 추정하여 그렇게 일설했지만 그 세계에 가서도 신이 된다는 얘기도 아니지 않는가?

또 신이 된다해도 전지전능 신의 예속이 아닌가?

죽어서도 복종하라는 것인가?

현재도 신에 예속되어 자유롭지 않은데 죽어서도 자유롭지 않다면 죽지 않는 게 낫지 않은가?

천국을 꿈꾸면서 현재를 버리는 타인을 무시하는 오만은 남겨둔다 하더라도 적어도 그 미혹만이라도 버려야 되지 않은가?

오만은 남겨둔다 하여도 그렇다면 신은 늘 행복한가?

"하나님이 분노하여…" 그 구절을 미루어 보면 신도 늘 행복하지는 않지 않은가?

동물들이 행복하지 않다고 그 어떤 누구도 입증하지 못하지만, 신은 늘 행복하다고 누가 무엇으로, 또 어떻게 그 누가 입증할 것인가?

"깨치면 부처가 될 수 있다" , "개도 불성을 가지고 있다" 솔직한 불교이지 않는가? 불교는 현실성과 진정성이 있지 않은가?

깨치면 관조의 마음이 생겨서 자유스러운 상태로 현재의 인생을 살 수 있다는 것과, 인간세계에 대한 통찰력이 생긴다는 것은 사실이므로, 우주를 경탄하며 자연스럽게 받아들이고, 진정한 신-미증유가 있다는 것을 알게 되지 않는가?

땅이 촉촉하여 물이 흐르고 바위가 있어 생물이 탄생하고 주검을 처리하는 박테리아가 탄생하듯이 인간 역시 자연을 경탄하며 자연스럽게 받아들여야 하지 않은가?

오히려 인간이란 고작해야 신의 계시라며 타인을 호도하고 있지 않은가?

과연 신은 무엇인가?

인류가 출현한 게 신의 의도인가?

수백만 년 전에 이산화탄소가 적었더라면, 인류의 출현은 더 늦어졌을까, 더 빨라졌을까?

꽃이 없었더라면 벌이, 새가 출현했을까?

인간은 색맹이었을까, 흑백이었을까?

생존을 위해서 이후에 독을 가지게 된 게 아니라 지구가 독소로 덮여 있을 때부터 생존하여 왔기 때문에 독을 가지게 되었으며, 독을 가진 동물을 잡아먹으면서 독을 가지게 되었기 때문에 모든 생물은 생존을 위하여 사막에서도 살아남아야 하며 산소가 부족한 고산에서도 살아남아야 한다. 또한, 질소로 덥힌 곳에서도 살아남아야 한다. 이 얼마나 눈물겨운 생존인가.

모든 생물을 포함 생존을 가능하게 해주는 무생물 역시 존엄하지 아니한가?

그들이 없었다면 당신은 태어나지 않았다고 말한다면 비웃을 것인가?

바다에서 육지로 왔지만 다시 바다로 들어간 동물이 없었다면, 인류가 이 지구상에 과연 출현했을까?

원시림의 밑에 짓밟혀 겨우 살아가던 풀이 신화를 거듭하고 거듭하여 자신의 씨앗은 땅에 묻고 스스로 건조하게 만들어 불이 쉬이 일어나게 하여 스스로를 태우며 숲을 점점 태워가지 않았으면, 수백만 년 전에 초원이 형성되어 원인류가 숲속에서 초원으로 나오지 않았다면 인간은 존재했을까, 아닐까?

아니, 수억 년 이전에 이산화탄소의 양이 적었더라면, 당신이 지금의 당신으로 태어났을까?

전혀 아닌 것이다.

까마득한 옛날에 풀의 진화가 더뎌 벼와 밀이 출현이 늦어 졌더라면, 인류가 벼를 최초로 발견하는 시기가 늦어졌다면 지금의 당신은 태어나지 못했을 것이다.

히말리야 산맥이 분화하며 솟아났을 때, 각종 기체가 적었었다면, 혹은 많았었다면 지금의 당신은 태어나지 못했을 것이다.

토끼가, 코끼리가 풀을 먹고 배설하지 않았다면 그 배설물을 먹고 소화시키는 박테리아가 없었다면 지금의 당신은 태어나지 못했을 것이다.

당신이 수임하던 날 당신의 아버지가 외부와의 급한 약속이 있어, 그날 집에 못 들어갔다면, 지금의 당신은 존재할까?

당신의 부모가 6개월 이전이든 이후든 늦게 결혼했다면, 지금 당신이 밥을 먹고 있을까?

전혀 아니다.

왜, 존재의 본질은 음이며 무이며 무인식이기 때문이다.

우주의 질서는 카오스요, 무질서 속 질서이기 때문이다.

우리가 형이상학을 내세웠다고 해서 동물보다는 나으리란 결론을 누가 결정할 것인가?

동물에게는 존재의 이유가 없다고 누가 규정할 것인가?

동물보다 더 행복하다고 인간의 시각으로만 결론을 짓고는, 동물에게 우리보다 더 행복하냐는 질문도 던져본 적도 없으면서 동물보다는 더 낫다고 하고, 아무도 입증치 못한 신이 존재한다며 신과 닮은 인간이라면서 감히 신이 될 수 있다는 착각에 빠진 건 오만이지 않을까? 아니면 미혹인가?

어쩌면 신과 닮았다 하며, 선민이라 하여 우월을 일삼는 인간이라는 것은 동물에게 신이 없다고 인간이 가정하듯이 신도 인간에게는 신이 없다고 신이 가정하지는 않을까?

오히려 동물이 더 현실적일 수도 있지 않은가?

신이 될 수도 있다는 최면에 걸려 현재를 포기하고 있는 인간에 비한다면 동물이 더 현실적이며 행복하지 않은가?

각종 깃발을 높이 세우고 형이상학이란 명분하에 소크라테스가 "악법도 법이라"며 스스로 감 옥으로 가는 불편을 감수하지 않는 동물은 현실에 더 충실하다고 할 수 있지 않을까, 더 행복하지 않을까?

악법도 법이라던 소크라테스에 의해 개인의 존엄성이 법에 무릎을 꿇게 만들었다고 할 수가 있다. 인간 존엄성을 훼손시키는 법은 백성이던, 어느 단체이던, 어느 개인이던 폐기시킬 수 있는 제도를 포기하게 만든 결과이며, 원초적인 권력에의 순응이라 할 수도 있다.

평민에게 너 자신을 알라던 그의 말은 모순에 놓여있다 할 수 있다.

인간의 오만이 아니던가?

인간의 미혹이 아니던가?

다시 한 번 묻건대, 인간은 무엇인가?

동물도 아니고 신도 아닌 것이, 그 중간이 인간이라고….

그런데 그 중간인 인간은 무엇인가? 그 중간에서 뭘 하는가, 무슨 의미로 사는가? 동물보다는 행복한가?

과연 신이 될 수 있다고 하는데 신이 된 사람은 없고 사후라도 신이 된다고 해서 지금이 행복한가?

사후에 신이 된다고 해도 신은 늘 행복하다고 누가 입증했는가? 알 수 없는 바이다.

지금은, 사후에 신이 된다고 하더라도 중간인 인간은 지금은 무엇인가?

태초 이래 인간은 먼지를 계속 마셔왔다. 내가 숨을 쉬며 먼지를 들이마셨을 때, 그 먼지는 하필 나의 호흡의 영역 내에 있었을까? 바람에 의해서, 태양 빛에 의한 굴절 때문에, 옆의 사람이 지나가서…? 그렇다면 먼지에게는 자유전자가 없다고 보아야 하는가? 자유전자가 있다면 일부러 나에게 온 것이라 말해야 하지 않은가? 아니면 바람, 태양, 옆 사람… 먼지가 가진 자유전자가 복합된 이유인가?

인간은 무엇인가. 먼지를 마셔야 인간이지 않은가?

조상대대로 먼지를 마셨고 먼지로 비롯된 채소를 먹었고 이따금씩 고기를 먹으면서… 하필 그 남자 그 여자가 만나 비로소 나이지 않은가. 나는 우연인가, 필연인가? 아기씨일 때 나는 자유전자가 있었을까, 그렇다면 성인이 된 지금 나는 자유전자가 있는가?

우연과 필연은 뫼비우스 띠처럼 이어져 있는데 어디까지가 우연이며, 어디까지가 필연인가, 그것을 누가 아는가, 나는 모르겠고, 그럼 신은 알까? 지금의 나는 분명 지금의 나는 아니다. 지금의 나는 분명 지금의 나이다.

가까이 거슬러 올라가면 아버지와 어머니가 하필 만난 결과요.

그 전엔… 그 전엔… 구운 고기를 먹게 된 결과요.

그 전엔… 그 전엔… 화산폭발로 먼지를 많이 마신 결과요.

까마득한 태초에 먼지 하나가 한 생각하여 다른 먼지를 끌어들이고 끌어들이며… 수분이 생기고 생기며… 금속이 만들어지고 만들어져… 흙이 생기고 생기어… 일적십거 무궤화삼한 결과로 삼라만상인 우주+가 만들어진 결과이다.

나는 먼지 때문에 태어났고, 고로 나는 먼지, 우주, 태양, 땅, 부모의 결과물이다.

먼지에 삼라만상이 깃들어 있다는 것은 고로 맞다. 즉, 삼신이 갖춰지지 않으면 인간은 아무 의미가 없다. 천지가 있어야 인간이 있는 것이며, 너와 우리가 있어야 내가 있는 것이다. 인간이란 연고로 상대에 의한 존재이므로 상대에 의한 자유전자를 가진다.

사람이 자유전자를 가지고 있다는 것은 몽테뉴가 고문에 관한 소고가 쓰여지는 순서 중 첫 번째는 고문에 대한 직관이다. 그 직관을 일으키는 게 바로 자유전자인 것이다. 그렇다면 먼지도 상대에 의한 자유전자가 있다고 보아야 한다.

우주 내 모든 만물은 같이 뭉쳐 있다가 '빵!' 같은 물질을 가지고 태어 나왔으며 나온데다, 같은 지구 내에서 생존하였기 때문이다.

인간은 먼지가 가진 자유전자의 폭을, 그 먼지가 지닌 우연과 필연이 어느 정도의 비율인 것을 모르는 것처럼 또한, 인간은 신이 가진 자유전자의 폭을, 그 자유전자에 따른 자유와 구속의 양을 그 신이 지닌 우연과 필연이 어느 정도의 비율인 것을 모르는 것처럼 신 역시 상대에 의한 자유전자를 가지고 있다고 말 할 수 있다.

부처가 말한 "천상천하 유아독존"이란 것은 나 혼자만이 아니라 모든 개개인이, 모든 생물이, 흐르거나 멈춰있는 물줄기가, 바위 하나도, 우주의 뜻이 담긴 모래 하나도… 그리하여 삼라만상을 지닌 먼지조자도 존엄하다는 뜻이다.

동물이 아무리 비상하더라도 인간의 세계를 그려낼 수 없듯이, 전기라는 창조물을 만들어내지 못하듯이, 컴퓨터를 만들어 내지 못하듯이 인간도 동물들의 행복을 알지 못하지 않는가?

인류역사상 아무리 뛰어난 인간이라도 신이 된 자는 없지 않은가, 신의 세계를 명확히 표현해낸 인간도 없지 않은가?

전기가 신이 만들어 낸 것은 아니지 않는가, 컴퓨터를 신이 만든 건 아니지 않는가?

동물을 복제한다고 해서 우리가 그 동물들의 세계에 새로운 질서를, 윤리를, 아니면 행복을 깨트렸는가, 복제한 동물이 그 동물들의 세계에 그 무슨 의미가 있는가?

그 동물들의 세계에 가서 그 동물들의 지도자가 되었단 말인가?

복제가 동물들에게 새로운 패러다임을 제시 했는가?

동물의 세계가 더 행복해졌는가?

복제는 단지 인간에게만 던져진 하나의 아이템에 불과하지 않는가?

신은 인간에게 무엇을 행한 것인가?

신이 자신의 DNA구조를 살짝 바꿔 인간을 복제하여 온 것이라 말하면 아니 되는가?

그렇다면 인간이란 신에게 있어 하나의 아이템에 불과한 것이다.

궁극적으로 인류역사가 이렇게 흘러오게 된 것은 진정 신의 의도인가?

신의 의도라면 누가 입증할 것인가?

신의 행동한 우연과 필연을 감히 어느 누가 발견할 수 있다는 것인가?

먼지의 자유전자가 행한 우연과 필연도 모르는 인간이지 않은가?

동물이 복제된 사실을 알 수 없듯이 인간은 신의 의도를 알 수 없다.

그러면, 애초에 신이 우리에게 새로운 패러다임을 제시했었다하는 것은 또 누가 입증하였는가?

동물이 인간이 행한 복제를 알 수 없듯이 우리도 신의 의도를 알 수 없지 않은가?

오로지 인간의 틀 내에서, 지지고, 볶고, 상상하고, 나래피고, 창조하고, 웃고, 울고 하지 않는가?

인간의 위대한 창조란 그렇게 인간의 영역 내에서의 창조가 아니었는가?

인류의 역사는 결코 신의 의도가 아니라 인간의 의도였음을 조금만 생각해 보아도 알 수 있지 않은가?

국가, 행정부, 입법부, 사법부, 경찰, 군대, 농경사회, 산업사회 현재의 IT사회… 인류의 의도이지 않은가?

도교, 유교, 불교, 기독교, 이슬람교… 인간에 의해 창조된 것이지 않은가, 인류사가 신의 의도였다면 하나만의 종교가 있어야 되지 않은가?

인류사 그 본질에는 권력에의 의지, 신분의 상승, 경제의 포획, 명예의 추구 등이 사회적 상황이던 개인차에 있는 권력욕에 의해서든 인간에게 심어져 있지 않은가?

인류의 역사란 축약하여 권력에의 추구에 의한 인간의 인간에 의한 인간의 의도였던 것이지 않은가?

"미래의 지구는 바퀴벌레가 지배할 것이다"라는 설이 있는데 바퀴벌레의 의도인가, 인간의 의도인가, 신의 의도인가?

신의 의도라면 인간은 신을 아직도 경외의 마음으로 숭배해야 할 것인가?

그때의 바퀴벌레가 "天上天下 有我獨尊이다"라고 하면, "그때의 尊은 存일 뿐이다" 하고 어느 누가 말할 수 있는가?

尊이 아니라 存이라 하더라도 살아있는 것이 강한 것 아닌가?

바퀴벌레의 지구 점령은 인간의 신의 의도는 아니지 않는가?

인류는 멸망했으므로.

그렇다면 인간의 신 위에 있는 신의 의도라 봐야 되지 않는가?

인류가 지구 역사에 출현한 것은 지구역사에 비하면 최근이라는 것은 입증되지 않았는가?

그전에 다른 류가 지구를 활보하지 않았는가?

바퀴벌레의 점령이 뜻하는 바는 뭔가 그 의도는 분명 인간의 의도는 아니고, 그러므로 인간의 신의 의도도 아닐 진데 그럼 바퀴벌레의 신의 의도라 할 수밖에 없지 않은가?

허허, 바퀴벌레의 신이 인간의 신보다 위대하였도다. 그러면, 그전에 공룡이 활보했을 때는 또 뭔가… 허허, 미증유라.

공룡도, 공룡의 신도, 인간도, 인간의 신도, 바퀴벌레도, 바퀴벌레의 신도 아니라면 공룡의 신과 인간의 신과 바퀴벌레의 신을 중재하는 신 위의 신이 또 있다는 것이지 않은가?

미증유이고 미증유라. 그러니 인간이여 신의 계시를 느꼈다며 자랑하거나 오만치 말라.

바퀴벌레의 신보다 못하거니 바퀴벌레의 의중을 알았다면 건방져라.

인간의 신보다 위대한 신의 계시를 알게 된 것이므로.

동물은 동물 세계에서의 윤리며, 형이상학이며, 질서며, 권력이며, 일상이며, 지금을 사는 실존인 것이며, 그러므로 신 역시 신의 세계에서 윤리며, 형이상학이며, 권력이며, 일상이며, 지금을 사는 실존인 것이다.

바퀴벌레도, 공룡도, 박테리아도, 우주도, 또 절대 잊지 말아야 할 것은 태양은 태양 나름대로, 지구도 지구 스스로의 패러다임 속에서 움직인다는 것을 늘 주지하여야 한다는 것이다.

현재는 온난화의 원인이 이산화탄소라고 추정, 모든 사회가 그것을 줄이는데 노력을 하고 있지만. 일부 학자는 지구의 축이 조금만 바뀌어도 온난화가 올 수 있다고 했는데 맞는 이론일 수가 있는 것이다.

지구 스스로 역동성을 가지고 있으니까 지구 스스로 인간이 인간만의 탐욕으로 각종 생물과 무생물에 대해서 만행을 저지르기 때문에 지구가 생존하기 위한 스스로의 패러다임을 바꾼 자구책이라 보면 안 되는가?

먼 훗날 우주의 그 어떤 패러다임의 변형에서 온 것이라고 결론이 난다면, 거꾸로 좁게 나아가면 인간이 부지불식간에 단종시킨 지구 내의 어떤 생물에 의해서라고도 할 수가 있으며 더 좁게 나아가면 그 생물과 더불어 사는 어떤 미생물의 단종으로 인해서라고도, 아니면, 시멘트로, 아스팔트로 도로를 내고 건물을 지어서 이산화탄소 호흡을 하는 미생물의 대량 학살에 의한 것이었다라고도 결론이 난다면, 우리가 잊고 있는 현대 전자파의 무분별한 발포, 확장에 의한 지구라는 전체에서의 불통을 초래하였고 그로 인한 지구 스스로가 패러다임을 스스로 변형하고 있는 것이라면… 지구 스스로 존재하려는 역동성이지 않은가?

전자파에 의한 우주에서 지구로의 에너지 유입이 제한됨에 따른 것이라고 결론이 난다면, 휴대폰을, 위성을, TV를 양산, 대량으로 지구로, 우주로 전자파 확장에 의한 우주의 패러다임을 변형시켜 지구가 우주의 패러다임을 따라가지 못하게 한 탓이라 결론이 난다면 인간의 오만과 미혹은 어리석기 그지없다 할 수 있지 않은가?

지금 우리가 하는 짓은 정말 어리석었다 할 수가 있지 아니 한가?

미생물을 학살시킨 그 죄과라 보아도 무방하지 않은가?

쓸데없는 것에 매몰되어서 마치 인간이 지구를 구해낼 수 있다는 미혹과 오만이 아닌가?

아니면 인간에게 짓밟히고 있는 풀들이, 나무들의 새로운 진화가 아닐까?

학살되어 가는 꿀벌들의 멈춘 날개 짓에 의한 대기의 변화가 아닐까, 그로 인해 단종 되어가는 꽃들에 의한 것은 아닌가?

신과 닮은 인간이라며 부수고, 학살하고, 시멘트로 바르고 지구를 신처럼 가지고 논, 인간의 미혹이 아닌가, 오만이 아닌가?

그러므로 인간도 지금 이 순간의 삶을 사는 실존인 것이다.

인간 내에서의 윤리며, 형이상학이며, 질서며, 권력이다.

인류역사는 인간세계에서 일상과 반복을 행하면서 인간의 세계 속에서만 창조를 했던 것이다.

인간은 인간일 뿐이다.

동물도 아니고 신도 아니지만 동물일 수도 없고 신일 수도 없는 것이다.

인간은 인간의 세계에서 살아가는 인간일 뿐인 것이다.

인간이 동물을 규정하였고, 인간이 신을 규정하였을 뿐이다.

인간에게 유리하면 신이던 동물이던 간에 유용하였고, 자신에게 불리하면 신이던 동물이던 비정하게 버려온 것에 불과하다.

비참할 수는 있지만 절대 권력의 영속성은 절대 가질 수 없다.

왜 인간도 순간이며 한계이기 때문이다.

공룡처럼, 바퀴벌레처럼.

그것을 원하지 않는다면 미증유의 동물의 세계를 존중해야 하고, 미증유의 신에 대한 경외함을 가지고 인간의 역사를 새로 써야 된다.

'인간만이 인간을 행복하게 할 수 있고, 인간만이 인간을 불행하게 할 수 있다.'

그것은 곧, 신에 대한 예의이며, 생물에 대한 오만하고 미혹인 인간이 가진 부끄러움을 없애는 것이다.

인류의 행보는 인간만이 인간을 행복하게 할 수가 있고 인간만이 인간을 불행하게 할 수가 있는 것이다. 그 외는 다 미증유이니까.

중요한 것 하나 "인간만이 인간만을 행복하게 할 수 있다."라는 전제하에서 인류의 행보가 밟아오지 않았다는 것이다.

즉, "인간만이 인간을 불행하게 만들어 왔다."는 명제하에 끈끈이 이어온 인류사란 것이다.

축약하면 인류의 행보는 신의 의도도 아니며, 순리인 지구 내의 진화순응도 아니며, 그로 인해, 탄생된 인간이 인간만을 위한 인간의 탐욕을 추구한 = 권력에의 의지였다.

파생적으로 보면 명예의 추구이다.

다른 식으로 표현하면 이성에의 몰입이다, 똑똑함에의 추구이다.

또 다른 것 돈에 대한 집착이요.

더 축약하여 말하면 다른 사람보다 뛰어난 것에 대한 추구.

더 축약하면 총체적인 권력에의 의지이었던 것이다.

모두 취득하는 것에만 몰두하였지 그것을 배분하려는 의지는 약했던 것이 인류의 행보이다.

그러므로 이제부터의 인류의 행보는, 숙명은 현재까지 있어 온 모든 패러다임을 재정립하여야 한다.

왜, 숙명인가, 권력에의 의지를 계속 이어간다면 인류의 멸망을 앞당기게 되기 때문이다.

기존의 권위를 즉 개인의 가치. 권력, 종교, 경제, 노동 모든 것을 재정립해야 한다.

'인간만이 인간을 행복하게 할 수 있다.'는 전제하에 새로운 패러다임이 구축되어야 한다.

인간만이 인간을 행복하게 할 수가 있으므로 인간이 인간을 불행하게 하는 것은 모두 부정되어야 한다.

개인의 가치. 신, 권력, 종교, 돈. 명예, 조직, 국가, 법, 윤리… 그렇게 하지 않는다면, 인간에게 있어 휴머니즘이란 공허한 메아리일 뿐이다. 그 상황에서의 휴머니즘이란 오히려 비참의 원인인자이며, 오히려 그 사고를 지니게 된 사람에게 있어서는 어깨 위에 무거운 가방을 메고 다니는 것과 같다. 내 옷 바지의 지퍼가 고장 나면 이빨이 하나 빠졌나, 두 개 빠졌나 자세히 보면서 사람인 상대방이 이빨이 빠졌는데도 지퍼 이빨만큼의 관심도 가지지 않고 있는 현재이다.

'인간만이 인간을 행복하게 할 수 있다.'는 것이 절대명제가 되어야 하는 이유이다.

그동안 있어온 것은 그 전제만으로 귀결되어야 하고, 앞으로 나아갈 것은 그 전제에서만 시작되어야 한다. 그렇다면….

진정한 인류의 행보는 이제부터이다.

휴머니즘은 이제 비로소 시작이다.

인간은 왜 비참한가

인간은 왜 문명이 발달하면 할수록 행복해지는 게 아니고 오히려 더 불행하다고 느끼는 것 무슨 원인일까.

이기가 발달하여 편안한 생을 누리게 되었음에도 불구하고 더 불행하다고 느끼는 것은 왜인가? 그것은 인간은 본래 자유로운 유희적 동물임에도 불구하고 문명은 사람에게 발달을 더 요구하며, 점점 정신의 치밀을 유도하면서 허약한 육체를 지향하게 되기 때문이다.

유희적 동물이므로 웃고 장난치며 가벼운 존재이어야 하고, 가끔은 아주 가끔은 구름을 쳐다보며 평상에서 뒹굴고 여유로워야 하고, 종종 아주 종종, 밤에 쏟아지는 별을 쳐다보며 우주에 대한, 그러므로 신에 대한 외경의 념을 지녀야 하고 결론적으로 안락하며 한가로워야 하고, 그것을 느꼈으면 그것으로 느끼고 그렇게 행동을 하면 되고, 암흑인 침묵과, 무와 음과 무인식의 상태에 놓여 있어야 한다. 프로를 더더욱 원하는 인류사회의 방향성으로 인해 1% 차이인 아마추어와 프로의 차이임에도 프로가 되기 위해 더욱 세밀한 정신을 요하고 타인의 심리까지도 파악해야 하는 등 더욱 많은 지식을 습득해야하기 때문이다.

시간을 더욱 쪼개고, 쪼개며 살아야 밥을 먹을 수 있고, 정확히 말하자면 성장과 효율이란 미명하에 시간도 주지 않는 사회구조-소수 외에는 먹고 마시고 옷을 사 입고 가르치고 집 사고 죽을 때 겨우 하우스푸어로 살다 장례비 치르고 나면 빈손으로 가야하는 시스템에 있다.

제로섬이론인 경제 구조에 있기도 하며, 소수의 권력층 외에 그 외는 모두 패배자인 구조에 있다.

하나의 권력은 또 다른 권력에 머리를 숙여야 하는 권력의 구조이기 때문이다.

권력은 유한하니 결국은 모두 패배자인 구조에 있다.

발전이라는 명분하에 인간에게 기계적인 완벽한 논리와, 기계적인 행태를 요구하는데 있다.

인간은 살아있는 역동성인데도 불구하고 조직에, 법에, 지식에, 시간의 틀에 인간이 인간을 예속하고 있는 문명화라는 것에 있다. 그러나 인간이 비참할 수밖에 없는 이유에는 더욱 본질적인 게 숨어 있다.

인류역사의 오류는 바로 언어의 확대와 그 확대로 인하여 인간이 가진 살아 있는 감성과 행동을 언어로써 규정하는 게 가능하다고 생각하는데 있다.

동물처럼 느끼면 족하고, 족하면 행동하면 되는데, 인간은 역동인 감성을, 행동을 언어로써 규정지어야만 그 감정을, 그 행동이 당연한 것이라 생각하는 데에 있다.

즉, 감성을, 행동을 언어로써 규정지으려하기 때문에 인간이 "그때 내가 그것이면, 그것이다."면 만족하는 역동인 그때 그것인 삶임에도 불구하고 뒤늦게 책상에 앉아 "그땐 그것이 아니라, 그땐 저것이었는데…" 하며 역동적이지 않은 사유인 결과물, 즉, 언어로써 고착화하려는 것 때문에 인간의 비참이 숨어 있는 것이다. 그것도 아주 은밀하게… 그리고 습관적으로.

인간은 이 감정은 뭐다라며 규정짓는 교육을 받고 그렇게 사고하고 그리하여 그렇게 행동하고 있다.

삶의 역동이 아닌 사유로써 고정화한 생각으로 사회의 모범적 규범을 들이대고, 자신의 명분에 맞는 행동을 규정짓고 규정한 사유로써 그렇게 행동하는 데에 인간은 늘 불행할 수밖에 없는 것이다.

자유스러운 것을 항상 인위적인 것으로 만들고 있음으로 늘 불행할 수밖에 없는 것이다.

기분이 좀 안 좋으면 그저 그렇다며 느끼면 될 터인데, 쓰레기통 옆에 버려진 걸레 같은 기분이라며, 비참이라는 언어를 빌려 정형화하고 그 기분을 고착화하여 더욱 비참하게 만들고 있는 것이다.

거꾸로 사랑이라는 감정도 "그냥 기분이 좋다."라고 알면 될 터인데, 복받치는 사랑이니 아가페니 순애보니 순수니 하며 정형화, 규정화하여 감성을 그 감성 그대로 느끼고 희열을 맛보는 것이 아니라, "그때 그것이면 그것이다."라고 생각하여 생각한데로 행동한 것임에도 이성적이지 않았다며, 멋있는 것이 아니었다며… "그때 그것이면 그것이다."를 부정하고 있기 때문에 비참할 수밖에 없는 것이다.

자신의 감정 그대로가 아니라, 사회의 틀에 맞춘 사랑으로, 자신이 생각해 온 사랑으로 규정화하여 언어화에 의한 사랑의 느낌을 갖게 되는 것이다. 그러니 늘 부자유스럽고 인위적인 것이어서 인간은 행복할 수가 없는 존재이다.

'아름답다'라는 단어가 좋은가?

그러나 나는 아름답지 않다는 것을 알게 되어 결코 행복하지 않은 것이다. 아름답지 않은 사람을 보면, 상태를 보면 짜증이 나는 것이다.

그럼 "행복"이라는 단어의 발견은 좋을까?

그러나 행복하지 않다는 것을 알게 되면, 순간이라도 행복하지 않다는 느낌만이라도 갖게 된다면 결코 행복할 수가 없는 것이다.

좋은 단어의 발견도 그러할 진데, 부정의 단어의 발견은 본질적으로 인간을 더욱 비참하게 만드는 것이다.

마찬가지로 '신'이라는 단어의 발견도 인간은 신이 될 수 없다는 것을 인지하는 순간, 인간은 불행할 수밖에 없는 것이다.

역으로 말하자면 인간이 신의 의도를 알아내려 하는 순간 불행은 시작되는 것이며, 신의 의미를 늘 생각하는 사람은 그만큼 인간 스스로의 자연스러움을 스스로 억누르고 있는 것이나 다름없는 것이다.

남을 탓할게 아니라 나를 탓해야 하는 이유이다. 그러므로 앞서 말했듯이 비참하면 더 비참했지 인간이 동물보다 행복하다는 근거는 전혀 없다.

1년 전에 1박2일간 그 시골집에 있는 개를 좋아해 어루만지고 쓰다듬고 같이 산책을 하였다.

그 개는 항상 그의 곁을 따르며 "나는 당신이 좋다"고 꼬리를 살랑살랑 흔들었다.

1년 후에 다시 그가 갔을 때 그 개는 꼬리를 요란하게 흔들며 그에게 뛰어 간다.

그 개는 1년 전의 1박2일의 짧은 시간임에도 불구하고 그 사람을 보는 순간 바로 '그때처럼 그냥 그렇게' 그에게 달려간다.

인간은 명예를 생각하며, 더 쉽게 말하면 자존심을 생각하며, "기쁘므로 기뻐하느니라"가 아니라, 자신이 규정해 놓은 언어의 규정으로 인해 자신의 감정마저 감춘 채, 명예를 생각하는 사람은 그에 맞춰, 힘의 우월을 생각하는 사람은 그에 맞춰, 좋음에도 불구하고 개처럼 스스로 그 감정에 자연스럽고 호들갑스럽게 꼬리를 흔드는 건 경박한 짓이라며, 1년 전의 1박2일은 너무 짧은 순간이며, 오래된 것이라 그 정도의 기쁨은 과한 것이라 규정짓는 사람은 그에 맞춰, 폼생폼사를 생각하는 사람은 그에 맞춰, 종교에 의한 사고를 지닌 사람은 그에 맞춰, 예의를 중시하는 사람은 그에 맞춰, 단지, 기쁘므로 기뻐하느니라가 아니라, 자신의 언어 규정화에 의한 자신의 기뻐하는 감정을 억누르고 습성에 의한, 바꾸어 말하면, 교육이나 사회적 인식에 의한, 그로 인한 개인적 인식에 의한, 스스로의 언어규정화에 의한 죽어있는 고형물로써 자신의 기쁨을 표시하는 것이다.

거꾸로, 인간이 자기가 기르는 동물을 좋아하는 이유는 언어가 없는, 즉 가식이 없기 때문에 좋아하는 것이다.

밤에 집에 들어설 때마다 인간에게 항상 꼬리를 과분할 정도로 호들갑스럽게 흔들며 뛰어오는 그 개를 보는 순간, 배까지 내보이며 '좋아라' 뒹구는 그 모습을 보는 순간, 인간은 다른 어느 누구에게서도 느끼지 못한 절대기쁨을 자신에게 표하는 그 개를 사랑할 수밖에 없는 것이다.

그리고 절대기쁨의 대가로 개에게 먹이를 먹이며, 똥을 매일 치우고, 목욕도 시키면서 그 개에게 헌신을 다하는 것이다.

개가 상전인지 인간이 상전인지 알 수 없으며, 다른 인간에게는, 언어에 찌들은 인간에게서는 그런 행동을 볼 수가 없고 사유 없는 순수를 개에게서 볼 수 있기 때문이다.

"그때, 그것이면 그것이다" 하는 역동인 순수를 느끼게 해주기 때문이다.

언어에 찌든 인간은 언어로써 자신의 감성을 행동을 규정해 놓았기에 인간의 행동은 근본적으로 불순이기 때문인지라 인간은 비참해 질 수밖에 없다.

절대복종하는 것도 의미가 있고 절대기쁨을 표하는 것도 의미가 있지만 그 개에게서 순수를 보기 때문에 인간은 그 개에게 헌신을 하는 것이다. 분명한 것은 개에게도 품격이 있으며, 자존심도 있다. 그러나 개에게는 품격이라던가, 자존심이라는 단어가 없다는 것이다. 역으로, 개가 인간의 언어를 사용한다고 하면 인간은 개에게 5일 일하고 토, 일요일은 쉬게 만들고 말 것이며, 지 밥은 지가 차려먹게 하고, 비데로 뒤처리를 스스로 말끔하게 처리토록 만들어 버릴 것이다.

"오늘은 날씨도 좋고, 하늘도 파라니 산책 갈까?"

"그냥 에스페로스 한잔하고 쇼파에서 쉬고 싶다"라고 개가 말한다면, 인간은 그 개를 키우겠는가?

절대기쁨도 없어지고 절대복종도 없어져서 품격과 자존심이라는 단어를 안 개에게는 이미 순수를 볼 수 없기 때문이다.

과연 어느 인간이 그 개에게 헌신을 하겠는가, 이미 불순한데. 품격과 자존심이라는 단어가 뇌 속 깊숙이 자리 잡고 있는데… 언어로 생각하고 난 후 행동하는데… 불순이다.

"왼손이 하는 일을 오른손이 모르게 하라"

분명 봉사라는 단어의 본질에 근본적으로 충실한 말이며, 이성적으로 완벽한 말이다. 그러나 이성적인 것에 함정이 있는 것이다. 이성적-말이라는 것에 인간 감성을 행동을 규정화한 것이기 때문이다.

봉사란 단어의 뜻은 무엇인가? 남에게 호의를 베푸는 것이다. 희생이 따르는 것이다. 고로 숭고한 것이며 순수해야 한다는 이성적 추론인 것이다.

봉사하면 봉사한 것이다.

저렇게 봉사한다면 저렇게 봉사한 것이다.

이렇게 봉사한다면 이렇게 봉사한 것이다.

봉사라는 단어의 뜻을 추론하여 순수를 끌어내어 최고의 가치라며, 이성적이라며 "왼손이 하는 일을 오른손이 모르게 하라"는 것은 언어로써 인간의 감성을, 행동을 규정한 것이기 때문에 주체가 인간이 아닌, 단어가 주체가 된 것이다. 또한, 인간은 인간 스스로의 본질이 각각 다르기 때문이다. 많은 사람이 자신의 감정을 속이는 데 익숙하지만. 바꿔 말하면 좋아하는 것을 좋다고 표현하는 것이 옳다고 생각하는 사람도 있기 때문이다. 인간의 다양성을 제어하는 것이다. 그러므로 구속인 것이다. 근본적으로 인간의 감정과 행동은 결코 언어가 아니기 때문이다. 역동적인 흐름인데 언어라는 것으로 정형화, 고착화로 만들어 버리기 때문이다. 그 당시의 그 자성은 그로써 스스로 그 자성일 뿐인 것이다.

"그때, 그러해서 그러했다" 그러면 된 것이다.

언어는 사실 필요 없는 것이다.

추후에 언어인 순수를 추론하고, 질을 따져 "그 때, 품격을 더 높일 수 있었는데"라며 후회할 필요는 없다. "그때, 그러해서 그러했다" 그러면 된 것이다. 스스로 왼손이 하는 일을 오른손이 모를 수는 없는 것이다. 알고 있는데 모른다고 하는 것은 고집이며 세뇌다. 그 자체로 고형화다. 스스로의 자성으로 그때 그렇게 행하면 되는 것이다. 본의 아니게 밖으로 알게 되어졌다 하더라도 스스로의 자성에 의한 것이면 되는 것이다.

언어화로 인해, 지나친 이성화로 인해 밖으로 알려지는 것은 순수성이 훼손된 것이므로 불순하다는 자책은 필요 없는 것이다.

밖으로 알려지게 되어 봉사한 사람이 괴로움을 받게 되는 것은 폭력인 것이다.

봉사 자체가 선이기도 하거니와, 하지도 않은 사람들이 스스로 변명하는 자궤이며, 폭력이다. 언어라는 것으로 남을 고형화된 목석물木石物로 만드는 폭력이다.

왜, 그때 그것이면 그것으로 된 것이기 때문이다.

다른 어떤 것으로, 다른 잣대에 의한 본질을 규정짓는 자체가 틀린 것이기 때문이다.

설사 칭찬을 받는 것을 좋아하며, 베푸는 것도 좋아하는 사람에게 있어서 남에게 칭찬을 받기 위해 봉사를 지속적으로 행한다 할지라도 그 사람에게 있어 그것이면 그것으로 된 것이다. 그 사람이 그런 뜻에서 그렇게 했다면 그것으로 족한 것이다. 왜, 애초에 봉사라는 단어는 없었으니까. 봉사라는 단어를 찾아내고, 규정하고, 규정되어진 그 봉사라는 단어 자체가 가지는 순수성을 인간이 찾아내어서는, 이성적이라며 고로 제일 순수하다며, 최고의 가치라며 인간에게 강요한 것이기 때문이다. 칭찬받으려 했다면 바로 그것이 스스로 자성이다. 봉사한 그 자체만이 스스로 자성이다. 이성적으로 찾아낸 최고의 가치라는 것은 고작해야 말에 의한, 말의 순수성에 의한 인간행동의 규정화이므로 애초에 오류인 것이다. 인간을 언어의 뜻에 맞춘 언어폭력인 것이다. 각자 개개인의 다양한 의도에 따른 봉사들을, 왜, 단 하나로 규정지으려 하는가?

"쓰레기를 줍는데 타인이 보고 있다."

나는 본래 착한 사람인가? 타인이 보고 있으니 내가 착해진 건가?

아니 내가 스스로 주운 건데 나중에 남들이 보고 있다는 걸 알은 건가?

애초에 남들이 보고 있어서 내가 쓰레기를 주운건가?

왼손은 선인데 오른손은 악인가?

모두 틀렸다.

"내가 그때 그것이면 그냥 그것이다."

아무 거리낌이 없다. 보였으니까 주운 거다. 언어가 필요 없다.

생각하면 할수록 부처가 옳다.

무가애라고 무가애.(자신이 하는 일 아무 거리낌이 없이 하라.)

"왼손이 하는 일 오른손이 모르게 하라." 역시 같은 의미이다. 그러나 너무 멋을 냈다. 그 멋 때문에 인간에게 너무 어려운 행위를 요구한 문장이다.

자유와 선함에의 추구는 인간의 본성이다.

사람이 착한 일을 하고 나면 마음이 선해지는 것을 느끼게 되는데 종교에서 참회가 그 역할을 한다. 종교가 마약과 같다는 의미는 그 선함을 가지게 되어 참회만 하면 죄가 씻겨내려 갔다는 착각에 빠져 다시 죄를 짓는 게 반복되기 때문이다.

역설적으로 참회는 종교의 한계다. 필요악이다. 오체투지하며 참회한 결과인 눈물 한 방울이 세상을 더럽히고 있는 것이다. 왜냐고? 사람에게 있어 사랑이란 '열병 같은 감기'니까… 왜냐고? 우린 지금 옆에 있는 사람하고 살고 있으니까….

"저물어 가는 스산한 오후에 쓰레기가 뒹굴고 구토물이 여기저기 흩어져 있는 막다른 골목을 나는 멍하니 쳐다보고 있을 뿐 이었다."

무엇을 느꼈는가, 패배, 절망, 구취, 오염, 구토.

느꼈는가? 쓰레기란 단어로 인해 더 쓰레기 같다는 것을.

느꼈는가? 구취라 단어로 인해 더 구취가 나는 것을.

느꼈는가? 구토라는 단어로 인해 더 구토가 나는 것을.

언어가 없는 고양이는 그곳을 자연스럽게 걸어 다닌다. 걸리적거리는 인간이 없어 오히려 안락하다. 언어라는 것에 절은 인간 중 그곳에 갈 사람은 단하나, 쓰레기를 치워야만 하는 그 사람뿐이다.

언어를 버리지 않는 한, 인간에게 자유는 없다.

자유면 자유지 자유의지는 무엇인가?

자유에 대한 의지가 있어야 자유란 말인데, 자유의지란 단어자체가 이미 관념화(고착화) 시키는 것이니 활동인 삶을 고정시키는 것이다. 의지는 지향이고 지향은 인위다. 인위는 굴레며, 굴레는 자유가 아니다. 또한, 의지든 인식이든 동전의 앞뒷면처럼 선도 아니며 악도 아닌, 앞이면 앞이고, 뒷면이면 뒤인 것이다. 의지란 바꿔 말해서 생활인 내가 지금 살고 있는=움직임과 인식을 자유롭게 만들어 간다는 의미이다. 앞면이면 앞면이라서 자유인데 굳이 뒷면이 자유라며 의지를 불태우고 있는 허황한 짓이다.

물은 흘러가고 있는데 물을 의지로써 정체성으로 보는 것과 같다.

쇼펜하우어는 의지는 아버지한테 오는 것 같다 하였으나, 그 의지라는 것이 생존을 위협한다면 하물며, 구금이라도 되게 된다면 더구나, 밥을 못 먹게 된다면 의지는 약해지기 마련이다.

왜? 모든 존재에 있어 생존하는 건 최고의 본질이기 때문이다.

자애, 독존은 인간에게 있어 무엇보다 중요한 자기방어이기 때문이다.

그것은 곧, 한번 굳어지면, 한 번 그 방향으로 생각하면 처음대로 자신의 항로가 정하여 진다는 것을 의미한다.

정해진 바다를 나아가는 것은 개개인의 흐름이며, 연못에 있다던가, 무조건 바다로 가라던가 의지를 가지고 그렇게 하라는 것이므로 이미 피동이며, 이미 속박이다.

그러므로 자유의지란 구속된 자유이다.

그러므로 구속된 자유란 자유가 아니다.

여름에는 옷을 간단히 입는 것이며 겨울에는 두꺼운 옷을 입어야 한다. 의지로써 여름에 두꺼운 옷을 입는다는 것이어서 관념과 의지로 자유를 구하려 하는 것은 원초적 모순이며 억지이다. 오히려 그것들을 버려야 자유는 가능하다.

20대에 머물고 있어 시간은 정체되어 있다지만 매초매분 죽음을 향해 계속 나아가고 있는 것처럼, 그땐 추웠으므로 잠바를 입는 것이 바로 자유이다. 혹, 본인의 의지로 따뜻한 날씨를 만들 수가 있다면 맞는 말이지만….

앙드레지드 외 자유의지를 연구, 사색한 기독철학자들은 전혀 이루어지지 않을 것에 헛수고를 한 것이다. 그러므로 쇼펜하우어의 『의지론』은 유전학적이나, 천부적인 것이 아니라고 볼 수 있다.

근본적으로 자식이 부모를 닮아 가지게 되는 것은 성품이다. 즉, 기질이다. 성품과 대응하는 태도.

일례로 성품이 연약하게 태어난 사람은 의지력이 약하다고 말한다는 것은 무리이다. 의지를 지니기 전에 사람은 특히, 어린아이의 경우에는 대개 여린 성품을 지니게 되는데, 부모는 사회적으로 통용되는 것들을 가르치며, 장차 어린아이가 겪어 나가야할 것 역시 사회로부터 허용되는 범위 내에서 움직이기 마련이기 때문이다. 부모가 어린아이에게 모르는 것 있으면 반드시 물어보라고 가르쳐도 사회적 인식=선대로부터 계속 이어져 온 공동의식에 의해 동양의 어린아이는 점차 질문하는 횟수가 줄어드는 것처럼, 대개 여린 감성인 어린아이는 그 테두리에 자신을 맞추어 갈 것이다. 그럼에도, 비로소 의지라 부를 수 있는 것은 루소가 말한 것처럼 탁아소의 영아들이 보모가 자신들에게 강제로 가해지는 행동에 대한 불쾌감을 표시하는 것에 비해 자신들의 자유를 구속하는 것에 더욱 불쾌감을 표현한다는 의미에서 의지라 할 수 있다. 다수가 자유에의 의지를 표명하는 행동이므로 그것은 보편적이며 공통된 의지라고 해야 한다. 사실, 여린 성품인 대개의 어린아이 및 청소년에게 압박과 농도를 동일한 상황을 그들에게 가한다면 사실상 천부적 의지에 의해서가 아니라 일찍 자신을 포기한 그룹과 일반적으로 생활하는 그룹과 일찍이 권력에의 의지를 교육받은 그룹 등에 의해서도 좌·우되지만, 일찍 자신을 포기를 가지게 된 어린아이의 그룹에서도 외부로부터 가해져 온 공통된 임펙트라 하더라도 개개인이 대처 방법은 선으로만의 추구, 강화된 자유에의 갈구, 칭찬받는 것에 대한 추구, 권력에의 의지강화 등 개개인의 구부러진 잠재의식을 가지게 된 여러 원인이 다양하기 때문에 다양한 의지가 나오기 마련이다. 또한, 자신이 원한 임펙트가 아니므로 개개인은 의지라는 의식으로 상황을 대처하기 때문에 능동이라는 밝은(착한) 본성인 자연스러움이 아니며, 즉, 바닥에 부딪친 탁구공은 자연스럽게 튀어나오지만 구부러진 의식(개개인이 성향하는 의지)인 피동이 되는 것이다.

그렇기 때문에 개개인이 어떤 의지적 의식을 갖게 되든가, 어떤 관념을 비로소 가지게 된다면

사람은 성장하면서도 그것은 탁구공이 튕겨 나오는 습관(자연스러운 튕겨짐이 아닌 것)처럼 반응하게 된다. 또는, 권력에의 의지강화 만큼이나 권력에의 굴복을 택하기도 하는 것이다.

그리하여… 그리하여… 인간은 비참에 비참을 가미하게 되는 것과 마찬가지이다.

왜, 습관인 정형화이며, 고로 자연이나 순리가 아닌 의식(의지)이어서 기뻐도 기뻐하지 않고 슬퍼도 슬퍼하지 않는 석고상처럼 된 자신을 위로하고 있기 때문이다.

인간은 비참할 수밖에 없다.

공부를 잘 한다는 것
합리적이다 하는 것
윤리학이라는 것
언어학이라 하는 것
논리학이라는 것
수리학이라는 것

과학이라는 것
선이라는 것
악이라는 것
철학이다 하는 것

언어에 언어를 더한 것이다.

다양성이 아닌 공통된 질서를 요구하는 것이다. 일례로 정반합의 원리란 문장도 가볍게 생각해야 한다. 강한 집착은 다양성을 해치기 때문이다. 즉, 정반합의 논리만의 강요는 질서로써 사유로써 구성되어지는 굳은 조각상과 같은 고착물이기 때문이며, 또한, 공통된 질서를 갖아야 한다는 것을 의미하므로 자유를 포기한 대가로 한 속박이나 다름없기 때문이다.

나는 삶이며, 역동이며, 웃음이며, 유희이며… 자유이다. 죽을 때까지 본질을 찾아내려고 괴로워했던 키에르케고르. 본질을 꿰뚫는 혜안을 가진 니이체. 인류의 본질을 파헤치려고 철두철미하게 자신을 혹독하게 혹사시켰던 그들에게 미안하지만.

왜? 문명이 발달하면 할수록 인간이 불행해진다는 것은 이성의 발달을 촉구했던 것만큼 인간을 불행하게 했다는 것을 뜻하기 때문이다.

문명의 발달이란, 이성의 촉구란, 감성도 있는 인간을 언어로써 세밀화, 정교화와 고정화 및 그로 인한 계속되는 인위를 요구한 것이기 때문이다. 그런 과도한 요구는 정신병자, 정신쇠약자, 완벽에 대한 추구를 하게 만드므로 사람은 예민해지기 때문이다. 일례로 어떤 사람이 안타까움에 상대에게 본질을 얘기하며 자유의 폭을 넓게 하려 한다면 상대방은 화를 낼 것이다.

자신에게 있는 구부러진 잠재의식을 건드렸으므로 자존심이 상하기 때문이다. 그러니 인간이 고도의 정신집중, 치밀, 완벽을 추구한다면 그 사람은 괴로워하게 될 것이다.

스스로 의도하든, 타의에 의한 의도이든, 사회적 의도이든 간에 인간에게 굴레를 씌운 것이기 때문이다.

"기쁘므로 기뻐하느니라"가 아니라, 그 자성이 그 스스로 그 자성이면 그만인 것을 언어로써 규정지으며, 언어의 뜻에 맞춘 순수를 찾아내고, 최고의 가치를 찾아내며, "기뻐도 기뻐하지 말아야 하느니라"가 된 것에 일조를 하였고 근본적으로 규정지을 수 없는 것을 규정지으려 했으며 흐르는 물과 같이 역동인 인간을 언어란 본드로 붙여 놓으려 했기 때문이다. 살아 있는 감성을, 활동하는 행동을 정형화된 그리하여 고착시키는 언어로써 규정이란 사람으로 석고상으로 만들어 버리기 때문이다.

반면에 서양 철학이 동양에 비해 탁월한 것은 개인이 갖고 있는 가치를 인정하여 개인이 홀로 당당함을 가질 수 있게 하였으며, 호불호는 논외로 하고 서양철학은 역설적이지만 다양한 인간에 대한 심도 있는 통찰이 있었으며, 과학 등 학문을 세분화 전문화하여 국가 및 조직, 개인이 활동영역을 넓혔고 자유를 확보하게 하였다.

개인의 자유 확보는 권위에의 복종을 강요하지 않았으며, 않았기에 창조의 정신이 함양되어 일상이란 습관에 머물지 않게 하였고 타인의 존엄성을 훼손하지 않아야 한다는 사회의 요구로 타인의 삶에 되도록 관여하지 않게 하였다.

조직의 강화를 추구한 유교에 집착한 동양에 비해 서구는 암묵적 동의로 인하여 되도록 하나의 가치에 백성의 의식을 억지로 함몰시키려 하지 않고 있다. 결국 다시 개인의 삶이 자유로워지는 긍정의 순환을 하고 있다. 그러므로 다양성은 확보되어 타인을 인정하여 편견을 갖지 않게 되었고 동시에 다양한 삶에 대해서 흥미를 가지게 하였다. 모두 같거나, 모두 같은 것을 추구하면 권태를 가져온다. 나는 내 식대로 산다. 타인은 타인의 식대로 산다. 나와 다르다고 상대방을 잘잘못으로 대한다면 나는 매우 불행해진다. 불쾌를 가지는 것은 나이기 때문이다.

내가 무엇으로 인해 화를 내었다는 것은 그 무엇이 화낸 게 아니라, 내가 내 속에 있는 화가 화를 낸 것이기 때문이다.

니이체의 혜안은 경이로우나, 언어로써 본질을 규명할 수밖에 없는 구조로 인해서 그의 정신은 지쳐간 것이다.

'불립문자'라는 언어가 있음을 아는가?

16세기 몽테뉴, 17세기 파스칼, 키에르케고르, 니이체, 헤르만헤세 등등. 왜 그리스도를 사랑했던 그 기독철학자들은 사람들이 기독교를 잘못 믿고 있다 했는가?

"유럽의 역사가 13세기의 정신으로 계속 이어졌더라면, 그리고 그것이 과학적인 지식과 개인주의의 정신을 서서히 진화적으로 발전시켜 왔더라면 우리는 지금 행복한 상태에 놓여 있을지도 모른다." – 에리히 프롬

13세기의 정신이란 올바른 기독교정신을 말하는 것이고, 14세기부터 이미 기독교는 길을 잘 못 들었다는 의미이다. 21세기인 현재도 기독교도에 대한 탄식이 여기저기서 있는 것으로 봐서는 기독교는 사람이 믿기에는 너무 고결하거나, 아니면 너무 천박한 것인지도 모른다.

"말이란 짧으면 오해할 수 있고, 길면 본질을 놓친다." 하는 그들의 한숨.

"학자를 믿지 마라."는 니이체의 탄식.

언어라는 본질에 대한 통찰이 있었고 언어가 언어를 불러오는 언어의 본질을 통찰하였기 때문이다.

루소와 부처가 말한 자애, 독존은 본능이며, 본질이라는 절대명제하에서는 거짓말을 해서라도 즉, 악을 행해서더라도 스스로 자신을 보호하는 것은 본질이며 본능이다. 그것을 부정하여 사람이 선으로만의 집착이 되면 악으로 귀결된다. 악이 곧 죄가 된다는 순수한 생각은 타인이 자신을 바라보는 시각이나 권위에 순응하는 자신이 가진 심약에 의해서다. 심약이어서 악을

행하면 바로 죄로 이어짐에 따라 신앙에 집착하게 되면서 순수를 다시 떠올리고, 또 그렇게, 그렇게 흘러 다시 심약의 상태에 놓이게 한다. 그것은 곧, 허무이다.

천이삼 지이삼 인이삼과 도가도비상도.

하늘(신)도 땅과 인간이 없으면 무의미한 것처럼, 인간이 하늘만 집착한다면 그 또한 무의미한 것이 될 수밖에 없다.

마찬가지로 선과 악이 단면으로만의 추구는 반쪽의 생이며 결코 건강하지 않는 삶이다. 인간이 스스로에 대한 자애(독존)는 다시 말하자면 선이다. 연고로 신보다 땅보다 자기 자신을 돌보는 것은 악이 아니며 일례로 부모보다 자기 자신을 우선시 하는 것 역시 선이다. 그러나 지나치면, 늘 그렇다면 악이며, 악은 악이다.

왜? 도란 가물가물한 현빈이요, 도가 지나치면 도가 아닌 것이다. 그렇지 않다면 그는 심약으로 빠지는 필연적 결과가 될 것이며, 또 그렇게, 그렇게 다시 또 악이 죄로 다가오면서 순수를 지향하게 되는 것이다. 거짓말, 왜곡, 자기 우선, 소요와 나태, 살찐 사람과 마른 사람, 직관력에 의한 비범과 그 비범을 이해 못하는 사람들의 그에 대한 반발… 무엇이 악이고 무엇이 선인가?

거짓말의 경우 상대를 이롭게 하기 위하여 일부러 그러는 것이라면 악인가, 선인가?

자기 우선을 행하는 사람은 이기적 사람인가, 본질인가?

소요와 나태의 경우 소요하는 사람은 나태인가?

다른 사람보다 부지런하기에 소요할 시간을 가지게 된 것이므로 선인가?

살찐 사람이 게으르다는 것은 분명 편견인데 세태 탓인가?

인간의 생각이란 게 그 정도 밖에 안 된다는 것인가?

본질적으로 살찐 게 악인가?

악이라면 게으르다고 한 사람은 당연이며, 반대라면 편견을 가진 사람이 악이고 편견인 사람들은 편협한 생각을 지니고 있다는 것 또한 맞다 할 수 있다.

직관력 탁월자의 경우 3~4단계까지 내다보는데 상대방이 이해를 못하기 때문에 1~2단계만 말을 하고 그 나머지는 생략해야 하는가, 아니면 자신의 수준을 낮출 것인가, 그럼 누구의 마음이 다치는 것인가?

직관력 탁월자인가 아니면 진실을 모르게 되는 상대방인가?

직관력 탁월자에 달려있다. 왜? 상대방의 본질을 알고 있기 때문이다. 그러나 불쾌의 감정을 느끼는 건 직관력 탁월자이다. 구부러진 잠재의식을 건드리면 상대방은 화를 낼 것이 분명하며, 자기 마음이 다쳤으므로 모함할 것이기 때문이다. 반면에 좋은 소리하기에는 상대방을 더욱 구렁텅이에 밀어 넣는다는 것을 알기 때문이다.

노자와 루소가 홀로 돌아갈 수밖에 없는 원인이었으며, 고승이 산골 깊숙한 자연으로 돌아 갈 수밖에 없는 필연성이다.

직관력 탁월자가 상대방이 알아듣도록 하기 위해 상대방의 마음을 다치게 한다면 그는 악을 행한 것인가, 그는 선인인가?

선악이란 손과 같이 손등이냐 손바닥이냐의 문제이다. 한 면은 선이고 한 면은 악이다라기 보다는 나에 대한 자애(독존)을 위하여 그때 그 당시에 내가 그렇게 했다면 그때 그것이면 바로 그것이다. 선악의 문제가 아니며, 그러므로 그것은 선도 악도 아니다. 오히려 자애, 독존을 지향하는 시점의 차이이다. 기독교인 앙드레 지드가 고찰한 자유의지의 문제라 할 수도 있다.

"생각한다. 고로, 나는 존재한다." – 데카르트

이성에 지나치게 치우친 기독교적 철학이며, 이성에의 지나친 함몰이었다.

정신에 의해 육체가 지배당한다는 이원론적 기반이 그것을 말하고 있으며, 파스칼 및 키에르케고르에게도 볼 수 있는 점이다.

육체가 이성이고 이성은 육체이다. 정신은 외면한 채 오로지 육체에만 관심 있는 보디빌더라면 몸무게는 무거우나 정신은 가벼울 것이며, 정신만 강조하면 머리만 무거운 절름발이다. 육체와 정신은 동일이다. 육체도 나고 정신도 나다. 그 둘이 나여야만 내가 나인 것이다.

이원론적 사고방법은 하나가 병들 때 다른 하나가 할 일이 없다. 그래서 『천부경』에서는 마음八을 완성하라 한 것이다.

자유면 자유이다. 자유의지란 그 단어자체가 이미 자유가 아니며, 정신을 굳이 우기는 것은 여전히 불완전이다. 신의 굴레에, 신도 모르는 인간이 만든 신의 굴레에 스스로 구속당함을 취하는 것을 말한다. 이성화, 남성화, 신격화로 강화된 기독교적 철학은 "그때 그것이면 그것이다." 하는 절대적 자유를 다시 생각하라는 뜻이므로 자유를, 자유가 아닌 생각(의지)이라 하는 것이다.

예수는 득오자였고, 그가 얘기하고자 한 것은 자유였으리라. 예수의 의도가 아닌 종교집착증 환자들과 기독교적 철학가들의 유행처럼 번진 남성화, 이성화, 신격화에 치우쳐 인간 스스로를 불편하게 만든 결과가 되었다.

데카르트의 인식론은 이원론적 입장인데, 만 년 전의 『천부경』에서 뜻한 존재론적 철학에 불과하다. 『천부경』의 삼신사상 — 인식론에도 미치지 못하는 철학이다. 파스칼, 키에르케고르에게서도 그것을 볼 수 있는 것은 그들의 근본적 결함으로부터 시작하기 때문에 처음부터 오류이며, 즉, 이미 시작부터 오판이기 때문에 과정도 결과도 오류이다. 또한, 그것은 오만이다.

그들은 자연 — 동물, 식물, 무생물, 근저인 박테리아, 바람, 햇빛, 구름, 질소, 산소, 하물며 똥도 애초에 버리고 인간과 신과의 관계로만 신을 파악하려 하였기 때문에 오만이며, 또한, 아버지든, 어머니든 한 개인이 수임되던 날, 아버지 혹은 어머니에게 무슨 일이 발생하여 합일을 안했으면 그 개인은 세상에 태어나지 못했다는 것을 간과하였다.

인간이 탄생한다는 게 뜻하는 바는, 최하의 생물을 비롯해… 하물며 똥까지도 무시할 수가 없는 것이며, 우리가 경외로써 바라보는 신이란 만질 수도 없고, 느낄 수도 없으며, 볼 수도 없는 존재이다. 신은 천지인으로 자신을 나타낸다. 그러므로 기독철학가의 오류는 아래인 존재를 무시하고 만질 수도 있다. 감히 신을 "나는 생각한다. 고로 존재한다."며 우주 내 0.000001%의 존재인 인간이 '나는 신을 알 수 있다'고 오만에 빠졌었기 때문에 그들은 늘 불쾌로 괴로워하며 자살을 하였던 것이다.

인식할 수 있는 것부터 인식해야, 인식하지 못할 것을 인식할 수 있는 것인데 인식할 수 있는 것부터 무시하였던 오만 때문에 인식할 수 없는 것을 인식할 수 없었다.

고로, 자유면 자유인데, 스스로 만족하기 위해 자유의지라고 표현할 수밖에 없었던 것이다.

니이체는 신을 권위(권력)라 보고 스스로 그 권위에 순응하는 연약함을 버리라는 의미에서 굳건한 자유인인 초인이 되라 하였고, 반면에 기독교인인 앙드레 지드는 니이체의 말마따나 이미 권위에 순응한 이미 연약한 사람인데 신과 본인의 자유의지와에 대한 호응과 대립의 관계는 니이체보다는 더 연약할 수밖에 없을 것이다.

"나는 생각한다. 고로 존재한다."고 아쉽지만 생각은 의식이다. 의식은 흐름이다. 그러므로 의식이 끊임없는 생각이란 생각에 머물러 있는 삶이다. 정적인 생각(관념)으로 역동인 인간을, 삶을, 본질을 찾아내려 하는 그 자체가 이미 모순이다. 언어(생각)란 인위이며, 끊임없는 순환이며, 그러므로 부자유이다. 반쪽인 삶이며, 실존이 아니다. 그때 내가 나로서 그때 그것이면 그것이다 하는 참 나가 아니다. 먼지와 같이 가벼워 홀가분한 자유를 구가할 수 있으면 됐지, 굳이 관념 속으로 다시 자신을 밀어 놓는 어리석음은 무엇을 위해, 누구를 위해 하는 것인가.

이성의 강조와 비약적 추구는 인류사에 있어 독이다. 나와 너란 이원론적 사고가 가지는 위험한 발상이다. 한쪽이 무너지면 다른 한쪽이 할 일이 없다. 그러므로 천지인이요 너 나 우리며 정신, 마음, 육체라는 삼신사상, 삼신일체가 필요한 것이다. 본질적, 존재론적 사고가 아닌 인식론적 사고가 필연적으로 사람 모두에게 요구되는 것이며, 인류의 방향은 영원히 그 방면으로 나아가야 한다.

"자성인 내가 그때 그것이면 그것이다."란 의미는 참 나인 자유며 실존인 것이며, 다른 표현으로는 선악을 관념인 언어로써 표현되면 선과 악은 동시에 존재하는 것이며, 사람은 움직이고 뛰고 먹는 행동하는 사람에게 있어서는 선악의 차원을 넘어선 그때 그 당시에 먹고 싶어 먹었다면 바로 그 것이며, 참 나인 실존이라는 점이다. 자유와 자유의지의 차이는 지금 홀로 섰느냐와 아직도 누구에게 의지하고 있냐의 차이점이기도 하다. 죄는 사실 심약의 강약과 사람이 선을 지향하는 정도의 차이와 절대자든 아니면 상대방이든 그가 나를 바라보는 시각에 놓여 있기도 하다.

"자성으로서 그때 그것이면 그것이다."

최고의 가치는 내가 나로서 그 어떤 상황이더라도 맞닥뜨리는 것이며, 내가 나에 대한 선악의 문제가 그 무엇보다도 나에 지니고 있는 관점에 있어 죄인 것인가, 아닌가로 귀결된다는 점이다. 그러므로 근본적인 것은 자기 자신에 대한 자애, 독존獨尊을 위해서였다면 이해되지만, 상대방의 자애, 독존을 훼손하려 하는 그것은 이미 죄이다. 이미 그렇게 했다면 그것도 죄이다. 그러므로 무가애어야 하는 것이다.

쓰레기가 있고 눈에 띄어 주운 것이다. 사람들이 보고 있어 주운 것은 자유가 아니다.

니이체가 "신은 죽었다" 말한 것과 초인에 대한 언급은 권위(신, 국가, 종교, 최고책임자)에 기대어 순항을 하려하고 권위에 스스로 몸을 낮추는 심약을 갈파한. "사람이여 우뚝 서라"는 게 그의 진정한 의도이다.

니이체에 비한다면 파스칼과 키에르케고르의 경우는 심약하였다. 그렇다면 무신론인 니이체와 기독교인 파스칼 중 누가 잘못된 것인가. 책 한권(성경)에만 몰두하고 그에 부합하는 책만 읽는 기독교인은 그런 명언에 자신을 반추하기는커녕 그 사람들을 사탄이라 하며 욕을 하고 배척하고 있는 것은 안타까운 일이다. 16세기의 몽테뉴를 비롯한 많은 철학자들의 한탄은 기독교인들의 자기들만의 리그와 이기심이 지나쳐서 자신만을 위하는 고로 오히려 보편적 사랑과 자유를 지향하는 예수를 그들 스스로 깎아 내리기 때문이란 점을 알아야 한다.

"인간만이 인간을…." 잊었는가?

"인간만이 인간을 행복하게 할 수 있고, 인간만이 인간을 불행하게 할 수 있다"

인간을 불행하게 하는 것은 모든 것을 버려라. 그것이 최고의 가치이든, 순수든, 숭고함이든 인간을 구속하는 것은 모두 버려라. 더욱 중요한 것은, 언어로 인해 인간이 스스로 비참을, 절망을, 위선을, 왜곡을 찾아가고 있다는 것을 알아야 한다.

언어의 발견은 인간을 문명화 시켰지만 거꾸로 인간을 부자연스럽게 만든 것이다.

두 번째로 인간을 비참하게 하는 것 중,

언어 외에 문제가 더욱 심각한 것은 인위적인 개인의 왜곡된 잠재의식에 의해 제대로 사물을 보지 않고, 타인의 이야기를 사실대로 듣지 않으며, 자신의 왜곡된 잠재의식으로 타인의 얘기를, 성인의 얘기를 듣고 있다는 것이다. 내가 보고, 내가 듣고, 내가 맛보는 게 아니라 왜곡되고, 굴절되어진 자기 안의 비틀어진 잠재의식에 의해 보아지고, 들어지고, 맛보아지고 있는 것이다. 그런 후 끊임없이 자신을 부정하는 것을 말한다.

왜, 자연스럽지 않았으니까.

왜, 화낼 일도 아닌데 본인도 모르게 화를 냈으니까

왜, 다른 사람은 다 웃었는데, 자신만 웃지 않았으니까

왜, 모든 사람이 왼쪽 길로 가야한다 하였는데, 자기 혼자만 오른쪽 길이

맞다 생각하고 있었던 것을 알게 되었으니까.

왜냐하면, 자기 자신이 아니라 자신 안에 있는 왜곡된 잠재의식이 타인의 얘기를 들었기 때문이다.

정확히 표현하자면 왜곡된, 비틀어진 잠재의식이 타인의 얘기를 듣지 못하게 하여 혼자, '오른쪽 길로 가는 게 맞다'고 혼자 생각하고 있었던 것이다.

하늘이 파랗고, 흰 구름이 흘러가고, 바람이 시원히 불어온들 인간에게는 우울한 하늘이며, 흰 구름은 보이지 않고, 바람은 부는데도 마음속은 잡념으로 뜨겁기만 하다. 하늘조차 볼 마음의 여유가 없다. 문명화된 언어로 가득 찬 도시의 언어화된 인간에게는 더욱 그러하며, 더구나, 말이 없는 자연까지 잃었으니 더욱 그러하다.

왜, 왜곡된 잠재의식이 인간에게 생기는 걸까?

태어날 때, 인간은 기질을 갖고 태어난다. 민첩성, 지구력, 인내력, 상상력, 추론력, 직관력 등 기질을 가지고 태어난다. 그리고 언어를 습득하고 유치원이든, 초등학교든 사람이 모여 있는 집합처로 가게 된다. 드디어 인간의 뇌가 바쁘게 움직이기 시작한다. 타인과의 비교, 대조, 대비, 유추 비로소 의식이 생겨지게 된다. 도가도비상도요 명가명비상명이 발생하기 시작한다. 직관력에 의해 타인보다 내가 나으냐, 못하냐를 알게 된다. 키가 크고 작은가, 얼굴이 더 잘생겼다던가, 집의 규모, 전세냐, 월세냐, 아빠의 직업이 뭐냐, 특히 학교에서 요구하는 지적능력이 탁월하나, 못하나. 비로소 비참이라는 단어가 발생한다, 절망이라는 단어가 발생한다. 왜, 내가 재보다 못하니까. 난 재보다 나은 줄 알았는데, 재보다 못난 게 있으니까. 직관력이다. 그리고, 유추다. 난 이등시민이 될 것만 같고, 유추하여 난 패배자로 몰락한다. 기껏해야 어린아이의 직관이고, 유추인데 그 잠재의식은 평생 그를 끌고 다니는 멍에가 된다. 패배자 같으므로 패배자가 아니기 위해서, 허풍을 떨고, 복종과 비슷한 겸손이 패배인 줄 알고는 겸손을 모르고 어떤 사실에 대해 모른다는 것 자체에 화를 내고… 패배자라는 것을 인정하고 싶은 어린아이가 어디

있는가. 잠재의식이 점차 강해져 가며, 나의 의식을 재촉한다. 패배의식이 싫어 고집은 점점 강해져 간다. 본래의 나가 아니라, 겸손을 배척하며, 능력자에 대해 인정을 하려 하지 않는다. 그때의 내가 성인成人이었다면 '모르면, 모른다.' 라고 했을 진데.

"너는 앉아 있는 능력이 탁월해서 공부는 잘하지만, 나는 이해력이 좋아 너의 본질을 본다."고 했을 진데.

"너는 기억력이 뛰어나지만 나는 판단력이 더 나아."가 아니라 똑똑하다는 것의 기준이 시험성적만으로 국한되니까.

이해력, 판단력, 전체를 위한 개인의 역할이 스스로 감소되는 것, 전체를 위한 유머, 본질을 꿰뚫는 혜안… 그 수많은 머리 좋음이 있음에도, 오로지. 시험성적 만에 의해서 "너는 머리가 좋아."를 인정하지 않고 "나도 똑똑하다."라고 고집하는 것이다.

왜, 똑똑함에 대해 논하는 이유를 아는가?

왜, 까마득한 태초에 인간이 언어를 발견하면서부터, 인간은 똑똑함에 대한 추구가 있었으며,

현재까지도 인간에게 똑똑함에의 추구는 단적으로 노이로제이기 때문이다.

대표적으로 대개의 인간에게 제일 많이 잠재된 잠재의식이다. 어릴 때 이미 공부 잘하는, 같은 뜻이 아니지만 똑똑한 애는 맨 먼저 이름이 불리며, 아우라가 형성되지 않은가. 일등과 꼴등을 순서대로 나열하지 않는가. 바로 그 순간에, 그것으로 바로 우월과 비우월이 형성되니까. 까마득한 생이 남았는데 아이는 패배자는 결코 되고 싶지 않은 것이다. 자기도 모르게 똑똑함에 대한 추구를 뇌 속에 깊숙이 박아 놓는 것이다. 문제는 그것이 인간을 평생 이끌어 간다. 그래서 어른이 된 현재도 모르면 모른다고 사실대로 말하지 않으며, 자신이 모르는 화제가 나오면, 자신도 모르게 화를 내며, 지혜의 언어를 들어도 이해를 못하면, 괜히 "그 사람은 성격이 포악하데."라며 자기 자존심을 다른 식으로 보상받으려 하는 것이다.

타인의 얘기를 들으면, 많은 지혜가 생김에도 불구하고 똑똑함을 과시하기 위해 자신이 아는 것만을 열심히 설명을 하고 또 하는 것이다. 남에게 얘기를 듣는다는 것은 남보다 내가 덜 똑똑하다는 의미가 있기에, 인간과 인간의 대화는 결코 쉽지가 않은 것이다. 왜냐하면 인간과 인간 사이에 똑똑하지 않음을 들키려 하지 않는 잠재의식이 서로 대치되고 있기 때문이다. 인간이 서로 이해한다는 것은 쉬운 일이 아니다. 역으로 인간은 그래서 타인의 얘기를 잘 들어주는 사람을 좋아하게 되는 것이다. 학자집안에 공부 못하는 아이가 한 사람이 나오면 그 가장은 집을 나가라하며 너는 내 자식이 아니라 한다. 학자인 그 가장은 결론적으로 결코 똑똑하지 않은 것이지 않은가. 자신이 가지고 있는 노이로제, 다른 말로는 '똑똑증후군'에 걸린 자신의 정신병도 해결하지 못한 것이기 때문이다. 본질적으로 그는 지성인이 아니고, 지식인에 불과하며, 학자라는 명예를 얻기 위해 공부한 자에 불과하다.

대학교수란 자가 지나가는 여자에게 자신의 체액을 뿌리는가 하면, 대학교수란 자가 자기 생각과 틀리다해서 은행직원의 머리에 동전을 톡톡 던지는 것을 당연하다 생각하는 것이다. 교수라는 권력을 얻기 위해 공부한 것에 불과하다. 지식인이라는 자들이 그러니 그들에게 배우는 인류역사란 뻔한 것이다.

"현대인은 정신병을 둘씩은 가지고 있다"

맞는 말이다. 그러나 틀린 말이다.

"인간이 언어를 만들었을 때부터 인간은 정신병을 가지게 되었다"

그게 진실로 맞는 말이다. 그러므로 진정 똑똑한 사람이란 입은 열지 않으려고 미소로 입술을 다물고, 두 귀로 듣기만 하며, 꼭 필요할 때만 꼭 필요한 말만하고 자신이 똑똑하다 표하지 않는 것이 진정으로 똑똑한 사람이다.

'난 바보야'라고 말할 수 있는 사람은 자신의 정신병을 고친 사람이기 때문이다. 애나 어른이나 패배를 인정하고 싶지가 않은 것이다.

왜, 어린나이의 직관과 기껏해야 그 어린아이의 유추로 이미 패배를 한 것인데, 장차 인생이 까마득한데… 인정하려 하지 않는 것이다. 똑똑하려 하는 것이다. 더욱 본질적으로 똑똑하지 않음을 들키려 하지 않는 것이다. 그것도 필사적으로….

왜, 패배자는 결코 되고 싶지 않기 때문이니까. 잠재의식이 본성을 덮어가는 것이다. 스스로 위장하고, 언어를 더욱 공고히 구축하며, 의식화, 몰입, 추구, 이미 순수는 사라지는 것이다. 의식화, 몰입, 추구라는 오염. 열등감, 비교, 비참, 절망, 맹목, 분열이 가득 찬 의식들.

반면에 누구나 권력의지는 갖고 있는데 권력의지에 꺾인 — 자신이 추구했던 것보다 초라하게 된 상태인 사람들의 갖는 '못난이정신병'을 분석해보면, 그들은 권력에서 밀려났다는 구부러진 잠재의식을 본인도 모르게 가지고 있다는 전제(비참)가 있음을 알고 넘어가야 한다.

첫 번째. 권력을 부정하면서 권력을 추구하는 경우이다.

권력을 부정한다는 것은 본성에 어울리지 않는 것이므로 부합하므로 마음이 괴롭고, 부정하며 살자니 현실은 계급사회이므로 권력에 대해 추구를 해야 하므로 이중적 비참을 가지게 되는 것이다.

두 번째, 권력에 무조건적 복종하는 경우이다.

이는 어린아이에 가졌던 공포에 대한 순진함이나 심약에 의해 무조건적 복종을 하게 되는데 그 역시 남보다 위에 있고 싶으므로 비참하다. 어리석음도 습관이다.

사람에게 미지의 공포가 크게 다가오는 것은 예견하는 데에 있는데, 기실 예견했던 것보다 더 큰 일을 당하여도 미지의 공포만큼 크지가 않다. 권력에의 공포도 습관이다. 그러므로 어리석음은 공포이다.

세 번째. 직관력탁월자의 경우이다.

직관력탁월자는 자신이 그 권력을 깰 수 있는 것을 직관하였다면 감히 그 권력에 부딪친다. 그러나 현실은 계급사회이다 그는 비참하다. 동료마저 그들을 이해하지 않는다. 침묵한 자 = 그들은 더욱 비참하기 때문이다.

이 세 가지 경우의 사람들이 구부러진 잠재의식으로 인해 표출되는 방법은

- '너와 나'라는 편을 만들면서 모임을 자주 갖거나
- 복종으로 인해 자존심이 상하기 때문에 화를 내거나
- 자신의 무용담을 하고 또 하며 타인에게 말할 기회를 주지 않는 것.

위의 세 가지 표출에는 부처가 설한 '탐진치'가 모두 섞여있다.

부처가 삼독을 설교한 이유는 깨우치기 위한 방편을 제시한 것이겠지만 사실, 욕심, 성냄, 어리석음은 정신병을 갖게 되는 지름길이기도 하다.

바쁨을 숭상하는 현재에서는 조급함 역시 정신병에 이르는 지름길이다.

그 조급증은 모든 것을 망친다. 조급증의 심각성은 탐진치를 더 부풀리게 하는 점이어서 모든 것을 미치게 만들고 있다. 세계, 사회, 국가, 조직… 개인 마저도.

"국민 위에 인류가 있다."는 괴테의 진언이 절실한 요즘이다.

정신이 성숙하지 않았을 때, 집단처에서 지도자의 설교도 위험하다.

"착하게 사세요." 하자 청중들이 일제히 "예." 한다.

아동이 바로 그 순간에 다수의 함성을 듣게 됨으로써 동의를 하던, 많은 사람이 인정하였으므로 자신을 인정하려는 무의식의 발로이던 직선적으로 착하게 살기로 마음을 굳힌다면 = 직관.

그리고 기껏해야 어린아이의 유추다. 그것이 최고의 가치라고 스스로 다짐을 한다.

위험하다. 다짐을 한다는 것. 의식이기 때문이다.

의식이란 오염되어 간다는 것을 뜻하는 것이다.

의식화란 무엇인가?

위선이다. 기껏해야 어린아이의 직관에 의한 어린아이의 유추로 자신의 잠재의식을 가지게 되는 것이다. 그것은 그 어린이를 평생 끌고 다니는 어른이 되어버린 멍에가 된다. 본래 성품이 착하므로 그냥 착하게 살면 되는데

이젠 남에게 착하게 보이려고 착하게 사는 것이다. 선만을 추구하며, 배려하는 마음을 억지로 습득하게 되고 의식적으로 착함에 대한 것들만을 습득하려하기 때문이다.

이해니, 사랑이니, 호의니, 배려니… 알맞은 단어만을 습득해 성을 쌓아간다. 남에게 화를 내는 것도 억제하게 될 것이며… 위선이 본성을 덮어가는 것이다.

삶이란 역동이어서, 그때 그러므로 그러했다면 되는데 그러므로 선도 악도 아닌데. 흐르는 물인데. 의식적으로 선에 관한 단어만 취득하고, 자신의 마음에 부정의 기질이 나오면 괴로워하는 것이다. 반쪽의 인생이 되는 것이다. 인간은 비참해 질 수밖에 없는 것이다.

각자마다 기질을 가지고 태어나며, 개개인의 경험도 다양하므로 다양한 경험에 의한 의식과, 다양한 기질에 의한 각자의 대응으로 여러 갈래의 잠재의식이 개개인마다 다르게 뇌리에 박힐 것이다.

그리고 언어들. 비참, 선, 악, 절망, 행복, 불행, 패배, 승리, 예의, 품격, 배려, 이해….

언어로써 더욱 고착화한다.

그리고 조직, 종교, 사회, 국가, 권력….

그리고 직업, 회사원, 신부, 검사, 의사….

그리고 타인, 인간과의 관계.

외부적 요소들을 필사적으로 훑어도 그럼에도 결국, 늘 부자연스러운 자신이 성성한 화두가 될 수밖에 없다. 그러면 그럴수록 권력에로의 집착은 강해지고, 권력을 향해 자신을 몰두하는 것이다. 잠을 아내며 공부를 하고, 코피를 쏟으며 몰두하는 것이다. 그리고 합격통지를 받고나면,

"내가 누군지 알아?"라고 말을 하기 시작한다.

"평등, 웃기지마라, 내가 얼마나 고생했는데"

'인간만이 인간을 행복하게 할 수 있다.' 전혀 알 필요가 없는 것이다.

문명화, 현대화라는 게 고작, 자격증을 따야만 밥을 많이 먹게 하는 구조이기 때문이다.

오로지 공부… 늘 구부러진 잠재의식에 이끌려 가는 자신이라는 것을 모르는 체, 내가 내 식 대로 살고 있다면서 오늘도 자신도 모르게 화를 낸 것에 대해 비참에 빠지게 되는 것이다.

왜, 어린아이 때 이미 모른다는 것은 패배자라는 것을 뇌 속에 말뚝처럼 박아 놓았기 때문이다.

내가 보고, 내가 듣고, 내가 맛보는 게 아니라 왜곡되고, 굴절되어진 자기 안의 비틀어진 그 구부러진 잠재의식에 의해 보아지고, 듣게 되고, 맛보게 되는 것이다.

남에 의한 나를 가치 있으려 하는 것과, 자신의 존재감 유무를 권력에의 달성도에 의하는 것으로 놓음으로써 나에 의한 삶이 아닌 밖으로부터 찾음으로 인하여 이미 비참을 깔아놓고 있다는 점을 상기해야 하는 이유다.

남자이던 여자이던 늙으면 빨간색의 옷을 주로 입는다. 내가 만족해서 인가, 다른 사람의 눈에 띄려는 건가. 여자가 비싼 화장품을 사는 이유는 내가 흡족해서 인가, 타인에게 보여주기 위헌 것인가. 어린아이만 칭찬을 좋아하는가, 어른은 좋아하지 않는다는 것인가, 끊임없이 자신을 부정하고, 늘 부자연스러운 자신이 늘 성성한 화두가 되는 것이다.

마음 한 켠. 아주 깊은 곳에서 기생하며 두 눈을 부라리고 구부려 앉아 그것은 위선이니, 허영이니, 잘난 체 한 것이라느니… 화를 냈는데 왜, 화를 냈는지 자기의 마음이라 찾아내긴 하지만,

왜? 그래야 했는지, 쓸데없이 왜? 나도 모르게 왜?

그렇게 행동했는지는 전혀 알 수가 없는 것이다.

'무'자 화두란 무엇인가?

고양이가 쥐를 쫓다 쥐구멍 속으로 쥐가 들어갔다. 이제 쥐는 없다. 남아

있는 것은 쥐구멍과 벽과 비어있는 공간이다. 아무 것도 없다. 아니 애초에 쥐를 왜 쫓았는가,

고양이가 쫓은 것은 피상이다.

구부러진 잠재의식에 의한 구부러진 잠재의식이다.

속이고 속이며 거듭 속이고 있기 때문에 찾아내기가 어려운 것이다.

애초에도 없었다. 무.

아무 것도 없는 것에서 찾아야 한다.

그게 '무'자 화두의 요체다.

그 구부러진 잠재의식이 다른 사람은 다 들었는데도 본인만 못 듣고, 아니 정확하게 못 듣게 하여, 홀로, 오른쪽 길로 가려고 했던 것이다. 비뚤어진 잠재의식에 의해 더 아집이 쌔진 사람은, 다른 사람이 왼쪽으로 다가도 그럼에도 불구하고 홀로 오른쪽 길로 간다.

"난, 똑똑해, 예지력이 있어"라고 자위하며 그러나 다른 사람은 이미 모두 정상에 와 있다. 그리고 또, 자신에 대한 학대. 인간은 비참할 수밖에 없는 것이다.

"그러나, 열정을 갖는 것이 인간의 본성(자연) 속에 있다는 사실로부터 우리가 우리 자신 속에서 느끼고 타인들 속에서 보는 모든 열정이 자연적이라고 결론을 내리는 것은 완전히 추리일까? 열정의 원천은 자연적이며, 그것은 사실이다. 그러나 무수한 이질적 흐름이 그것을 크게 했다… 우리의 자연적 열정은 아주 제한되어 있다. 그 열정들은 우리의 자유의 도구들이고 우리를 보호하는 경향이 있다. 우리를 종속시키고 우리를 파괴하는 모든 그러한 것은 다른 곳에서 온다. 자연은 우리들에게 그들을 주지는 않는다. 우리는 자연의 희생아래 그들을 전유한다.

우리의 열정의 원천, 모든 그 밖의 것들의 기원과 원리, 인간과 함께 태어나서는 그가 살아 있는 한 결코 떠나지 않는 유일한 하나는 자애 — 원시적,

본유적 열정 – 이며, 이는 모든 그 밖의 것에 앞선다. 그래서 그 중에서 모든 그 밖의 것들은 어떤 의미에서는 변형들일 뿐이다. 이러한 의미에서 만약 당신들이 원한다면, 모든 열정은 자연적이다. 그러나 이러한 변형들의 대부분은 이질적 원인을 갖고 있으며 그 원인들이 없이는 그들은 결코 일어나지 않을 것이며, 그래서 이 같은 변형들은 우리에게는 유리하기는커녕 유해할 것이다. 그들은 일차적인 목적을 바꾸므로 그들 자신의 원리와 다투므로, 인간은 자연 밖에서 그리고 자신과의 모순 속에서 자기 자신을 발견한다."

루소의 구부러진 잠재의식에 관한 다른 표현(통찰)이다.

오쇼 라즈니쉬는 다음과 같이 말한다.

"그것은 미친 마음이다. 그대들의 행위는 광기狂氣의 합계이다."

구부러진 잠재의식의 폐해가 심각한 이유는 사람들이 일상을 살아가면서 아무런 일도 발생하지 않았음에도 불구하고 스스로 자신의 능력이 부족하다고 생각하며 다시 난 괜찮다고 자위하면서 이후 까닭 없이 화를 내며 자신이 자신에게 번민과 회한의 사이클 안에서 무한히 반복하도록 만들고 있기 때문이다.

그 구부러진 잠재의식을 찾아내는 것이 바로, 원효가 말한 '본래면목'이다. 왜, 본래면목이라 했는가? 본래 자신이 가지고 있었던 성품을 비로소 보게 되었다는 의미다. 비뚤어진 잠재의식을 찾아내었다는 것을 뜻한다. 장자가 말한 반박귀진返樸歸眞, "돌이키고 되돌리니 참 나(진리)로 돌아간다."는 뜻과 동일한 것이다. 의식적 관념들이 아니라 본래 가지고 있던 자신을 '면목' = 바로 보는 것이다. 더욱 본질적으로 표현하면, 그 비뚤어진 잠재의식으로 잡초만 무성히 키워왔던 자신을 깨닫게 된 것이다.

견성성불 = '자신의 성품을 보면 부처이다.'

구체적으로 말하면 구부러진 잠재의식이란 흑색의 선글라스를 끼고 세상을 바라보고 있는 것이니, 그 선글라스를 벗어야 하얀 햇빛임을 알게 된다는 것이다. 하얀 햇빛을 하얗게 바로 보는 것이 견성이요, 즉심이며, 본래 자기가 가지고 있던 성품을 면목面目해야 바로 보게 되었다는 뜻이다. 즉, "내 성품을 바로 본다."라는 정확한 표현은 구부러진 잠재의식을 찾아내야 비로소 내 성품을 보게 된다는 것을 말하고 있는 것이다.

그러면, 구부러진 잠재의식에 의해 보아지고, 느껴지며, 남을 의식하여 밖에서 자신을 찾으려 하는 모순에 빠지지 않고 '참 나'로써 '진여'로써 내가 나에 의해서 보고, 느끼며, 생각하게 되는 것이다.

잡초 = 날카로워진 신경, 자기도 모르게 화내는… 스스로 비참에 빠지는 습관, 신기한 것은 그 잡초를 제거할 필요는 없다. 찾아내는 순간, 깨닫는 순간 잡초는 스스로 없어져 버린다.

"자네, 어디서 왔는가."라는 고승의 말.

"뜰 앞에 잣나무가 이미 그 자리에 있었네." 하던 달마대사의 진언.

"달을 봐야지, 손가락을 보면 어떡하나"라는 진언.

그리하여 진여이며, 참 나가 되라는 의미이다. 어떻게든 자신 안에 들어와, 괴롭힌 그 놈을

위의 어떤 구절이든, 무엇이든, 6년 수행 끝에 찾아낸 부처처럼이든지,

9년 벽면수행 후 깨달은 달마든지, 해골바가지의 물을 마시다 깨달은 원효처럼이든지, 염불을 듣고 깨친 일자무식이었던 육조선사처럼이든지, 암에 걸리고 나서 자신에 대한 성찰을 하다 깨달은 미국의 작가 로버트 피셔처럼이든지, 인도의 성인들이 찾아낸 방법이라든지, 화두에 정진하는 승려처럼이든지 어떤 식이든 자신이 찾아내야 한다. 본인 스스로 입력한 것이므로 그 누구도 도와줄 수 없으며, 본인이 입력한 것임에도 본인이 전혀 알지 못하고 있는 것이므로 결코, 쉬운 일은 아니지만, 그러나 무조건 찾아내야 한다. 왜, 비참하니까.

내가 보고, 듣고, 맛보는 게 아니라 왜곡되고, 굴절되어진 자기 안의 비틀어진 잠재의식에 의해 보아지고, 들어지고, 맛보아지고 있기 때문이니까.

내가, 내가 아닌 것은 차치하고라도, 안개 낀 것처럼 늘 부자연스러운 내가 싫으니까. 찾아내야 한다. 찾으면, 마음이 비워진다.

"마음을 비워야지" 해서 비워지는 게 아니라 찾아내면 비워지는 것이다. 찾아내는 그 순간에, 비틀어진 잠재의식에 의한 구부러진 의식과, 그로 인한 왜곡되어 있는 억지로 만들어 온 기질이 사라지는 것이다. 머리가 쭈뼛할 정도로 날카로워진 자존심이, 신경이 사라지는 것이다.

우주가 들어서면서 평온이 찾아오는 것이다.

분별심은 사라지고, 비로소, 참 나인 내가, 있는 그것을 있는 그대로 보게 되는 것이다.

자유이다. 내가 어린아이와 같이 선했었는데 그동안 왜곡되어 있었노라고… 우주 속에서 다른 행성들과 서있는 나를 발견하게 되고 점으로 그려지더니 먼지처럼 사라지는 가벼움을 경험하게 된다. 점으로 되더니 먼지처럼 사라진다.

그 무한의 공간. 그 무한의 시간. 그 무한한 자유. 그리고 언어를 경계하고 자연(순리)을 추구하며, 하늘을 우러러 보며… 억불정책에 의해 산으로 간 게 아니라, 자연이 본성이기 때문에 인위가 싫어 절은 산속으로 간 것이다.

부처, 노자, 장자, 원효, 루소, 로버트 피셔… 깨달은 사람들의 공통된 사항이다.

사색으로써 언어로써 머리로써는 결코 찾을 수 없는 것이다.

서양의 종교와, 서양의 철학으로는… 자유를 찾을 수 없는 것이다.

니이체는 탁월한 혜안을 지녔음에도 언어로써 해명하며, 언어화를 고집하였기 때문에 정신병으로 죽을 수밖에 없었던 것이다. 그 무엇보다 언어를 버려야 되기 때문이다.

궁극적으로는 성인이 정신감정을 받고 의존성향이 많다던가, 책임감이 강해서 스트레스를 받고 있다던가, 남을 의식하여 화를 참고 있어 답답하다는 것 등등 그 원인인자를 알게 된다 하여도 치유하려고 육체를 강화하여 정신을 강화시키려 한다는 것은 일리가 있지만, 몸을 혹사시켜 잠을 푹 자고 싶지만 마음은 편해지지 않는다. 잠은 오지 않는다.

왜냐하면 지신을 조종하는 구부러진 잠재의식을 찾아내지 못하였기 때문이다.

동굴구석에 뱀이 또아리를 틀고 앉아 혀는 낼름거리면서, 눈은 휑하게 밝히며 먹이를 기다리는 것처럼 구부러진 잠재의식은 한 구석에 쪼그려 앉아 자신을 괴롭히고 비참의 나락으로 밀어 놓고 있는 거와 마찬가지이다.

부처는 모든 사람이 참 나를 갖기 바라여, '팔정도'에서 그 순서와 임하는 자세에 대해 설명하였으며, 미국의 작가 로버트 피셔는 『마음의 녹슨 갑옷』이라는 책에서 참 나를 찾아가는 상황을 자세히 집필하였다. 그리고 『천부경』 , 그 위대한 81자. 기축문화의 근원. 그 위대한 지침서에서도 상세하게 표현하였다.

일시무시일 석삼극 무진본.

일종무종일.

무진본, 부동본, 본심본

無盡本, 不動本, 本心本

불생불멸, 불구부정, 부증불감이요. 삼무로 와서 삼무로 돌아가니. 죽어 1생이 끝나나 1종이 아님을, 먼지처럼 왔으니 먼지처럼 자유롭게 살다 돌아가라고….

견성성불, 즉심시불이란 구부러진 잠재의식을 찾아내는 것을 말한다.

로버트 피셔는 선만 취하는 것은 구속을 초래하는 것이라고 불가에 비해서 적극적 의견을 표현하였으며, 루소는 적극적 통찰을 개인에게 요구하고 있다. 이제는 구체적으로 구부러진 잠재의식이라고 더 구체적으로 말을 한다. 지혜가 쌓여 가고 있다. 불가를 비롯해서 원효, 루소, 경허, 로버트 피셔 등이 개인에게 도움을 주고자 하여도 개인은 이해하기 어렵다. 구부러진 잠재의식이 스스로를 구속하고 있다는 것 또한, 이해는 고사하고 불신도 갖으리라는 것 또한 알고 있다. 그러나 진실은 바로 그것이다.

원효가 깜깜한 동굴 안에서 어떤 것도 보지 못하는 상황에서는 맛있는 물이었건만 — 그때 그것이면 그것인데 — 아침에 일어나 보니 해골에 있던 물을 발견하였다. 발견하였기 때문에 그 물을 마시지 않았어야 된다는 것이다.

아는 게 병이며, 원효 개인의 입장에서 더 바라보면, 자신이 먼저 규정지어 놓고 이래서는 안 되고, 저래야만 한다며, 본인이 본인을 구속하였다는 것을 비로소 깨달은 것을 뜻하는 것이다.

해골의 물은 마시지 말아야 하는 것이라고, 자신은 그리하여 똑똑하다 생각해 왔는데, 오히려 해골물은 맛이 있었으며, 자신이 자신을 구속하고 있었음을 깨달은 것이다.

사람이 바뀌지 않는다는 것은 구부러진 잠재의식에 의해 조종당하기 때문이다. 사람이 바뀐다는 것은 자신의 구부러진 잠재의식을 찾아냈기 때문이다. 자신이 자신을 구속하고 있다는 것, 즉, 자신이 자신을 스스로 옭아매고 있다는 것을 알게 된 것이므로 즉, 자유인 것이다. 이해해야 보이는 것이다.

신선, 부처, 노자 등 득오자의 말을 이해하기 어려운 점은 깨달은 후의 상태를 설명하였기 때문에 깨닫기 전의 사람들이 이해할 수 있도록 설명 할 필요가 있다. 물론 신선, 부처, 노자 등이 맞이한 그 시대적 상황은 언어의 폭이 적은 것이 큰 요인이었으며, 더 나아가면 깨닫지 못해 괴로운 사람을 의해 신선처럼 팔각정을 세우고, 팔각의 장기알로 두는 장기를 만들고, 남녀노소가 함께 모여 음주가무를 즐기는 축제를 자주 열어 귀찮은 의식을 끊게 한 신선의 인류애는 경탄할 만하다.

잊었는가.

“인간만이 인간을 행복하게 할 수 있고, 인간만이 인간을 불행하게 할 수 있다”

잊었는가.

"내가 자유를 향유케 하는 것은 바로 나이다." 하는 이유를.

그 무엇도 아닌 바로 내 탓인 것이다.

그러니 찾아내라.

사람들이 깨달은 자(신선, 유위자, 노자, 부처, 원효, 경허, 루소…)의 말을 이해하지 못하는 것은 구부러진 잠재의식을 걷어낸 = 깨달은 상태의 평상심을 논한 것인지라 구부러진 잠재의식에 놓여있는 사람들로서는 이해하기 어려운 것이다.

깨치는 게 결코 쉽지 않으나, 나도 모르게 들어가 자리 앉아 상전노릇하고 있는 것을 찾아내야 한다.

찾아라. 찾아내야 한다.

그러니 버려라.

지식에의 추구를, 지식이란 권력에의 의지이지 똑똑함이 아님을, 최고의 가치들을, 권력에의 의지를, 합리를, 이성을, 욕심을, 행복을, 사랑을, 선을, 이해를, 배려를, 인간 간에는 벽이 있다는 것을… 언어를 버려라.

그리고 취해라.

바보라는 것을, 애초에 선함을, 소통을 위한 언어가 인간을 불통시키는 원인인자라는 것을. 나는 생물이어서 역동이지 단어에 의한 고착화가 아님을, 정신병자임을, 순수하지 않음을, 추함이 자연스러움을, 정돈되지 않음을, 인간 간에는 벽이 있다는 것을… 입은 한 개고 귀는 둘이며 한 개의 입인지라 맘대로 할 수 있으니 늘 미소를 지으며 입을 다뭄을, 취하라.

그리고 넘어서라.

바보에게 바보가 바보라고 얘기하니 둘 다 바보라며 낄낄거리고 웃어라.

바보가 바보가 아니라고 우기면 바보이며, 현명한 사람도 바보가 아니라 우긴다면 그 사람은 현명하지 않으므로 바보이기 때문이다.

왜, 똑똑증후군을 가진 정신병자들이니까. 구부러진 잠재의식으로 이러지도 저러지도 못하는 방랑자이니까. 그리하여 늘 비참하기에 쉬이 상처를 받고 있어, 남에게 상처를 주는 말밖에 하지 못하니까. 그러니 남의 말에 상처를 받지 마라. 언어를 갖고 놀아라, 언어가 주인이 되게 하지 말라.

많이 배운 사람보다, 선한 사람이 깨치는 것이다.

그리하여, 개에게도 불성이 있는 것이다.

그리고 이해하라.

일시무시일 석삼극 무진본

一始無始一 析三極 無盡本

처음 시작됨이 하나로 시작됨이 아니라

삼극(삼무)에서 비롯되며, 무(삼무)가 다해도 본래 무(삼무)다.

존재의 본질은 비워있음을, 공임을, 무임을.

태어날 때부터 아무것도 알지 못하고 태어났다는 게 아니라

본질은 무이고 아무 것도 없으니까, 무엇이든 할 수 있다는 것이다.

나도 타인도 무엇이든 할 수 있는 것이다.

그가 그렇게 했다 해서 나의 자애와 독존을 건드리지 않았다면 내가 기분이 상할 이유는 없는 것이다.

"우주는 카오스"라 하지 않는가 무질서 속의 질서임을.

니이체는 탄식하지 아니한가.

"인류역사는 원의 궤도만을 무한히 돌 뿐이다"라고 발전은 인위이며, 인위는 자연스럽지 않은 것이며, 인위는 인위를 불러오므로 속박이 된다.

그러기 때문에 '인간만이 인간을 행복하게 할 수 있다.'는 것은 더더욱 절대적 명제가 되는 것이다.

인간의 능력에 관하여

지금 당신이 과연 무엇을 할 수 있는가?

당신은 지금 상황에서 무슨 일을 하고 있는가?

가정이든, 사회든, 국가든, 세계든 그 어떤 조직에 속해 있든 간에 그 조직 내에서 당신을 무엇을 하고 있는가?

창조, 혁신, 이해, 자유, 조직의 발전, 인류역사의 발전, 휴머니즘에의 추구 등인가 아니면, 답습, 권태, 일상, 권력에의 추구, 권력에의 복종, 새로운 자격증 취득, 피로, 회의 등인가?

권력자든, CEO든, 의사든, 기자든, 검사든, 판사든, 학자든, 부장이든, 과장이든… 지금 당신은 무엇을 하고 있는가?

가장인 당신이 가정에서 당신의 자식에게 무엇을 하고 있는가?

조직원은 물론 개인은….

서구와 일본의 제국주의는 피탈국에서 가져간 모든 자본의 수탈로 현재의 여유를 가지게 되었고 여유로 인하여 순리로서 이루어지는 질서를 지니게 되었다.

반면에 피탈국은 침략국이 자행한 정신의 폄훼와 갖은 자본을 수탈하는 과정에서 원초적 모순을 당위성으로 인정해야 하였고 총칼을 들이대어 빼앗긴 결과로 아직도 피탈국은 질기고도 질긴 빈곤과 함께 민주주의를 지향하면서도 상대를 인정하지 않는 모순과 함께 힘의 세기에 따라 정당함이 좌지우지되는 혼란을 겪고 있다.

제국주의가 무대 뒤로 사라진지 70여 년이 넘은 시점임을 감안하면 역사란 게 참된 인간이 주인이 되는 것을 거부하고 있다고 보면 심한 말일까,

법 한 구절에 온 백성이 일사분란하게 움직이어야 하며, 표명된 슬로건 하나에 인간을 꼼짝달싹 못하게 하는 것이니만큼 참된 역사가 성립되는 건 쉬운 일은 아니라 보아야 한다.

진정으로 이기는 것은 사람의 마음을 얻는 것이란 말에 비추어보면 사람의 생각 하나 바꾸는 것 역시 쉽지 않다는 것도 알 수 있다.

민주주의란 표차이가 많고 적음인데 대의나 진정한 국가의 발전이나 화합 등 긍정적인 측면에서 사람들이 표를 주지 않고 내 생각을 계속 유지하는 것, 기득권을 유지하는 것, 나에게 이로운 것, 지연, 학연 등에 의해서 결정한다.

사람의 생각이란 게 그 정도 밖에 안 되는 거라 말할 수 있으며, 생각이 맞나 아니냐가 중요한 게 아니라, 호감이냐 비호감이냐, 상냥한 어투냐 그 반대냐, 상대방이 나의 구부러진 잠재의식을 건드렸느냐, 아니냐, 내가 싫어하는 행동을 하느냐, 하지 않느냐에 따라 호불호의 감정이 좌우되는 것으로 봐서는 현실이란 이성을 그다지 좋아하지 않으며, 상대와의 관계를 지속할 수 없게 만드는 요인이 되기도 한다.

만 년 전에 깨달은 자에게는 자신의 왕국을 건설토록 한 한나라 신선의 심미안은 실로 본질을 꿰뚫는 통찰력이다.

한나라(한인제석 한국, 한웅천황 밝달국, 단군왕검 조선)에서 착함 = 선을 최고의 가치로 삼았다는 것은 심연의 통찰이 있어야 가능한 것이기 때문이다.

애초에 인류의 역사는 '인간만이 인간을 행복하게 할 수 있다.'는 절대명제가 아니라 권력, 종교, 형이상학, 명예, 부, 지식 등 각 종 권위를 차지하기 위한 몸짓이었다.

소크라테스의 부르짖음도, 고려 만적의 절규도, 니이체의 절망도 지금 우리에게도 있다는 것을 늘 주지해야 한다.

조직을 순항시키기 위해서 조직원이 순응되어야만 한다.

권력을, 조직을 위해서 개인은 묵살되어야 한다. 권력은 단 시간 내에 이루어 진 것이 아니며, 인류역사 이래 지속적으로, 끈질기게 지탱되어지고, 보강되어진 구조이다.

보강되고 보강되어진 권력은 결코, 그 구조를 바꾸는 것은 꿈을 꿀 수 없게 만들며, 휴머니즘적 발상에 대한 원초적 거부가 있으며, 그런 행동에 대한 지지마저도 어렵게 만든다.

눈도장이 찍히면 밥그릇을 놓아야 되기 때문이다.

그런 구조 내에서는 권력자든, CEO든, 의사든, 기자든, 검사든, 판사든, 학자든, 부장이든, 과장이든… 그 누구도 창조, 혁신, 이해, 자유, 조직의 발전, 인류역사의 발전, 휴머니즘에의 추구는 결코 쉬운 일이 아니다. 그로 인하여, 답습, 권태, 일상, 권력에의 추구, 권력에의 복종, 새로운 자격증 취득, 피로, 회의이며, 더 나은 자격증을 따기 위한 몸부림이고, 절규이며, 자격증을 딴 후에는 기득권의 유지이다. 그것이 바로 인간이다.

조직을 순항시키기 위해서 조직원은 무조건 순응하여야 한다.

뒤레피스사건, 부러진 화살, 기득권들이 기득권을 유지하기 위한 판사들의 일상이다.

장발장의 빵 구금 5년, 국회의원 뇌물수수 벌금형. 여권은 100만 원 이하, 야권은 100만 원 이상, 경제사범 보석형.

신라의 화백제도가 오래전의 제도이며, 지나간 과거라며 현재보다 뒤쳐진 것이라고 누가 감히 말할 수 있는가.

월요일과 수요일의 판사의 선고결정이 틀리다 하는데….

일상이다.

일상.

일상.

대통령의 일이라 기소하기가 어렵다.

권력자도 권력자의 눈치를 보는 일상.

권력이 권력을 더욱 강화하는 것.

여당 정치범 불기소, 경제사범 기소, 단순폭력 구금, 시국사범 사형.

일상. 일상. 일상.

검사의 일상.

조직을 순항시키기 위해 백성은 묵살하는 일상.

학자집안에 공부 못하는 아이가 하나 있으면, 너는 내 자식이 아니라 하는 학자.

지나가는 여자에게 자신의 체액을 뿌리는 교수.

자기 생각과 틀리다 해서 은행직원의 머리에 동전을 톡톡 던지는 박사.

왜? 학자, 박사의 자격증을 따기 위해서 공부했기 때문이다.

'인간만이 인간을 행복하게 할 수 있다.'에 대해선 가르친 이도 없고, 생각해 본 적이 없으므로 그저 권력일 뿐이다.

학자의 일상.

일상.

공간.

사방이 일인 침대이고 각 침대마다 봉쇄되어 있음.

사전에 물어보지도 않고, 제모, 회음부 절개 쑥닥.

말해주는 이 없고, 당황스러워도 사방에 자기 혼자만 있음.

배고프다해도 잘못될 수 있다며 음식제공 거부.

한참 만에 공간을 찾은 의사.

"오늘 가운 멋있네요." 간호사들의 애교.

산모는 여전히 혼자.

의사, 이불 들추고 산모의 치부를 들여다 본다.

"좀 더 있어야 되겠네요." 끝.

산모는 여전히 혼자.

신경써 주거나. 말해주는 이 없음.

여전히 배고프건만 여자인 간호사가 큰일난다 했으니, 뭐라 할 수도 없는 처지.

혼자이니까… 혼자이니까… 혼자이니까….

그리고 출산.

남자 레지던트 우르르 몰려와 산모의 치부를 보는 가운데 출산.

어찌되었던 시간은 흐르고

……

배가 고파 먹을 것 달라하니, 여 간호사 왈.

“배급시간 끝났는데요.”

산모 여전히 혼자.

시간이……

…흘러흘러……

그리고 면회.

밖에 나가 미역국 사오는 신랑.

기쁜 날인데, 기분이 씁쓸하다.

의사의 일상.

일상.

그저, 일상.

과거, 의사 없이도 다리부터 먼저 나와도 자연분만하였고 난산이 헤아릴 수 없이 많았어도 인류출현 이래 아직도 인류가 번성하는 것이 뜻하는 바는 무엇인가.

물어보지도 않고, 적정한지 아닌지 가름하지도 않고.

무조건.

일상적으로.

일일이 회음부 절개는 선택사항이라 말하는 것도 귀찮은 의사.

홀로 가둬놔야 자신이 편해지는 것을 아는 의사.

폭력범의 학력을 보니 저학력, 빈곤층이 훨씬 많았다.

고로, 경찰을 더욱 늘려야 한다. 이미 총칼에 꺾어진 어느 기자의 팬대.

먹어야 사므로, 살기위해 빵을 훔친 장발장. 구금 5년.

만취 운전기사, 그리고 동승했던 국회의원.

이후 소식 없음. 그리고 일상

사장은 편집장을 누르고, 편집장은 기사를 빼고.

기자는 뭐하나….

왜? 그 구조 속에 있으니까.

눈도장 찍히면, 밥을 먹지 못하니까.

이미 기자라는 자격증을 얻은 기득권이니까.

이미 결론은 지어져 있는데… 오히려 중졸이면 더 잘할 터인데.

아니지, 중졸이면 아무데나 가도 밥 먹을 수 있으니 양심상 사표 내겠고.

내가 이 짓하러 석·박사 따고 외국 유학까지 갔다 왔나….

그리고

그리고

그리고

제일 궁극적이고 본질적인 개인.

지금 당신은 무엇을 하고 있는가.

창조, 혁신, 이해, 자유, 조직의 발전, 인류역사의 발전, 휴머니즘에의 추구 등인가?

일상인가.

권태인가.

긍정이 얼마나 될 것이라 당신은 생각하는가.

내가 내나라 대낮 대로에서 내가 걸어가는데, 군부독재 시절이라고 신분증 제시하라는 경찰에게 "못 줘"라고 한 적이 있는가.

승진하기 위해서는 빠른 타자수 자격증이 필요하다 했을 때, 석·박사인 당신은 "승진 못해도 좋아" 하며 자격증을 일부러 따지 않은 적이 있는가.

석·박사인 조직원에게 빠른 타자수가 일을 잘하는 거라고 생각하는 CEO나, 그저 그렇게 따르고 있는 당신은 무엇인가.

낯선 상대방을 보면 미소 짓는 외국인, 한국인은 눈을 회피하거나, 무덤덤할 뿐이다.

거꾸로 당신은 미소 지어보인 적 있는가.

마찬가지로 외국인은 눈을 회피하거나, 무덤덤한 적 있는가.

그저 그렇게 다들 그렇게 하므로 그렇게 하는 것이고 외국에서도 한국에서도 그저, 그렇게 하고 있는 것이다.

그래서 대중은 옳은 것이다.

"서 있으면 앉고 싶고, 앉아 있으면 눕고 싶은 것이다."

인간의 속성이다. 권력의 속성이다.

그러므로 인간이란, 권력이란 것도 그저 그러니까, 그런 것이다.

왜, 인류역사란 권력에의 의지였을 뿐이니까.

왜, 조직의 논리에 개인은 묻혀버리니까.

왜, 대낮 대로에 나의 국가를 걷고 있는 사람인데도 경찰에게 순순히 신분증을 내 주니까.

왜, 어릴 때 믿어왔던 종교인지라. 그저 그렇게 믿고 가는 것이니까.

왜, 상대방에게 미소 지어보이는 것이 좋다는 것을 알면서도 행하지는 않으니까.

왜, 목표가 있어 6살 자식에게 인터넷뱅킹을 가입해야 하니까.

왜, 자신이 가지고 있는 부를 유지하려고 편법을 감행해서라도 손자에게까지 주식을 주니까.

왜, 본의는 아니지만 스스로 움직여야 하는 상황에서 여자가 매고 있던 가방으로 본인을 쳐도 사과를 요구하지 않으니까.

그저 그렇게 하고 있는 것이다.

그리하여 가방으로 상대방을 쳐도 결국 모든 여자는 사과를 하지 않는데, 그저 그렇게 하고 있는 것이다.

매일 건너는 행단보도, 반대편에 현수막이 걸려 있다.

그 현수막은 불법.

그 현수막에 의해 사람은 현수막 밑으로 고개를 숙이며 직선으로 나아가거나, 그게 싫으면 돌아서 가야 한다.

기둥과 기둥의 위치가 딱 좋고, 사람의 눈에 금방 띄는지라, 철거하면 다른 게 올라오고, 철거하면 또 올라오고….

희한한 것은 왜, 야당의 현수막은 없는 건지.

그들이 도덕론자인가.

"당신의 행복을 지켜드리겠습니다"

여당의 현수막.

왜 또 그것은 일반 현수막보다 일자가 좀 지나야 철거되는지.

그 현수막 밑으로 고개를 숙이고 나아가는 사람들.

"행복은 내가 알아서 할 테니까, 내가 내 길 가는데 고개를 숙이지만 말게 해줘."

최저생활비 500원 인상을 입법하는 데에는 쩔쩔매면서 의원전용-주차장, 전용 사우나, 헬스, 그것도 모자라 식구들도 무료.

선거철 되면, 여야의원 몇 명 머리 맞대고.

월 120만 원 집에 가져가는 택시기사를 위해 지원금을 올려야 된다면서 버스처럼 공용화한다고 뜬금없이 선언.

버스조합에서는 데모한다고 으름장.

박사라는 사람은 나와서 공급이 많으므로 택시 수를 줄이면 된다고 진단.

뭐에 비한 공급이 많은 것인가.

러시아워 시 부족한 것이 많은가

비수요기 때 많은 것이 많은가.

약간 여유분이 있어야 나은가.

딱, 맞아야 나은가.

택시회사 사장은 돈 버는데 기사들은 고생만 한다는 말.

그것은 곧 사납금제가 아니라 봉급제가 필요하다는 말.

"봉급이 확보되니, 부드럽게 운전을 하게 되고, 승객에게 친절하게 되더라."

기사들의 긍정의 표현.

봉급제를 택한 회사가 적다는 것은. 즉, 사장이 덜 가져가겠다는 의지 여부.

택시회사가 파산했다는 것을 들은 적이 없다는 건 능동의 의미가 있지 않은가.

그 사장은 '인간만이 인간을 행복하게 할 수 있다.'를 몸소 실천한 사람이다.

"기사도 사장도 좋다는… 취지가 너무 좋아, 봉급제를 택한 택시에는 우리나라 백성이 제일 좋아하는 색을 바탕으로 하고 오성의 호텔처럼 편한 곳이라는 의미로 무궁화 다섯 개를 택시에 그렸습니다."라고 행정부가 봉급제 택시의 콜번호와 함께 표방을 하면 혼자 택시 타는 게 무섭다는 여성은 골라 타게 되며, 모든 사람들도 호의를 갖게 되어 수익이 늘어날 것은 뻔하므로 증차시키고. 사납금제 지속하여 수익이 줄어드는 곳은 감차시키고… 새로 신청하는 곳은 봉급제로 허가하고.

러시아워 때만 기본요금을 올리던가.

보이지 않는 손을 외친지 언제인데 무조건 뚝딱이니, 인위적인 건 불편함이며, 구속이며, 다른 인위적인 것을 불러올 뿐인데… 법은 법을 불러 올 뿐인데… 점점 사람을 무기력하게 만드는 것인데….

에리히 프롬이 휴머니즘을 고찰한 것은 이미 휴머니즘 세상이 아니라는 것이다.

그러니, 조사하고 공부하고 추론해서 물론 택시기사에게도 들어보고 사장에게도 들어보고. 버스관련자에게도 들어보고.

백성에게도 취지를 밝히면서 이해는 고사하고 최소한 양해라도 구해야 하지 않는가.

버스는 파업.

당장 택시 타야 하니 돈은 더 들고, 돈 뺏기고 빰맞고… 내가 뭘 잘못 했는가.

입법부는 법만을 만들려고 하고, 행정부는 그 법 안에서만 움직이려 하고, 사법부는 그 법 내에서만 판결을 하고 있으니, 그 어느 곳에서든 휴머니즘이 들어갈 곳은 바늘구멍만도 못할 수밖에 없지 않은가.

법에 저촉되지 않는다면, 법에 저촉된다 하여도 획득물이 더 많다면 법을 어기는 것이며. 사람이 아니라 법 내에서의 활동인 것이다.

인조인간처럼 법法인간인 것이다.

물론, 최고 권력자… 개인까지도.

심판하는 자는 죄를 짓지 않나?

또, 누가 누구를 심판할 것인가?

과연 어느 인간이 인간을 심판할 수 있는 자격이 있는가?

거기서 출발하여, 완벽한 법이 구현되어야 하는 필요성이 제기되었고, 정비되어 왔지만, 그 법에 의해서 위임하였고, 판결을 받는 것을 당연하다 하지만….

수많은 창조가 이루어지는 현실에서, 기존의 법이 따라갈 수 있는가?

법에 의해서 법으로 제재하여야 하는데, 새로움은 제재할 법이 없으니, 제재할 수가 없는 것이지 않은가.

또한, 똑같은 상황도 없거니와, 법을 몰라 법에 의해 제재당하는 선량함도 그렇거니와, 법에 저촉이 안 된다면, 절도든, 몰지각이든 하는 것이다.

잊었는가.

'인간만이 인간을 행복하게 할 수 있다.'는 절대명제를.

그것이 그 다른 무엇보다도 최고의 가치가 되어야 함을.

휴머니즘이 없으므로 그 명제는 더욱 요구되는 것이다.

인간을 제외한 모든 생물은 여유롭고 꼭 먹을 거만 먹으며 자연스럽게 사는데, 오로지 인간만이 얼키설키 이리저리 얽매이며 살아가야 하는가.

지구인이여, 이 구조를 계속 이어갈 것인가?

깨야만 하지 않은가.

충분히 가능하지 않은가.

인간이 만들어낸 것이니까, 가능하지 않겠는가.

문명의 발달이란 것은 인위적인 것이 많아진다는 것이므로 구속이 많아지는 것을 뜻하는 것이며,

전자기기의 발달은 사방팔방에 CCTV를 설치하게 되는 것이며,

통신의 발달은 인간과 인간과의 소통을 앗아간 것이며,

대낮대로에서 허그하자는 사람이 생기는 이유며.

정보의 확산은 "저렇게는 나는 하지는 않으리라" 하면서도 이미 뇌 속에 침투한 것이기에 원초의 무지에 비해 더 잔악함과 그 흔적을 지우는 순서마저도 뇌 속에 입각하게 됨을 의미하는 것이다.

과잉의 권력부여뿐 아니라, 견제 없는 권력 뿐 아니라, 많이 안다는 것도 얄팍한 배짱, 치밀, 교모, 묵언의 폭력이 더 생기는 것이다.

인류역사란 무엇인가. 권력과 지식의 결합이지 않았는가.

과연, 머리가 좋은 게 나은 건지

양심이 바른 사람이 나은 건지

그도 저도 아니면 머리는 나쁘지만 배려심이 많은 사람이 나은지

행정부의 행정부에 대한 권력 자정도 아니라 사법부 내에서도, 입법부 내에서도 아니라, 삼권분립은커녕 서로서로 보완하는 형국.

삼권분립이며….

"학생! 아서라, 삼권보호의 시대란다."

왜? 공부 잘했으니까. 자격증 땄으니까.

판사도, 검사도, 국회의원도, 최고 권력자, 의사, 기자, CEO, 과장, 이사, 회사원, 개인… 그 조직 내에서의 조직원이니까.

일상에서. 조직에서.

그저 일상.

'다른 사람과 틀리다'는 것은 스트레스 받는 것이기 때문이다.

조직에서 "인간만이 인간을…" 생각하고 행동하려면 혁명이기 때문이다.

그 틀 내에서 그렇게. 그저, 그렇게.

내 자신도 힘든 나날이므로 휴머니즘은 공허한 메아리이다.

그냥. 그저 그렇게.

신라의 화백제도. 현재의 제도가 1,000여 년 이후의 제도이므로 더 발전된 것이라고….

현재의 마케팅 학문의 발전이란 것은 소비자를 더 현혹하게 만드는 악마적 기술의 발전에 불과하지 않은가.

쇼 호스트가 일회에 1~2억을 벌었다는 사실은 누군가가 비용을 더 치렀다는 것을 말한다.

일상.

권태.

소크라테스의 부르짖음도, 고려 만적의 절규도, 니이체의 절망도 지금도 진행 중임을 주지해야 한다.

거기다, 또 뭐가.

구부러진 잠재의식 잊었는가.

내가 보고, 듣고, 느끼는 게 아니라 보아지고, 들어지고, 느껴지는 상황.

이미 내 자신을 내가 구속하여 스스로 한계를 지워놨는데….

권태, 답습이며, 일상이다.

인간이여, 어디로 가시나이까.

그 옛날 10,000여 년 전의 『천부경』 .

본래 무에서 왔으니 자유롭게 살다 본래의 무로 자유롭게 가라던 그 위대한 정신.

3,000여 년 전 부처의 연기설.

이것이 있으므로 저것이 있고. 저것이 있으므로 그것이 있다.

즉 이산화탄소, 산소, 물, 풀, 돌, 바람, 게, 토끼, 코끼리, 호랑이, 그 배설물을 처리하는 박테리아, 녹조류, 플랑크톤, 새우, 고래….

하물며, 이미 멸종한 공룡도 없었다면 인간은 없었다는 것.

잡초가 생각이 없다고 생각하는가?

천만에 자신의 씨를 땅속에 묻어두고 자신의 천적인 나무숲을 제거하려고. 스스로 불을 태워 산화하는데… 스스로 씨앗의 거름이 되는데… 물이 많으면 넘치고 적으면 고이는 것이다.

계속 고이면 썩는 것이다.

적으면 적은 데로 알맞게 모든 생물은 변하고 넘치면 넘치는 데로 모든 생물은 변하는 것이다. 식량이 풍부하면 모여살고, 몸집이 거대해지며 더 많이 먹게 되고 식량이 적으면 흩어지고 왜소해지며 덜 먹게 되는 것.

왜, 우주의 모든 존재는 던져진 것이니까.

깊은 바다 속 게.

민물 게.

논게.

뻘게.

민물과 해수가 겹치는 곳의 게.

모두 같으면서 모두 틀린 이유다.

던져졌으므로 스스로 살 수밖에 없는 것이니까

질소만 있는 곳에도 생물이 있는 이유이다.

던져졌으니까. 알아서 살아야 하는 것이다.

인간도 마찬가지이다. 자궁에서 밀쳐내어지고, 보호의 유아를 지나면 세상으로 던져진다.

우주의 모든 존재는 던져진 것이다.

생물도 물론 바위도, 잡초도, 인간도, 그리하여 지구도.

더 나아가 행성도, 태양도, 혜성도, 은하수도, 암흑도, 시간도 공간도….

"인간은 겸손해야 합니다. 우리는 우주물질의 4% 밖에 모릅니다."

현재 양자물리학자의 말.

미증유라.

우리가 알고 있는 범위 내에서의 4%라면 미증유의 우주에서는, 알지 못하는 범위를 포함한다면, 0.1이나, 아니면 0.001, 아니면 0.00001% 일지도 모르지 않는가.

인간은 겸손이 아니라, 그보다 더한 굴복을 당해야 하지 않겠는가.

0.00001%라면 신의 뜻을 알지도 못하는 것이며, 신의 뜻을 이해할 수도 없으며, 신의 뜻을 알다간 감당할 수도 없지 않은가. 그러니, 미증유의 신을 경외하되 잡초를 무시하지 말라.

빅뱅.

힘껏 뭉쳤다가 폭발한 우주.

일적십거 무궤화삼(一積十鉅 無匱化三)이라.

그렇다면 모든 것이 같은 물질을 가지고 나왔다는 것.

빛, 바람, 물, 풀, 돌, 꽃, 벌, 토끼, 호랑이. 박테리아, 녹조류, 새우, 고래, 게, 달팽이, 이미 멸망한 공룡도, 그리하여 사람도, 그리하여 지구도. 태양도, 우주도….

색불이공, 공불이색, 색즉시공, 공즉시색.

맞지 아니한가….

바람이 있어 물이 있고, 물이 있으니 풀이 있고 풀이 있으니… 인간이 있고….

색불이공, 공불이색, 색즉시공, 공즉시색.

맞지 아니한가.

그러므로 "천상천하 유아독존"은 모든 존재에게 부여된 것이다.

存이 아니라 尊임을 굳이 되새긴다.

모든 존재란 슬프도록 아름다운 존엄한 존재尊在인 것이다

더 나아가.

진공묘유(텅 비워 있음에 모든 것이 스스로 발생한다.).

노자의 현빈 — 도는 무명, 무형이지만, 모든 사물이나 사건을 만드는 원천이다.

장지의 태허 — 도는 일체의 것 전체 공간에 확산되고 명칭도 표현도 초월한 실재이다.

다른 표현이지만, 다 같은 의미이다.

즉, 깨우친 자들은 동일한 뜻을 가지고 있음을 말한다.

어린아이의 마음도, 본래면목한 후의 마음도, 우주도.

"어릴 적 마당에 누워 하늘을 바라보고 있노라면. 구름이 바람에 의해 시시각각 변하면서 사자도 되고, 돼지도 되더니, 별도 만들고, 달로 변하기도 하면서…."

70세의 노인의 회상.

얼굴에는 그윽한 평안함이 담겨있고 입가에는 흐뭇한 안락함이 배어 있는데, 깨닫지는 못하였어도 색불이공, 공불이색 색즉시공, 공즉시색을 알고 있음을 말하는 것이다.

관념이 아닌 진정한 일체유심조인 것이다.

"오른손이 하는 일을 왼손이 모르게 하라."

"어린아이와 같은 순수가 있으면 교회에 나가지 않아도 된다."

예수… 순수?

진공묘유. 순수. 비슷하지만 전혀 틀리다.

순수는 이미 언어이다.
즉, 인위적 단어이다.
고로, 순수라 표현하면 의식이므로 오염인 것이다.
순수가 아닌 것이다.
순수라면 지향이고 지향이면 의지이고 의지이면 구속이다.
그때 그것이면 그것이다.
텅 비워 있음에 모든 것이 스스로 발생한다.
의식을 유도하는 단어가 없지 않은가.

대륙과는 멀고먼 남태평양 외딴 섬.
현재에도 외부인의 교류가 전혀 없는 곳.
취재진은 어른 뿐 아니라, 일일이 아이들에게도 인사해야 한다.
옆의 집의 남편이 뱃일 하다 죽어, 이웃은 그 중 둘째 아이를 맡아 같이 자고 같이 밥을 먹는다.
단어가 많지 않으니 대화는 별로 없고, 나머지는 하하하, 호호호이다.
비가 오는 날에는 모든 사람이 해변으로 나가 망을 치며 고기를 잡는데, 어린아이도 어른도 각자 알아서 제 할 일을 한다.
비가 오는 날에도 고기를 잡는 건, 그날 먹을 것만 잡기 때문이다.
그리 긴 시간도 아니니 일이 아니라 놀이이다.
하하하, 호호호….
어른, 어린아이의 구분이 없다.
평등이라는 단어가 없다. 그러니, 평등한 것이다.
가족이라는 단어가 없다. 그러니 모두가 식구인 것이다.
모두라는 단어가 없다. 그러니, 모두인 것이다.
즐거움이라는 단어가 없다. 그러므로 즐거운 것이다.
『달과 6펜스』의 저자 서머싯 모옴.

훌훌 떨어버리고 타히티로 가 그림에 열정을 쏟은 고갱을 모델로 해서 쓴 책.

언어가 적은 타히티로 가서 언어가 아닌 그림을 소재로 하고 그가 한 말.

"독자가 내 책을 읽을 때 단어장을 찾지 않도록 쓰는 것을 늘 염두에 두었다."

그 혜안. 그는 위대한 자유인이다.

박사란 다리가 메뚜기에 미치는 영향에 대한 연구이므로 다리밖에 모르는 것이며, 대학원생은 다리와 몸통과의 연계성에 대한 연구이며, 대학생이란 다리와 몸통 그리고 가슴과의 관계성에 대한 연구이고, 고등학생은, 중학생은….

파아란 하늘아래 초록의 풀숲을 가만히 헤치며 조용히 살금살금 다가간다.

집중하고 기회를 포착해서… 확 잡아채는 어린이.

손바닥 안에서 파득이는 메뚜기.

생동이다.

존재다.

그리고 놓아주고.

어떤 때는 다리를 잘라내어 땅에 놓고 가만히 쳐다보고 어느 날은 날개를 잘라내어 가만히 바라본다. 메뚜기 다리가 아니라, 몸통이 아니라 아이가 메뚜기와 노는 것이다.

선도 아니고 악도 아니다.

순수도 아니다.

그저 자연스러운 놀이이다.

자유다.

놀다 지치면 엄마가 있는 집으로 간다.

바둑이가 꼬리를 흔들며 어린아이를 쫄래쫄래 따라간다.

바람이 분다. 꽃이 살랑거린다.

하늘엔 구름이 흘러간다.

그냥, 그렇게 자연스럽게…

……

엄마! 아이가 엄마의 품에 포옥 안긴다.

따뜻해진다. 아이도 엄마도 몸도 마음도.

인류역사란 게 얼마나 잔인한가.

어린아이에게 자연과 놀이를 빼앗아 갔으니.

"스" 발음을 잘할 수 있다며 어린아이의 혀 안을 째는 부모들.

유아를, 영아를 엄마 품에서 떼어내고 유치원에 보내게 하는 사회.

자연과 놀이를 빼앗은 어른들로 인해 인류역사는 횡포해져가는 것이다.

지금부터라도 루소의 교육론에 입각하여 어린아이를 자연에서 마음껏 놀게 하여야 한다.

초등학교에 입학한 아이에게는 처음부터 "'철수야 바둑이랑 같이 놀자'라고 영희가 말하였습니다."라는 구절부터 가르쳐야 한다.

잘 놀아야 어린이든 어른이든 정신과 육체가 건강해지는 것이며, 잘 노는 아이가 성숙한 어른이 된다.

성숙된 성인이란 늘 놀이를 염두에 두고 있다고 니이체도 말하지 않았던가.

루소가 여성에게 교육을 시키지 않아도 된다는 것은 여성을 무시해서가 아니라 풍부한 감성을 지닌 여성이 가정을 지켜야 애든 남편이든 집에 가고 싶어진다는 것을 말하고자 함이며, 언어에 의한 이성화로 논리적 여성이 불요하다는 근본적, 복합적인 사유에 의한 것이다.

그 또한, 언어의 폭력성에 대하여 통찰하였으니까….

남자는 씨 뿌리고 나면 그만이지만 여성은 10달 동안 조신하게 몸을 움직이고, 태아를 위해서 선한 생각을 하고 고통과 함께 출산을 함으로써 그 무엇보다도 우선적으로 내 새끼, 내 새끼, 할 수밖에 없지 않은가.

애에게 젖을 물리며 가슴에 폭 품고, 달래고, 예뻐하고, 얘기를 나누고, 목욕을 시키며 아이의 냄새를 맡고, 체온을 느끼면서… 여자가 행복을 느끼지 아니 한가.

아버지가 아무리 감성적이다 해도 정신이지, 봉긋하고 푹신한 두 가슴에 안기어 포근한 충족감을 느끼게 하는 건 엄마이기 때문이다.

고로 맞벌이를 유도하는 사회란 미치지 않고서는 행할 수 없는 것이다.

국가의 성장을 위해서 값싼 노동력이 계속 필요해지는 탓이다.

잉여를 남기기 위하여, 또 그 잉여를 소모하기 위하여 또 다른 경제개체의 소모가 계속 필요해지는 탓이다.

인위적인 것으로 인해 병의 증가가 늘어나는데, 그 병의 증가로 경제적 소모를 위한 조직들이 생겨나고 그 병의 치유에 소모되는 경제적 부담은 환자에게 돌아가는 이유이다.

의료기회사는 만들어 냄으로써 이익을 챙기어 환자에게 부담이 가는 것이며, 청진기를 버린 의사는 고액의 연봉을 받는 조직원인지라 최근기기를 사용하게 하여 기기 값을 충당하려하기 때문에 환자에겐 이중적 부담이 된다.

맞벌이로 벌고 벌어도 쓸 것도 모자라는 형국이다.

7일만 휴대폰을 던져버리고 ― 모든 것을 포기하고 ― 산에 들어가 가능한 침묵하며 조용한 시간을 보내라 ― 그리고 돌아와서 제일 먼저 뉴스를 보라 ― 세상이 미쳐있음을 알게 될 것이다.

현대는 미친 사회이다.

12~13세부터 남자는 발기를 한다. 살았다 잠시 죽고 다시 발딱 서는 발기.

죽여도 다시 서고 아무리 부인해도 혼자 다시 선다. 풀어도 풀리지 않는 발기.

불끈 솟아 힘이 있는지라 신경이 쓰여 정신은 그것에만 가 있다.

소년은 소녀를 바라보기 시작한다.

청소년이 되면서 모든 여성에 대하여 호감을 갖는다.

이제 청소년의 눈에는 모든 여자는 여신으로 보인다.

이어지는 청년의 시기까지 시도 때도 없이 솟는 욕정은 모든 여성은 착하고, 깨끗하다는 착각에 빠지게 만든다.

마침내 청년은 결혼한다. 아내가 눈물을 뚝뚝 흘리며 힘들다 하면 꼴깍 넘어간다.

무슨 근거인지 모르면서 무조건 '내 아내는 살림을 잘할 것'이라 믿는다.

발기로 인한 그 착각은 중년에 접어들어야 현실을 직시하게 될 정도로 매우 강하다.

이제 여자도 남자랑 같은 사람인 걸 알게 되고, 더 나아가 여자에게 허영, 물욕, 이기적 에고가 깊숙이 자리 잡고 있다는 것을 알게 된다.

"아, 단지 발기한 것을 풀기 위해 내가 이렇게 죽도록 일을 하였구나."

머리는 이미 희었다. 통장은 이미 여자에게 있다.

"사랑으로 사나 의리로 살지" 남자의 탄식. 고생했다 남자여.

인류 초기 이후 어느 시점.

남자들이 창을 들고 밖에 모여 있다.

무리는 왁자지껄 떠들면서 큰 웃음을 내뱉으며 길을 나선다.

그들이 목적하는 곳에 왔다.

조용조용, 살금살금.

바람을 역으로 맞으면서 사내들은 풀숲을 가만히 헤집으며 앞으로 나아간다.

평야에 맘모스가 풀을 먹고 있다.

남자들뿐만 아니라 부락에 있는 식구들도 단백질을 먹어본 지 오래되었다.

오늘은 꼭 잡아 부락에 가서 불에 구워먹으며 아이들이 겪고 있는 부스럼을 없애야 한다.

어느 남자는 바위 뒤에서 맘모스를 주의 깊게 살펴본다.

그는 역풍인 바람을 느끼면서 다음에 은폐할 곳을 찾는다. 짧은 그 순간에 어느 정도의 시간이 걸릴 것을 계산하고 잰걸음으로 나아가 다른 바위 뒤에 은폐한다. 그 시간감각.

다른 남자는 나무 뒤에 숨어 맘모스 갈비뼈의 위치 및 갈비뼈와 뼈 사이를 바라보면서 창의 각도를 어느 정도로 기울여 일격으로 심장을 터트리는 방법을 그 또한 그 짧은 순간에 갈파한다. 그 단호함. 치밀함.

한 남자는 풀숲에 가만히 있으면서 맘모스 주변에 있는 바위와 풀의 높이, 나무의 높이와 내려뜨려져 있는 가지와 잎을 보며 어떻게 뛰어가 어느 방면에서 맘모스와 맞닥트릴까를 계산한다. 그 공간감각.

사냥을 성공하기 위해서 모두는 맘모스가 가지고 있는 청각, 시각, 후각도 계산해야 한다.

모두 말이 없다. 치밀해야 하고, 틈만치도 방심하면 안 되며, 살금살금 나아가야 한다.

맘모스가 알아채서 도망가면 끝장이다.

맘모스의 예지력도 감안해야 한다.

어느 누구 한사람도 다치지 말아야 한다. 맘모스 뿔에 받히면 바로 죽음이다.

살금살금 걸어가며 그들은 땅바닥이 어느 정도 견고한가, 습기는 어느 정도인가, 바람은 아직 역풍인가 등을 동시다발적으로 느끼고 맡으며 창을 지니고 다가간다. 그 다각적 감각.

그 시점. 남자들은 우르르 맘모스에게 달려간다.

그들은 말이 없다. 아니 말을 해서는 안 된다.

…세월이 흘러흘러……

…말 많이 하는 것이 금기시 되고……

…말은 필요 없다. 행동이다…….

그들은 말이 없다.

인류 초기 이후 남자들이 맘모스를 잡으러 가는 어느 시점.

여자는 오늘도 일어나 습관적으로 아이의 얼굴을 요모조모 살펴본다.

아이의 안색이 괜찮다. 바로 음식을 장만하여 아이와 같이 밥을 먹는다.

아이를 안고 밖으로 나간다. 여자가 활동할 공간은 좁다.

기껏해야 밭에 가서 김을 매고 수확을 하는 것이다.

매일매일 보는 옆집 여자와 맞닥트린다.

아이의 안색을 습관적으로 바라보듯이 상대방에게 기분 좋은 말을 서로 건넨다.

매일 보아야 하며, 행동할 공간이 적기 때문에 말 한마디 잘못하여 서로 보기가 꺼려지면 매일매일 불편해진다.

여자들은 모여 빙 둘러 앉아 수다를 떤다.

상대방에게 오늘은 예뻐 보인다느니, 오늘은 아이가 스스로 일어났다느니, 우리 남편은 고집이 세다느니….

그녀들은 말을 해야 한다.

침묵이란 신뢰를 알지 못한다. 침묵은 그래서 불편이다.

그녀들은 말을 해야 한다.

…세월이 흘러흘러……

…오늘은 너무 예뻐……

…앉고 있는 영아와 혼자 대화를 한다……

그녀들은 말을 해야 한다.

일각이 여삼추一刻如三秋란 말이 있는데 애타게 기다린다는 의미를 가지고 있다.

일각이 여삼추一覺女三醜란 의미로 생각하면 의미심장한 의미가 숨어있다.

애타게 기다려야 하는 최초의 일각이란 여삼추란 것이 되어야 한다.

일각이 여삼추一覺女三醜: 여자의 세 가지 추한 심리를 무엇보다 제대로 보아야 한다.

인간의 의식이란 대비, 대조, 유추 등에 의하여 성립되는데 인류의 반은 여자이고 반인 여자의 세 가지 추한 것을 알게 된다면 반인 남자의 세 가지 추함도 알게 되는 것이어서 남녀사이는 물론 사회적 현상, 역학 관계, 권력의 구성이 보이게 되기 때문이다.

즉, 현재를 이해하기 쉬워진다는 것을 말하며, 이해라는 것은 상호능동으로 향하는 지름길이다.

여자의 세 가지 추함은 무엇인가? 허영, 물욕, 이기적 에고이다. 즉, 남자에 비해 자신의 소비(소유보다 강함)에 대한 집착이다. 남자보다 여자가 더 현명하다고 말할 수는 있지만, 여자의 세 가지 추한 점을 발견한다면, 오히려 남자가 더 착하다는 것도 알아야 한다. 남자는 모으기만 하지 돈은 여자가 쓴다는 사실을 간과해서는 아니 되는 이유다. 누가 이익을 갖게 되리란 것은 말을 안 해도 알 수 있지 않은가.

허영은 여자를 참지 못하게 한다.

남자든 여자든 명분이 있으면 옷을 벗는다.

여자의 허영은 스스로 옷까지 벗는다.

허영이 채워지면 존재감을 느끼게 되기 때문이다.

여성전용 화장품 등이 남성용에 비해 더 비싼 이유이다.

그녀들에겐 구매력이 있다.

그녀들은 구매를 해야 존재감을 느낀다.

짝퉁이라도 가져야 한다.

이 세 가지 구부러진 잠재의식을 가지게 되는 원인은 원시시대 이후 현재까지 '여자는 남에게 보여주기 위한 삶'이란 경향에 의해 발생된다.

여자는 남자보다 더 예쁜 것, 착함, 사랑스러움에 대해 더 갈구한다. 왜냐하면, 사회에서 은밀히 강요하고 있기 때문이다.

여자의 세 가지 추함은 모두 사랑을 받기 위한 것들이다. 여자가 허황된 사기꾼에게 쉽게 당하는 이유이다.

여자는 관심을 받아야 한다. 그렇지 않으면 여자는 불행하다. 존재감을 느끼지 못하기 때문이다. 여자가 점을 보는 원인은 점이 맞느냐, 아니냐의 문제가 아니라 무당이 자신의 얘기를 들어주며 추임새를 넣어주는 것에서 존재감을 느끼기 때문이다.

"여자와 북어는 패야 한다." 말이 있다.

근대조선은 자식자랑은 팔푼이라고 표현할 정도로 언어구사를 인의예지신에 맞추어 사용하였다. 3일에 한 번씩 패야한다는 말은 적어도 3일 중 한 번 정도 아내에게 관심을 가지면 몽둥이로 팬 북어처럼 부드러워진다고 에둘러 표현한 것 같다. 역설의 해학이라면 고도의 정신문화이다. 왜냐하면, 휘날리는 깃발 인의예지신은 여자에게도 그 당시의 숙명 – 패러다임이기 때문이다.

인의예지신이 휘날리는 깃발이었으므로 '사랑 애'자는 낯간지러운 단어가 되며. 그 깃발은 저급의 언어사용을 못하게 만든다. 양반가에서 부부는 서로 경어를 사용했던 근대조선이었으며, 삼신사상이 면면히 이어온 한민족 문화는 결코 폭력적일 수가 없다. 제국주의 일본의 의도에 절대복종한 한국인 앞잡이들이 흉흉한 소문을 퍼트렸을 가망성이 매우 크다. 그 일례가 조선인은 패야한다는 말이다. 역설적으로 말하자면 깡패문화인 일본식 언어이다.

"너 바람 피냐?" 하는 식의 말을 좋아하는 여자의 심리도 마찬가지이다.

"여성의 비평력은 형편없다"는 괴테 이후의 철학자들.

"여자는 자기 주변만 안다." "여자는 결론을 미룬다." "여자는 전체를 위해 바보가 될 용기가 없다." 다 같은 연유에서 나온다.

또 하나 사랑과 함께 여성의 가치를 향상시키려는 이유는 여자에게는 구매력이 있기 때문이다. 자본주의의 공략대상이기 때문이다.

이유와 원인을 알 수 없는 또는 이유와 원인을 파악할 수 없게 하는 암묵적 무지화와 암묵적 숙명화로 만연케 하는 것이 작금 세계의 패러다임이다.

여성교사가 너무 많은 학교의 연약함, 남녀평등이라는 명목하에 벌어지는 어리석음들, 군가산점은 위헌이라는 국가 = 한참 공부할 나이에 의무로써 군에 가게 된 즉, 원초적 불평등이며 위헌임에도 남자에게 희생을 강요하는 국가. 자본주의의 은밀도 모른 체 '시어머니만 잡으면 된다.'는 무지화를 노린 방송과 세뇌된 여성들의 궤론.

이미 게임은 계속되고 있다.

이대로 가면 세계는 진리도, 항거도, 인본주의도 다 시들어 버릴 것이다.

남녀노소가 부모가 부모자식간의 몰이해, 불소통, 내 이익만, 상호 무관심의 세상이 된 지금이라는 것을 분명히 알아야 한다.

분명한 것은 손주를 "개똥아"라고 부르는 할아버지, 할머니는 없어졌으며, 전체를 위해 바보가 될 용기 있는 남자는 사라져 가고 있다. 여자는 전체를 위해 바보가 될 용기가 없으며, 엄마로서 내 새끼 내 새끼 하며 가슴에 포옥 안아 주려는 감성과 본능을 이성적이며 치열한 사회에 여자를 내보내는 것은 그녀들에게 있어 매우 힘든 일이다.

청년백수가 심각하다 말하지 말라 청년에게 남자에게 실질소득을 보장하여 집안 식구를 먹여 살리게 하고 이전에 한국에서 남편을 바깥양반이라 불렀던 것처럼 남자는 그 조직에서 치열하면서 복종을 담당하게 하고 여자(아내)를 가정에 있게 하는 것은 건강한 국가와 사회를 위하는 것이다.

시대에 뒤떨어진 것이라 말하지 마라.

어린아이를 폭 감싸는 엄마, 정서적으로 만족하는 자식, 둘 다 안락해보이므로 흡족해 하는 아빠, 모두 선하므로 따뜻한 사회.

인류사에 이제까지 쌓아 온 지혜와. 보편적 평등과 자유를 향해 온 민주사회로부터 발생된 긍정인 가치와 함께 여성이 가정으로 회귀한다면 남녀평등은 이전처럼 구호로써 끝나는 게 아니라 비로소 실현가능한 휴머니즘으로 나아갈 것이다.

지금처럼 임금하락을 가져오면서 아내가 돈 벌이 하느라 지쳐 짜증만 내면, 어린아이는 물론 남편도 그리하여 사회, 국가마저 짜증나게 만드는 것이다.

최고의 자살율, 최저의 출산율은 사라지질 않을 것이다.

경제적 관점에서 바라보면 명목소득만 올리고 실질소득은 물가를 따라갈 수 없게 하여 여성을 밖으로 불러내 임금의 동반하락을 유도한 결과 – 경제인구가 많으면 많을수록 세금이 더 걷히는 것이며, 블랙홀처럼 모든 것을 빨아버리는 자본주의의 비정한 불순이 은밀히 숨어있다는 것을 갈파해야 한다. 그 불순으로 인해 집안의 태양인 엄마가 경제인구로서 바깥으로 나오게 되었고 세상은 짜증나는 사회가 되었음을 분명히 알아야 한다.

자본주의(성장을 바라는 국가)는 오래 전부터 남자를 격하시키고 여자를 치켜세운 결과 "남자는 구멍 두개만 만족시키면 된다."며 남편을 비롯하여 모든 남자를 희롱하는 지경에까지 이르렀다는 사실을 알아야 한다.

남이 하고 있으니 나는 더 강하게 나가는 것이 첨단이라 생각하고 있는 것인가.

이젠 막판까지 와서 같은 여자인 '시어머니만 잡으면 된다.'는 말이 회자되는 이유는 무엇인가를 생각하라.

이 모든 근저의 불순한 의도를 주도면밀하게 주동하는 것은 누구인지를 생각하라.

분명한 것은 전문가인 경제학자와 심리학자와 사회학자가 동참하고 있다는 사실이다.

아무 생각 없이 독해진 여성들, 여린 감성을 지닌 여자에게는 가혹한 짓이다.

인류사 초기부터 사랑을 받아야 만족하는 여성에게 있어 먼저 사랑하라며 갑자기 절벽으로 등 떠밀며 절벽 밑으로 떨어지게 하는 것과 마찬가지로 잔혹한 짓이다.

남자와 여자는 상호 필요로 하는 보충적 관계이다. 남녀의 차이를 인정하지 아니하고 모든 것에 들이대는 사랑은 물론이거니와 평등이라는 잣대도 이루어 질 수 없는 것이다.

천지인이니까, 왕·신하·백성이니까, 부·모·자식이니까, 육체·정신·마음이니까 권력의 배분이지, 권력의 평등은 이루어질 수 없기 때문이다.

사람마다 같은 사고를 가지게 한다는 것은 인간을 인간이 키우는 애완견으로 혹은 장난감으로 전락시키는 것이다.

아무 생각 없이 행동하지 말아야 한다. 오지랖은 자기 자식은 물론이고 이후의 세상을 후손들이 더욱 힘든 삶을 살게 만들 것이기 때문이다. 악마의 세상을 빨리 끌어오는 것에 일조를 하고 있다는 사실을 분명히 알아야 한다.

그런 불순이 여러 방면에 은밀히 내재하고 있다는 것을 분명히 알아야 한다.

자본주의의 도구로써 적합하므로 위와 같은 사태가 벌어지고 있음을 갈파해야만 한다.

분명한 것은 젊은 여성(젊은 아내)을 주인공으로 삼았다는 점이다. 그러므로 젊은 여성들은 조심할 지어다. 네 후손의 삶을 지난하게 할지니… 국가와 조직에 최고 권력자가 있듯이 가정에도 가장은 있어야 하는데 누가 할까?

남자처럼 가족 전체를 위해 스스로 바보 – 고독의 길을 가는 것처럼 여자가 수다를 버릴 수 있을까?

현대의 젊은 여성들은 싫어하는 아버지의 권위적이며 일방적인 그림을 그려서는 동시에 닮아가고 있다는 점을 모두는 간과하고 있다. 여성의 본능에 어긋나기에 자연스럽지 않은 상황을 본인은 물론 남녀노소 모두에게 강요하고 있다는 것을 점에서 문제의 심각성이 있다.

바깥양반이란 것에서 의미하는 바와 같이 보편성 인류애를 여자가 취할 수 있을까. 보편적 평등을 지향하는 쪽은 오히려 남자라는 것을 알아야 한다.

어머니가 위대하다는 것은 자기 자식에 국한된 것임을 알아야 한다. 시어머니도 여성이기 때문이다. 다른 무엇도 아니다. 돈을 쓰는 것이다. 여자는 남자보다 구매력이 있다. 사고 또 사기 때문이다. 남자는 벌어들이기만 하지 쓸 줄을 모른다.

여자여 남자를 존중하라. 물론 그 역도….

"인류는 국민 위에 있다." ― 괴테

자본가는 다 가져가려 한다.

국가는 성장을 우선시 한다.

이제 개개인과 자본가의 싸움이다.

산적의 우두머리도 무리와 같이 있으면, 도를 지키고 무리의 안녕을 빌며, 밥을 먹이기 위해서 노력한다.

흉노의 후예니, 깽깽이니, 핫바지니 분열은 버려라,

그 모두 다 한나라(한인제석 한국, 한웅천황 밝달국, 단군왕검 조선)의 후예이며, 한민족이다.

극우니, 극좌니, 진보니, 보수니, 하물며. 국가에 대한 충성이니 아니니 발전이니 하는 것들.

나와 다른 생각을 내가 들을 수 있는 것은 나에게 이해의 폭을 넓혀 주는 것이다.

그 모든 것(이념)은 아날로그다.

돌아선 연인의 손수건에 불과하다.

임은 떠났고 손수건의 향기는 다 사라졌다.

지금은 매우 중요한 시점이다.

전문가는 함부로 결론을 내리지 말아야 하며, 아니 오히려 하나만 아는 전문가는 독이다.

디지털 시대다. 국민이 아니다. 지구인이다. 이미 세계인이다.

정보는 너무나 많다. 맞는 정보도 있지만, 맞지 않은 정보도 많다. 정확한 정보를 찾아내야 한다.

계층 간의 심화, 남녀 간의 분열, 노소간의 불소통, 행동 없는 — 시험만 아는 젊은이, 홍보용 복종자들, 더 독한 여자들의 오지랖. 진짜 바보가 된 남자.

시대별로 화학약품의 성분만 바꾸고 있는 제약업체가 제공하는 자료를 바탕으로 "최근에 임상실험을 한, 이 약이 현재까지 제일 과학적이고 제일 효과 있다." 는 의사.

그들이 하고 싶어서 그렇게 하는 게 아니다. 정보의 부재이다.

자본가가 정확한 데이터를 의사에게 주지 않기 때문이다.

절대다수는 숨어 있는 진실을 모른다.

자본가가 모든 것을 가져가고 있다는 사실은 모두 안다.

백성은 모른다.

사랑하는 연인은 사라졌다.

향기도 다 사라졌다.

디지털시대이다.

그들은 내가 무엇을 좋아하고, 어떤 생각을 가지고 있다는 것도 안다.

누가 죽든, 나는 살고 싶다. 나는 살아야 한다.

향기 없는 손수건은 버리는 게 맞을 것이다.

탐욕적인 국가를 위한다면 개인은 지혜로워야 한다.

인간 및 국가의 탐욕으로 지구가 스스로 정화할 수 없는 지경까지 가게 된다면 지속적 인류사를 위해서는 인간은 스스로 정화되어야 한다.

그럴 경우, 개인의 정화란 필연이 될 것이다. 지구가 멸망하더라도 한그루의 사과나무를 심는 정화가 필요하다. 그러므로 백성은 더 지혜로워야한다.

나만, 내 가족만, 내 조직만, 내 국가만, 내 민족만 아는 치졸을 버려야 한다.

그것은 아날로그다. 향기 없는 손수건이다.

손수건은 버려야 한다.

백성은 탐욕을 버려야 한다.

어리석음을 깨야 한다.

화를 낼 이유가 없다.

대의를 알고 있다면 조용히 행동하는 것이 지혜로운 사람이다.

역사는 물이다. 바위를 휘둘러가기도 하며, 소용돌이에 빠지기도 하며, 흙탕물로 흐르기도 한다.

물은 아래로, 아래로 흘러가야만 한다.

바다에 도착하여 수증기로 변해야만 지구는 순환한다.

역사도 역동이며 정중동이면서 동중정이다.

권력이 스스로 능동이었다면 이미 휴머니즘 시대일 것이다.

알지도 못한 체 놀아나지 말아야 한다. 당신들은 총알받이나 허수아비가 될 수 있다.

자기자식을 '자본주의의 노예로 전락시키고 있다'는 어리석음을 알아야 한다.

천일일, 지일이, 인일삼.

天一一 地一二 人一三

남자는 남자요, 여자는 여자다

모두 소중하나 남자는 천이며 양이며 이해와 정신에 치우치는 경향이 강하고, 여자는 지이며 음이고 사랑과 감성에 치우치는 경향이 강하다.

그래서 사실상 여자에게 호소력이 있는 것은 "그동안 내가 얼마나 힘들었는지 알아."라는 표현이다.

천이삼, 지이삼, 인이삼.

天二三 地二三 人二三

남자는 여자와 자식을 취해야 완성이며, 여자는 남자와 자식을 취해야 완성이고, 자식은 아버지와 어머니를 취해야 비로소 완벽한 존재라고 『천부경』에서 말하지 않았는가.

우주와 만물은 하물며 먼지도 그러니 인간도 우주와 같다.

인간의 의미는 우주의 질서에 순응하는 데에서 온다.

우주를 파괴하면 인간이 멸망할 것은 분명히 알고 있지만 잡초의 씨를 말리는 것도 우주를 멸망시키는 것임을 알아야 한다. 그러므로 자연과 우주를 경건하게 대해야 하며, 우주와 같은 자신의 육체에 대해서도 소중하게 생각해야 한다. 그 모두가 중요한 것이다.

상호존중이 없는 '재 탓이야'로 치부하고, 상호비방만 하는 작금의 모순은 서구의 이성화, 남성화, 신격화, 전문화, 지식우월화, 그리스적 영웅들이 취하였던 거짓말, 정복, 수탈, 제압에서 비롯된 것임을 알아야 한다.

그 이전의 한나라에서 비롯된 서구의 드라큐라와 마늘에서 보는 것처럼 공포와 동경이 어우러진 결과임을 알아야 한다.

막판으로 몰면 쥐는 고양이를 문다.

천일일, 지일이, 인일삼이다.

天一一 地一二 人一三.

남자는 남자고, 여자는 여자다.

『천부경』의 그 구절이 무슨 뜻인지 알고 있지 않은가.

고로, 전체를 보아야 목걸이를 완성할 수 있으며,

고로, 하나라도 잘못된 구슬이 있다면 전체가 틀린 것이다.

그리고 그 목걸이는 흔적 없이 없애야 한다.

사람을 현혹하게 하니까.

천이삼, 지이삼, 인이삼이라.

天二三 地二三 人二三

하늘도, 군주도, 사람도, 남자도, 여자도, 나태하면, 불경하면, 욕심이 과하면, 도가 지나치면 제일 밑이다. 바이러스 꿀벌보다 못한 것이니 인간사에서 스스로 떠나야 한다.

원시시대 이후 지속되어온 삶이 보여지기 위한 생활과 결탁되어 형성된 결과이다. 그 결과로 인해 여자는 권위에 약하다. 역으로 권력 없는-힘이든 돈이든 지식이든 예술이든 그 무엇이든 남자에게 없으면 여자는 남자를 무시한다. 왜냐하면 그런 능력 없는 남자에게 보여지긴 싫은 것이다.

그것에 의해 세 가지 추한 면女三醜이 구부러진 잠재의식으로 여자에게 웅크리고 앉아 있으면서 여자를 조종하는 것이다.

남자는 받는 것에 익숙하지 않은 반면에 여자는 받는 것에 익숙하다. 그래서 남자는 무리인 여자 속에 갇히는 것을 꺼려하고 그 역으로 여자는 자연스러운 것이다.

반면에 남자는 어릴 적부터 말을 많이 하는 것을 터부시하며, 차가운 이성을 요구하는 정신을 요구당하며, 이상적 치우침과 남자다움이란 맹목으로 도박, 쾌락을 추구한다.

행복이란 측면에서 보면 여자가 남자보다 더 행복하다. 왜냐하면 일상에서 일상적으로 소비(소유)함으로써 기쁨을 느끼고, 수다를 떨면서 자신의 실상을 아는 — 현실을 직시하는 현실감이 있게 되어서다.

사람이란 현재를 사는 동물이기 때문이다.

남자는 뒤늦게 탄식한다.

"아! 발기를, 성적욕구를 풀기위해 예쁜 여자를 그토록 동경했구나."

모든 남자가 그토록 예쁜 여자만 찾으니 여자는 남에게 예쁘게 보이도록 위장할 수밖에 없었구나.

고운 언어구사도 상냥한 말투도 선하게 보이려는 것도 모두 성형수술을 한 거구나.

남자는 결혼하기 위해, 욕정을 풀기 위해 구애를 구걸하다시피 하더니 결혼하고 욕정이 해결되고 나면 여자가 못생겼다며 구박하는 거구나.

욕정을 풀 새로운 욕정의 대상을 찾는 거구나.

여자는 참고 살다 살다 볼 것 못 볼 것 다보고 나면 자신의 것도 다 보여주고 나면 목소리가 우렁차 지는구나.

이미 통장은 남자는 여자를 여신이라 느꼈을 때에 이미 여자에게 넘겨졌으니….

아! 고개 숙인 남자여.

여자에 대해 주로 논한 이유는 첫째는 여성의 성격형성 과정이 남성에 비해 복합적이기 때문이며, 더욱 중요한 것은 여자가 각종 불순한 의도를 지닌 깃발에 대해서 본질에 대한 탐구나 이해의 과정을 거치지 아니하고 쉽게 현혹, 동조하기 때문이다. 자신의 행동으로 인하여 어떤 결과가 초래하는지에 대한 고찰이 있을 수가 없으며, 주변에 자신과 같은 사람이 있으면 여자는 옳고 그름을 떠나 정당성을 확보한다. 그것은 여기서 거론된 모든 요소가 결합된 산물이다. 여성에게 유행이 번지는 이유이기도 하며, 역으로 그것은 여성이 사랑스러운 요소가 된다. 여자는 바보가 아니다. 줄 듯 줄 듯 조금씩 주며 점점 더 많은 것을 남자에게 가져간다. 여자가 그렇게 된 것은 남자 탓이다. 긴 남녀사이에서 남자가 전권을 쥐고 여자에게 이해대신 지시만 내렸던 남자의 어리석음 탓이다. 그럼에도 구약에선 선악과를 딴 이브에게 더 비중을 두는데 기실 남자가 여자에게 빚을 지고 있다. 인류사를 지속적 불쾌인 숙명에 놓이게 한 근본적 원죄는 나만 다 가지려 한 인간의 탐욕이다.

바로 이 점이다. 이 차이가 남녀분규를 최대화하게 만드는 것이다. 옳고 그름이 남자가 지닌 최고의 지향점인 반면에 여자는 주변에 자기와 같은 사람이 있는 것이 최고의 지향점이기 때문이어서.

남자는 말한다. 너는 틀렸어, 맞지 않으니까.

여자는 말한다. 틀려도 돼, 내 편만 되어 줘.

소크라테스는 남자 중의 남자다. 결혼 후, 대개의 모든 남자가 오류를 범하는 게 자신들이 자유와 이해를 추구하기 때문에 아내에게 자유와 이해의 폭을 넓히라는 여유를 준다. 그 시간에 여자는 사색도 책도 읽지 않는다. 인류사 이후 지속된 이웃의 여자와 수다를 떨며 남편의 흉을 서로 보며 남편에 대한 적개심을 키워간다. 여성의 눈물을 쥐어짜는 신파인 연속극을 보고 소비는 행복인지라 홈쇼핑에서 눈을 떼지 못한다. 즉, 홀로 있는 시간을 많이 주면 줄수록 더욱 이기적 존재가 되어간다. 그러므로 남자는 결혼 후 여자에게 시간을 주는 게 아니라 오히려 옆에 있으면서 시간을 뺏어야 한다. 오히려 그것은 여자에게 존재감을 느끼게 한다. 남녀가 잘못이라서가 아니라 인류사 이래 면면히 이어온 삶의 틀림에 의한 다름이다.

남편은 말년에 가서야 아내를 찾는다. 말년의 중년은 아직도 아내가 변해 있다는 걸 모른다. 남편은 여전히 자기 생각대로 살기 때문이다.

남자의 특성 중 하나이다. 어릴 적부터 남자는 홀로 생각하고 홀로 결론을 내리며 자란다. 그것은 타인의 얘기를 자신이 가진 생각으로 듣는 습관을 가지게 하는 것이어서 상대방의 진의를 파악하기 어렵게 만든다. 남자는 대화할 줄 모르는 것이다. 사실상 여성에게 인기가 있으려면 여성의 얘기를 경청하며 진의를 파악하여 알맞은 논리, 적정한 유머를 섞어야 대화가 이어지며 여성은 남성에게 호감을 가지는데, 남자는 자기 생각, 자신의 유머를 한다. 특히, 여성을 대할 때는 더욱 농도가 짙어지는데 자신이 남성임을 강조하게 되기 때문이다.

최고지향점의 차이란 존재의 의미 — 내가 사는 게 사는 게 아니야 — 자애, 독존인 싸움 — 결코 물러설 수 없는 싸움이 된다. 둘 중 하나가 이기든, 지든 해야 전쟁은 끝난다.

각론은 접고 본론으로 다시 돌아가면 옳고 그름이 최고 지향점이 아니라 주변에 나와 같은 사람이 있냐 없냐가 최고의 지향점이라는 것은 여자는 여자 스스로 실존인 참 나인 나 — 깨닫는 것을 어렵게 한다. 연고로 인류가 무한한 원의 궤도만 돌게 만드는 주요인자 중 하나이다.

무슨 말인가 하면은 평행선을 달리는 남녀의 차이는 결코 쉽게 합일을 이룰 수가 없다는 점이다. 여성이 합리적 사고를 더욱 확보하려면 공식석상에서 조직의 합일을 위해 앞서야 하는 조직의 간부인 여자임에도 당당한 이기심표출, 정론을 벗어난 수다, 더구나 눈물마저 짜는 당연을 확보한 그 이점들을 포기해야 하는 냉혹함과 치밀함 및 자제력과 책임감을 여성 스스로 감수해야 한다는 것이 시발점이 되기 때문이며, 인류사에 있어 제일 필요한 이해란 것은 각론이 아니라 총론이기 때문이다. 다시 말하자면 각론의 정론을 이해해야 총론을 이해할 수 있기 때문이다. 또 다른 각론은 남자에 비해서이지 남자는 그렇지 않다고 말할 수 없다.

세계에서 여성을 무시하는 정도가 심한 곳 중 하나가 일본인데 아이러니한 것은 여성의 속성과 야쿠자가 사회적으로 인정되어 대낮대로에 장도를 들고 다니고 국가적으로도 자신들에게 유리한 식으로만 거짓말을 일삼는 일본의 깡패문화와 유사한 면이 있다.

"형제의 싸움 뒤에는 여자가 있다."는 말속에는 남녀의 차이점을 여럿 보여준다.

성형한 상냥한 말투와 성형한 선한 표정 뒤 마음속엔 탐욕이 자리 잡고 있는 것이다.

내가 더 가지리….

남자는 치사하다. 의리! 그러나 남자의 속내에도 내가 더 가지리가 자리 잡고 있다.

여자를 핑계 삼아 전면전에 들어간다.

어릴 적부터 남자에게 요구되는 남자의 수다는 경멸이며, 자신의 감정을 표현함은 경솔이고 자신에게 유리한 것을 취하는 것은 경박이 아니라 인간이 가진 본성임을 교육은 물론이거니와 그런 사회적 분위기가 공기처럼 사방에 널려있어야 한다는 점이다. 다시 말하자면 결코 남녀의 차이는 합일로 나아가기는 어렵다. 왜냐하면 그 차이점은 본질적인 것이기도 하며, 시대적 상황에 따라 어떤 깃발이 내세우게 됨에 따른 현혹, 동조로써 또 그냥 그렇게 규명되어질 것이다. 간과할 수 없는 다른 이유는 권력의 속성은 다수가 똑똑해 지는 것을 원하지 않으며, 합일로 인한 이익보다 오히려 현혹, 동조시키는 것이 유리하기 때문인지라 인류사에 있어 절대적 필요성이 대두되지 않는다. 더불어서 다름에 의한 남녀의 사랑은 아프면서, 그 아픔마저 아름다운 사랑이 되어서다.

그렇기 때문에 남녀 각각 서로 비방을 하는 인류사 각 시대의 패러다임 – 깃발을 욕할지언정 서로 차이점을 인정하고 이해하며 존중하는 상호이해의 정신이 확충되어야 한다.

그 첫 단추는 남녀가 상대방의 얘기를 경청하는 것이라 할 수 있다. 수준의 차이가 기준점이 아닌 다름이 있다는 것이 기준점이 되어야 하며, 다름을 알 수 있다는 것은 삶을 풍요롭게 만들어 준다. 동서양 간에는 이질적 요소가 많은데, 인간생활에 있어 그 기본적인 대화의 기준이 수준차냐 다름이냐로 인해 동서양 간에는 적지 않은 이질적 인자가 파생된다.

하나는 훈육이며 하나는 소통이다.

의도한 백치미의 마릴린 먼로가 세상의 남심을 훔친 원인이다.

고로, 인간은 각 구슬별로 다 안다. 또는, 느낀다.

통찰을 못하여 본질을 놓치어 구슬을 꿰어 목걸이를 만들지 못하는 것뿐이지 알긴 다 안다.

고로, 애초의 전제가 틀렸다면 모든 것은 틀린 것이다.

고로, 하나의 구슬이 잘못되었다면 그 구슬은 바꿔야 한다.

고로, 인간은 모든 것에 겸손보다 더한 감사를 해야 한다.

하물며 추함에도, 똥에도. 뚱뚱함에도. 게으름에도…

우주 내의 모든 존재는 소멸될 때까지, 존재하기 위하여 매일 먹어야 되

고, 자야 되고, 매시… 매분… 매초 숨을 내쉬어야 하지 않은가,

세포는 쉼 없이 움직여야 하고, 핵을 지닌 전자는 자유를 추구하고, 이 얼마나 슬프고도 아름다운 존재들인가.

귀가 안 좋은 사람, 동물, 식물… 시력, 후각, 뇌손상, 팔 없음… 그러니 장애인은 그 얼마나 슬프고 슬프며 그리하여 아름답고 아름다운 존재이지 아니한가.

대통령도 그 자식도, 거지도 그 자식도, 뚱뚱하든 홀쭉하든, 잘생기든 못생기든… 상징적으로 잘난 사람은 못난 사람에게 감사해야 한다. 못남에 의해 잘남이 부각되진 것일 진데 그 능력에 비해 너무 많은 것을 가져가고 있기 때문이다.

제로섬이론은 경제에만 국한 되는 것이 아니라, 인간사회 곳곳에 숨어있다.

권력의 구조, 가진 자가 다 가져가는 경제… 심지어 잘생기게 태어난 것 그 우연 하나에 그에게 명예, 부는 물론이며 출중한 인격마저 헌납하고 있지 않은가.

더구나 잉여가 잉여를 가져오니 쓸데없이 너무 많은 것을 가져가고 있다.

표상적으로 자격증이지 않은가

이해력, 판단력, 본질을 파악하는 혜안력, 심미안, 기억력, 유머력… 머리가 좋음을 표현하는 여러 단어들. 다 의미가 틀리다.

그런데 단지 공부를 열심히 해서 1문제차라도 합격하여 자격증만 따야 하는 구조를 인류는 계속 이어가야 할 것인가?

어린아이에게 자연과 놀이를 빼앗고 홀로 외국에 유학을 보내고 다음엔 엄마가 가고, 아빠는 홀로 국내에서 돈을 벌어 송금하고… 같이 살자는 것인지, 홀로 외롭게 살다 가자는 것인지.

인간은 사회적 인간이라는데 맞는 말인가?

누구를 위해서?

자식? 엄마? 아빠? 인류?

발전! 성장! 창조! 누구보다 더 나은 것!

어디서 많이들은 단어들인데… 국가에서 요구하는 것과 같지 아니한가.

국가의 발전을 위해서!

오케이, 국가의 자식이 되는 것이다.

공부가 재미있다던가.

어릴 때부터 권력의지가 강하던가.

하도 못살아 결핍을 벗어나려는 의식이 강하던가.

고액의 족집게 과외를 한다던가.

엉덩이가 무겁다던가.

친구들과 어울려 타 학교 학생과 쌈도 하며 자연스럽게 살던 학생이 마음을 다잡고 공부하면 명문대를 가지 않는가.

가난한 집에서 태어나 갖은 고생을 하다가 일류대 간 학생 왈,

"공부하는 것이 제일 쉬웠다."

공부 잘 한다는 것이 그렇게 대단한 능력이 아닌 것이 분명한데… 창조란 것이 직관력 탁월자의 능력이라고 본다면 공부(지식)로 모든 권력의 세기가 정해지는 것은 심각한 오류이다. 공부를 잘 한다는 것은 욕심이 많다는 것을 보여주기 때문이다,

어린아이는 물론, 가족, 사회, 국가 전반에 고통과 함께 인생을 낭비하게 하고 있는 것이다.

우주의 힘, 태양의 빛의 세기에 따라 지구가 좌지우지 되듯. 인간의 욕심에 의한 잡초멸종, 꿀벌의 단종, 그로 인한 매체의 감소는 인간 스스로에게도 불행을 초래하게 될 것이며, 지구 스스로 자신을 보호하려 만드는 것이며, 결론은 우주의 패러다임을 변형시키는 것이다.

지식에의 몰입에 의한 발전이란 것은 인류의 멸망을 앞당기는 것이다.

이것이 없어지면 저것이 없어지는 것이고, 저것이 없어지면 그것이 없어지는 것이다.

일례로 잡초의 무분별한 제거도 다른 모든 존재의 급속한 변형을 가져오게 되는 것이다.

급속한 변형.

빛, 바람, 꽃, 별, 인간, 지구, 우주의 변형을 유도하는 것이다. 그러므로 이 우주 존재물 중에서 인간의 탐욕은 제일로 경계해야할 것이다. 왜, 인간도 자연의 일부이니까, 우주 내의 존재물이니까. 그러면, 비로소 제기해야할 문제.

자연인데, 왜, 인간은 모든 게 인위적인가.

인간이 비참해 질 수밖에 없는 이유.

하나는 언어의 발견이고, 또 하나는 구부러진 잠재의식을 앞서 거론했는데 마지막 하나.

국가다.

국가유지를 위한 법.

국가성장을 위한 창조.

정해진 시간, 정해진 규율.

개인의 자유와 창조는 근본적으로 개입할 여지가 없다.

국가를 위해서 개인은 희생되어야 한다.

모든 게 인위적이지 않은가. 인위가 인위를 부르고 있지 아니한가.

인간은 자연인데. 우주 내의 존재물인데. 자유전자를 지닌 자유인인데.

빛, 바람, 물, 꽃, 동물, 녹조류, 짚신벌레, 지구, 태양, 은하수처럼.

그런데 인간만 유독 인간에 의하여 규정된 인위적인 것에 맞춰가야 한다.

또한, 국가는 본질적으로 이기적이다.

자국 백성만을 위한, 자국만을 위한 것에 권력자든 백성이든 몰입한다.

마지막, 제일로 경계해야 할 무서운 것.

국가는 탐욕적이다. 발전, 성장을 해야 되는 구조이기 때문에 적정이란 것은 안중에도 없는 최고, 최대의 수확만을 도모하기 때문이다.

창조, 창의를 표방하는 이유도 사실상 개인자유의 확보라는 측면에서가 아니라 국가를 위한 개인의 창조를 요구하고 있는 것이다.

희대의 히트 상품을 만들어내서 최고의 수확을 올리는 것이 최대의 과제이다.

쓰레기와 잉여에 대한 고찰은 없다.

최고, 최대의 수확만이 있을 뿐이다.

권력자에 대한 너무 많은 권력의 부여.

절대복종자가 우선시 되는 구조.

권력이 권력을 옹호하고, 조직원의 부정도 조직의 이미지에 누가 되므로 감추는 조직.

조직원의 지위가 크면 클수록 더욱 감추는 조직.

조직원은 구성원이므로 남과 같이 묻혀 가면 되는 것이지, 휴머니즘을 거론할 필요가 없다.

그러니 조직원에게, 개인에게 "너 자신을 알라." 하는 것은 엎어터지고 깨져라 하는 것과 동일하다.

국가와 결부되어 필연적으로 제기되는 것은 민족우월주의.

거침이 없다. 막을 게 없다.

제국주의가 유행하면 너도 나도 약소국을 삼키는 것이다.

민족우월주의를 내세워 명분은 확보되었고 탐욕적인 국가는 약소국의 모든 에너지를 샅샅이 빼앗아간다. 현재의 서구국가가 잘 사는 이유는 약소국에서 빼앗아간 잉여의 소모일 뿐이다.

국가우월에 민족우월주의.

기호에 의한 서열화.

언어에 의한 차별과 고착화.

막힘이 없다. 거침이 없다.

그냥, 그렇게 가고 있을 뿐이다.

개인도 조직원도 조직도 사회도 국가도….

그냥 그렇게 바람이 부니 부는 데로 살다 가리라. 폼 내지 말 것.

내가 할 수 있는 게 하나도 없으니 그냥 그렇게 살다 가는 거라고.

깨치지 못하였으니, 꿈속에서 꿈처럼 허망하게 포말처럼 부서지는 거라고.

한바탕 꿈으로써.

그러나.

그럼에도.

그렇지만.

무조건.

인간을 비참하게 만드는 원인을 파악했고. 그동안 성인들의 지혜들을 조화시키면, 가능성은 충분하지 않을까.

"인간만이 인간을 행복하게 할 수 있고, 인간만이 인간을 불행하게 할 수 있다."라는 유일무이한 전제 아래.

부처의 자비, 노자의 간결함, 장자의 호쾌함. 원효의 위대한 화쟁, 루소의 성스런 고찰, 경허의 자유, 로버트 피셔의 겸손, 미생물을 염려하여 호흡을 조심스러워한 인도의 성인….

모두 다 의미가 있지마는, 그 가운데, 원효의 화쟁과 루소의 고찰은 인류 역사에서 매우 성스러운 의미가 있다.

원효의 위대함이란 부처 사후 소승-대승, 남방-북방, 영원한 숙제일 교종과 선종의 대립을 — "나는 맞는데 너는 틀리다."를 깨달은 후에 그 틀림도 본질적으로 같음을, 틀림이 아닌 맞음을 통찰하여 표리를 동일로 통일(화쟁) 하였다는 데에 있다. 그로부터 통일된 불교의 심화가 가능해진 것이다.

루소의 성스런 고찰이란 의미는 — 깨친 후에 인간사 제반여건에 관해서 심도 있게 통찰, 제시하였다는 데에 있다. 그로부터, 진제의 왕정이 무너지고 현재의 민주주의가 발생되어진 것이다.

왜, 깨쳤으니까 본질이며, 본질이므로 진리이지 않은가. 즉, 각 개인도 각 개별로 진리를 알거나 느끼고 있는 것이다.

각 개인이 알지 못하였다면 프랑스혁명은 발생하지도, 성공하지도 못했을 테니까.

부처는 부처를 깨라 했는데(그 역시 신선의 사상을 깼다), 득오자의 궁극적 인식은 같으나 개인마다 주 관심사는 다르므로 다른 견해를 피력해야 한다.

피셔처럼 깨달음의 과정을 구체적으로 방법을 제시하던가, 자유, 인식론, 이해를 넓히는 방법 등등 인류사회가 나아갈 바를 무엇인가라도 제시하여야 한다.

부처는 부처의 사유에서, 노자, 장자, 원효, 루소… 등도 그의 주 관심 사유 내에서… 깨친 사람은 다 이해될 것이다. 깨친 사람들의 언어와 그 함축성, 그 함축성에 숨어있는 정도의 양과 확산력. 그 함축에는 발전이라는 것에 대한 회의와 인위가 따른 다는 것. 그 본질적 통찰, 개인의 자유의 확보. 권력자에 대한 의무와 도덕, 양심의 강요, 언어에의 경계, 사람은 본래 선하다는 것. 굴절, 비참에서 깨우치면 비워있게 됨 등등.

이제 얼마만큼의 성장이 인류에게 진정 이로울 것인가에 대한 고찰이 있어야 한다. 일부의 과학은 오히려 독이 되어버렸다. 한 개인이 모든 것을 논할 수는 없지 않은가. 그게 비로소 부처가 부처를 깨는 것이다. 너무 쉬운 일이지 않을까? 인간이 만든 인위들이니까.

아! 그러나 여전히 오롯이 남아 있는 인간의 탐욕.

난 너보다 나아. 권력에의 의지를 어찌해야 하나. 이미 갖고 있는 권력을 왜? 내어져야 하나.

그렇게 외쳤건만 여전한 현재.

루소가 없었다면 그 이후의 대통령이든 수상이든 장관이든 없는 것이므로 루소에게 감사해야하며 루소의 지혜대로 나아가면 될 것인데….

왜, 그로부터 수혜를 받은 권력자가 그를 배척하는 것인가.

누가 어떻게 고양이 목에 방울을 달까.

첫걸음은 왼쪽부터인가, 오른쪽부터인가.

마르크스와 같이 혁신적인 제도를 새로이 제시하고자 하는 것도 아니 된다.

혁신적인 것을 내세워서 그것에 대해 전 세계적으로 합일되어 나아간다 해도 인간의 제반 여건을 모두 검토하지 않으면 안 된다.

권력, 종교, 경제, 도덕, 조직 하물며 개인의 의의와 역할론 등등 그렇지 않으면, 새로운 패러다임의 제시는 모두 실패이다.

급격함은 또 다른 힘의 세기에 의해 좌우될 것이며, 먼저 강한 무기를 획득한 곳에서 권력은 탄생될 게 뻔하며, 급격함은 인류역사를 무한한 원의 궤도만 돌게 하는 인위로 끝날 것이다.

한 번에 다 하려해도 아니 된다. 차근차근 하나하나씩 나아가야 한다. 서두르면 예상치 않은 일이 발생되어 폭력적인 과거로 회귀할 가망성이 크기 때문이다. 그런 패러다임 속에서 살아온 모두이기 때문이다. 하나하나씩… 차분하게… 냉정해야 한다.

망망대해의 외로운 고도 같은 이 절망.

"어머니. 저 좀 꽉 껴안아 주세요."

어머니 품속만이 위로이다.

루소의 성스런 고찰은 고로 옳다.

하늘 밑에 있으니 하요, 땅 위에 있으므로 상이니 상하가 바뀌어도, 상과 하는 엄연히 존재하는 것이다. 여성과 남성은 먹는 양이 틀리고, 관심하는 바가 구별이 있고, 감성과 이성의 정도의 차이가 있다. 남성은 남성이고 여성은 여성이다. 물론, 그 역도 도고, 아님도 도이다. 적음도 도이고 많음도 도이다. 단, 지나치거나, 강조는 도가 아니다.

"이것만 도다"라는 것은 그것만 도가 아니라는 것임을 분명히 알아야 한다. 그러나 가야만 한다. 가지 않으면… 인류는 멸망을 향해 가는 레일 없는 곳에서 폭주하는 열차이기 때문이다.

냉정하고, 늘 신중해야 한다.

검토하고 검토해서 최적의 조건을 찾아가야 한다.

하나하나씩.

유럽에서 좌파(복지)정권으로 교체되고 있는 것.

월가에서 1%만을 위한 것에 대한 반대의 시위가 있는 것.

이미 지구 내의 각 개인은 알고, 느끼기 시작했다.

대다수의 사람이 알게 되면… 빅뱅.

급격함은 또한, 힘의 우월자가 많이 모인, 먼저 강한 무기를 획득한 곳에서 권력은 탄생될 게 뻔하므로 무한한 원의 궤도만 돌게 하는 인위에 불과할 뿐이니 경계해야 한다.

절대다수의 경제주체인 봉급자가 겨우 집을 마련하고 살다 늘그막에 병이 들어 집을 팔고 오히려 자식에게 부채를 넘겨주는 지금의 시스템을 바꾸지 않는다면 극부와 극빈이란 두 계층으로 나뉘는 건 더욱 빨라질 것이다.

현재는 돈은 돈이 되는 곳에서만 돈다. 돈이 돌지 않는 곳에서는 돈이 돌지 않는다.

부는 부를 가져오나 즉, 빈곤은 빈곤에 머물러 있게 한다.

빈곤은 구매력이 없다.

부자가 보석을 구매해서 느끼는 효용이란, 빈자에게 있어서는 시멘트 조각이나 다름없다. 부자들이 보석을 구매하는 횟수가 많아지면 많아질수록 점차 그들에게는 엥겔지수만 높아질 뿐이다.

수익(성장)을 최우선하는 현 자본주의를 계속 이어간다면 그나마 국가가 가진 공공성마저 비효율이란 명분하에 없어져 버릴 것이다.

효율, 효용, 최고, 최대의 수익 이런 단어들은 없애야 할 단어이다. 그 단어를 문제시 하는 이유는 경제 원리에 사람을 끼워 맞춘 것이기 때문이다.

가난한 국가에서 싼 값으로 가져와 부국이 가지고 있는 예술적 섬세함을 가미하여 원가에 비한 최고의 마진을 취하고 있다.

부익부, 빈익빈이다. 빈곤의 나라에 지불하는 대가가 부국의 통화가치가 아닌 빈국인 그 나라의 통화가치이기 때문이다. 세계최고의 품질을 자랑하는 빈국의 실크를 기본으로 해서 만들어진 세계최고의 이익을 가지는 부국의 마진에 비해 너무 적은 빈국에로의 대가이다.

빈국을 빈국에 머물러 있게 하는 것. 그것은 수탈이다.

빈자에게 있어 효용이란 단어는 없어진지 오래이며 인간도 생물이다.

우주 내 모든 존재의 최우선 과제는 생존해야 하는 것 = 생존을 유지하기 위해서는 인간은 무엇이든 할 수밖에 없다. 죽는 것보다 더 힘이 드는 건 서서히 죽임을 당해야 하는 현실인 것이다.

빈곤은 빈곤을 부르며, 빈곤은 악이다.

악은 지식을 통하여 고의로 타인에게 피해를 주는 것도 악이지만, 악은 무지에서도 온다.

최대의 효용이라는 것이 무지다.

빈곤을 우리에게 초청한 것은 전문가라는 학자가 근원이다.

고로 전문가란 무지다.

하나만 아는 전문가는 결코 전문가가 아니다.

사람이 악해서가 아니라 본래 선한데 환경이 악하게 만들고 사회가 빈곤을 악으로 몰고 있다.

전 세계적인 합일이 필요하다.

나만, 내 가족만, 내 조직만, 내 나라만, 내 민족만을 향하는 역사의 걸음을 멈추고 우리 모두, 인류를 위한 행보로 수정하여야 한다.

미적분을 잘 풀고, 형이상학을 논하고, 전문가인 박사며, 법에 능통한 판사며, 부처만, 노자만, 공자만, 예수만 최고라 하는 것도 인간만이 인간을 행복하게 할 수 있다는 절대명제를 잃어버리면 이 세상 그 어느 것도 다 쓰레기이다.

성장 제일주의를 멈추는 전 세계적인 합일이 필요하다

그렇지 않으면 인간은 점점 정신병자가 많아지고 신경쇠약자가 많아지며, 심약과 불신과 불소통만 있게 될 것이다.

인간성을 훼손하는 그런 것들이 스스로 가라앉는 유행에 불과하다면 그나마 다행이지만 여전히 오롯이 남아 있는 인간의 탐욕은 어찌 할 것인가….

단언 하건데, 진리와 폭력, 역사, 인간이 인간에 대한 구속, 내 국가와 내 민족만을 위한 국수주의. 내가 가진 탐욕, 타인을 폄훼하며, 자신만의 출세를 위한 게 당연시 되는 것, 국가의 발전을 우선시 하여 개인을 법 틀에 넣고 모범시민을 양성하는 것 등등….

결코 앞으로의 행보 역시 지금과 달리 더 인간이 인간을 위한 것으로 나아가지는 않을 것이다. 작금의 세계를 둘러보라, 전쟁, 기아, 암묵적 무지화, 지구 곳곳에 널브러진 각종의 카스트제도, 가진 자가 덜 가진 자에게서의 수탈, 정의의 나라보다 훨씬 더 많고 더 많은 억지와 모순의 국가들… 삶의 터전을 잃어버린 박테리아들, 해당화, 할미꽃, 식물들, 꿀벌, 토끼 동물들. 멸종되어가는 동식물들. 온난화를 겪고 있는 지구. 그로 인한 지구와 우주와의 교신의 변형.

표징적으로 말하면 인류사 전 인류가 권력을 쥐기 위한 몸부림의 결과물이다.

역사를 그 방면 외의 선로로 바꾸고자 한다면, 결론을 말하자면 모든 개개인이 깨달아야 한다. 하지만 그것은 권력의 배분보다 더 어렵다고 할 수 있다. 그렇기 때문에 권력의 배분보다 중요한 것은 없으며, 시급한 것도 없다.

그럼에도 희망을 가지는 이유는 많은 득오자와 석학에게서 보편적 평등과 인류애를 비롯한 진리가 점차 쌓이고 쓰레기는 버리면서 액기스를 추출한다면, 미륵불이 도래해서 인류가 구원되는 게 아니라 많은 사람이 깨닫게 되고 지금과는 달리 어릴 때부터 인간의 존엄(휴머니즘)에 접근하게 하는 것을 우선시하는 시대가 요구되게 되면, 역사는 비로소 사람이 우선인 휴머니즘의 시대로 도입할 것이다.

과연 지금이 만여년 훨씬 이전인 노예제도가 없던 한인제석 한국시대보다 인류사에 있어 더 낫다고 할 수 있는가. 차별 없이 백성을 태평성대를 누리게 한 성군인 요임금. 태호 복희씨의 시대보다 더 낫다고 할 수 있는가.

과연 앞으로 무려 만여년 이후의 그 시대에는 인간의 자애(루소)와 독존(부처)이 더욱 개인마다 지켜지고 조직은 물론 권력자도 자애며, 자존을 제일의 수칙으로 삼게 될 것인가.

비참은 비참을 불러올 뿐이다. 당하는 사람이나 당하게 하는 사람이나.

왜? 본심본 태양앙명 인중천지일이니까.

거의 모든 생물이 주광성인 것처럼 사람도 밝음을 갈구하니까.

현재 인간의 자애, 독존을 모르는 사람은 또한 조직은, 권력자는 그때 그것이면 그것이다가 아닌 그냥 그렇게 되어 있는 대로 그냥 그렇게 사는 자에 불과하다.

인간은 소처럼 고삐 메고 사는 동물이 아니다.

가고 싶은 데로 가고 쉬고 싶으면 쉬는 존재이다.

일시무시일이며 일종무종일이다.

본래 자유로운 자유전자를 지닌 먼지 같은 존재이다.

무게에 짓눌리지 않는 허공의 먼지처럼 자유로운 존재이기 때문이다.

지금 당신이 과연 무엇을 할 수 있는가.

당신이 지금 상황에서 무슨 일을 할 수 있는가.

가정이든, 사회든, 국가든, 세계든

조직원이든 개인이든 권력자든, CEO든, 의사든, 기자든, 검사든, 판사든, 학자든, 부장이든, 대리든 간에 창조, 혁신, 이해, 자유, 조직의 발전, 인류역사의 발전, 휴머니즘에의 추구 등인가, 답습, 권태, 일상, 권력에의 추구, 권력에의 복종, 새로운 자격증 취득, 피로, 회의 등인가? 자본주의 깃발을 내세우며 남자를 약하게 하고 여자를 강하게 만드려고 사회에서 요구하는 의식적 접근이던, 인류사 남녀역사가 기나긴 세월 속에서 습관적인 본성이 되었든 간에 이미 남자는 남자고 여자는 여자일 수밖에 없다. 기나긴 세월과 태어난 이후에도 아버지는 아들과 어머니는 딸과 대화하는 시간이 많다. 성인이 되어서도 아들은 아버지가 하였던 것을 따르기 마련이며. 딸 역시 어머니가 하던 것을 따라 행동한다.

누가 뭐라 하던 국가가, 사회가 남자와 여자가 가지고 있는 속성을 바꾸라 하여도, 강압을 하여도 결코 바뀌지 아니 하며 나아간다 하여도 나아갔다 하여도 다시 본래로 돌아갈 가망성이 크다. 남자는 대화하는 법을 모르며 자신의 감정을 표현하지 않으려 하고 여자는 감성에 치우치며 대화를 하려하기 때문이다.

남자는 남자다워야 하고, 여자는 여자로서 행복을 누릴 권리가 있다.

행복의 추구는 본질이다. 그러므로 행복이란 것은 본질은 본질대로 나두는 것이다.

법 한 구절에 사람이 그대로 법에 맞춰 자신을 맞추는 가는 게 인간이다.

인간이란 매우 연약한 존재이다.

여자가 약하다 하지만 남자도 약하다. 남자 역시 남의 눈치보고, 칭찬받으려 한다. 비참, 외로움 및 우울감 등 언어를 가진 인간은 오히려 동물보다 더 연약한 존재이다.

조직. 특히 국가에 속해 있으며, 조직에서 부여받은 직책이 있어 ― 거느리는 사람이 있어 강해 보이는 것뿐이지 인간은 개인으로서는 할 일이란 게 많지 않을 뿐더러 후각, 시각 등 오감도 뛰어나지 않다.

인간이 무기를 만들어 대규모의 학살을 감행하고, 단체가 개인을 무시하기 때문에 인간이 강하게 보일 뿐이다.

비인간적인 그리고 만인을 실천력 없게 만드는 법이-그 법을 사람이 집행한다 해서 인간이 착각하기 때문에 인간이 강하게 보일 뿐이다.

인간이 직립을 하지 못했고, 지혜가 더 뛰어나지 않았고, 총으로 늑대를 제압하지 못했다면 인간은 늑대의 밥 — 늑대는 인간의 천적이 되었을 것이다. 하물며 여우조차도 인간과 맞먹으려고 했을 것이다.

인간이란 그렇게 연약한 존재이다

명분 하나에 자신의 무지를 과감하게 드러내며, 자유니 평등이니 민주적이라는 고결한 가치는 밥이 되지 않기 때문이다.

인간의 능력이 연약할 수밖에 없는 이유이다.

관념이든, 의지든, 사회를 위하고 인류사를 위해서든 자신의 관념을 바꾸는 게 그만큼 어려운 일이며, 자신의 의지를 행하는 자체를 두려워하기 때문이다. 그렇기 때문에 진보라는 속성은 첫 걸음마저 내딛는 것조차 어려움을 가지고 있다. 다시 말하면 역사는 무한한 원의 궤도만 돌아간다는 것을 뜻하며, 인간은 평등이요. 인간의 본성인 진실과 자유를 향한 의지마저 포말처럼 부서지기 쉬운 구조이다.

그만큼 새로움을 향한 첫 한 걸음 내딛는다는 것이 어렵다 할 수 있다.

권력을 부여잡은 자의 경우 역시 아주 조금만이라도 인류를 위하여 첫걸음을 내딛는 것이 그만큼 어렵다는 것을 말하고 있는 것이다.

그러므로 무엇보다 법의 제정은 인간의 자유와 존엄성에 위배되지 않도록 주의에 주의를 기울여야 하며, 법 앞에 평등해야 한다는 명제를 어느 누구든 절대 허물지 말아야 한다.

학연, 지연, 권력의 차이, 연장자, 박사 등 갖은 권위를 인정하지만 사회든 조직이든 백성이든

인류를 위해서는 부정을 옹호해서는 아니 된다.

지금 당신은 무엇을 하고 있는가.

한없는 인류애와 보편적 평등, 자유를 논했던 신선, 유위자, 노자, 부처, 원효, 루소, 경허, 로버트 피셔, 라마크리슈나, 권위에 의지하는 약한 사람이 되지 말고 굳건히 홀로 서는 초인이 되자던 니이체.

지금 당신은 무엇을 하고 있는가.

권력배분에 관하여

인간이란 무엇인가.

인간이 만들어낸 가치(명분) 아래서 개인이 그 가치를 획득하려는 움직임이지 않은가.

인간사회에서 제시하는 권력, 종교, 돈, 명예, 지성, 지식, 궁극적으로 그 이슈 내에서 자신의 의미를 찾아가는 것 아닌가.

통칭하여 권력을….

자신의 비참을 감추기 위해서 각 권력을 찾고 있으며, 권력을 가지게 되면 그 또한 비참을 감추기 위해서 더 큰 권력을 가지려 하고 있지 않은가. 앞서 언급했듯이 오로지 인간의 영역 내에서의 존재의 의미 아닌가. 그렇다면 긴 역사를 지닌 인류역사에서 현재의 인간은 행복해야 하지 않을까

휴머니즘을 부르짖은 게 언제인데 현재는 휴머니즘의 세상인가? 휴머니즘에 관한 고찰이 있었다는 것은 이미 휴머니즘의 시대가 아니라는 것을 말하고 있는 것이다.

"인류의 역사는 무한의 원의 궤도만 돌뿐이다"라며 니이체는 왜 탄식 했는가.

'인간만이 인간을 행복하게 할 수 있다.'는 전제로 인류역사가 시작된 게 아니라 침팬지처럼 충분히 먹을 수 있고 무리들이 쉴 공간이 충분한데도 더 가지려고 계속 이웃과 전쟁을 벌이는 것과 마찬가지로 권력을 쥐었어도 더 가지려 하고 애초에 잘못된 전제조건하에서 사회가, 국가가 각종 권위가 내세워졌기 때문이다. 또한, 권력을 잡은 자가 모든 것을 가진 다는 제로섬

이론이 인류역사에서 고무줄처럼 탱탱하게 유지되어온 최고의 가치이기 때문이다.

잡으면 승리자고 못 잡으면 패배자이다. 현재도 인간은 그 권력들을 향해 질주하지 않는가?

애초에 '인간만이 인간을 행복하게 할 수 있다.'라는 명제만이 진실이었음을 명시했다면 인류역사는 크게 바꾸어 졌을 것이나 불행하게도 인류역사는 권력의 지배자가 모든 것을 가지게 되어 있다는 것에 근본적 불행이 있는 것이다.

권력자가 개인의 가치. 신, 권력, 종교, 돈, 명예, 법을 모두 가지게 되어 있다는 시스템이라는 게 인간이 행복해 질 수 없다는 것을 내포하고 있는 것이다.

왜 빈국인 부탄의 사람들이 부국인 다른 나라 사람보다도 행복지수가 높은가?

문명이란 게 인간에게 편안함을 가져다주는 것은 명확한 사실임에도 불구하고, 오히려 그 속에 있는 인간은 더 불행하다고 생각하고 있는 것은 무엇을 뜻하는가.

문명이 더 복잡한 사회를, 제도들을 가져와 오히려 사람을 구속한다는 것도 맞는 말이기는 하지만, 복잡한 사회라 상식과 법을 몰라 피해를 보고 있다는 것도 사실이지만, 오히려 법이 약자에게는 핍박이기 때문이며, 선의에도 법의 칼날이 들어설 수 있다는 것도 있다.

권력을, 돈을, 법을, 지식을 숭상치 말라고 노자가 경고한 이유는 무엇인가.

1% 사람들을 제외하고는 나머지는 모두 일생을 패배자라는 낙인을 가슴에 찍고 살아가야하기 때문이다. 그 1% 사람들도 "대중은 옳다"고 갈파한 파스칼의 역설에 의하면 그들도 불행하다.

결국 제로섬이론하에서는 모두가 패배자인 것이다.

권력은 유한하니 권력자도 언젠가는 패배자가 되기 때문이다.

현재까지의 인류사회는 패배자만 낳게 하는 실패한 사회인 것이다.

인간이 사회를 이루면서 권력의 이동은 시작된다.

권력의 세기로 지배와 피지배가 형성이 되고, 국가체제로 전환되면서 권력의 집중화는 더욱 깊어지게 된다. 권력의 당위성을 표출하고자 종교와 결탁하여 신탁이라는 미명하에 권력은 당당해진다. 권력이 신에 의해서 합당화 되었지만 종교도 권력에 의해서 권위를 가지게 되는 것이다. 권력과 권력이 권력을 더욱 발전시키고 있는 것이다. 시민은 늘어나고 사회는 발전하면서 국가는 더욱 커져간다. 경찰이 있게 되고, 군대가 생겨서는 필요악인 그 둘은 권력에 권력을 더욱 증가시킨다. 권력의 집중화는 극에 달해 권력은 무소불위의 시대가 된다.

그리스시대의 권력자인 귀족들이 "너 자신을 알라"며 평민에게 복종을 협박적으로 강요를 하지만, 거꾸로 소크라테스는 "평민인 너 자신을 알라"며 각성을 촉구한다.

19세기의 니이체가 탄식한 것도 그 때, 그것으로 절망케 한 것이다.

사실 사회의 약자에 대한 경제, 가치의 배분보다도 인류역사에서 권력의 배분은 덜 이루어졌다면 이상하다고 생각하는가.

현재 힘 있는 나라인 영국, 미국에서 더 많은 전쟁이 있다는 것은 무엇을 말하는 것인가.

마빈 해리스는 전쟁은 계속 발생할 수밖에 없다고 했는데, 바꿔 말해서 힘 있는 나라에서 전쟁을 더 많이 했다는 것은 권력의 폐해가 그만큼 크다는 것을 의미한다.

권력의 맛을 들인 자는 더 큰 권력을 원하며, 자신의 국가의 발전을 위한다는 명분하에 자신의 국가의 잉여를 소모하면서 약소국의 모든 자본과 하물며 사람까지 피탈하는 것이다.

부랑자 수만의 사람들이 사회에 끼치는 부정들보다 인류역사상 수많은 민중의 봉기로 인한 부정들보다 권력자의 오류로 인하여 역사에 더 큰 부정을 끼치지 않았는가.

십자가전쟁도, 히틀러도, 중동전쟁도, 이라크 침공도… 부랑자 수만의 사람들이 사회에 끼치는 부정도 인류역사상 수많은 민중의 봉기도 다 포말처럼 흔적도 없이 사라졌지만 권력은 여전히 오롯이 지금도 존재하고 있다.

'무'라는 부처의 말처럼 "우주의 질서는 카오스다"라는 것을 뜻하기도 하여 "인류역사는 원의 궤도만 무한히 돌 뿐이다"며 니이체는 탄식한 것이다.

무라는 의미는 무엇인가?

단적으로 무이므로 아무것도 없으므로, 인간은 무엇이든 할 수가 있다는 말이다.

카오스란 의미는 무엇인가?

무엇이든 할 수는 있으나 혼돈 속 질서란 것이다. 인간은 본래 선하고 자유로운 존재란 것이다. 그런데, 인류역사란 무엇인가. 정신병자만 양산하고 있지 않은가.

현대인은 자유와 선을 추구하기는커녕 자신의 문제에도 접근할 시간도 없고, 방법도 모른다.

오로지 권력을 취득하는 데에만 자신의 모든 것을 쏟아 붓고 있지 않은가.

다른 방향은 전혀 생각하지 않은 현 인류인 것이다. 다시 말해, 무인지라 무엇이든 할 수가 있었는데, 그 긴 인류역사라는 게, 단 하나, 권력에의 추구만 있었다는 것이며, 애초에 권력의 배분으로 시작했으면 휴머니즘의 시대는 이미 도래했다는 뜻이기도 하다.

무인데… 애초에 방향을 잘 잡았으면 인류는 더 행복할 수 있었던 것이다.

원시시대의 구조를 진보했다는 현대의 인간이 그대로 답습하고 있는 것이다.

우두머리 수컷이 모든 암컷을 다 소유하려 하는 동물의 구조를 고등인간이라는 인간이 하등동물의 권력의 구조를 갖고 있는 것이다.

그러해서 "인류역사는 원의 궤도만 무한히 돌 뿐이다"라고 니이체는 절망한 것이다.

다른 뜻으로 표현하자면 인류역사란 권력에의 추구만 있을 뿐이라는 니이체의 혜안이다.

마르크스와 같이 혁신적인 제도를 새로이 제시하고자 하는 것도 아니 된다. 혁신적인 것을 내세워서 그것에 대해 전 세계적으로 합일되어 나아간다 해도 인간의 제반 여건을 모두 검토하지 않으면 안 된다. 권력, 종교, 경제, 조직, 하물며 개인의 의의와 역할론, 조직과 조직 및 조직과 개인과의 역학적 관계 등등…. 그렇지 않으면, 새로운 패러다임의 제시는 모두 실패로 끝날 것이다. 권력이란 게 결코 남에게 쉬이 넘길 게 못되는 목숨이 질기고도 질긴 것이기 때문이다. 마르크스의 이론은 훌륭하나. 개개인의 나태(소요와 구분요)를 부르며, 그것은 바로 여유와 창조의 제약을 가져 온다. 공동배분이란 것은 공평한 노동을 하는 것을 의미하는데, 공동배분이 되는데, 어느 누가 타인보다 더 먼저 더 많이 일을 할 것인가.

우선 먹고 살 수 있어야, 충족한 배분이 가능한데 나태는 부실을 초래한다.

사람마저 점점 늘어나는 흐물흐물한 고무줄이 되어 갈 것이다.

농구선수 마이클 조던처럼 다른 선수에 비한 체공능력의 탁월은 그 자신의 노력이며 보는 사람으로 하여금 창조인 것이다. 즉, 찬탄이며, 황홀이다.

그런 창조를 볼 수 있다는 것은 행복이다.

그 외에 많은 것의 침체를 가져 오게 되는 것을 뻔히 알 수가 있기 때문에 사회주의는 마르크스가 개념을 정립하였을 때부터 이미 실패한 이념이다.

무엇보다도 마르크스의 실패는 권력의 속성에 대해서 고민하지 않았다는 데에 있다.

오히려 사회주의는 민주사회보다 더 권력의 강화를 초래했는데 마르크스가 이해하지 못한 또 다른 견제 즉 권력-종교 및 조직 등에 대한 재고가 없었다는 점이다.

권력을 제한할 수 있는 법의 미비, 스스로 견제할 수 있는 조직과 조직을 만들지 않았기 때문에 권력이 권력의 집중화와 폐해를 제어할 수 있는 견제의 구조를 상실했던 것이다.

그 권력의 남용은 인간을 더욱더 불행하게 만들었다.

권력에 대한 비판, 제어, 책임 등을 전혀 거론하지 않은 상태에서의 그 어떤 새로운 패러다임의 제시는 실패이다.

왜, 권력은 달콤한 것이니까. 무소불위의 권력은 최고의 가치이므로 타인에게 양도도, 배분하기도 싫으니까.

마르크스의 오류는 인간이 신선이나 노자처럼, 부처처럼, 예수처럼 양식이 있는 완벽한 존재라고 착각하였던 것이다.

인간이란 “나는 쟤보다 위야”라는 권력에의 의지가 있음을 간과하였다.

권력을 가진 자가 모든 것을 가진다는 것을 간과하였다.

아직도 지구상에 삼대세습이 되어 삼대 째 독재가 지속되는 곳이 있다는 것은 권력의 공포가 그만큼 크다는 것을 의미하고 있다.

왜, 죽기는 싫으니까. 조직으로부터 가해지는 왕따도 싫으니까

현재까지 인류가 찾아낸 제도 중 제일 나은 것이 그나마 민주주의이다.

개인의 자유를 표명하고 보편적 평등을 어찌되었던 추구하고 있기 때문이다.

현재는 조금의 권력을 소 권력자에게 주고, 그 위의 권력자에게 소 권력자를 통제하는 권력을 주고… 그 위의 권력자를 두고… 그리고 최고 권력자로 구성되어 있다.

거꾸로 얘기하면은 각종 권위들의 소수의 최고 권력자의 권력 아래 백성이, 조직원이, 종교인이, 돈이, 명예가 가치부여가 조종당하고 있는 구조인 것이다.

왕정보다는 덜하다고 하지만 그 속을 들여다보면 인간 개개인이 권력에의 복종은 같다고 보아야 한다.

최고 권력자가 힘을 발휘할 수 있는 필수적인 요소는 권력을 지닌 하부조직을 통제할 수 있기 때문이다. 그것은 곧 권력이라는 것이 힘과, 조직이란 다수가 소수에 대한 테러. 그로 인한 공포가 늘 깔려있는 것이다.

더구나 다수에게 막강한 힘과 경제력이 있다면, 일개의 개인도, 다수인 조직도, 개인에 불과한 극부를 지닌 CEO도… 굴복시키는 건 너무나 쉬운 일이다. 그 다수가 불순한 의도=죽음, 공포, 협박, 회유 등을 가지고 있다면, 개인인 최고 권력자 역시 굴복을 당하기 마련이다.

조직 내에서 개인이든, 소수 그룹이든 부정한 권력에의 대항이란 그 조직에서의 추방이므로 밥그릇을 놓아야 한다. 본인은 물론이거니와 가족도 위협받게 되는 상황도 야기되는 구조이니만큼 공포는 더욱 확장되고 창조적 개인은 설 곳이 없기 마련이다.

본질적으로 권력자에게 인사권, 지위박탈권, 통치권, 의사결정권 등 너무 많은 것이 권력을 가지고 있는 것이 인류사회의 불행인 것이다. 물론 그 위치에 서면 백성의 안위와 행복을 늘 생각하고 발전과 방위를 늘 염려하겠지마는 권력만을 추구해온 자에게, 본질적으로 자신의 '똑똑증후군'도 해결하지 못한 자에게, 구부러진 잠재의식에 의해 조종당하고 있는 자에게, 너무 많은 권력을 쥐어줬다는 것이 인류의 불행인 것이다.

그렇다면 인간이 행복하려면?

권력의 배분도 중요하며

경제적 배분도 중요하며

지식의 배분도 중요하며

직업의 배분도 중요하지만

궁극적으로 가치의 배분이 이루어 져야 한다. 이렇게 사는 것도 가치 있는 것이며, 저렇게 사는 것도 가치가 있는 것이어야 한다. 그러므로 보편적 평등과 자유와 행복을 주는 시스템을 구비해 나간다는 것은 인류행보에 있어서 매우 중요한 의미를 가진다고 볼 수 있다.

고결하다는 그 이상적 가치들(종교, 도덕, 순수, 사랑, 평화)에의 추구보다도 인류의 본질을 꿰뚫어 보려는 형이상학이라는 것보다도 '인간만이 인간을 행복하게 할 수 있다.'는 절대적 명제를 최우선의 지향점으로 삼아서 인류의 평화와 행복을 위해서는 권력의 배분부터 이루어져야 함이 무엇보다도 중요한 문제임을 지구인 모두는 갈파해야 한다. 그 절대적 명제로의 지향은 즉, 인간의 가치와 본질과 부합하여 살기 좋은 세상이 되기 때문이다.

남보다 먼저 권력자가 되기 위해서 수모를 당하여만 하는 작금의 권력을 지향하는 구조가 아니라 권력 및 경제, 지식, 가치의 배분이 이루어지는 사회이므로 반짝반짝 눈이 빛나는 창조적 개인이 출현될 것이며, 더 나아가 상호능동인 시스템도 점차 구비되어 갈 것이다.

모든 언어에서 창조라는 단어는 인간을 구속하지 않는 몇 안 되는 단어 중 하나이다.

창조란 한여름 아스팔트 위에 늘어진 지렁이 같은 일상인 개인에게 한바탕 소나기를 뿌려주는 것이어서 개인을 다시 생동하게 만드는 것이다.

생동한 사람이 모인 곳이라는 게 의미하는 바는 개인, 조직, 국가, 세계 모두 창조란 반짝임을 만끽하고 있다는 것을 말하는 것이다.

창조는 직관력 탁월자(심미안이 있는 자, 혜안이 깊은 자)에게서 나오기 마련이다. 그러므로 인간이 모두 창조적이 된다고 생각해보라. 산다는 것이 유쾌, 상쾌, 호쾌, 통쾌하지 않겠는가.

권력의 배분이 이루어지면, 종교의 의미는 많이 희석될 것은 너무나 자명하다.

경제의 배분도 이루어 질 것이며 지식, 직업, 가치의 배분도… 그리하여, 그러므로 절대적 복종자 및 경찰, 군대의 비중도 약화될 것도 자명하다.

민주주의가 표방하는 개인의 자유, 보편적 평등, 인치와 덕치 및 법치의 황금비율을 하나하나 찾아가며 지혜를 모아가면 비로소 인본사상과 인간의 삶이 부합되는 사회가 비로소 이루어질 것이다. 그렇다면 최우선의 과제는 권력이 집중되지 못하도록 권력을 분산시키는 시스템을 마련해 나가는 것이다.

일반적으로 인간은 어떤 조직이 망하면 손해가 발생하므로 조직의 보호에 암묵적 동의를 하게 된다. 국가도 조직이며, 국가는 조직을 보호하려 한다. 특히, 유교권에 있던 국가는 그 경향이 더 심한데, 창조가 직관력탁월자에 의해 이루어진다는 것을 안다면, 국가자체 및 국가의 성장과 국가 내 각 조직의 유려함을 위해서라도 반짝이는 모래 같은 개인의 창조에 관하여, 개인의 능동확보를 위해 노력해야 한다.

지식의 배분, 직업의 배분, 경제적 배분 및 제반 가치의 배분, 종교에 대한 배분(신에 대한 인간의 감수성은 개개인 모두 질과 양이 다름)보다 권력의 배분을 우선 논하는 것은 권력의 배분이 그만큼 어렵기 때문이다. 권력의 달콤함을 아는 현재의 막강한 권력을 가지고 있는 권력자가 스스로 자기의 권력을 내 놓을 수 있는 사람은 거의 없기 때문이다.

그 어느 부패한 권력자가 바이러스에 걸려 벌집을 스스로 떠나는 그 벌만큼의 윤리가 있었다면 지금의 사회는 훨씬 더 인간적인 삶이 되었을 것이다. 부패하고 부패한 권력이라 해도 민초가 들끓어 경찰과 군대가 동원되어 진압되면 그 권력은 유지된다. 경찰에 의한 군대에 의한 진압에도 민초의 항거가 계속되면 수많은 사람이 죽은 후에야 그 부패한 권력자는 축출되었던 게 인류역사이다.

권력의 속성은 잘못한 게 많으면 많을수록 그것들을 감추기 위해서 갖은 횡포와 권력에 대한 공포를 조장하고 계층마다 분열을 조장한다. 차단벽을 정신적으로 물질적으로 높이 세우고, 백성의 에너지를 소진케 하여 군집하지 못하게 하며, 그래도 안 되면 공안성치를 하면서 백성의 입마저 봉하기 마련이다. 마지막까지 가도 권력내부에서조차 부정인 그 권력을 제어하지 못하기 때문에 인류역사는 니이체가 말한 대로 원의 궤도만 무한히 돌게 되는 것이다.

인류사가 앞으로 더 긍정적으로 나아가려면 권력의 배분이야 말로 본질이며 최우선의 과제가 되어야 하는 것이다. 권력의 배분이야 말로 진정한 혁신이며, 휴머니즘의 부활이 아니라, 휴머니즘의 첫 행보가 될 것이다.

10,000여 년 이전 한나라 최고 권력자 왕은 본인도 깨달았지만 정치적, 사상적 스승(신선)을 두어 '홍익인간' '제세이화' '광명개천'의 사상으로 인본주의적 정치를 하였으며, 차기 권력자 및 차차기 권력자에게 위임을 많이 부여하였다.

왕이라 하더라도 하위자가 도움을 청하면 기꺼이 응하였으며, 어느 단군왕검은 왕위를 형제가 아닌 아들에게 물려주려 하자 많은 반대가 있었음에도 "직언을 하는 신하가 많다는 것에 그 단군왕검은 흡족하였다."는 기록이 있다. 주위에 간신을 두지 않고 충실한 신하를 두어 쓴 소리를 기꺼이 감수하는 권력자야말로 성군聖君이라 할 수 있다. 그게 의미하는 바는 조직 내에서, 국가 내에서 개인의 행보가 넓다는 것이어서 개인의 자유가 보장된다는 것을 말한다.

개인의 자유가 보장되어야만 휴머니즘적 창조가 그로인하여 휴머니즘적 혁신이, 진정한 발전이, 조직이, 국가가 발전하는 것이다. 결론적으로 인간의 행복이 보장되는 것이기 때문이다.

먼 미래를 내다보고 지금까지 이어온 비참한 인류사를 버리고 새로이 긍정인 인류사를 쓰려 한다면 인간을 위한 의견이 권력에 의해 묵살되는 것을 방지하는 방지책이 있어야 한다.

부정한 권력자에 의해 개인의 참삶이 부정된다면, 거부하는 당당함이 보장되는 보장책이 마련되어야 한다.

"악법도 법이다."며 법의 집에 스스로 간 소크라테스로 인하여 그 이후 현재까지 악법에도 순응하는 사람을 양산하였다고 볼 수 있으며, 인간 위에 법을 놓이게 하였다고 볼 수도 있다.

인간의 존엄성을 훼손하는 악법임에도 그것을 폐기하는 방법을 찾지 못하게 하였고, 찾아내어 수정하는 시스템의 도입을 아예 생각조차 못하게 만든 원인 중 하나이기도 하다.

사람은 본래 선하다. 선하기 때문에 인류역사가 면면히 지탱해온 것이다.

인류초기의 법이란 악자에게 국한된 모범적인 법제였다. 현재는 법의 그물망에 모든 인간이 갇혀있다고 보아야 한다. 애초에 법의 구성은 인간을 악으로 규정하고 제정하였기 때문에 법이란 본질적으로 피라미드 구조에서 제일 밑이며, 제일 많은 개인을 통제하고 있는 속성이 있다. 선의도 법망에 걸리면 곤혹을 치러야 한다.

법이 너무 방대하기에 사람들이 악을 행하고 있는 자를 제재하지 않는 것은 경찰서에 가서 진술을 해야 하는 번거로움이 있는 걸 알고 있기 때문이기도 하지만, 모르는 법조항에 의해 내가 다칠 수도 있기 때문이다.

할 수 없다. 본심은 아닐지언정 모르는 척 해야 한다. 겁쟁이가 되는 게 현대를 사는데 도움이 된다. 아니 오히려 지혜롭다.

이미 세계인은 법의 테두리 밖에 있는 것에 대해서는 법이 제재할 방법이 없는 것을 포함해서 선의에 대한 법의 폐해가 적지 않음도 알고 있다.

개인의 미필적 고의에 대해서는 판결하면서 권력자나 자본가의 명백한 고의에 대해서는 해당하는 법이 없다며 처벌치 못한다는 해괴함도 알고 있다. 그것은 곧 사기의 국가가 되는 것이며 사기의 백성이 되라하는 것과 마찬가지이다.

법 앞에서는 모든 사람이 평등하다는 것은 절대적 명제이며, 각양각색의 다양성마저 수용할 수 있는 능동적이며 백성에게 이로운 법= '인류헌장'이 필요한 이유이다.

억울한 사람이 없어야 함이 법치의 최고의 덕목이기 때문이다.

단, 법이란 게 국가수호와 개인의 안녕 입장에서 성립되는 것이며, 국가는 외부로부터 개인의 자유를 침해당하지 않게 하므로 계약이란 단어를 사용하였던 루소처럼 그에 따라 어느 정도 개인의 존엄성과 자유의 훼손은 감수해야 한다.

한마디로 법이 인간 위에 있는 것이어서 효용과 성장을 인간에게 강요한 경제논리처럼 효용과 성장이 인간 위에 있는 것처럼 법이 현대사회와 사람을 무관심, 몰이해, 정형화, 형식적 즉, 관료주의의 수렁에서 헤매게 하는 큰 원인인자이다. 법 앞에 만민은 평등하다는 것을 역으로 해석하면 법 밖에서는 불평등하다는 의미이며. 즉, 법의 내포는 백성을 악의 속성을 토대로 제정된다는 것을 말한다.

행정부, 입법부, 사법부, 그 어느 조직이건 그 어느 누구도 책임지려 하지 않는다. 그들이 한결같이 하는 말.

"법이 없어요, 소송거세요."

사람은 본래 착하다. 그 사람들이 하는 말.

"똥이 무서워서 피하냐, 더러워서 피하지."

지구온난화처럼 지구는 관료주의의 만연을 겪고 있다.

생산지부터 소비자까지 유통되는 모든 과정은 법이 수반되는 것으로써 즉, 국가가 보장한 법으로부터 농민, 운송자, 도매자, 중간도매자. 소매자 그리고 개인 모든 곳에 법이 왕처럼 존재하지만 막상, 소비자—개인은 속고 있다 가정하자면, 속았음에도 국가는 방치하며 개인은 내 잘못이라며 한탄해야 하는 구조이다.

법을 지켰음에도 속았는데도 개인은 왜, 침묵하고 수용하는가.

첫째 국가가 삼권이 나를 보호하고 있다는 국가에 대한 신뢰이며, 두 번째는 개인인 농민부터 희롱한 최소 중개에서부터 마지막 단계까지 이익을 남겨야 하는 구조이기 때문이다. 그 시스템을 이어가야 밥을 먹을 수 있으며, 성장이 이루어지기 때문이다.

그 모든 곳에 법은 쫙 깔려 있었는데 — 국가가 계속 개입 한 것인데 — 속이는 것을 막지 못했고, 정부는 애국심이 철철 넘치는 백성을 나무란다. 책임져야 할 정부가 개인에게 잘못을 탓하는 시스템이 현재의 지구촌이다.

사람은 본래 착하다. 내 잘못이라 하지 국가를 원망하지 않는다.

법이, 경제가, 성장이, 효용이, 단체가 인간 위에 있기 때문이다.

백성은 안다. 그렇기 때문에 아무 소리 안하는 것이다.

법에 호소해도 유리한 면으로 처리가 안 되며, 오히려 귀찮게 된다는 것을 안다.

백성은 안다. 경제성장이란 게 더 고달파지고, 효용이란 내가 값이 매겨진 삶이어서 그 값이 다하고 나면 — 길바닥에 붙어있는 씹다버린 껌이라는 것을. 그러므로 근본적으로 악인에게만 적용되어야 할 법의 속성이 선한 자는 물론 모든 사람을 옥죄고 있다는 것에서 사회를, 사람을 그 그물망에서 빼내야 한다.

지금까지 이 논리가 나오지 않은 이유는 법외에는 복잡한 현대사회를 질서로서 유지할 수 있는 대체방안이 없다고 생각했기 때문이다.

분명 법적용은 최고 권력자를 포함하지만 직·간접적으로 적용 받는 것은 절대다수인 국민이다.(국민이란 단어는 제국주의적 단어이다. 국가에게 있어 제일 약한 존재 — 개인과 국가 간의 관계는 루소의 말을 빌리자면 계약관계이지만, 국가와 국민과의 관계는 국가가 필요할 때 집합, 선동, 도용되어지는 일방적 수탈의 관계이다.)

절대다수인 백성이므로 행정부나 입법부에서 바로 법을 제정하는 게 아니라 백성으로부터 발생되고, 백성에게서 위임받은, 또는 백성에게 동의를 구하는 그 어느 하나, 또는 전 과정을 거쳐 제정되어야만 하는 이유이다.

각종 권력의 배분이야말로 인류사회가 지향해야할 최고의 가치이며, 그것은 인류에게 여유를 되돌릴 수 있게 만들 것이다.

'배분과 여유' 그 둘은 정신과 육체와의 관계이다.

둘은 외롭다. 하나가 무너지면 다른 하나는 할 일이 없다. 신선의 삼신사상 세 번째는 마음인데 '인간만이 인간을 행복하게 할 수 있다.'는 것이 마음이 되어야 한다.

상황은 반대이다. 법을 관리, 감독, 처분하는 자는 피라미드의 상위에 있는 지배계층(기득권)이었기 때문에 이 논리가 나올 수 없었던 것이다. 오히려 법은 권력을 더욱 강화시켰으며 개인에게 다가오는 권력의 공포는 더욱 확산되었던 것이다.

근대조선이나 중국이 『천부경』의 삼신사상 중 조직의 사상인 유교에 지나치게 치우친 나머지 왕과 관료들의 권한을 잔뜩 키워 놓은 것과 마찬가지이다.

지금도 권력을 위한 법, 체제, 권력자가 인간의 존엄성 및 자유를 억제하여도 개인이 할 일이란 게 그저 처분만 기다리는 것뿐이다. 그것은 여느 국가든 마찬가지이므로 인간의 존엄성과 존엄성에 바탕을 둔 자유를 억제한다면 권력자를, 조직을, 그 법의 오류를 수정하는 시스템이 필요하다. 그런 방지책과 보장책이 시스템적으로 하나하나 구비되어 가야 한다.

윤리만으로는 시대를 이끌어 갈수 없는 것이며, 윤리의 강화 역시 사람을 질식하게 만드는 것이므로 국가가 개인에게 법과 윤리의 적정성을 어디까지 부여하는 것에 대한 고찰이 필요한데, 전제는 '배분과 여유'이며 '인간만이 인간을 행복하게 할 수 있다.'는 것이 절대명제이어야 한다.

물적인 성장은 이제 완화되어야 한다. 공장이건 백화점이건 조직이건 가정이건 개인이건 너무 많이 가지고 있다. 물적인 성장은 이미 충분히 확보되어 있다. 세계적으로 보면 식량 또한 잉여이다. 남는 것은 폐기해야 하는데 오염이며, 시스템이 마련되지 않아서 그렇지 잉여국의 식량을 UN이 담당하여 구입, 유통, 부족국에 공급한다면 기아로 죽는 사람은 없어질 것이다.

세계인은 현재 관료주의에 빠져 창조력을 상실하여서 그렇지 시스템을 하나하나 찾아간다면 모두에게 유리하다.

성장이란 명분하에 지구의 자원을 너무 낭비하고 있다. 모두 하루만 살 것처럼 자원을 낭비하고 있다. 원초는 인간의 탐욕이다. 그 탐욕이 인류의 멸망을 초래하고 있다.

진정한 성장이란 고로 검소이며, 직접 움직임이며, 인류애이며 불편함이라 보아야 한다.

'과학발전이니, 문명의 이기(무기 포함)를 발명한다느니' 하는 슬로건하에 소모되는 재화를 지구의 정화를 위해 써야 한다. 인간을 행복하게 하는 것에 써야 한다. 현재의 학문은 성장이란 이념에 의해 지구가 산산이 부셔질 수 있다는 것을 가르치지 않는다.

성장(발전)이라는 것은 수많은 인위 속에 갇혀 있는 인간에게 다른 인위를 추가하는 것이다.

현대의 인간은 두세 가지의 정신병을 가지고 있어 머리가 터질 지경이다.

세계인이여 성장을 지속하여 발생되는 정신병을 확산시켜 후세를 머리가 터져 죽게 만들 것인가.

수금지화목토 이후 천해명인데 빅뱅이후 다시 하늘과 바다가 생기고 우주가 밝아진다는 것이다. 죽어도 죽지 않는다는 것이며, 일시무시일이며 일종무종일이다. 무시무종이요, 항생이다.

인류를 멸망케 하는 것은 인간의 탐욕이다. 즉시 성장과 효용, 발전이란 용어를 잊어야 한다. 멈춰야 한다. 문명의 성장을, 과학을. 신비는 신비로 남겨두며 서서히 찾아내는 맛을 남겨 둬야 한다.

각 국은 성장을 멈춰라. 남는 건 넘기고, 모자란 건 받아라. 성장이란 무엇을 말하는가, 밥 먹은 후에는 산책을 할 수 있어 심신이 건강해 지는 것. 십리 길을 걸어 갈 수 있는 여유와 충분한 시간. 전자기기를 멀리하고 사람과 사람이 만나 같이 놀이를 하는 것. 바로 그런 것이 성장이다.

지금 이대로의 추세 — 자본주의의 만연과 관료주의에 젖어 있는 세계인으로 하여금 인류의 멸망이 앞당겨지리라는 수치가 나왔으며, 많은 학자들이 다각적 해결방법을 찾으려 하고 있으나, 그들이 염두에 둘 것은 급격함은 아니 된다는 것과 권력, 국가, 조직, 개인 그리고 그것들 스스로의 역학적 관계를 반드시 숙고하지 않으면 아니 된다.

물이 서서히 소용돌이치면 맑지만 급류를 타면 흙탕물로 변하듯이 급격은 또 다른 권력을 창조할 뿐이며, 하늘에 있는 니이체는 또 탄식을 하게 될 것이다.

우선 핵부터 전면 폐기하여야 한다.

우선 각국의 헌법처럼 세계적으로 통용되는 국가 위의 인류헌장을 공포해야 한다.

"국민 위에 인류가 있다." — 괴테

현재와 같은 권력의 치우침은 한명인 최고 권력자의 오판으로 수많은 사람을 다치게 하고, 자신의 국가를 위해 타국의 석유를 차지하려고 전쟁마저 불사하는 이기심을 없앨 수가 없다.

행정부 — 거대한 조직인 그 곳에 권력의 세기가 가장 강한 대통령이 있는 옥상옥의 구조는 행정부의 권한이 많은 것에 비해 책임질 소지가 적다는 것을 말한다.

권력, 법, 지식, 경제뿐만이 아니라 조직의 문제점도 짚어야 한다.

조직의 논리가 횡횡해지면 개인도, 그 조직도, 타 조직도, 삼권도, 최고 권력자도 아무것도 하지 못한다. 백성은 안다. 조직과 맞서봤자 개인이 희생될 것임을.

조직의 비대화, 관료화 역시 걸림돌이다.

조직을 개인보다 우선하는 논리. 하나가 터지면 조직이 무너지는 것마냥 호들갑스러운 개인묵살 — 조직보호의 논리를 떨쳐내야 한다.

법이 사람을 무력화시킬만큼의 위력이 있는 것은 바로 조직이다. 비대한 조직은 권력이며, 권력적이므로 사람을 속박하면서도 자유와 창의를 억압한다. 거대한 조직 행정부에 최고 권력자를 있게 한 것은 실수다. 행정부의 권력배분이 필요하다. 양분이나 세 등분 정도의 배분이 필요하다. 옥상옥의 구조는 권력배분의 최대 걸림돌이기 때문이다.

관료화 되어 있는 거대 조직이란 책임지는 사람이 없고, 회피가 있을 뿐이며, 절대복종자를 양산한다. 더 큰 문제는 휴머니즘에 위배되는 권력자를 대신한 절대복종자가 책임을 진다해도 그는 다른 조직으로 보내지며, 여전히 인간을 불행하게 하는 행동을 하기 때문이다.

그들이 있어 질식의 일산화탄소는 죽음을 당하지 않을 정도로 사람 간에 퍼지며, 소리 없이, 냄새 없이 복종자 바이러스를 사람에게 감염시키기 때문에 다른 사람이 배우기 때문이다.

거대한 행정부란 너무 많은 것을 가지고 있는 셈이어서 나머지 두 부처의 권력을 제한할 수밖에 없으며, 없는지라 다수가 소수에 대한 횡포 및 상위자가 하위자에 대한 전횡을 막기 어렵게 만든다. 상명하달이 최우선의 조직의 논리이므로 법 앞에 만민이 평등하다는 논리는 지켜지기 어렵다 보아야 한다.

상호견제란 명분하에 몽테스키외는 삼권분립을 강조했지마는 오히려 권력을 옹호하는 삼권옹립의 역할을 해왔다 볼 수 있다.

분명 삼권분립은 철칙이다. 최소한의 상호견제의 구조인데 삼권옹립으로서 삼권분립을 어긴다면, 응당 그것을 제재할 수 있는 제재권이 백성에게 있어야 한다. 루소의 말을 빌리자면 그것은 계약위반이고 그 행위로 인해 옥상옥의 권력구조는 지탱해 나갈 것이므로, 결론적으로 말하자면 옥상옥의 구조란 권력의 배분을 이루어지지 못하게 만드는 최고의 원인이자이기 때문이다.

여전히 휴머니즘은 공허한 메아리로써 흔적도 없이 사라지는 것이다.

거대조직은 창조에서 비롯된 게 아니라 곶감 빼먹는 식으로 계속 우려먹는 일상이란 습관적 권태에 빠지게 된다. 매일 습관적으로 이어지는 일상적으로 해야 할 일을 하고 있기 때문에 기실 사고가 발생하리란 것을 알고 있었으면서도 그 문제를 잊고 있었다며, 또는, 인원이 적어서 하지 못했다면서 사회를 향하여 변명을 당연으로 표명하는 것이 여전히 통용되고 있다.

책임지는 사람이 없고 책임을 져도 하급자가 책임을 지며, 하급관서의 자율성을 인정하지 않고 이미 결론을 짓고 절차상 설문조사하는 식이다.

개개인의 창조력 향상을 도모하기 보다는 조직의 첫 번째 요건인 상명하달을 강조하여 하급관서를 허수아비로 만들었기 때문이며, 하라는 대로만 하면 욕먹지 않고 일을 할 수 있는 것이어서 습관적으로 하던 일을 하면 된다. 오히려 능동과 창조적으로 업무에 임하면 과중한 업무에 업무를 더 하는 것이므로 꺼리게 될 수밖에 없다.

더 근본적인 것은 삼권이 습관에 빠진 원인은 법에 저촉되지 않아야 하는 기본적 구조 아래서 법안의 테두리 내에서의 활동이기 때문에 법의 적용과, 법안에서의 업무와, 법 내에서의 판결이 이루어지기 때문이다.

인간은 활동이며 능동이어야 함에도 석고상 같은 법 내에서만 움직여야 하는 사람에게 있어서는 피동에 익숙해지고 피로에 지쳐가는 것은 너무나 자명하다. 특히, 불법으로 존재하여 감출게 많은 삼권은 폭력을 더 자행한다. 권력이 권력을 옹호하기 때문이다. 조직이 조직을 보호하기 때문이다. 그런 역학적 관계에서는 창조, 혁신, 조직의 활성화… 매우 어려운 일이다.

오죽하면 새내기를 많이 채용하여 조직의 활성화를 도모한다는 전혀 성공할 수 없는 분석을 내놓고 그 또한 계속 우려먹고 있다는 것은 조직원들의 피로도가 매우 심함을 알 수 있다.

창조적이던 젊은이들이 노쇠한 거대조직의 논리 때문에 그들의 숨은 막히고 고무줄 같이 탱탱했던 창조력은 슬슬 늘어지고 만다. 하라는 것만 한다는 조직의 논리가 가지는 상징성은 아무것도 이루지 못할 것을 예고한다. 그러므로 작금에 있어 시급히 뿌리 채 뽑아야 할 것은 관료주의의 만연이다. 사고의 경직, 악을 보아도 회피하는 것, 법에 이미 인간이 손을 든 것,

자본주의의 폐해를 알면서도 고칠 생각을 하지도 않는 것, 돈과 지식과 권력과 법을 숭상하게 하여 정신병자를 양산하는 것을 방치하는 것, 개인주의의 퇴보인 획일적 겁쟁이들의 양산… 관료주의 폐해의 확연한 예로 핵에 대한 위험성을 알기에 최고 권력자들이 모여 핵보유축소회의를 수시로 열며 오지랖을 떨지만, 핵은 폐기되지 않고 있다. 버튼만 누르면 지구의 안녕을 보장할 수 없다. 핵이 있는 한 인류의 미래는 보장되지 않는다. 그러나 세계인은 침묵한다. 개인도 관료주의에 젖었기 때문이다.

무기의 소유는 권력이다. 국가는 핵을 절대 포기하지 않는다. 핵은 없어지지 않는다. 세계인은 침묵만 할 뿐이다. 몰이해, 무관심, 권력배분, 지식배분, 경제배분, 가치배분이 이루어지지 않으면 개인의 가치이든 조직의 가치이든 그리하여 백성의 가치향상은 결코 이루어지지 않으며, 결론적으로 국가는 침몰한다.

왜냐고? 침체된 국가는 이웃의 늑대가 호시탐탐 노리고 있어서다. 늑대에게 이익이 보장되고 이길 수만 있다면 전쟁은 필수이다.

왜냐고? 국가는 탐욕적이기 때문이다. 더구나 국가우월주의 민족우월주의를 휘두른다면 그 광풍은 막을 도리가 없다.

삼권분립이 아닌 사권, 오권… 궁극적으로 개개인권 분립이 절대적으로 필요해지는 이유이다.

근본적으로 최고 권력자의 한계를 제한해야 하는 필요성이 대두하는 것이며, 최고 권력자가 자신의 이익만 추구한다면 바로 제한할 수 있는 시스템이 무엇보다 필요하다.

삼권분립은 너무나 먼 과거의 일인데 지금도 그것만 고집하는 것은 맹목이며 인류사에 전혀 도움이 되지 않는다.

엽관제와 같이 삼권분립 역시 귀족층(기득권=자격 있는 자)에게 권한을 주어 소수인 그들에게 권력을 주어 절대다수인 백성을 무지렁이 노예로 가정한 전제 위에 있다는 것을 알아야 한다.

권력이 계속(승계)되는 순환일 뿐이다.

인류사는 자유, 존엄, 민주가 아니고 권력쟁탈 및 그것을 유지하기 위한 소수의 패러다임이기 때문에 백성은 늘 권력에 의해 발생되는 피폭을 걱정해야 하며, 권력자들만의 리그로 인한 불안, 비합법을 백성은 모른 체하며 숙명처럼 받아들이고 있다.

인간사 100년인데 자유에 대한 추구를 어릴 때부터 가르친다 하여도 인간이란 남보다는 우월하다는 권력의지와 탐욕과, 권력자가 빨리 되기 위해 또 다른 권력에 고개를 숙이는 권력을 위한 무한한 악순환의 고리로 이어지고 있다는 게 문제이다.

삼권분립인 현재의 시스템에서는 인류사는 여전할 것이다. 그러므로 차근하게 하나씩 하나씩 시스템을 마련해 나가야 한다. 우선 무엇보다도 먼저 폐기해야 할 것은 엽관제의 폐지다. 엽관제의 핵심인자는 선택당한 하위자에게 무조건적인 복종을 요구하는 것이며, 이전에는 왕이 권력층인 귀족에게 권한을 줌으로써 권력배분을 불가하게 만드는 권력 위의 권력 – 옥상옥을 초래하기 때문이다.

최고 권력자가 없는 인사위원회의 구성도 필요하다. 그래야만 권력자에게 쓴 소리를 하는 충신이 있게 되기 때문이다. 차기든, 차차기의 권력자든, 개인이던 정당하지 않은 명령을 따르지 않는 것이 당연히 되어야 한다. 최고 책임자의 오판과 독선 때문에 자행되는 피해가 너무 크기 때문이다. 적어도 차하위자 및 차차하위자에 대한 인사권을 행사하지 못하도록 해야 한다.

차하위자와 차차하위자의 권력으로 불순한 최고 권력에 진실을 직언할 힘을 지니게 하여, 많은 사람이 대의를 위해 일할 수 있게 되어 상사의 눈치를 보며 일하는 게 아니라 개인의 창조적 발상에 의한 업무로 전환되어 조직에 산소가 스며들게 되기 때문이며, 창조와 자유가 개인과 조직에 더욱 확산될 것이다.

권력자가 조직 내의 개인에 대한 지위박탈 요구에 대한 대치되는 위원회의 구성.

통치의 오류를 범했을 때 사전에 제재할 수 있는 동 국가의 동 조직 내에서의 거부할 수 있는 위원회의 구성 등이 필요하다.

왜 동 조직이라 했는가.

행정부에 대한 입법부의 견제가 아니라

사법부에 대한 행정부의 견제가 아니라

입법부에 대한 사법부의 견제가 아니라

행정부 내에서의 행정부 스스로의 결단을 말하는 것이며

사법부 수장에 대한 사법부 내의 자정능력을 의미하는 것이며

국회의원에 대한 국회의원의 견제와 정화가 스스로 이루어 져야 공정의 순환 고리가 이어지기 때문이다.

휴머니즘적 인류가 지향해야 함에 따른 권력이 나아갈 바는, 부당한 권력, 구체적으로 말하면 인간을 불행하게 만들 권력에 대항하는 것이 보장되는 권력의 배분이 이루어 져야만 함을 의미한다. 그래야만, 절대 복종은 사라지며, '인간만이 인간을 행복하게 할 수 있다'는 명제를 잃고, '권력자만을 위한' 절대복종자가 능력자보다 대우받는 굴곡의 시대는 가게 됨을 의미한다.

소권력자라도 권력을 휘둘러 인간을 불행하게 만든 것이 누누이 이어 왔음에도 권력자의 입 맛에 맞췄다 하여 능력자에 비해 절대 복종자의 지위가 상승하는 폐해가 사라지는 것을 의미한다. 그것이 뜻하는 바는, 휴머니스트가 대우를 받는 시대가 되면서 조직 내부에서 권력자의권력집중화를 막을 수가 있게 됨을 의미하는 것이다.

능력 있고 인본적 사고를 지닌 사람이 지위가 상승하는 민주적인 시스템이 이제야 비로소 마련된다는 것을 의미한다.

절대복종이 요구되는 필요악인 경찰과 군대의 의미가 재정립 되는 것이며 그 조직이, 사회가, 나아가 국가가, 더 나아가 세계가 자정능력을 향상되는 것이며 궁극적으로 개인의 자유가 보상되어 지는 것이다.

개인의 자유가 보장되어진다는 것은 창조가 활발해지는 것을 의미하며, 보편적 평등이 이루어지는 것을 말한다. 인류의 구성원인 인간 개인의 자유와 보편적 평등과 창조가 보장된다는 것은 그것은 곧 혁신이다.

진정한 휴머니즘이다.

시대마다, 세대마다, 권력자의 교체 시마다 요구되는 혁신의 요구는 불필요해지는 것이다.

깊은 사색 없는, 성공만 바라보고 살고 있는, 권력을 잡기 위해서 인간이 제로섬이론을 만끽하고 있는 현재까지의 인류사회에서 탄생된 새로운 권력자의 새로운 패러다임의 제시는 오히려 창조적인 사람에게 있어서는 후퇴이다.

휴머니즘에 비해 권력을 향해 나아온 자의 구호란 이미 모두 자유여서 창조적이며, 창조적이어서 혁신적이기 때문에 공허이다.

진정한 휴머니즘이란 권력자의 지시에 의한 것만 수행하는 현재의 시스템이, 눈치만 살피며 일상을 보내는 현재처럼 무의미하고 권태로운 일상은 사라지는 것을 말한다.

행정부의 각 장관, 사법부내 책임자, 입법부내 책임자는 매년 각각 취지, 타당성, 손익분기점, 백성에게 미치는 영향 등을 백성에게 설명하며 그 중 하나가 잘 못 되었다면 각부에서 수정하는 시스템이 도입이 되어 백성이 다양한 정보를 많이 확보할 수 있는 것은 민주적 사회에 더 이로움을 가져올 것이다.

권력의 배분 없이는 인류사는 과거처럼, 지금처럼 똑 같을 것이므로 삼권분립이 아니라 육권분립, 십권분립, 백권분립이 이루어져야 하는 필연성이다.

지구인 개개인권 분립이 시스템적으로 이루어져야만 인류의 역사는 진정한 휴머니즘의 역사에 비로소 한걸음 내딛게 되는 것이다.

강조해도 지나치지 않은 권력에 의한 개인의 참삶의 부정된다면 거부하는 당당함이 보장되어야 한다.

인간의 존엄성과 자유를 앗아가는 부정의 법(악법)을 조직이든, 개인이든 수정, 폐기를 요구할 수 있는 권리가 부여되어야 한다.

행정부, 사법부, 입법부를 포함 조직 내의 조직원들이 권력자의 오류에 반대를 하여도 신분의 위협을 방지하는 방지권과 승진을 계속 보장하는 보장권.

권력을 견제하며 인류에게 진실을 제시하는 언론의 자율권과, 법에의 면책권.

국민거부권, 헌법준수명령권, 인사남용방지권, 삼권유린자축출권, 삼권협조제재권, 특정인에게유리한법제정자축출권 등이 마련되어야 한다.

윤리는 이미 땅에 떨어졌고 법의 만연은 저인망 그물처럼 악은 물론이고 선善인 호의마저 포획하려는 듯 공기처럼 사방에 퍼져있어 관료주의를 더욱 확산시키고 있다. 윤리와 법은 이미 지구인에게 신뢰를 잃었다. 본래 사람이 선하기 때문에 그나마 현재의 인류가 멸망하지 아니하고 존재하고 있음을 사람들은 모르고 있다.

최고 권력자란 좋은 것이다. 그러나 그에게 너무 많은 권력을 쥐어 주었다는 것이 문제이다.

바이러스 벌은 스스로 조직을 떠나건만 오히려 인류사를 퇴보시키는 바이러스를 퍼트리는 것이 권력의 꿀맛을 볼 수 있는 최고 권력자에 대한 절대 복종자들을 양산하는 구조가 있기 때문이다. 최고 권력자를 위하여 스스로 희생을 하면 절대 복종자에게 탈법적 혜택을 많이 주기 때문이다.

경제적 이익을 최우선으로 삼기 때문에 인간과의 상호소통은 물론이고 밥 먹는 시간조차 없게 만드는 기계적 인간을 쏟아내는 구조도 없어져야 한다.

높이 솟은 깃발 — 자본주의는 호환가치(시장가격)에 의해 사람과 사람의 가격을 정해놓도록 하고 말았으며, 많은 사람이 공공의 장소(조직, 회의)에서 자신의 이기심을 부리는 것을 당연한 거라고 생각한다는 것이 사회를 황폐하게 만들고 있다.

법과 함께 자본주의는 더 나아가 사람과의 관계를 더욱 계층화(가격화), 몰이해, 정형화, 경직화, 제재의 방향으로 나아가고 있음을 사람들은 모르고 있다.

이 미친 흐름을 끊어야 한다. 자본주의를 깨야만 한다.

인간은 유희적 동물인지라 한가하게 쉴 수 있어야 함에도 인간에게 고도의 치밀과 완벽의 정신을 점점 강조하게 됨에 따라 조직 내에 머물고, 투자하는 시간이 너무 많다.

빛나는 모래(백성)가 없다. 각종 깃발에 시달린 일상이란 권태에 빠진 피로, 우울, 회의로 끈적거리는 진흙(조직원)이 거리마다 흐른다.

자격증을 따서 가능한 빨리 안정을 취하는 것은 좋은 것이다.

그러나 너 나, 우리를 망각하고 자신의 안위를 위해서는 권력의 시중이 되어야 하는데 문제가 있다. "나만 아니면 돼."를 외치며 밑을 닦달하고, 밑은 그 밑을 닦달하는 구조에 문제가 있다. 명분과 돈을 같이 지닐 수 있는 의사는 좋은 것이다. 그러나 전혀 효과 없는 당뇨 화학치료제를 아직도 쓰고 있는 것에 대해서 환자에게 부끄러움이 없는 '정신둔감증'이 문제이다. 청진기를 버리고 비싼 MRI를 권장하여야만 하는 조직 내 조직원으로서의 논리가 문제며, 10시간여를 넘게 굶으며 산고를 치른 산모에게 배급시간 끝났다며 미역국 제공을 꺼리는 '인간무시증'에 문제가 있다.

그 둔감증과 인간 무시증에는 백신도 없다는 것이 더 큰 문제점이다.

돈을 최대로 벌 수 있는 자본가가 된다는 것은 좋은 것이다.

문제는 윤리를 외면하고 국가에서 방치하는 의도적 사기로써 최대의 이윤을 확보할 수 있는 것이 당연하다는 데에 크나큰 착오가 있다.

잠자기 전 비누로만 세수해도 충분한 데도 불구하고 폼클린징을 연구. 개발. 상품화하여 연구, 개발, 상품화한 값 모두, 모두를 남기고 있다는 것을 사람들은 간과하고 있다.

폼클린징을 클린하는 폼폼클린징을 다시 연구, 개발, 상품화하고 있다는 것을, 하나+하나 상품개발로 과소비를 양산하여 쓰레기를 양산하고 있다는 것을 모르고 있다는 것에 문제점이 있다.

그 쓰레기로 인해 나비가 꿀벌이 잡초가 토끼가, 여우가… 박테리아가, 녹조류가… 인간이 지구가 죽어가고 있음을 모르는 데에 문제점이 있다.

일적십거 무궤화삼이다. 부정한 불순 하나가 수십, 수만 가지 불순을 인류사에 초청케 하고 있다.

만연한 법, 거대조직의 논리, 세계인에게 퍼져 있는 관료주의.

발전이 발전이 아니다.

과거에 비해 놀이할 시간이 없고 놀이할 거리도 사라진 지금이며, 어린아이조차도 메뚜기를 잡을 시간도 공간도 없다. 이렇게 나간다면 미래를 현재로 맞이하고 있는 우리는 먹으면서 일을 하고, 먹으면서 자야 될는지도 모른다. 3시간 밖에 자게 될는지도 모른다.

최고, 최대, 나만, 내 식구만, 효용, 성장, 출세….

전 세계적으로 합일하지 않고 이대로 계속 가다간 생선도. 꿀벌도. 꽃도, 꿀벌 감소로 식량감소도, 씨가 말라가는 생선도, 늘어가는 쓰레기도 점점 속도는 빨라질 것이다.

결국 모두 멸종될 것이다. 물론 인간도 아프리카에 코끼리 배설물을 분해하는 박테리아가 없었다면 아프리카에는 코끼리 배설물로만 꽉 차있었을 것이다.

인간은 겸손하고 겸손해야 한다. 소비가 미덕이 아니다.

기술이 최고의 혁명이라고 한 학자가 있는데, 단언 컨데 지금의 시스템으로는 기술의 발전은 오히려 시민을 옥죄는 것으로 사용될 것이다.

최고 권력자의 명령 하나에, 중간 권력자의 치적을 위한 명분에, 소 권력자의 조직인 다수로서 개인을 무시하는 건 너무나 쉬운 일이며, 그들에게 유리한 법이라는 보호막이 있으므로 거칠 것이 없다.

배부르니 하는 소리라 하지 말라. 배고파도 지켜야 할 것은 지켜야 한다.

살을 빼기 위해서는 하기 싫어도 운동을 하여야만 하는 것처럼 어느 정도의 고통은 인간에게 있어 약이다. 불편이 나쁘다고만 말할 수 없는 까닭이다.

과학의 발전이란 것도 인류를 위협하는 핵을 발견토록 하였으며, 기술이란 인간이 취해야 할 신성한 노동을 앗아갔다.

발전이란 명분하에, 과학이라는 명분하에, 경제적 향상이건 간에 독선적 권력자를 현재보다 쉬이 축출할 수 있는 시스템을 만들어 가는 게 오히려 인류의 평안과 행복을 위하는 것이며, 무엇보다 우선 마련되어야 한다. 오만한 권력자는 기술의 발전을 이용하려고 하지, 그 기술을 인간의 존엄성과 자유를 위해 사용하지 않기 때문이다.

휴대폰의 경우 역시 긍정적 측면과 부정적 측면이 있는데, 우선 정보의 공개가 늘어남과 동시에 많은 사람이 정보를 알게 되므로 점차적으로 백성이 똑똑해지고 참여가 많아지면서 민주주의가 더욱 발전된다는 논리가 있을 수 있다. 반면에 부정적 측면으로는 내가 좋아하는 분야, 나에 대한 제반 기록, 내 위치 등을 거대 회사에 노출하고 있으니만큼 탐욕적 권력자가 회사에 자료를 요청하면 쉬이 결탁이 가능한 구조라는 것을 주목해야 한다.

개인이 지금 무슨 동네에 어떤 슈퍼에 있다는 걸 그들은 쉽게 알 수 있으며, 불순한 권력자는 그것을 이용하여 일개 개인의 자유를 뺏는 것은 너무나 쉬운 일이기 때문이다.

질서유지를 위한 CCTV란 나도 모르는 사이에 여기저기서 내가 노출되는 것과 같이 탐욕적 권력자에 의한 폐해는 심각하다 할 수 있다. 현재는 그런 것을 제어할 수 있는 시스템이 없기 때문에 기술발전이 혁명이라는 것은 심각한 오류이다. 불순한 권력자가 기술의 발전을 불순하게 이용한다면 한술 더 떠 그 기술이 획기적이라면 한 나라를 제압하는 것도 결코 어려운 일이 아니다.

한 분야의 전문가란 명예는 좋은 것이지만. 이론에 불과한 이론, 실천하지 않는 양심 없는 학문이란 오히려 인류사에 독이라는 데에 문제가 있다.

마케팅 학문이란 게 뜻하는 게 무엇인가. 마케팅의 발전이란 소비자를 더 현혹하게 만드는 기술의 발전에 불과하다. 위장과 현혹에의 추구를 해야만 하는 마케팅 학문이 발전하고 그 분야의 박사가 있다는 것은 그만큼 현대사회가 윤리를 포기하고 있다는 것을 나타내며, 똑똑함으로 치장한 교모를 현대인이 인정했음도 의미한다.

여성의 가녀린 감성을 자극하는 각종 미사어구들, 싸구려 감정을 자극하기 위한 동정과 은근한 비참을 가미하고 현대의 이정표 없는 상황을 고려한 자애(독존, 자존감, 존재의 가치)의 확대….

홈쇼핑은 여성을 마약중독자처럼 TV를 스스로 켜게 만들고 있다.

여성의 허약점인 공학적 취약점은 감추면서-기둥은 쇠로 되어있으나 힘이 가해지는 부분은 플라스틱으로 만들어서는 사용하다 쉽게 부러지게 만들었음에도 거짓말로 여성을 현혹하여 다시 구매하도록 만들고 있다. 여타의 것과 개별로는 싸지만 결론적으로 보면 헛된 돈을 쓰게 만든 것이며 쓰레기를 양산하고 있는 것이다. 양심을 파는 짓이다.

면면히 이어온 인간 스스로 체득한 능력들을 합리적이며 과학적이라는 싸구려 논리(설)에 똑똑인냥 위장하여 서푼짜리 혀 놀림에 현혹하고 따라가는 인간의 맹목이 있어 문제이다.

가만히 있으면 스스로 자정이라도 하는데 전문가의 실천적 행동 없는 이론의 확장에 의하여 오히려 인류사가 퇴보하거나, 권력의 도구로 전락하는 데에 문제가 적지 않다.

티셔츠 한 벌에 500만 원 짜리라며 자랑하는 사람이 너무 많다는 것이 문제며, 매일매시매분매초 많은 사람이 기아로 죽어가고 있음에도 자신의 허영을 위하여 2,200만 원짜리 핸드백을 달랑달랑 상표를 보이며 거리를 활보하고, 그것이 아니라면 짝퉁이라도 흔들어야 만족하는 허영이 당연시 되는데 문제점이 있다.

현대의 인간이란 게 자신의 위대한 신체와 자신의 존중을 버리고 자신이 현재 있게 된 하늘 및 자연과 인류사를 잊은 채 밤을 지세며 인간 스스로의 자정능력을 퇴보시키고, 스스로 비참으로의 학대를 확대하면서 인공의 영양제를 만병통치약인양 희롱하며 값비싼 대가를 지불하는 데에 문제점이 있다.

잘난 사람은 잘난 데로 인정해주고 못난 사람은 못난 데로 충분히 인생을 즐기며 사는 것임에도 불구하고 타인은 무시하고 나만 기득권에 들어가려는 절규와 몸짓이 필요한 데에 있다.

어릴 때의 연약함과 무지의 공포로 인하여 성인이 되어서도 조직과 국가로부터 보호(순응)만 받으려 하고 '인간만이 인간을 행복하게 할 수 있다.'는 명제를 안다 해도 인간을 불행하게 하는 조직과 국가의 부정한 논리를 거부는커녕 맹목만 하는 연약함과 미지의 공포가 문제이며, 그 논리를 거부함에 따른 사람이 치를 대가가 크다는 것을 조직 상층부부터 은밀한 일산화탄소처럼 조직 내에 뿌리고 있는 데에 있다.

죽지 않을 만큼 뿌리고 있어 상상과 창조대신에 굴복과 순응으로 조직이 굳어가고 있다.

"채소가계를 잘 운영할 수 있는 능력이라면 대통령은 충분히 할 수 있다." 한 어느 대통령의 고백을 떠올리기 바라며… 네 편 내 편, 나에게 유리할 것 같은 사람, 같은 지역, 학교 등등은 접어두고라도 많이 배운 사람이 정치도 잘하며 능력도 있으리라는 착각에 빠진 백성 때문에 정치발전이 더 더디다는 것을 알지 못하는 무지가 무엇보다도 중요한 걸림돌이다.

차라리 고학력자가 아닌 선한 국회의원이 그 현안에 집중적으로 연구에 골몰하여 합리적 유무, 입안에 따른 해를 당할 사람에 대한 능동적 접근방법과 보상방안 및 파생될 효과에 대한 대비책을 연구하는 의원이 더 능력이 있는 것이며, 저학력의 콤플렉스가 있기 때문에 개인의 영화를 덜 추구할 수밖에 없다는 걸 모르고 있다는 게 문제다.

적어도 국회의원 $\frac{1}{4}$ 이상이 선한 자신의 생각을 고집부릴 수 있는 50대 이상인 저학력자라면 오히려 정치발전은 급속히 이루어 질 수 있다는 것을 모르는 데에 더 큰 문제가 있다.

지식의 속성이란 인간에게 오히려 얄팍한 심성과 얄팍한 교모와 얄팍한 은밀과 해법을 더 가지는 것임을 간과하고 있다.

지금의 선거제도는 많은 문제점이 있다.

차라리 양당제를 실시하여 5년을 맡기고 이후 5년은 타당이 정권을 이끌어나가면서 앞 당의 잘잘못을 엄정하게 감사를 해야 하는 구조가 나을 지도 모른다. 선거를 치르면서 네 편, 내 편을 가르고 지연이니, 학연이니, 학력이며, 우월과 비교, 비용 등 갖은 분열을 초래하고 있기 때문이다. 그리고 그 감사결과를 국민에게 공개하고, 국민은 그에 상응하여 제재를 가할 수 있는 제도가 필요할런 지도 모른다. 쉽지 않은 문제다.

지식배분 역시 중요하다. 명목소득만 올라가므로 의식주 외에 돈을 지불하지 못하는 시민에게 있어 여유 있는 자에게 볼 수 있는 고액과외이며, 족집게 과외를 하는 것을 알고 있음에도 그저 허망하게 빈공간만을 쳐다보게 만들고 있다. 사람이 사람을 불행하게 만들고 있는 것이다. 오로지 시험에 의해서 자격증 따는 것이 만연한 지금. 각 권력자는 권력 외에도 지식의 독점까지 챙기게 되는 것이며, 그것은 곧 자격증도 취득할 수 있게 만든다. 귀족사회이다.

권력의 독점, 그로 인한 경제력 독점, 그로 인한 지식의 독점 등….

상층부와 하층부는 정해져 있으며 인도의 카스트제도의 부활이다.

그들에게 있어 '인간만이 인간을 행복하게 할 수 있다.'는 말을 하지 말라, 당신은 밥벌이를 놓치게 될 것이다. 그런 것들은 그들에게 있어 화장실에 휴지를 버리어 물을 내리는 것과 같기 때문이다. 내 자식, 내 가족만을 위하여 은밀하게 그들만의 리그를 하고 있는 것이다.

법 앞에 평등하지 않은 법에 의한 인간의 구속. 조직의 논리에 치우친 관료주의, 국가성장에 의해 개인이 정신병자가 되어가는 것. 도가 심하면 도가 아닌데 너무 심하다.

심판하는 자는 죄를 안 짓나… 누가 누구를 심판… 그래서 삼권분립… 위임… 법의 완벽요구… 완벽이라 함은 역으로 궤翫이다. 궤翫란 곧 깨질(빅뱅) 시점이다.

그러므로 지금부터 하나하나 시스템을 구비해 나아가야 하는 것은 현 지구인의 숙명이다.

달이 차면 기우는 법이다.

권력을 우선으로 해서 경제, 지식, 권위, 명예, 가치, 하물며 종교도, 신神조차도 배분이 이루어져야 하는 이유이다.

의사가 환자에게 심도 있는 얘기를 하며 도움을 주지 않으려 하는 게 아니라, 병원구조가 더 많은 환자를 받게 만드는 것이며, 비싼 MRI를 환자에게 권해야 자신의 밥값을 하는 것이기 때문이며, CEO는 비싼 원료를 덜 섞어 팔고, 정부는 국가성장을 위해 모른 체 하고, 돈만 벌면 모든 게 용서되는 자본주의와 그것들을 옹호하는 학자들의 양식. 기업에 최대의 수익을 보장함에 따른 환경오염은 누가 책임져야 하는가.

최대의 효용을 강조하여 저인망 그물을 만들어 생선을 싹 끌어가는 그리하여 멸종되어가는 바다생물에 대해서는 누가 책임질 것인가.

과학적이란 명분하에 벌어지고 있는 수질오염은 누가 책임져야 하는가.

비양심적 조직에 의해 사람들이 건강을 위협하고 스트레스로 정신병자가 된다면 누가 책임져야 하는가.

언젠가는 잡을 거리도 없어 생선의 가격이 올라가면 맛도 볼 수 없다면 누가 책임져야 하는가.

미적분을 잘 풀고, 형이상학을 논하고, 전문가인 박사며, 법에 능통한 판사며, 부처만, 노자만, 공자만, 예수만 최고라 하는 것은 도가 아니다.

'인간만이 인간을 행복하게 할 수 있다.'는 절대명제를 잃어버리면 이 세상 그 어느 것도 다 쓰레기이다.

몇몇의 박사가 흰 달걀보다 갈색달걀이 더 영양분이 풍부하다며 오도(호도)한 탓에 한국에서는 흰 달걀을 구하는 게 매우 어려워 진 상태.

문제는 흰 달걀을 생산하는 닭을 기르는 게 더 효과적이며 쓰레기가 적다는 데에 있다. 두 달걀의 영양분 함유는 비슷하다는 결과가 나왔음에도 소비자는 흰 달걀을 구매하지 않는다. 아니 구할 수 없다. 문제는 몇몇 학자 때문에 축산업자는 흰 닭을 처분하고 갈색달걀을 생산하는 닭을 구매하였고, 소비자는 그로 인해 비싸게 갈색달걀을 사게 되었음에도 그 학자들은 책임지지 않는다. 수입에 비해 지출이 많아진 것이다.

곧 명목소득만 올린 셈이다. 그것은 곧 세금이 늘어난 것과 같다. 양계업자가 치를 비용의 증가로 인한 소비자의 지출증가로 국가가 해야 할 각 산업의 활성화를 소비자가 대신하고 있는 것이기 때문이다. 몇 명의 그 학자는 무슨 의도가 있어 그리 호도한 것이지만, 소비자는 질식 같은 획일을 강요받았다.

윤리의 강화로 창녀촌은 없앴고 이미 계층 간 구분을 하였기 때문에 사람과의 교류가 어려워 졌고 휴대폰의 발명으로 타인과 소통도 어렵고 주변 술집에 가기에는 돈이 부족하고 청춘은 달아오르고 TV에서는 성범죄자에 대해 방송하고 빈곤자는 여자를 추행하고 싶지는 않았지만 성욕이 왕성한 청춘은 우발적으로 여자를 추행할 수밖에 없다. 본능을 제어하는 윤리의 강화가 보여주는 폐해이다. 불순한 의도로 규정된 성매매특별법으로 인해 남성은 성폭력자로 화하였고, 사회분규를 확장시켰으며, 국가가 국민을 보호하기는커녕 외국으로 쫓아내는 결코 일어나서는 안 될 상황을 만들어 외국으로 나갈 수밖에 없었던 한국 창녀의 행위는 외국인을 놀라게 한다. 식민지 논리에 의해 최소의 법적인 보호마저 받지 못했기 때문이며, 최하층인 그들에게는 인권은 없어도 된다는 식민지 논리가 현 한국인 모두에게 있다는 사실이다. 법의 제정에 신중을 기하여야 한다. 지금 한국인에게 있어 제일 필요한 정신은 독존, 자애 즉 스스로에 대한 존엄이다. "이후 한민족은 5,000년간 갖은 고초를 겪을 것이다."라고 한 유위자의 예언대로 지금의 한민족은 갖은 고초를 겪어 존재의 상실감에 놓여있기 때문이다. 그것은 '네가 최고야'라며 엄지를 치켜 올리는 치기로는 절대 가질 수 없다. 꺾고 꺾이는 문화에서는 혼자 최고일 수가 없으며 홀로는 고독이기 때문이다. 부모는 자식의 모든 것을 간섭하지 말고, 이것저것 다해주지 말아야 하며, 스스로 생각하고 알아서 행동하게 해야 한다. 상급자의 지속되는 설교, 연장자의 훈육식 대화법을 즉시 멈춰야 한다. 부정한 권력은 법의 절차에 따라 축출되고, 상사의 부당한 명령에 항의하고, 연장자의 폭언에 화를 내며, 자신의 명예를 위해 이익을 포기하는 용기가 필요하다. 웃을 때는 웃고, 모르면 상대방에게 묻고, 상대방이 나보다 나은 점에 대해서는 인정하며, 싫으면 싫다고 표현하며, 틀린 게 아닌 다른 게 기준점이어서 상대의 얘기를 경청하는 자연의 본성을 체득하게 하는 것이 근본적 치유가 될 것이다. 가난을 벗어나기 위해 평생을 근면하게 일을 하였고 성실하게 법을 지켜왔는데 해도 해도 가난을 벗어나지 못했다면 더 이상 자괴는 필요 없다. 그것은 개인이 차원을 넘어 사회의 책임이며, 사회에 대해 고함을 지르고 말일이다. 돈이 없어 지친 발로 버스를 타고 터벅터벅 집으로 간다. 그것은 내일 굳이 시간을 내어 헬스클럽에 갈 필요를 없앤 것이다. 살림이 없으니 도둑들 요량도 없어 굳이 문을 잠그고 창문을 닫는 수고를 하지 않아도 된다. 가진 게 없으니 버릴 것도 없다. 이미 자유이다. 자신의 잘 못이라는 자괴는 버리되, 독존, 자애는 버리지 말고 한바탕 웃으며 살다 가면 된다. 오늘도 좀 더 벌어보려고 갖은 애를 쓰는 그들이 더 안타까운 상황에 놓여 있다. 자신의 인생을 살고 있는 게 아니라, 더 벌기 위해 살고 있기 때문이다. 남과 비교도 말라. 내가 나로써 그때 그것이면 그것이다. 팔이 하나 없으면 어떤가, 못생겼으면 어떤가, 이미 그런 걸. '그래 너들은 고결해서 똥도 안 싸지' 하면 그만이다. 자괴도 필요 없고 잘못한 것도 아니니 심약으로 자신을 몰아넣지 말아야 한다. 감싸주기는커녕 비아냥거리는 사회가 문제인 것이다. 남자는 당당해야 한다. 여자, 동료, 후배를 만나면 내가 최고다 하면서 계급장이 놓이면 순종적이 되는 자신을 부끄러워해야 한다. 심지어 상사 앞에서 자신의 가치관마저 변조하는 어리석음을 범하지 말아야 한다. 그것은 더욱 자신을 비참으로 빠뜨리는 것이며, 상사는 당신을 비웃는다. 여자는 아름다움에 대한 추구를 완화하고, 남에게 보여 지는 나에 대해 절대 신경을 쓰지 말아야 한다. 그것은 내가 나로서 내 인생을 사는 것을 못하게 만든다. 나는 나다. 내가 나로써 한바탕 웃으며 살다 가면 그만이다.

산은 산이고 물은 물이다. 지금 당장 그 모든 껍데기를 벗겨내고 어린아이이며, 어른인 철수랑 영희는 바둑이랑 같이 흙에서 뒹굴며 놀아야 한다.

지금의 자본주의를 계속 이어간다면, 극부와 극빈만 남게 될 것이다. 명목소득은 오르지만 실질소득은 계속 감소하기 때문이다. 마찬가지로 '인간만이 인간을 행복하게 할 수 있다.'라는 명제를 잃어버리고 인간을 불행하게 만드는 각 권력자 및 권력자에 대한 절대 복종자인 검사는, 판사는, 공무원은, 은행원은, 기자는, 조직원은… 그리하여 개인은 벌처럼 스스로 그 소속을 떠나야 한다.

세계 각국에서 전해 내려오거나, 자연인이 창조한, 자연에서 얻어진 항암치료제에 대한 자격증 소지자들의 고소, 돈을 쓸어 담는 거국적 제약업체.

그들이 매년 의사는 물론 의학도에게도 제공하는 경제의 규모가 적지 않음에도, 매년 되풀이 되고 있다는 것. 원가에 비해 너무 비싸다는 게 명백한 것. 고로 이윤을 남기려면 환자에게 부담시켜야 한다. 의료비의 비중은 커지고, 치료 및 효과에 관한 자료는 그들만 가지고 있음에도 공개하지는 않는 독점의 횡포.

이미 연구비에 그에 따른 인건비, 제비용이 포함된 의료비임에도 불구함에도 진정으로 효과가 있는지도 모르고 경제적 성공을 위하여 환자들이 담보로 되어있는 실정임에도 GDP-경제적 효과에 집중하는 국가.

많이 가지고 있다는 것은 남이 가져갈 것을 내가 더 가져온 것이니만큼 나만, 내 자식만, 내 나라만 잘살겠다는 것은 인류의 미래는 더 각박해져가는 뜻하며, 나만, 내 자식만, 내 나라만 잘살겠다는 것은 스스로를 포함하여 인류의 멸망을 앞당겨 오는 것이다.

자격증 없으니 불법.

자격증이 있어 법정까지 갈 수 있었던 자연 항암치료제를 사용한 한 미국 의사와 의약협회간의 최종 결렬이유. 무료냐, 유료냐의 차이.

개인은 무료를 주장했는데, 단체가, 전체를 위하여야 하는 단체가 유료를 주장하는 현재의 자본주의임을 똑바로 알아야 한다.

죽음과 싸우는 암환자에게는 싸고 효과 좋은 치료제를 쓰는 것이 권리이며, 예견되어 있는 정상인에게도 절대적 권리다.

인류역사 이래 이어져 온 전통요법을 불법이라 하며, 환자의 권리를 전 인류全人流로부터 빼앗아 간 것이다.

무엇이 진정 우선시 되어야 하는가.

노동탄압으로 부를 획득한 록펠러, 카네기가 자본으로 의료연구진에게 돈을 제공하여, 하나하나 그 성과물을 챙기고 정보를 수집하여 생겨난 게 현재의 다국적 의약업체들이다.

유불선 및 법에 의한 황금비율을 찾기 위해 인류사는 노력해왔으나 권력의 구조는 여전히 똑같다. 아직도 진정한 사회가 이루어지지 않고 있는 것을 나타내는 것이며 사회는 아직도 임상실험을 거치고 있는 중이다. 양자학자는 인간은 우주의 0.4% 밖에 모른다며 인간은 겸손해야 한다고 말한다. 마찬가지로 양의는 과학적이고, 임상실험을 거쳤다며 한의보다 나은 것이라 주장한다. 그러나 양의도 설에 불과하다. 의사는 골절은 단백질이 필요한 것이라며 단백질 섭취를 늘려야 한다고 한다. 과연 현재의 양의에서 우리 몸에 있는 성분을 다 파악했다고 주장할 수가 있을까. 양자학처럼 0.4% 밖에 모른다고 가정한다면(물론 다 파악하지 못했으므로 설에 불과한) 구체적으로 말하면 단백질 중 아직 발견하지 못한 단백질2가 필요한 것이라면 또는 아직 발견하지 못한 효소를 가지고 있는 발견하지 못한 단백질3가 결합된 단백질4가 진정 필요로 한 것이라면 그럴 가망성이 매우 많으므로 – 암환자는 임상실험을 거쳤고 과학적이라 주장하여 방사선치료에 화학치료까지 처방하지만 결국 고통스럽게 죽고 있다. 양의도 결국 그들이 한의학을 비과학적이라며 맹폭하듯이 비과학적이라 할 수 있다.

더구나 단백질4의 흡수율을 높이는 게 그 어떤 성분하고 같이 흡수하면 인체 내 대사율을 상승시켜 효과가 좋다는 걸 아직 알지 못하고 있다. 농축된 영양제는 인체에 아무 효과가 없다고 스스로 밝혔으니 양의는 이미 충분히 비과학적인 것이며, 그런 경우에는 모 어떤 채소가 탁월하더라가 더 과학적이라 할 수 있다. 그 채소의 흡수는 인간의 신체 내에서 스스로 그 어떤 성분하고 결합하여 신진대사를 일으켰기 때문이다.

채소는 알지 못하는 것을 이미 알고 있는 것이다. 인간은 아는 것만 알고 있어, 아는 게 오히려 무지이며, 아직도 다 알지 못한다.

한의는 비소 등 독극물까지 약으로 만들어 치료하였다. 양의에 있어 독극물은 독극물일 뿐이다. 만여 년 이어온 지혜를 비과학적이라 부르는 양의는 비과학적이다.

그렇다면 양의가 과학적이란 것을 지구인에게 각인시킨 것은 그 무엇도 아닌 정확한 데이터를 추출하는 기계의 발명이라 할 수 있다. 본론을 벗어나 각론의 정론 중 하나를 다시 상기하자면 서구가 동양에서 가져간 지혜를 모두 자신들을 위한 이기적 지적재산권 발효와 이익은 빌게이츠 그 이전 그 이후의 관련 페이스북, 카카오 등 CEO들의 부의 축적이 아니라 태호 복희씨와 태호 복희씨의 문자를 이진법으로 재해석한 라이프니츠에게 돌아가는 게 맞다. 또한 그 두 사람이 이익을 보지 못했지만 이익을 보았더라면,

그 두 사람에게 꿀벌단종세, 댐건설세, 수질오염세를 등을 징수해야 함은 너무나 당연한 것이다. 마찬가지로 빌게이츠 이전 이후 페이스북, 카카오 등 모든 자본가에게 통칭하여 미래부정적치유세를 징수하는 것은 너무나 당연한 것이며, 다시 각론의 정론 하나를 상기하자면 국가란 자신의 국가, 국민만을 위한 탐욕적 속성을 갖고 있으므로 유엔이 담당, 배분해야 하는 것이 대두되는 것이다.

한의를 양의로 해석해 온 현재의 한의가 비과학적이다. 인간이여 겸손할지어다.

환자, 즉 인류를 위해 그 둘은 대척이 아닌 공조로 나아가야 한다. 환자는 고로 인류는 그들의 밥벌이의 도구가 아니라 편안하게 치료받을 권리가 있기 때문이다. 한의에 x—ray가 있어야 하며, 병원에서 침을 맞을 수도 있어야 하며, 서로 미비하므로 서로 보완해야 하는 현실이기 때문이다. 우선 방사선 치료를 한 암환자가 6개월 시한부 내에 사망했으면 그 사망률을 고지해야 하며 치료를 받고 사망했다면 그것은 사망률에 포함되어야 한다. 마찬가지로 다국적 제약업체에서는 각각의 암에 사용된 각각의 화학치료제의 완치율과 성분을 명확히 밝혀야 한다. 이외로 완치율이 현저히 낮을 경우 — 왜냐하면 거의 다 사망했음으로 — 화학치료제에 대한 전면적 거부가 있어야 할 것이다. 분명 호흡법이던 단식이던 한의의 방법으로 암을 고친 사람이 있으며 몇 명의 한의 선생의 효과는 탁월했으나 자격증이 없다하여 파멸로 몰아넣었는데, 그 논리는 인간의 신체에 대해 완벽히 밝혀내지 못한 양의 즉, 설에 불과한 더구나 완치율과 치료율을 밝히지 않은 체 화학치료제가 과학적이며, 임상을 거쳤다고 주창하는 의사는 파멸로 스스로 들어가야 한다. 그들은 양의에서조차 새로이 시도하는 각각의 암에 맞는 각각의 성분을 직접 주사(투입)하는 그 시도조차도 아직 통계가 나오지(임상실험을 거치지) 않았다며 강하게 부정하고 있다. 이미 화학치료제에 대한 회의가 세계인이 인지하였음에도 불구하고 맹목과 오만에 빠진 전문가와 모든 걸 빨아들이려는 불순한 의도를 지닌 다국적 제약업체에서만 인지 못하고 있기 때문이다. 최선을 다해야 할 그들이 바로 암정복을 위한 행보를 막고 있다. 하나만 아는 전문가는 오히려 인류사에 있어 독이다.

한의원은 투덜거리지 말고, 천연 스승들에게 무릎 꿇고 삼고초려하여 배우고 배울 일이다.

침술도 뜸도, 항암치료제 조제방법도 이익의 80%든, 60%든, 스승에게 주고 배우고 배워야 한다.

자격증이 있지 않은가. 본인들도 밥 먹고 살아야 하지 않는가.

백성에게 효과 좋고, 싼 치료제를 제공할 의무도 있지 않은가.

현재의 양의적 사고에 입각한 자격증 있는 교수에 의한 수업,

대학에서 배운 의술이란 게 전통적으로 내려온 것보다 효과가 없지 않은가.

침이란 게 고작 피부만 간질거리고 있지 않은가.

전통적으로 계승한 그 선생들의 침 한방, 쑥 한 점은 효과가 왜, 그리 좋은가.

침 한방에 목 디스크를 완치하고, 침 한방에 그토록 괴롭혔던 온몸 피부가려움(건선피부)이 해소된 것이 의미하는 바는 똑똑한 자격증 한의사가 전통의 선생들을 무식하다고 무시한 결과 결코 똑똑하지 않은 무식한 소치이다.

첨단이란 명분하에 17,000여 년 이어온 전통의 지혜를 일거에 버려버리고, 엉뚱하게 양의적으로 해석한 서구적 의학지식으로의 한방 재정립을 무분별하게 받아들인 오만이고, 미혹이며, 자격증 취득에 의한 독선의 결과이며 그로 인한 처참한 현재이다.

그러므로 각종 권위에 절대 복종자=오만한 자격증자가 나올 수 없는 시스템이 더더욱 절실해 지는 것이다.

권력의 배분이 필요한 이유이다. 권력, 지식, 경제, 가치..의 배분이 필요하다.

존엄과 자애가 필요하다. 어릴 때부터 잘 놀게 해주고, 『천부경』을 외우게 하여 우주와 하늘과 자연과 모든 생물을 외경의 념으로 바라보는 시각을 키워 주어야 한다. 육체와 정신 모두 건강하게 성장하도록 해야만 한다.

'인간만이 인간을 행복하게 할 수 있다.'는 절대명제인 마음을 가르쳐야 한다.

그 명제를 잃어버린 어용기자는 스스로 옷을 벗어야 한다.

자격이 없기 때문이다.

옥불옥을 강화시키는 절대복종자 검사도, 판사도 스스로 떠나야 한다.

자격이 없기 때문이다.

환자를 돈으로 보는 의사도 스스로 떠나야 한다.

자격이 없기 때문이다.

궁극적으로 '인간이 인간만을 행복하게 할 수 있다.'는 명제를 잃어버리고 인간을 무시하는 개인도 스스로 사회를 떠나야 한다.

자격이 없기 때문이다.

바이러스 걸린 벌은 스스로 그 조직을 떠난다. 인간이 벌보다 못해서 되겠는가.

인본사상(휴머니즘)이 근본이 되지 않는 모든 권력, 직업, 가치, 지식, 하물며 철학. 종교도 인간에게 무의미하다면 인류사에 독이 되는 것이다.

단, 잊지 말아야 할 것은 권력의 부정이 아니라, 권력의 배분임을 늘 주지해야 한다.

권력에의 의지가 없다면 인류는 권태에 빠질 것이다.

창조 없는 인류는 행복하지 않기 때문이다.

권력에의 의지는 인간의 본성이기 때문이며, 나는 재보다 낫고 싶은 게 인간이기 때문이다.

그 본성을 부정하는 것은 인간을 부정하는 것이 되는 것이어서 권력의 부정도 그 또한 불행을 야기한다. 분명 제반 능력 중 어떤 면에서는 우월자가 존재하기 마련인데 평등만을 논하는 것은 퇴행이다.

가정을 지키고, 조직을 유지하며, 사회의 질서를 지속시키는 것은 권력의 순기능인 것이다.

그러므로 절대 권력의 분화, 권력의 집중화의 방지, 견제책에 대한 시스템이 필요해지는 것이다. 권력자에 의하여 인간이 속박과 구속에 대한 즉, 인간에게 불행을 초래하게 되는 경우에는 지금보다 수월하게 권력자가 축출되어야 하는 시스템이 필요하다.

개인은 물론 조직도, 국가는 더더욱 많은 은밀이 있다. 은밀과 공개와의 구별은 어떻게 처리하느냐의 문제가 대두되는데, 단언컨대 공개를 적게 하더라도 많은 은밀을 백성은 이해해야 한다. 첫 한 발자국을 남겼다는 것이 중요하다.

7~8,000여 년 전의 태호 복희씨의 음양에 의한 팔괘로 인해 현재 컴퓨터를 인간이 사용할 수 있는 것을 감안하면 그로써 충분하다.

너무 빠르면 조증이요, 너무 늦으면 우울이다.

조급함은 모든 것을 망친다. 최고 권력자라서가 아니라, 권력자라서가 아니라 개인도 그 당시 그 패러다임에서 애써 살아 온 역정이기 때문이다.

개인도 은밀이 있기 때문이다.

황금비율은 서서히 마련해 나아가며 찾아내야 한다. 황금비율이란 오류의 시대를 거친 후에 만들어 지는 법. 질곡의 시대가 너무나도 길기는 길었고 앞으로는….

인간이 벌보다 위대하다고, 그러려면 바이러스 걸린 벌처럼 사회를 오염시키는 사람은 퇴출시키는 시스템을 하나하나 마련해 나가야 한다.

개인이 부정한 권력에 대항하는 자유와 가치가 지켜지는 기본권과 그럼에도 개인의 행복이 보장되는 행복추구권이 보장되어야 한다.

권력의 배분은 강조하고 강조해야 한다. 권력의 배분 없이는 명예, 돈, 가치의 배분이 이루어지지 않는다.

신선처럼 깨달은 자가 아닌 즉, 구부러진 잠재의식을 떨치지 못한 자 = 권력자에게 너무 많은 권력을 쥐어준 것은 부당한 것이다.

다른 사람에 비해 그만큼의 권력을 가질 수 있는 위대한 능력자도 아니며, 그 무소불위의 권력을 스스로 자정하며 인류사회를 위해 권력을 배분하는 품격 있는 자는 드물기 때문이다.

십자군전쟁, 히틀러. 제국주의, 부시처럼. 그렇기 때문에 권력의 배분이란 인류사의 모든 폭력과 횡포를 뿌리 뽑을 수 있는 절대적이며 근본적인 것이다.

바이러스 걸린 벌이 스스로 그 사회에서 나가는 것처럼 권력자는 윤리가 확고한 자가 되는 것이 인류사회에 있어 오히려 발전일 것이다.

최고 지도자였던 자가 말하였다.

"채소 가계만 꾸릴 수 있는 능력만 있어도 최고의 권력을 운영할 수 있다."

이해해야 한다.

개인 모두가 깨닫는 것은 권력의 배분보다 더 어려운 일임을.

인간이 가진 본능적 권력의지는 너무나 강함을.

바꾸어 말하면, 본질적으로 말하면, 권력은 좋은 것임을

권력의 순기능은 인간사 흐름을 원활하게 흘러가게 만드는 것임을.

누구든 한명은 최고 권력자가 되어야 함을.

인간은 누구나 최고 권력자가 되기 위해서 하나하나씩 올라가고 있는 것이다.

권력자에게 가치와 능동을 주어야 한다.

그들의 권위와 존엄을 인정해야 하며, 은밀도 있음을 인정해야 한다.

국가는 은밀이 있는 것이며, 있을 수밖에 없다.

국가의 은밀을 모두 공개하라는 것은 후안무치이다.

그것은 곧, 개인의 모든 은밀을 공개하자는 것으로써 존엄성을 스스로 포기하는 것이다.

국가는 대의를 지향해야 한다.

그 대의란 '인간만이 인간을 행복하게 할 수 있다.'는 절대명제임을 분명히 해야 한다.

국가의 은밀은 개인의 존엄성과도 같다.

산은 산이고 물은 물이다.

개별이지만, 상호필요의 존재이다.

천일일, 지일이, 인일삼天一一 地一二 人一三이요.

천이삼, 지이삼, 인이삼天二三 地二三 人二三이다.

모든 것이 독존獨尊이며, 하늘은 땅과 인간을, 땅은 하늘과 인간을 인간은 하늘과 땅이 있어가 존재하는 것이다.

도란 가물가물한 것. 단 한 가지만 도라 하는 것은 도가 아니다.

아무것도 모르면서 하라는 대로 하는 오지랖은 홍보용 플래카드이다.

그렇기 때문에 모든 개인은 지금보다 더 똑똑해 져야 한다. 물론 지혜도, 마음도….

사람은 구부러진 잠재의식을 갖고 있기도 하거니와 완장을 차게 되면 하고 싶지 않은 일도 해야 하기 때문이다. 즉, 상황이 모두 선할 수가 없게 만든다. 일례로 인구증가가 지금처럼 지속된다면 그것 또한 인류사에 결코 도움이 되지 않는다.

지구 내에서 모든 생물과 무생물과 바람, 구름, 햇빛 등에 의해서 지구 스스로 자정할 능력을 넘어서는 현재와 같은 인구증가 즉, 적정한 인구를 초과하여 지구 내에서 자급자족을 하지 못하게 된다면, 지구는 자연적 정화작용을 잃게 되어 환경, 수질, 토질 등 오염이 심화 될 것이며, 식량을 포함한 물 등 각종 물가의 폭등을 일으키게 될 것은 너무나 자명하다. 그렇다면 인류의 증가폭을 줄여야 할 터이며. 사람들이 스스로 자신의 제반 욕심을 포기해야 하는데 쉽지 않다. 탐욕은 인간에게 있어 제일로 끊기 어려운 것이다.

인간에게 알리어 인간 스스로 자정, 겸손, 절약을 하게 만드는 제대로 된 로드맵을 제시하여 탐욕, 이기심, 허영을 자제하도록 만드는 것이 최선의 방법일 것이다.

이해의 요구와 이해. 본질은 이해이다.

쉽지 않은 문제이다. 머리는 냉철하게 그러나 가슴은 뜨겁게 '인간만이 인간을 행복하게 할 수 있다.'는 유일의 전제하에서, 불행하게 만들어 온 것은 소멸시키고 나아갈 방향은 그 것에만 집중하여 신중하게 하나하나씩. 스스로 좋은 방법을 찾아서 나아가야 할 것이다.

급하면, 다시 원점이다.

"거 봐, 먼저 총칼 갖는 사람이 최고여."라고….

천일일, 지일이, 인일삼이지만

천이삼, 지이삼, 인이삼이기도 하다.

군주도 도가 지나치면 세 번째. 즉 하下다.

선한 사람은 상上이다.

절대조건은 무엇인가.

'인간만이 인간을 행복하게 할 수 있다.' 라는 것.

내 이익을 포기하더라도

내 명분을 포기하더라도

내 권위를 포기하더라도

물론 권력자들부터….

축제

인간을 비참하게 만드는 세 가지 원인.

- 언어
- 구부러진 잠재의식
- 국가의 속성으로 인한 인위적 인간화(최대의 생산을 위한 인간의 탐욕화, 이기적화)

인류가 행복하기 위해서는 결론부터 먼저 거론하자면, 이 세 가지에 대한 완화가 필요하다.

언어는 개인의 몫이고 구부러진 잠재의식은 개인의 기질과, 언어와 사회(국가)에서 요구하는 것에 부응치 못하게 됨에 따른, 또는 그것에의 과잉된 최선으로의 추구 등 다중적인 것이며, 그러나 국가의 그 세 가지 속성으로 인한 인간의 비자연적-인위적(이기적, 탐욕적) 속성 강화는 전 세계적인 통찰과 함께 합일하여 동일하게 완만으로 나아가야만 한다.

합일인 완만이어야만 '이웃의 늑대'를 출현시키지 않기 때문이다.

그렇지 않으면, 부처, 노자, 장자, 원효, 루소, 경허, 크리슈나, 로버트 피셔 등의 깨달음에도 불구하고 인간만이 인간을 불행하게 만들고 있는 것을 멈출 수가 없다.

루이 16세가 루소 때문에 자신의 권력(왕정)이 무너졌다 했는데, 절대왕정은 무너져 조금은 완화된 민주주의가 도래했지만 권력의 속성과 국가가 인간에게 요구하는 속성은 여전히 오롯하기 때문이다.

루소의 문장 하나하나에 동의하게 되는 것은, 루소가 부처를 읽었어도 그럴 것이고, 노자가 로버트 피셔를 읽어도 똑같을 것이다. 원효가 노자를 읽어도 마찬가지이며 루소가 장자를 읽으면 '오호라' 했을 것이다.

왜? 깨달았기 때문이다. 구부러진 잠재의식을 걷어내었기 때문이다.

불우한 가족에서 태어나 교육도 제대로 못한데다 노동으로 끼니를 채우던 루소가 그 위대한 통찰을 제시했을까 라며 의아해들 하지만, 사실 의아할 것은 없다.

왜? 구부러진 잠재의식을 걷어내었기 때문이다.

구부러진 잠재의식이란 눈과 뇌와 감각의 바깥에 안개가 항상 둘러 있는 상태이며, 상태이어서 그 안개의 농도차이 및 그 안개를 투영해야만 느끼고 인식하는 지라 진실을 보게 됨을 막고 있는 것이라 표현할 수 있다. 안개를 걷어 내었으므로 스스로의 감각으로 눈으로 뇌로 바로 사람과 사물을 그런 것들과의 역학적 관계를 직시하는 것이기 때문이다.

언어의 폭력을 알게 되며, 인간이 원래 선했음에도 인간의 권력의지와 서열과 사회로 인해 비뚤어져 있었으며, 우주, 겸손, 절약, 덕, 한없는 인류애 그로부터 발생되는 자연과 자유인.

장자의 반박귀진 = "돌이키고 되돌리니 참 나(진리)로 귀의한다."는 말처럼 인위적인 법과 마찬가지로 인위적인 윤리의 거부. 깨친 사람들의 공통된 분모이기 때문이다.

루소와 로크는 '깨달았느냐 못 했냐'의 차이이며, 그 차이 때문에 로크는 국가에 의한 개인의 희생이 당연하다 생각하는 것이고, 루소는 개인의 자유가 되도록 훼손치 말아야 된다는 것에 더욱 의미를 부여한다. 그가 부연하지 않고 도시국가를 이상적으로 본다는 견해는 도시국가가 타 도시국가에 대한 최적의 방어(백성보호)를 할 수 있다는 점과, 자유인으로서 살아감에 최소의 구속이 있으리라는 통찰이 있기 때문이다.

"최상의 군주는 있기만 할 뿐이지 드러내지 않는다."

"성인은 움직이지 않고 천하를 얻는다."

노자의 오도처럼 성인들은 성장, 발전에 대해 말하지 않는다.

그로 발생되는 인위와 속박과 파괴가 뻔히 보이기 때문이다.

'똑똑함과 돈을 숭상하지 않으면 백성을 다투게 하지 않고…' 그것은 왕에게만 국한되는 것이 아니다.

설(완벽하지 않으므로)에 불과한 의학지식으로 인해 오히려 인간은 본인 스스로 나약하게 만들어 스스로와 다투고 있기 때문이다.

얄팍한 의학상식으로 인해 자신이 자신의 몸에 대한 경외감과 자부심을 접게 되는 것과 같다.

인간(물론 모든 존재)은 궤가 되기 이전부터 우주폭발 이후 그 기나긴 억겁의 시간을 거쳐 수많은 재해와 질병을 이겨내어 존재한 위대한 존재이다. 그런 존재임에도 본인 스스로를 믿지 못하고 약이나 설에 자신을 맡기고, 스스로의 치유능력을 스스로 내버린 것은 안타까운 일이다.

"난 아무리 먹어도 살이 안 쪄."라며 시도 때도 없이 먹어도 살이 안찌는 사람이 있고, "쵸콜릿 하나가 몇 칼로리이므로 하나만 먹어도 살이 찐다."는 사람이 있다. 전자가 더 먹었음에도, 후자가 더 찐다.

세포보다 더 적은 자기 몸의 자유전자에게 '너는 음식만 들어가면 살쪄라'며 명령하는 것이나 다름없기 때문이다. 자신을 믿는 사람은 자면서도 살을 빼며, 쉬면서 스스로 회복을 한다. 앎이 오히려 독이 되는 것이다.

태호 복희씨의 문자→ 주판→ 파스칼의 계산기→ 진공관→ IC→ 컴퓨터→ 스마트폰.

창조의 변천사. 주판에서 스마트폰으로 갑자기 갈 수는 없다. 조금씩, 조금씩 편리해 왔다. 그러므로 문명의 발달은 인간에게 조금씩, 조금씩 옥죄고 있다고 할 수도 있다.

전기라는 것이 과연, 인류에게 진정으로 이로운 것인가?

이롭기만 한가, 아니지 않은가?

창조란 발견이므로 아인슈타인은 언젠가 재정립 될 숙명에 놓여 있는 것처럼, 과학이란 것 또한, 규칙화, 절대화하는 것은 일차적으로 인간의 자유와 상상력에 제동을 거는 것이며, 10,000여 년 이전의 『천부경』에서 언급한 연기설이란 게 현재의 나비효과이며, 과학화된 현대의 빅뱅이란 게 까마득한 이전의- 궤匱이며 일묘연이요, 六이지 아니한가.

암흑물질이라 불리던 뭐라던 이미 언급이 되어 있고, 떠들썩한 힉스입자가 있지 않은가. 그러니, 팽창하고 팽창하다 다시 수축한다고까지 예견하지 아니한가.

조정 중이므로 지구와 혜성과의 충돌도 적어질 것도 예상할 수 있지 않은가.

이차적으로는 "…에의 숭상은 사람에게 다툼을 가져올 것이다."를 상기하기 바란다.

급속한 발전이란 것은 불안이다. 에너지의 침체는 우울증이지만, 과잉은 조증이다.

유머력, 폭넓음, 이해력, 판단력, 본질을 파악하는 혜안력, 심미안, 기억력… 머리가 좋음을 표현하는 여러 단어들. 다 의미가 틀리다.

단지, 공부를 열심히 해서 1문제차라도 합격하여 자격증만 따야 하는 구조를 인류는 계속 이어가야 할 것인가에 대한 진정한 고민을 해야 한다.

풀밭에서 메뚜기를 잡으며 노는 어린아이가 인류의 희망이다.

흙에서 뒹굴며 구슬치기도 하고, 비오는 날 냇가에 종이배를 띄우고 흐르는 종이배를 따라 미지의 곳으로 나아가는 어린아이가 우리의 희망이다.

놀다 지치면 활기차게 돌아가야 할 집에 엄마가 있어야 한다.

뱃속에 품다 낳아 "내 새끼, 내 새끼." 할 수밖에 없는 여성을 엄마로서 존재케 해야 한다.

한 아이를 꼭 앉고 돌아오는 아이에게 '어디 갔었어.'라며 묻고 조잘거리는 소리를 듣는 행복한 엄마와 아이가 있어야 한다.

'상선약수라' 생각하고 생각하건데, 만물을 소생케 하여 이롭게 하면서도 스스로 낮은 곳으로 흐르니 물이 최고로다.

『천부경』에서는 이미 육六에서 수금(지)화목토에 대해 설명하였다.

본질은 '물이다', '4원소다', '불이다', '원자다' … 서구의 철학자들.

동양에서 배워간 이등변삼각형의 나열원리를 발견한 피타고라스.

그의 사후에 그의 제자 중 한사람이 1+1인 무리수√를 발견하자 피타고라스학파 동료에 의해 죽임을 당하지 아니한가.

'이것이다.', '아니면 말고.'

연고로, 서구는 철학이라 불리는 게 맞으며, 동양은 사상이라 불려야 맞다.

깊이의 차이, 넓음의 차이는 물론.

결론적으로 인간사에 파급되는 선악의 영향까지 고려하지 않았고,

원론적으로 언어로써 본질을 파악하려 하고, 자유를 추구하려 하였기에 오류다.

본질적으로 한나라의 확장(아틸라)에 따른 게르만족의 이동으로 발생된 모멸과 공포는 게르만 인에게 정신의 발달을 촉구하였던 것이며, 상하의 개념을 이해한 위대한 괴테는 어머니는 위대하다는 문장을 만들었던 것이며, 복희문자에서 이진법을 발견한 라이프니쯔, 헤겔, 칸트… 달이차면 기울 듯이, 지나치면 도가 아니듯이 결국 독일에서 정신으로 향해가는 지나침이 도를 넘어 니이체를 정신을 놓아버리고 죽음을 당해야 하는 숙명으로 몰아 부친 결과이다.

한나라(한인제석 한국, 한웅천황 밝달국, 단군왕검 조선)에 대한 콤플렉스의 질량의 차이에 따라 중국은 한나라에 대한 왜곡으로 나아갔고, "서둘러라 그러나 서두르지 마라"는 속담을 만들며 은밀과 치밀을 강조하였다.

한민족에게서 늘 수혜 받은 일본은 정한론을 펼쳐 들더니, "거짓도 100번 우기면 진실이 된다."는 속담을 만들며 한민족에 대해 끊임없이 당당하게 자신의 주장=거짓을 일삼고 있는 것이다.

히틀러의 유태인 학살의 의미는 한나라 정신과의 접근방법이 다름에 의한 독일정신과 유태인 정신과의 필연적 결과이기도 하다. 그것은 영국에서 떠밀려난 호주에서 백호주의가 요란한 것과 같다.

서양의 철학은 논리학, 수사학, 언어학, 과학 등 학문에 불과하다. 분파된 학문만 발전시켰기 때문에 통합적, 인륜적 사고를 묵살한 것이어서 법을 알면 오히려 법을 위반해도 이익이 남으면 범법을 하는 각종 악을 양산하였다. 자신들은 핵을 다량으로 보유하고 있으면서 약소국이 공포로 인하여 핵을 새로이 보유하려 하면 인류평화를 위한다며 핵보유국끼리 모여 제어하는 힘의 우월만이 진리이다.

아프리카에서 기아로 죽는 사람이 허다한데, 티셔츠 하나가 200만 원짜리라며 자랑하는 그 죄악을 선으로 만들었다. 2,200만 원짜리 한정품 가방이라며 자신만을 위한 자신만의 부와 명예와 여유를 가지려 하였다.

인중천지일人中天地一이 없다.

만물이… 본래 밝으니… 그러므로 마음 넓은 사람이 최고니라.

"서로서로 이해하고 살라."가 사라졌다.

사람 위의 사람인 못된 상上의 개념을 도입하더니, 사람 위의 돈, 돈 위의 법, 법 위의 권력을 양산하였을 뿐이다. 서양의 문명이란 것이 득오한 예수가 자유와 사랑을 역설한 게 잘못된 게 아니라, 아틸라의 침략으로 기인한 드라큐라와 마늘에서 비롯된 공포와 동경이 원인이었고, 정신(이성)화, 신격화, 남성화의 강화들로 인해서 허무를 초래하였다.

그 초래로 교황청 내의 성직자가 손과 발에 혈흔을 조작하고(주검에는 혈흔도 자국도 없음), 성의를 위조하고, 또한 그 허무로 인해 코란의 예언자를 성 집착자로 만들어서는 이슬람교도가 항의를 하면 도무지 이해할 수 없다는 식으로 뻔뻔한 이유이기도 하다.

일련의 어떤 건에 대하여 하루 종일 생각한 후에 잠을 잔 이유로 꿈에 관련된 성경구절이 떠오른 것을 신의 계시라며 간증까지 하는 우매를 낳았다.

사람들을 현혹하고서도 예수의 사랑이라며 사람을 다시 현혹하는 맹목을 낳았다.

허무하고 허무하니 '믿습니다'만 강조하게 된 것이다.

삼신사상의 세 갈래로의 분화가 본질적 원인이었으며, 더 큰 원인은 10,000여 년 전에 한글을 문자로써 체계화하지 못한 것이 비극의 서막이었던 것이다.

서양의 학문이란 게 고작해야 제로섬이론을 발견한 것에 불과하며 — 가질 수 있는 자, 모든 것을 가져가라고 선동한 난장판을 만들어 버렸다. 경제논리 및 경제시장을 생각해 보아도 알 수 있는 게, 돈 놓고 돈 먹는 게임을 벌이고 있다.

오히려 "복지는 투자다."했던 초등학교 졸업자 브라질 대통령이 바로 생동이며, 삶이며 진정한 사상이라 할 수 있다.

학문=논리학의 발전이란 것도 말은 본시 소통을 위한 — 더 풍요롭기 위한 것일 진 데 — 자유로운 언어구사를 정반합에 맞추게 한 구속이 되었으며, 증거를 제시하라는 합리적이라는 법칙화가 언어의 유희를 가로막는 구속이 되게 만들었다. 말솜씨가 어눌한 사람을 바보로 만드는 차별이 된 것이며, 중력법칙의 공룡화는 거대의 돌을 자연현상과 함께 간단한 어떤 도구로 쉬이 이동과 다룸의 발견을 방해한 것이다.

그들에 의해 발전된 과학적, 합리적이란 게 기껏해야 빅뱅이다. 그 빅뱅이란 게 10,000여 년 전 이전에 이미 일묘연一玅衍으로 표현하였던 것에 불과하다.

궤匭가 의미하는 바는, ㅁ이면 외벽이 견고하니까 ㄷ안에 車, 九자를 넣어 표현하여 뜻하고자 함은 빅뱅이전의 막 폭발하려는 시점까지도 단 하나의 글자로 완벽하게 표현한 걸작이다.

차車는 스스로 움직이는 자동사의 의미이며 구九는 꽉 찬 것을 의미하는 바, 스스로 꽉 찬 후 스스로 작용하여 빵! 경이롭지 않은가.

태초에 먼지 하나가 한소식(깨달음=힉스입자)하여 자신의 주위로 모든 것을 모이고 모이게 한 결과.

일적십거 무궤화삼一積十鉅 無匱化三이다.

일묘연一玅衍.

깨달음이란, 득오자는 먼지 하나로 되어 홀연히 사라지는 그 자유를 느끼게 된다.

일묘연이란 먼지 같은 자유로움이며, 자유전자 같은 가벼움이다.

일묘연一玅衍, 육六, 인식, 한소식, 깨달음, 빅뱅….

『천부경』의 핵심은 '사람이여! 깨어나서, 사람이여 자유로워라, 먼지같이 자유로워라.'는 것이다.

문명이 발달하면 할수록 사람의 본성인 자유는 속박 당한다. 기술이, 과학이, 학문이 등등이 발전한들 더 살기 힘들다면서 우울증환자가 급증하고 있음에도 그냥 그렇게 흘러가고 있다.

이대로는 되는 것도 없고 안 되는 것도 없다. 즉, 무관심, 몰이해, 피로, 우울이 퍼지는데 그 누구도 해결책을 제시하지 않고 있다.

심신이 약해져 있음에도, 정상인에게도 과하게 사용하면 위험하다는 방사선을 암환자에 치료로 사용한다는 게, 6개월 선고를 맞추기 위한 의사의 의료행위가 아닐까 하는 의문이 여전히 든다.

심신이 약해져 있으니 더 잘 먹고, 더 푹 자야 되지 않겠는가.

인간은 던져진 존재고, 본능은 살아야 하며 본래 밝으니 그것만 하여도 6개월 1일 이상 살 수 있으리라 본다.

우리를 늘 괴롭히는 우리 몸속 구석구석 세포보다 더 미세하고 치밀하게 존재하고 있는 핵을 지닌 자유전자.

일상에 머물러 있는 자신을 괴롭히고, 착하지 않게 행동한 자신에게 호통치며, 스스로 한계를 만들어 불가능으로 자신을 꾸리는 것을 괴롭히고, 그 자유전자가 가만히 놔두지를 않는다.

"너, 이거뿐이 안 돼." "지금이라도 네 맘대로 살다 죽어, 화도 실컷 내고."

그 놈만 믿어도 1년은 가리라 본다.

"똑똑하게 하면 사람을 다투게 한다."고 그 까마득한 시절에 『천부경』은 경고하지 않았는가.

환자는 알게 되어 스스로 6개월에 맞추고, 의사는 그렇게만 배웠으므로 절대적으로 그렇게만 할 수밖에 없으니, 오히려 과학적이라는 그 권위가 독이다.

도가도 비상도이다.

『천부경』 시절에도 현 한국인도 환자는 개고기를 먹는다.

과연, 무엇이 더 과학적이며 어떤 것이 더 이로울까.

"개고기를 먹는 건 야만이다."며 적개심을 드러낸 프랑스의 어느 여배우.

자신이 사랑의 화신으로 표징되어지길 바라면서 자신의 짧은 소견을 드러낸 것에 불과하다.

감나무에 높이 걸린 감을 따지 않는 한민족의 정신을 아는가. 긴 겨울을 살아가기 위해서는 까마귀와 까치도 먹어야 되기 때문이다. 고사를 지내면서 곡주인 막걸리를 땅에 뿌리는 이유는 박테리아도 먹어야 살기 때문이며, 샘(우물)에 시루떡을 갖다 놓는 것은 동물도 먹어야 살기 때문이다.

소의 꼬리, 뼈, 살, 가죽 일체 모든 것을 사용하는 것은 사소한 것 하나라도 제때에 제 곳에 쓰면 유용하다는 걸 알기 때문에 모든 걸 소중히 생각하여 아끼고 절약하는 한나라(한민족) 정신을 아는가.

같이 살고 같이 웃었던 동물을 잡아먹는 건 야만이라 하지만 즉, 사랑하는 정신이 없는 몰지각한 사람이라 몰아세운 것인데, 한나라 이후 현재까지 아파트 거주문화가 들어서기 전까지 한민족은 집안에서 개를 키우지 아니하였다. 무슨 얘기인가하면 같은 인격체인 생물로 보았기에 거실에서 키우며 애완견으로 만들지 아니한 사실을 직시하여야 한다.

개에게도 불성이 있다. 즉, 개는 개대로 자유로운 존재이다.

한민족은 1980년대까지만 해도 사납거나, 커서 위협적인 개를 제외하고 개에게 목걸이를 채우지 않았다는 사실을 간과해서는 안 된다.

진정한 사랑이 무엇인가.

거위의 간만 쓰는 푸아그라가 잔인한 것이다. 지느러미 요리가 맛있다는 명분하에 수많은 상어가 지느러미만 잘린 채 살아있는 몸뚱이를 바다 속으로 버려지는 잔혹이 잔인한 것이다.

달팽이를 먹든 개를 먹든 사람은 살기 위해서는 먹어야 한다.

호랑이가 토끼를 잡아먹듯이….

개는 사람이 먹는 같은 음식으로 인류와 함께 진화해왔다는 것을 결코 간과해서는 안 된다. 개의 유용성(가죽이던 고기던 뼈든)이 사람에게 다른 동물보다 많다는 것을 이해해야 한다. 우주 내의 모든 존재는 던져진 것이며 사람도 먹으며 존재해야 한다.

"개똥도 약에 쓸려면 없다."던 한민족의 정신을 아는가.

모든 존재 하물며 먼지 하나로 우주가, 그리하여 인류가 존재케 되었다는 것을 아는 한민족인지라 심지어 개똥도 소중히 여긴, 즉, 모든 걸 소중하게 취급하여 모든 존재가 능동으로 존재케 한 한민족의 정신임을 알아야 한다. 그 인식론적 존재론을 알아야 한다.

인간이 살기 위해서 죽임을 당하는 동물을 고통을 없애려고 단, 한 번의 일격으로 죽이는 한민족의 사랑을 이해해야 한다. 그들을 위해 살풀이를 한 한민족의 정신을 이해해야 한다.

그 정신이 슈메르, 이집트, 인도, 이스라엘이든 이전된 것임을 알아야 한다.

피 한 방울, 뼈 한 조각 모두 소중하게.

우주 내 모든 존재의 지속생존은 제일의 본질이며, 타인을 능동적 존재로 되게 하여 주는 것처럼, 타 존재에게 먹임을 당하여 주는 것 또한 인간의 숙명인 것이다.

당뇨병에 쓰이는 현재의 다국적 제약업체의 화학약품 역시 무용지물인데, 그 약을 지금까지도 지속적으로 쓰고 있는 이유는 무엇인가.

국가의 성장주의. 제약업체의 정보독점 및 정보미공개, 의사란 자격증소지란 권위에 의한 일방소통, 모든 조직에 있어서 일반소통을 하는 것은 너무 쉽고, 쉽게 돈이 발생하는 수단이 되므로 타 방향으로의 전환회피이지 않은가.

극단적으로 기계의 발명은 인간이 신성하게 수행하여야 할 노동을 제어한 것이며, 물질을 범람시켰다.

"부어라 마셔라 먹어도, 먹어도 또 있나니, 사고, 사라 또 넘쳐나니…." 지구가 쓰레기로 가득 차 있으며, 사람 역시 이제 감지덕지 그나마 있었던 시장가격(호한가치)이 하락하여 하한가를 달리고 있다. 극빈은 점점 많아지고 있다.

도대체 누가… 그 뛰어나다는 철학가도 한 몫 했지, 석학이라는 그 경제학자도 한 몫 했지… 니이체가 뛰어난 혜안력을 가졌음에도 정신집중자로 화하여 죽음을 맞이한 것이 뜻하는 바는,

- 인류역사는 원의 궤도만 무한히 돈다.
- 성숙한 어른은 놀이를 염두에 두고 있다.

그것을 발견하였을 때, 본질에의 탐구는 멈추고 10,000여 년 전 이전에 『천부경』에서 본질을 논하였으며, 안팎에서 찾아감이 아닌 견성성불, 본래면목, 반박귀진이 뜻하는 바대로 자신 속에서 찾아내는 것이므로 대상인 바깥에서 찾으려고 하였으니 방법이 이미 틀렸다.

무한히 원의 궤도만 돌지 않도록 할 수 있는 것에, 아이들이 자연에서 자연스럽게 놀 듯, 성숙하게 노는 어른의 놀이를 찾아내는 것. 바로 그것에 뛰어난 그 혜안을 사용하였어야 했다.

선천적으로 가진 본질을 꿰뚫는 혜안, 죽음마저 불사하고 불쾌한 의식의 흐름에 바늘처럼 첨예한 정신으로 탐구했던 니이체는 위대한 철학가이다.

그가 멸시하던 학자는 결코 아니었다.

만약 많은 철학가와 학자가 놀이에 대해 언급하였다면 인류사는 현재처럼 서로를 배려할 틈이 없어 각박하고 지식을 최우선으로 두어 정신을 과부하 시키며, 식사시간마저 단축해야 하는 기계가 되지는 않았을 것이다. 시간의 노예가 되지는 않았을 것이다.

생각해보라 여러 사람이 손에 손을 잡고 빙빙 돌며 노래를 부르고 속도를 줄였다, 다시 높이고 안으로 가다, 다시 원래 상태로 돌아서며 빙빙 도는 것을, 마지막에는 '칙칙폭폭' 하며 기차놀이를 하는 어른들을 상상해보라.

이 얼마나 유쾌한가, 깨닫지 못하여 자의식에 괴로워하는 사람들을 위해 놀이를 많이 만들어 놀이하는 순간이라도 잡념을 제거하여 안온한 상태를 느껴보라는 위대한 신선의 지혜이다.

그 다음 남녀가 빙 둘러앉아 마시는 술 한 잔은 얼마나 달콤하겠으며, 원으로 들러 앉아 말을 나누는 것은 또 얼마나 유쾌할 것인가.

춤을 추며 축제를 벌이는 것은 그 얼마나 통쾌할 것인가.

거기엔 아무 것도 끼어들 틈이 없다. "나는 생각한다. 고로, 존재한다."는 의식조차 없다. 의식이란 흐름이며, 흐름은 유위며, 유위는 인위고, 인위는 인위를 계속 불러오는 구속이다. 의식은 구속이다. 귀찮음이다.

하하하, 호호호, 껄껄껄….

어린아이가 메뚜기를 잡듯이 선도 악도 아니다. 그저 놀이이다.

정신이니 마음이니 신경 쓸 틈이 없다.

유쾌하지 않은가, 상쾌하며, 호쾌, 통쾌하지 않은가.

자유다.

의지는 자유가 아니다. 그것은 정신이고, 정신이면 지향이며, 지향이면 구속이다.

한민족의 전통놀이를 열거하면 신선이 두었다는 바둑, 승부가 아니라 사람을 얻으라는 팔각의 장기, 윷놀이, 자치기, 구슬치기, 딱지치기, 말타기, 공기놀이, 팽이치기, 줄팽이, 굴렁쇠, 씨름, 매사냥, 차전놀이, 강강수월래, 돌싸움… 어른만 할 수 있는 놀이가 있으며, 어린아이가 할 수 있는 놀이가 있고, 어른과 어린아이가 같이 하는 놀이가 있다.

놀이가 많았던 과거로 돌아가라면 나는 기꺼이 간다.

불편함에 따른 건강한 육체, 완만의 지식을 추구하는 평안한 사회로 인한 정신건강, 부족한 식량에 따른 마른 체구, 십리인 거리를 조금만 더 가면 된다는 여유와 '저 말은 십오리다.' 혼자 생각하면서도 서로 '씩' 웃어주며 사람을 믿는 시대로 돌아가라면 나는 기꺼이 간다.

역사를 되돌릴 수 없다는 것도 안다. 그러나 돌아가야만 한다는 걸 알아야 한다. 무한한 원의 궤도를 돌 확률이 높다는 것도 안다. 그럼에도 희망을 가지는 건 현재는 민주주의란 민주를 모토로 해서 자유와 평등을 지향하고 있고, 사람은 본래 착하다는 것을 알기 때문이다.

편리함을 전제로 한 현대의 인간은 너무 많은 불편을 치르는 것을 알아가고 있기 때문이다.

지혜가 쌓이고 쌓여 진리인 엑기스가 점점 축약되고 있다는 것을 알기 때문이다.

오히려 과거가 여유와 함께 삶의 질은 지금보다 훨씬 좋았다는 것을 알아가고 있기 때문이다.

성장이 발전이 성장과 발전이 아니라는 점을 늘 주지해야 한다.

선각자는 직관이 탁월하여 현상을 바로 보고 그 영감(창조)을 두 세 마디 문장으로 표현한다.

학자는 문장을 입증하려고 책을 한권 쓴다.

후대의 영감자는 두세 문장을 이해하며, 그 두세 마디가 최적의 조합임을 알지만, 구슬 하나하나는 알되 전체를 모르는 일반인은 한 권을 읽어야 한다.

오해하기 좋은 영감자는 오해자에 대해 설명하려 하지 않는데, 이해하지 못하면 오해만 불러오기 때문이다.

오해자는 영감자에게 이해를 요구하지 않는다. 구슬 하나하나는 알고 있으나 총체적 이해는 안 되어도 오해할 것은 아니라는 것을 알기 때문이다.

반면, 이해하기 쉬운 책에 대해서는 이해를 요구하거나, 오류를 지적한다. 똑똑함이 사람을 다투게 한다는 것도 맞지만, 두세 문장과 책 한 권의 차이만큼이나 진리가 틀려지기 때문이다.

영감자의 두세 문장으로 책 한 권을 쓴 사람은 득오자가 아닌 것을 알기에 오류를 지적하는 것이다. 그렇기 때문에 최초에 문자로 된 역사서의 오류는 외부에서 빌려온 신화적 요소에 왕의 우월을, 국가의 우월을, 민족의 우월을 내세우기 위한 위서가 많다고 할 수 있다. 더구나 역사서의 완성은 이전의 역사를 후에 발명(체계화)된 문자로 서술되었으니까.

노자의 도가사상.

공자의 유가사상.

부처의 득오사상의 오류는 『천부경』의 삼신정신을 개별로 분화, 심화시켰음에 애초에 오류이다.

도가사상의 문제점은 혼자 살 수는 없고

유가사상은 권력의 집중화를 막을 수 없고, 구속이며

득오사상은 쉽지가 않음에 문제가 있다.

삼신사상으로 돌아가야 한다.

왕(도, 천) — 노자, 조직(땅) — 공자, 개인(창조) — 부처.

인도의 브라흐마(우주), 비슈누(유지, 질서 — 조직), 시바(창조, 파괴 — 사람)와 같은 맥락이며, 그 근본은 『천부경』이요, 그러므로 삼신의 사상이 인류에게로 돌아와야 한다.

외롭고 쉽지 않은 것을 벗어나려면 적당한 윤리에 적당한 법의 체제에서 적당한 조직이 마련되어 일반인도 쉬이 할 수 있는 천지인 존중사상, 너 나 우리를 소중하게 생각하는 인본사상, 군주, 조직, 백성간의 상호이해가 많은 유려한 조직, 개인으로서는 정신, 육체, 마음 모두 소중하게 생각하고, 행동하는 것이 이루어지면 가능하다.

도가와 불가의 차이점은 득오는 같으나 호쾌와 심약의 차이이며, 개인과 조직의 차이이기도 하며, 노자와 루소는 때를 택해 홀로 사라짐을 택하는데, 인간사에 독毒으로 남길 원하지 않아서며, 독獨인 외로움으로 들어간 것이다.

단언컨대 홀로서서는 완성이 아니다.

『천부경』이 뜻하는 바대로 모든 사람이 육(六 - 일묘연, 깨달음, 빅뱅)하여 너나 우리 및 천지 인 및 정신의 완성(7), 마음의 완성(8)을 거쳐 세상의 완성(9)을 향해 같이 나아가야 한다. 그렇기 때문에 삼신일체인 것이며, 진공묘유요, 일체유심조인 것이다.

마침내 십十=진리: 조화로운 우주의 완성이 이루어지는 것이다.

무슨 말이냐면 인간이 인간을 행복하게 하는 것에만 몰두하면 지구와 우주는 스스로 완성을 이룬다는 뜻인데, 천지인 중 제일 막내(밑)인 인간의 탐욕과 어리석음이 우주를 파괴한다는 뜻이다. 인간이 가진 탐욕이 우주 내에서 제일로 경계해야 한다는 점이다. 인간이 탐욕을 멈추려면 권력에의 의지를 원초적으로 없애야 하는데, 그것은 결코 이루어지지 않는다. 연고로 백만, 천만, 억만의 개인으로의 권력배분이 이루어져야 하는 당연함이다.

그것은 모든 개인이 깨치는 것이며, 그것이 어려우면 루소가 말한 교육론에 충실해야 한다. 지식, 권력, 돈을 숭상하는 시대가 되어서는 안 되고 놀이를 하는 문명을 만들어 가야만 한다.

천(우주), 지(자연), 인(사람) 모두 존귀한 것이며, 그리하여 국가, 조직, 개인이 존귀한 것이며, 그러므로 부, 모, 자식이 존귀한 것이며, 그리하여 바른 정신, 바른 육체, 바른 마음이 존귀하며, 귀함, 천함, 가난함 모두 존귀한 것이기 때문이다.

우주 내 모든 존재는 던져졌지만 모든 만물은 '천상천하 유아독존'인 것이다.

부모가 자식을 위해 아래에 있으니 상上이요, 권력자는 하늘 아래 있으니 하下이니 겸손할 지이며, 부모가 나를 받쳐 줌에 내가 상上이 되었으니, 자식이 부모를, 제자가 선생을, 하위자가 상위자를 존경함은 하下 — 겸손을 가지는 것이다.

모든 존재의 존귀함. 하물며 사물에게도, 자유, 상호호혜를 표방한 『천부경』으로 돌아가야 하는 이유이다.

분화된 기축문화의 절름발이인 시작이 기축문화마다 권위를 찾아가게끔 나아가게 된 것이며,

두 세 마디의 문장에서 나오는 부정할 수 없는 이해할 수 없는 진리에서 분화하여 심화된 불완전의 기축문화로 인류사는 권력만이라는 절름발이 역사를 신과 권력자가 결탁하여 인류사를 원의 궤도만 돌고 있게 만들었던 것이다.

삼무에서 비롯하여, 양의 작용으로 존귀한 존재인 내가 태어났으니, 그야말로 축제이지 않은가. 더 이상 무엇을 바라는가.

슬프도록 아름다운 놀라운 존재이지 않은가,

핵을 지닌 전자처럼 축제하듯 자유롭게 살다.

축제하듯 기뻐하며 삼무로 다시 돌아가면 되지 않은가,

어떻게, 축제처럼.

한나라에는 무당이 있었다.

무당에서 무巫자는 사람과 사람과의 역학관계를, 마음의 움직임을 공부한 사람을 말한다. 득오(깨우치진)는 하지는 못하였으나 사람의 심리를 안다.

무당이란, 신내림을 받은 자를 말하며 신선을 숭배하는데, 무당이란 신내림이란 표현에서 알 수 있듯이 정신병을 가지고 있다가 그 병에서 완치된 사

람이다. 경구약만 투여하여 시간으로 해결하는 현대의학에 비하면 그들의 치료법은 여러 가지로 과학적이며 효과적이다.

부처는 세 가지의 독에 대해 언급하였는데 욕심, 화냄, 어리석음이다. 추가하여야 할 것은 조급함이다. 인간이 구부러진 잠재의식을 갖게 되는 것은 물론이고 다시 발견해내기 어렵게 만들고 있는 것이 '그 세 가지다'라 한 것이다.

그중 인간에게 제일 많은 영향을 끼치는 게 바로 욕심이다.

남에게 지고 싶지 않은 것, 남에게 착하게 보이려는 것, 공포가 있는 것, 부친이 50이전에 위장병으로 죽으면 자식은 그에 대한 공포가 있는 것, 욕심이 있어 채워지기 전에는 마음이 허한 것.

그 중 짚고 넘어가야 할 것은 사랑도 욕심이다.

사랑이란 단어 때문에 사랑 받으려 하고, 사랑 받지 못하였다고 생각되면 상대방에게 화를 내는 것, 왜? 이미 자신은 사랑받지 못하였으므로 비참하다고 느꼈기 때문에 상대방에게 화까지 낼 수 있는 자격이 있다고 생각하고는 당연스레 화를 낸 것이다.

사랑이란 유령 때문에, 사람과 사람 간의 사랑의 폭이 틀림에 사람 사이가 다툼의 대상이 되고 그 사랑에 구속당하고 있는 지금.

사랑이란 명분하에 벌어지는 요구와 함께 반드시 타인으로 하여금 대응을 요구하는 지금.

말도 안 되는 말에 대답을 하지 않으면 사랑하지 않는 것으로 간주하는 지금.

말이 필요치 않고 스스로 알아서 상대방에게 불편을 주지 않으려 묵묵히 스스로 행동하는 남자가 고집불통이라 말하는 지금.

굳이 말은 안 해도 지긋이 상대방을 이해하며, 최대의 자유를 확보하려는 남자의 정신은 사랑을 모른다고 호도하는 지금.

침묵함으로써 느껴지는 고요를 잃었으며, 그로 인한 안락함도 같이 잃어

버렸다.

언어는 인위며 구속이고 관념이므로 오히려 버려야 할 것은 수다이다.

일상에서 여자가 사용하는 단어가 많다 해서, 일과 중 언어 사용이 적다면 여자의 수다를 들어주며 스트레스를 풀어주라는 어느 박사의 견해.

맞는 말이다. 여자가 점을 많이 보는 이유는 점쟁이가 여자의 수다를 계속 듣고 들으며, 고개를 끄덕여주고 손 벽을 치며 추임을 넣기 때문에 여자는 실컷 수다를 떨고, 떨고 나면 존재감이 채워지기 때문이다.

아서라, 박사여. 하나만 알면 독이다.

남자는 남자고 여자는 여자다. 들어주는 남자는 어찌하라는 것인가.

남자는 사회적으로 어릴 때부터 말을 많이 하지 말라고 듣고 자랐는데, '말 많은 건 싫어' 남자의 본성은 어찌하고, 들어주라고만 하면 남자가 괴로운데 어찌하라고.

어허, 미증유라.

문제는 남자와 여자의 평등으로의 지향은 맞지만 남녀의 차이를 인정하지 않는 것에 문제가 있다는 점이다.

평등이란 명분하에, '사랑은 최고의 덕목이다' 하는 깃발 때문에 남자가 남자의 가치를 감추는 현 시점이 문제이다.

남자들은 현재 몸과 마음이 분리되어 있다.

남자의 본능이라 할 수 있는 침묵. 침묵속의 배려, 바깥양반이란 말에서 알 수 있듯이 조직을, 세계를 타인을 이해하려는 마음이 묵살당하고 있다. 왜냐고 사랑이란 깃발이=주변인에게만 사랑하라는 것이 모든 걸 덮어씌우니까.

사실 레이디 퍼스트란 단어에는 심리학적면에서 보자면 남자는 여자를 남자에 비하여 약하다고 가정하고 있다.

첫 번째는 '나는 너보다 강하다'는 것에 의한 여유이며,

두 번째는 '네가 아무리 잘해도 나는 못 이겨'란 자신감이 근저에 깔려 있

는 것이며,

세 번째는 인류가 등장한 태초 이래 맘모스를 잡던, 집을 짓던 간에 그 무엇보다 힘을 가졌기 때문에 원초적으로 여자는 약하다는 논리로 귀결된 결과물이다. 그로 인해 여자가 남자보다 약하다는 필연성은, 드높은 깃발인 사랑과 남녀평등과 남녀의 차이점을 헤아리지 못한 체 약자보호는 당연으로 귀결된다는 법으로까지 비약된 법 아닌 법이 만능열쇠가 되어 버린 현재이다.

그러나 인류초기부터 여자는 남자보다 강했다. 남자는 권력을 잡고 여자는 그 남자를 잡아왔다. 남자는 자기의 이기심을 표현하는 자체가 금기이며, 말을 많이 하는 것은 조잡한 것이며, 자신의 감정을 나타내는 것은 창피한 일이다. 물론 지금의 남자도 그 굴레를 가지고 있다. 또한 그 굴레로 인해 남자는 본인 스스로 부자연스러운 어색함을 가지고 있다. 여자는 자기이익을 위해 이기심을 표현하는 것도 당연이고, 자신의 감정을 토로하는 것도 당연이며, 더 나아가 공식석상에서 눈물을 흘리는 것도, 수다를 떠는 것도 당연이다.

여자가 남자보다 강한 이유이다. 심리학적면에서도 여자는 스스로에게 자연스럽다. 여자가 권위에 순응하듯이 삶을 현실적으로 살기 때문에 남자보다 강한 이유이며, 반면에 남자는 아내에게 지갑은 주고 이상에 관심을 가져 왔다. 사랑이란 허울로 남자에게 의무로써 봉합하려는 것은 남자에게는 스트레스이며 강박이며 남자의 본성(시간감각, 거리감각, 단호함, 시공간감각, 침묵인 신뢰)을 부자연스럽게 만드는 것이다.

작금에 수다가 상호소통을 위한 절대치로 깃발을 드높이는 것은 남자의 본성인 묵언의 믿음을 파괴하는 것이어서 자유를 제한하게 되는 것이므로 불편으로 인한 불소통이 될 건 뻔하다.

드높아 지는 깃발은 늘 실존인 삶이 아닌 그렇게 관념으로 다가와 본질을 굴절시키는데, 지금 펄럭이는 그 사랑은 쓰레기통에 버려야 한다.

왜냐고? 대화를 하면 소통이 된다는 것과 같이 수다를 떨면 사이가 좋아지리란 것은 비약이라서다.

휘날리는 깃발 ― 그 자체가 이미 숭상케 한 것이며 구속이며, 긴 인류사에서 면면히 내려온 남녀 각각의 본성임에도 그 긴 시간에 비하면 표어의 한 구절에 불과한 것일 뿐이다.

점점 이혼이 늘어나는 추세가 대화의 부재라는 건 첫머리부터 잘못 집은 것이다.

본질은 사랑이란 깃발을 너무 드높게 올렸고 너무 펄럭이게 한 탓이다.

그에 부합해서 정형이요 고착인 이론은 난무하여 사랑의 양과 질을 측정하는 온도계를 만들고 말았다.

"이거는 사랑이고, 저기는 사랑이 아니야." 적정온도를 스스로 만들어 내곤 매일매시매분매초사랑타령을 하게 된 것이다. 그것은 역으로 불만만 가득 차게 한 것이어서 이혼율은 늘어난 것이다.

인간이란 하늘의 일부이며, 자연의 일부이다. 인간이 인간만의 법칙을 만들어 그 법칙 속에 가둬놓으면 그것은 인조인간이다. 법이 그렇고 윤리, 사랑, 하물며, 인간에게 있어 제일 중요한 창조, 이해까지도 지나치게 강조하면 인조인간으로 만들어버리기 때문이다.

도가도비상도이며, 상선약수라.

지나쳐도 안 되며 모자라도 안 되며, 모든 생물을 생하게 하고 스스로 아래로 흘러가는 물이 최고니라. 이성을 지향하는 남자와 감성을 지향하는 여자에게서 대화를 통해 합일을 이룬다는 것은 쉽지 않기 때문이다. 오히려 상대방의 감정을 상하게 하지 않는 것이 최선의 소통이며, 친밀이라 할 수 있다.

그러나 레이디 퍼스트 정신은 매우 소중하다. 길고 긴 남녀 사에서 여자는 남자에 의해 심신이 피로해진 상태다. 여자로 살기 위해 불편한 것을 너무 많이 감수하고 있다. 여자를 위하고 또 위하면서 도와주고 배려하며, 절대 가르치려 하지 말고 부탁을 하고 이해하도록 충분히 설명해야 한다. 남녀는 서로 현명하도록 도와주어야 한다. 여자에게 빚진 것을 갚는 남자의 속죄이다.

본심본 태양앙명 인중천지일이라.

우주는 본래 밝으니 그 중 마음 넓은 사람이 최고니라. 이해하고 이해하는 마음 넓은 사람이 되는 것이 최고라 할 수 있다.

크산티페가 본질적으로 악처이었을까, 아니면 악처가 된 것일까.

소크라테스는 합리적 사고에 익숙하였기 때문에 아내가 잘못했어도 네가 잘했다며 아내(여자)의 감정을 추슬러 주지 못한 건 아니었을까. 왜냐하면, 여자는 감정이 상하면 손톱의 날을 세우거든. 혹시, 크산티페의 수다를 들어주지 않았던 것은 아닐까.

악법도 법이라며 스스로 법정으로 간 대의적인 역사적 인식으로 인해 현실적 아내는 감정이 상해서 악처가 되어 버린 건 아닐까. 그러나 크산티페는 악녀일 것이다. 여자는 수다를 떨어야 하며 남자는 말이 필요 없기 때문이다. 여자의 잔소리는 남자에게 있어 공포다.

고로, 이 세상의 남자는 악부요, 여자는 악처다.

그냥 허허 웃는 것을 제외하고 남자가 딱히 할 일이 없다.

"그래, 잘했어.", "그렇지." 남자가 취할 방법이며, 여자도 그것을 원한다.

문제는 하루 이틀이 아니라는 데에 있다. 남자는 이성적이지만 여자는 감성적이기 때문에 불편한 상황일 때에는 말을 섞으면 섞을수록 둘 다 더 화가 나기 때문이다.

여자는 권위적이지 않으면 순응하려는 경향이 약해진다.

고개 숙인 현대의 남자에게 가해지는 여자의 수다는 강해졌다. 또 잔소리, 남자는 폭발한다.

티브이를 던져 마룻바닥에 던져버릴 수밖에 없다.

소크라테스나, 부처나, 노자나, 예수나, 루소나……

깨달았기 때문에 인류를 위하여 홀로 돌아갔다. "악법도 법이라며." 감옥으로 갔다.

상선약수上善藥水라 고여 썩은 물이 되기 싫어 홀로 갔으며, 계속 있으면 인류사에 독이 될 것 같아 방랑을 선택하였고, 예수는 홀로 십자가에 매달렸어도 그들은 홀로 곤란을 자초하면서도 절대다수인 인류를 안타까워했으리라.

니이체가 탄식했던 것처럼….

수다를 무조건 남자에게 부적합하다는 것도 잘 못된 것이며, 침묵하는 여자도 도道이다. 모두 도가 아니며 모두 도인 까닭이다.

언어의 고착화(계량화), 그로 인한 사랑에의 집착. 집착에 의한 비참으로의 결말도 포괄적으로 말하면 욕심 탓이다.

나는 사랑을 받아야 하리, 내가 더 사랑을 받아야 하리….

사랑에 대한 추구 역시 욕심이다.

다음은 어리석음이다. 사실 어린아이시절에 구부러진 잠재의식을 갖게 되는데, 어린아이가 어리석지 않으면 어린아이가 아니므로, 어리석음은 정확한 표현으로는 기질과 직관력의 차이라 표현해야 한다.

그 어떤 모티브에 의한 그 어떤 구부러진 잠재의식을 갖게 되는 것은 그 개인의 심약이나, 반항이 개인의 정도에 따라, 굴복이 되던, 대항으로 인한 껍데기 오만이든 그에 따른 구부러진 잠재의식을 가지게 되기 때문이다.

그 모티브에 접함으로 장차 그 확장의 폭이 나에게 어느 정도 영향을 미칠 것인가를 볼 수 있는 직관력의 얕고, 깊으냐에 따라 달라질 수도 있는데. 단지 그것으로 느끼면 소폭이며, 그다지 본인에게 의미 있다 할 수는 없다.

문제는 큰 좌절인 구부러진 잠재의식이 본인도 모르는 사이에 아이에게 잔뜩 웅크리고 있게 될 것이기 때문이다.

심약은 굴복으로 계속 나아갈 것이고 그로 인해 바보 같다며 한탄하고,

오만은 단독으로 행동을 취하게 되며 그로 인해 잘난 척했다며 한탄한다. 순간적으로 의식을 갖게 되어 반대로 혹은 다른 식으로 대응하지만 의식은 순간이며, 의식은 지향이므로, 역으로 지향은 의식이므로 본인에게 자연스럽지도 않아 결국 한탄한다. 그럼에도 어리석음이라 표현하는 게 정당한 것은 성인이 되었어도 어린아이의 그 잠재의식에 의한 무의식적 반복행동을 하고 있기 때문이다. 똑똑증후군을 갖고 있는 사람이 남이 아는 것을 얘기하면 무조건적 그것은 아니라고 말하는 것과 같은 이치다.

내가 재보다 어떤 면은 더 알고, 어떤 면을 덜 알고를 알면서도 습관적으로 반발하게 되는 것은 가만히 듣고 있는 자체가 굴복이라고, 어리석은 거라고 구부러진 잠재의식이 그를 조종하고 있기 때문이다.

자신도 모르는 사이에 넓은 마음八이 아니라 좁은 머리人로 사람을 대하고 있기 때문이다.

선하려는 자가 악을 취하지 않으려 괴로워함은 첫 번째는 타인에게 착하게 보이려는 욕심을 버리지 아니함이고, 둘째로는 그 욕심으로 인해 구부러진 잠재의식에 이끌려가는 자신을 던져둔 체, 자신이 원하지 않는 행동을 계속하기 때문이다.

어리석은 짓이다.

모든 사람에게 있어 욕심 버림은 모든 사람이 하나씩은 갖고 있는 집착증(정신병)을 벗어남에 있어 최우선의 과제이다.

욕심이 크면 클수록 그로 인한 좌절의 폭도 크게 되며, 집착의 강도가 세지며, 그로 인해 다방면의 자의식(무당이 말하는 혼령)이 여러 개 생기게 되는 원인이 되어 더더욱 절망으로 자신을 몰아넣게 된다.

신선병, 부처병, 예수병이 연고로 제일 복잡하게 얽혀있으며, 버리기 제일 어려운 욕심인지라 제일 고치기 어려운 것이 되는데, 바꿔 말하면 사람이 난해한 문장에, 난해한 형이상학에, 난해한 선문답에 귀 기울이는 것 또한, 똑똑증후군이라 할 수 있다.

어렵게 난해하게 표현한 철학가는 본질적으로 아무 것도 모르는 것이 그 또한, 똑똑증후군에 의한 속임을 하고 있는 것이다.

이 얼마나 어리석은가.

그리고 화.

본심본 태양앙명 인중천지일

本心本 太陽昻明 人中天地一

천지인 모두 본래 밝으니 그 중 마음 넓은 사람이 최고니라.

첫째는 사람은 본래 밝은데, 화를 낸다는 것은 부정적인 것을 표현한 것이므로 스스로 부자연스러워 괴로운 것이며, 두 번째, 타인이 화를 낸 자신을 멀리하게 됨으로 더욱 괴로워지게 되어 회피보다도 더한 억제를 하게 되는 탓이다. 억제 그 또한, 또 다른 잠재의식이며 그러므로 이중의 속박이다. 본질은 선도 악도 아니므로 화를 내든 안내든 그때 그것이면 그것일 뿐이다. 세 번째, 자신도 모른 체 화를 낸 것에 대한 성찰은 매우 중요하다.

쥐구멍과 벽만 남은 아무 것도 없는 '무'에서 그 '무'를 찾아내야 하는데, 자신도 모른 체 화를 낸 것이 바로 구부러진 잠재의식을 찾아 낼 본질이며, 핵심이기 때문이다. 자신도 모르게 화를 참는 것, 화를 억지로 내는 것 모두 자신의 행동에 늘 촉각을 세워야 하는 이유다.

효용과 성장을 배우는 현대인에게서 한가로운 소요나 한가로운 나태를 즐기는 것을 사치로 생각하여, 그리하여 부정으로, 그리하여 악으로, 그리하여 살찐 사람을 추함과 함께 게으르다고 추가로 욕을 하고 있는 것과 같이 언어의 고착화와 함께 구부러진 잠재의식을 갖고 있어 모두 신경이 날카롭기 때문에 그까짓 언어에 상처받지 말고 언어를 가지고 놀며 담대 하라는 것도 맞지만, 날카로운 신경들이니 쉽게 상처를 받는 지라 언어를 겸손하게 사용하라는 것도 맞기 때문이다.

게으르다 해도 정작 비만인 본인은 행복하다는데, 그들을 볼 때마다 사람들이 불쾌해 지는 것은 무엇을 말하고 있는가.

왜, 비만인은 게으르고 불행하다고 생각하고 있으니까

왜, 성장제일주의가 최우선의 가치라는 관념이 있으니까

왜, 날씬한 것에 대한 추구는 심리적 측면에서만 보는 게 아니라 미적인 광기만을 들이댄 탓이다. 배고픈 곳에서는 살찐 사람이 인기가 많다.

화를 낼만한 상황인데도 화를 억제하는 것은 루소가 제일 첫 번째로 꼽은 인간의 본능인 자애, 독존에 위반되기에 그 또한 비참이다.

연고로 화를 참아도 화가 나는 것이며, 화를 내도 화가 나는 것이므로. 화를 내긴 내야 한다. 즉, 젊잖게 화내야 한다.

상대방에게 상처를 최소한 적게 주어 얼굴에 표시나지 않으나 화끈거릴 정도.

화내는 자 또한 본래 밝음과 자애가 본질이므로 상처를 적게 주고 내 화를 풀었다는 안도감과 화남에 대한 화냄을 했으므로 당연을 확보할 정도.

이 세 가지를 유발하는 공통점 하나는 남이 나를 바라보는 기대치 증감에 따라 자신의 방향을 정한다는 점이다.

화를 낸 것은 누구인가 바로 나다. 대상으로 인하여 촉발됐지만 화를 낸 건 나며, 나이기 때문에 화는 내 속에 있는 화를 불같이 뿜어낸 것이다. 화 또한 마음먹기 달렸다 볼 수 있다.

위험성이 있다던가, 주의를 가지라는 강조를, 강조하기 위해서 빨강색을 사용하는 것과 그것을 보고 자라온 황혼을 넘은 노인들이 빨강색 옷을 입는 것은 나에 대한 남과 우리에게서 요구하는 기대치이다.

마지막으로 조급증이다. 부처의 시대는 계급이 구분되어 있고 완만의 시대여서 조급증에 대한 것을 생략하였겠지만 조급증 역시 인간에게 있어 독이다. 조급증은 정신병이다.

조급증은 욕심이 이미 지나침에도 더 욕심내게 하며, 어리석음을 더 쉽게 나타내 보이게 하며, 화를 냄을 지나치게 하여 자신과 상대방을 모두 태우는 기름 역할을 한다.

이 네 가지가 견성성불하는데 있어 걸림돌이기도 하지만, 인간을 정신집중자로 가게끔 만드는 요인이기도 하다.

무당은 정신병자=정신집중자=어떤 모티브에 절망의 폭이 커서(심약이든 직관력의 깊이든) 정신을 놓은 자=그 절망을 극복하고자 하나의 의식에 절대적으로 몰두하고 있는 자를 보고, 그 절망의 본질(구부러진 잠재의식)을 본다.

무당은 정신집중자의 비참이요 번뇌의 본질인 구부러진 잠재의식 "너 남자한테 사랑을 받지 못해서 괴롭지?"라고 결코 말하지 않는다.

"혼령이 네 몸속에 들어 왔지?"라고 돌려 말하는 데, 매우 효과적인 어법이다.

인간의 본질인 밝음과 독존(자애)에 대한 배려인데, 일반인도 지혜의 언어를 이해하지 못하면 "그 사람은 성격이 거칠데."라며 자신의 자존심을 채우는 것과 같다. 또한 괴로운 심리상태에서 그 절망을 극복하고자 하나의 의식에 절대적으로 몰두하고 있는 자에게 "너 잘못됐어." 하는 것은 그로 하여금 진실로의 회피로 돌려세우는 것과 같기 때문이다.

"니 잘못이 아니라, 혼령이 들어와서 그래."

심리적 완화. 느긋함.

그리고 축제.

굿을 한다.

현란한 옷을 입고 무당은 춤을 춘다.

징을 치고, 방울을 요란하게 흔들면서 한 곳만 파고 있는 정신병자=정신집중자의 정신에 훼방을 놓으며, 주변에는 가족 및 관련된 사람이 둘러 앉아 손으로 빌면서 완쾌되기를 기원한다.

덩더 덩더꿍, 쟁 쟁.

그들 역시 번뇌와 좌절의 폭이 적어서 정상일 뿐 머릿속은 오만가지 잡상으로 멍들어 있으며, 미혹의 불안에 집중하기는 정신집중자와 마찬가지이다.

축제.

무당은 "니 몸속에 어떤 혼령이 들어왔어."라며, 춤을 추다가도 툭툭 너는 잘 못이 없다고 재차 강조한다.

정신병자=정신집중자가 애착을 가지는 물건을 불로 태워 없애기도 한다.

집중자는 가족 중 갑자기 누군가에게 달려가 속마음을 말하며 본인도 울고 가족도 운다.

집중자에게 어떤 감정을 갖고 있던 누군가 하나는 아무도 시키지 않았는데 중앙으로 나가 덩실덩실 춤을 춘다.

괭괭. 덩덩 덩더꿍

그리곤 안색이 환해지는데, 그 역시 어떤 무엇인가의 정신집중에서 벗어난 것이다.

그리고 빌고, 또 춤추고 빌고….

괭괭괭괭….

절망에 빠져 화를 지나치게 참고 있던 집중자에게는 화를 내게 유도하며, 더 심한 환자에게는 주먹질과 폭력을 유도한다.

많이 참고 참았던 사람일수록 혼령을 내 는데 있어 혼령의 횡포와 무력이 강해지는 것이기 때문이며, 욕심이 많고 적음에 따라 강약이 발생되기도 하며, 정신집중한 시간이 많고 적음에 따라 집중자의 괴로움의 적고 많음이, 들어온 혼들의 많고 적음과, 순함과 독함이 상존하게 되기 때문이다.

무당은 정신집중자에게 횡포와 무력을 유도하여 과감하게 스스로 행동을 하게 만든다.

그동안 스스로 "나는 그것은 절대 할 수가 없어."라며 자신의 한계를 굳게 만들고 있던 구부러진 잠재의식 중 하나인 그 무엇이 — 자신이 전혀 할 수 없었던 행동을 함에 따라 소량의 구부러진 잠재의식 — 즉, 하나의 작은 혼령이 제거되는 것이다.

무당은 끝까지 정신집중자의 자존심을 건드리지 않으며, 안에 있는 혼령에게=사실은 정신집중자에게 "나갈 거야 말거야?"를 강요한다.

시간이 흐르고 집중자가 "나갈게."라며 괴롭게 말을 한다.

무당은 목젖을 눌러 구토를 유발한다.

꾸억꾸억. 침을 뱉게 하고, 혼령은 밖으로 나갔다.

스스로 욕심을 접어 스스로 나갈게 하는 마음다짐은 매우 중요하다. 타력이더라도 나가게끔 만드는 것도 중요하다.

결국 "남자들이 나를 사랑해 주지 않았다."고 집중자가 고백한다.

그 순간이 바로 일묘연이며, 六이요, 한소식이요, 빅뱅이요, 즉 이해다.

구부러진 잠재의식을 갖고 있었다는 것을 알게 된 순간 ― 이해 ― 바로 깨어나는 것이다.

정신집중자의 얼굴이 하얘진다.

본질이 무엇인가?

눈치 챘는가?

사랑 때문에 정신집중자가 되었으나 이해로 깨어난 것을….

순수와 함께 사랑을 강조하는 서양의 기독교.

본질적으로 사랑은 없다.

즉, 사람에게 사랑은 감정으로 다가 온다. 하루에도 수만 번 변하는 게 사랑이다.

바람에 흔들리는 감정을 늘 지녀야 하는 것처럼, 사람을 이성화, 지속화하는 것 역시 사랑이 아니다. 그것은 이중적 괴리 = 감정인데 정신으로 규정하고 계속 지켜가는, 즉, 불안이며 부자연이며 구속이다.

흔들리는 로마정권이 자신들의 권력을 유지하고자 백성에게 "부패한 권력도 사랑해야 합니다."라며 백성에게 구걸하였으며 이후, 십자군을 결성, 전쟁을 일삼았던 그 당시 제일 잔학했던 로마 교황청이 자신들의 패악을 덮으려고 신자에게 사랑을 남발하였기 때문이다. 한민족의 사상과 유사했던 유대교를 더욱 이성화, 신격화, 남성화를 꾀했던 것이며, 『천부경』에서의 하늘이 한 획을 그은 진리로 상징되는 십十자를 십자가로 이용하면서(진리는 죽었다) 기독교를 수용했던 것이다.

인간은 자애(독존)며, 욕망이며, 필요며, 본능이지 이성만은 아니다. 정신과 육체 그리고 마음이 조화로워야 하는 이유이다. 일례로 윤리에 지나치게 치우쳐 있는 철학자의 강조는 효용, 가치, 성장이란 경제용어에 인간을 꾸겨놓은 것과 같다. 그것은 쓰레기이다.

좋으면 좋은 거고, 싫으면 싫은 거며, 좋다가도 싫은 것이다. 그게 사랑의 본질이므로 사랑이란 깃발(인위)을 펄럭이게 하지 말라. 선만 추구하는 반쪽의 연약함처럼 이성으로 추출해낸 순수와 같이 사랑의 강조는 인위, 가식, 속박이기 때문이다.

언어, 구부러진 잠재의식, 국가에서의 요구 등으로 비참할 수밖에 없는 인간이 대상자에게 사랑을 받지 못해서 그랬다며 타인에게 잘못을 둘러대는 인간의 연약함이다.

특히 마음이 여린 여성이 변하는 자신의 감정을 ― 감정을 에둘러 표현하고는 상대방이 그 여린 감정을 제대로 받아주지 않았다는 전제아래 상대방에게 사랑하지 않는다는 해괴한 논리를 합리화하는 모순이다.

역으로 남자에게 있어서는 여자가 몇 시간, 며칠 뒤에는 내 진심을 알아주리라는 전제로 침묵을 택하였으며, 자라오면서 자신의 감정을 표현하는 걸 억제당해 온 터인데, 갑자기 억지로 그 감정에 맞춰야 한다면, 남자의 입장에서는 속박이며 부자연이다.

고로 사랑의 강조란 '서로서로 사랑하며 살자'는 취지임에도 불구하고 오히려 본 의도에 보란 듯이 인간 간에 분규를 더욱 촉발하고 있는 역행을 나타내고 있다.

남자나 여자나 착하다는 것을 제일의 덕목으로 꼽는 건 사람의 본성이 원래 착하다는 것을 말하는 것이며, 남에게 보여 지려는 경향의 탓이기도 하며, 역으로 보자면 내가 편할 수 있겠다는 속뜻을 가지고 있는 것이다.

인간 개인에게 있어서 절대명제는 자기 자애요, 독존이기 때문이다.

사랑이란 명분하에 구속하는 지금.

자신이 던진 것에 상응하는 감정을 요구하는 지금,

말도 안 되는 말에도 대답을 하지 않으면 사랑하지 않는 것으로 간주하는 지금.

단언하건데 그것은 거래이다.

이미 작금시대의 남자는 물론 여자에게도 온몸에 사랑이란 먹물이 문신처럼 새겨져 있다. 죽도록 맞은 육신의 피멍처럼.

작금에 수다가 보편적인 효용으로 퍼지는 건 역으로 묵언의 믿음을 파괴하는 것이며, 눈 빛 하나로 가능한 교감을 묵살하는 것과 마찬가지이다.

사람은 육체를 지녔다는 것을 간과하게 만들어 버렸다.

조선의 조혼은 시와 풍류를 아는 기생을 탄생시켰으며, 만혼인 현대는 섹스만을 위한 것들이 성행하는 이유이다.

"엄마가 나를 사랑하지 않아서 그랬어."로 귀결된 또 다른 정신집중자의 비참의 원인은, "나도 네 할머니한테 그렇게 배웠어."라는 엄마의 진실이 딸을 이해토록 만든다.

엄마는 정상인데 사랑을 강조하는 시절 탓에 딸은 정신집중자로 귀결된 것이다. 엄마는 엄마 나름대로 자식에게 사랑을 주었음에도, 딸은 사랑의 강화에 의해서 자기 내에 사랑의 계량화를 그렸고 함량미달인지라 비참에 빠졌던 것이다. 사랑에 대한 기대감이 높아 늘 배고프고, 상대방은 기대에 부응하려니 고달프고….

왜, 혼내는 게 사랑이 아니라 생각하는가.

아버지와 스승이 회초리를 드는 게 사랑이 아니라고 생각하는가.

지금 한국에 정신병이 만연하는 게 사랑 때문인 것을 아는가.

깃발을 드높인 사랑 때문에 '기존의 권위적인 아버지와 남편은 악이요, 기존의 사랑의 화신인 희생적인 어머니와 아내는 선이다'는 전제가 깔려있기 때문이다.

엄마와 아내가 전면으로 나서면서 사랑의 비약에 의한 속여짐을 스스로 행하고 있다는 사실을 모른 체 아이에게 혼을 내지 않았고, 회초리를 든 아버지와 선생을 악으로 몰아 부친 이유이다. 고통을 줌이, 인내를 줌이 사랑이라는 걸 모르기 때문이다.

내 뱃속에 품었고, 내가 낳아서 내 새끼 밖에 모르는 엄마와 아내가 전면으로 나서면서 아버지와 남편은 홀로 두고 본인과 아이만 해외유학을 간 탓이다.

"괜찮아 공부 못해도 돼, 운동장에서 친구들하고 재밌게 놀아." 하는 남편을 자식들 있는 데에서 바보라며 욕했던 탓이다.

내 새끼만을 위한 고액과외, 강남 이주로 입시지옥을 유발하였기 때문이다.

담임선생을 찾아가 교탁 앞의 자리에 자기 자식을 꼭 앉게 해달라고 부탁하고, 입시정보, 족집게 학원을 물색하였기 때문이다. 그리하여 본인도 돈을 벌어야 하였기 때문이며. 돈을 버니 남편이 더 초라해 보였기 때문이다. 그런 상황에서 자격증을 딴 자식의 마음 한켠에는 성인이 되어서도 소극과 우울과 부자연이 있게 되리란 것을 모르고 있다.

천일일, 지일이, 인일삼.

天一一 地一二 人一三

천지인 모두 소중하니 모두 최고(일)이지만, 천과 아버지는 일(1)이요, 지구와 어머니는 이(2)이며, 인간과 자식은 삼(3)이니라 한『천부경』의 진리를 묵살하였기 때문이다.

셋 중 어느 하나라도 불편하면 모두 불편한 것임을 간과한 탓이다.

냉정 하라.

급하면 다시 원점으로 돌아갈 뿐이다. '그러니까 여자지.'라고.

천일일, 지일이, 인일삼.

天一一 地一二 人一三

절대 잊지 말아야 한다.

모두 소중하며 존귀하다. 그러나 상하는 있다. 서로 다름이 있다. 여성의 시대가 오면 평화가 오리라는 것은 연고로 지나친 비약이다. 여삼추 외에도 전체를 위해 바보가 될 용기가 여성에게는 없기 때문이다.

스스로 계량화한 사랑이라는 감정이 충만 되지 않는다면, 그 이전에 바람에도 흔들리는 감정의 비대화를 멈추지 않는다면 여성은 영원히 충만 되지 않아 불행할 것이고 남자는 전체를 위해 계속 바보가 되어갈 것이다. 부정으로의 일적십거 무궤화삼이다.

노자가 말하길, "군주는 나서지 않으며 국가를 다스리고 성인은 움직이지 않으며 천하를 움직인다." 하였다.

…

……

고로, 천지는 인자하지 않고. 성인은 인자하지 않다.

나서니 눈치 보며 일하고, 스스로를 조심하며, 아첨하는 소리를 하게 되는 것을 아는 지라 인자하므로 나서지 않았는데… 도가 심할 정도로 나태하면, 불경하면, 욕심이 과하면… 도가 지나치면 천지는 인자하지 않다. 성인은 인자하지 않다.

간접흡연도 암을 유발한다는 설 때문에 흡연자는 모두의 적이 되었다.

나에게 직접적인 공포라서 적대시하는 건 당연하다. 인간은 자애(독존)이니까. 그런데 왜 설이라 표현하는 이유를 아는가?

하루에 두세 갑 흡연자가 피의 나이가 젊게 나온 것에 대해서 누구든 설명해 보라. 끽연가가 100수를 건강하게 살다 삼무로 돌아간 이유에 대해 설명해보라. 중요한 것 또 하나, 호들갑떠는 언론으로 인하여 그 의식을 가지는 비흡연자에게 있어서는 담배냄새만 맡아도 싫어하게 되는데, 문제는 흥분하며 적대시하는 감정이 유발되고 있다는 사실을 놓쳐서는 안 된다.

즉, 조금만 먹어도 살찐다며 자기암시를 하여 스스로 살찌우는 경우처럼, 냄새 그 자체에 자신의 정신건강 훼손과 함께 자신의 신체건강도 스스로 해치고 있다는 그 사실을 간과해서는 안 된다. 살찌우는 자유전자가 지금은 '화'와 '건강해침'으로 전환된 것이어서 스스로 건강훼손으로 함몰하게 만들고 있는 것이기 때문이다.

무질서의 질서=카오스이며, 무無요, 먼지로 채워진 진공처럼 선악이 동반해야만 건강한 것이다. 선만, 좋은 거만, 먹고 싶은 것만 취하는 것은 반쪽이며, 연약이어서 건강하지 않은 삶이라는 걸 이해해야 한다.

추한 걸 내가 취하지 않으면 추한 자신을 보면 비참이 될 수밖에 없는 것이고, 추한 것을 보게 됨에 따라 구토하는 자신이 되는 것이어서 자유전자를 구속하여 스스로 부자연, 속박을 당하게 만들고 있는 것은 자신이라는 걸 알아야 한다.

사람이 구부러진 잠재의식을 갖게 되는 과정을 말하고자 함이며 중요하기도 하지만, 이 사고법에 능동적으로 접근하여 스스로 취한 구속, 속박, 피탈을 스스로 하고 있음을 순간순간 인식하여 자유전자가 자유롭게, 그리하여 자유로운 자신을 보아야 한다.

바로 색불이공, 공불이색, 색즉시공, 공즉시색이며 진공묘유의 핵심이다.

먼지와 빛, 물, 무형에서 꽃이 존재하고 내가 존재하고 있다는 사실을 이해한다는 것은 매우 중요한 일이다.

비어있는 마음이어야 사람이든 사물이든 역학적 관계든 그 무엇이든 이해하기 쉽다는 건 자명하지 않은가.

왜, 실존이니까,

내가 나로서 그 때 그 것이었으니까.

고로 참 나이니까. 존재의 본질이니까.

사람, 이성, 신, 도덕, 반공과 빨갱이, 극우와 극좌, 착함, 폼생폼사, 관용, 부처, 노자, 예수, 연고로 제일 중요한 이해까지도 강조하여 휘날리는 깃발이 된다면 인간은 스스로 속박당해 가고 피탈당해 간다는 걸 이해해야 한다.

인간의 능력이란 게 드높아지는 깃발이 되어가는 것을 막지 못하며, 드높아진 깃발을 내릴 수도 없는 능력을 가지고 있기 때문이다.

거짓말을 최악으로 두었던 칸트가 맞는 이유이며 국가는, 권력자는, CEO는, 종교인은, 기자는, 판사는, 과장은… 그리하여 개인은 진실로써 표명해야 하는 이유이며, 진실을 보아야 하는 이유이다. 그러나 칸트의 거짓말은 표어에 그칠 것이다.

국가의 국민 우매화, 자본가의 인간상품화, 종교인의 신자 현혹화, 전문가의 총칼에 꺾인 펜대, 권력자에 대한 절대복종자의 맹목화를 통하여만 자신들의 영리영욕을 채워가야만 하는 구조이기 때문이다. 그렇게 갈 수밖에 없는 드높여진 깃발. 현재의 패러다임이다.

그들도 그 패러다임에 갇혀 그러니까 그냥 그렇게 사는 것이다. 그들도 불쾌하다. 왜냐하면 우주 내 모든 존재는 본심본 태양앙명이기 때문이다. 작금의 패러다임에서 한 국가가 탐욕적. 이기적, 인위적인 성장우선주의를 멈춘다면 이웃의 성장한 국가가 침략할 것은 명약하므로 모든 국가와 인류는 전쟁의 공포에 놓여있으면서도 성장우선주의를 멈출 수가 없다. 전 세계적으로 완만의 성장, 권력의 배분, 자본의 배분, 지식추구의 완화, 모든 인간의 행복한 삶을 위한 것에 대한 합일이 절대적으로 필요하다. 에리히 프롬에 의하면 이대로 가다간 인류는 멸망한다는 수치가 나왔다 한다. 전 세계적인 합일이 그것을 미연에 방지할 수 있을 것이다.

달이 차면 기우는 법이고 찌그러진 달은 다시 보름달이 되는 법. 악연의 순환 고리를 이젠 끊어야 한다. 나만, 내 가족만, 내 국가만, 내 민족만이 아니라 전 인류를 위한 행보를 해야 한다. 모든 시대란 해야 할 것, 할 수밖에 없는 것, 하지 말아야 할 것이 늘 상존한다. 선악이 동반되는 것이어서 인류사는 불안한 흐름이 된다. 그것은 개인, 조직, 국가, 세계 어쩌면 우주 전체가 그렇다고 볼 수 있다. 윤회이다. 그 억겁의 인연을 끊으려면 모든 인간이 깨어나던가, 인간사회가 원초적으로 권력의지가 적어도 되는 즉, 권력의 배분이 이루어져 개인 모두 각자의 삶이 가치 있는 것이면 된다. 헌법만 이해하면 충분히 살 수 있는 심신이 건강한 사회가 절대적으로 필요하다. 법률, 조례, 규칙까지 요구하는 지식의 과잉은 사람으로 하여금 호연지기를 방해한다. 총화와 완화의 시대가 되면 가능하고, 발전이 발전이 아닌 것을 모두 이해하는 정신이 필요하다. 전 세계적으로 완만한 성장과 너그로움으로 합일이 필요하다. 사랑은 총체적 이해이며, 총체적 이해 뒤에 사랑은 스스로 다가온다.

표어나 명언이 아니라 인간에게 절대적 가치를 제시해야만 하는 이유이며, 그 가치아래 모든 것이 맞물려 돌아가야 한다. 그 가치란 무엇인가

바로 '인간만이 인간을 행복하게 할 수 있다.'는 명제이다. 그것에 맞지 않으면 모든 것은 쓰레기이며, 쓰레기이므로 버려야 한다.

그것이 신이든, 예수이든… 노자와 부처는 자유로운 인간인 육六(일묘연, 한 소식한, 깨달은) 이지만 예수는 자유로운 인간인 육을 부정한 정신인 칠七이기 때문이다. 인간을 신의 굴레에 머물게 하고 인간을 부정하였으니 부자연스러운 예수이며 그를 믿는 인간 역시 부자연인 상태인 인간이기 때문이다.

『천부경』에서는 그 다음의 팔八(마음의 완성)도, 그 다음의 구九인 세상의 완성도, 이후 진리인 우주의 완성도 인간이 인간으로써 규정하였으므로 인간 본연인 자유이다.

그렇기 때문에 인간 모두가 깨어야 하는 이유이며, 그것이 쉽지 않기 때문에 마음 넓은 사람이 많은 세상을 만드는 것으로 귀결되는 것이다.

어떻게? 서두르지 말고 하나하나.

누가 누구를? 스스로가 스스로를.

그러므로 재는 재대로 나두고 나는 나대로 나두고, 우리는 우리대로 나

두면 된다.

사랑이라는 맹목으로 타인을 구속하거나 무시하지 말아야 하며, 사람이란 스스로 얽혀 스스로 상대방과 같이 호흡하며 존중하는 존재이지만 각각의 삶을 사는 존재이기 때문에 원초적으로 자유로운 존재이니까 그냥 그대로 나둬야 한다.

현대인이 불행한 것은 무엇인가라도 하나라도 해야 행복하다는 유위의 착각에 놓여 있기 때문이다.

"인생의 어떤 것도 두려워 할 필요가 없다. 그냥 이해하기만 하면 된다."

퀴리부인의 명언을 늘 가슴속에 담아두어야 한다.

왜, 인간이 정신집중자가 되어 사는가. 한마디로 요약하자면 욕심이다. 그럼, 인간에게 제일 큰 욕심은 무엇인가? 나 혼자 다 가지려 하는 것이다. 인간의 본성에 부자연스러운, 그리하여 자유스럽지 않은 것을 순수처럼 이성적으로 추출해낸 사랑의 지나침은 허무다.

도가도비상도며, 도가 지나치면 도가 아니며, 도를 강조하면 구속이다. 이해다. 사랑이 아니다.

재가 저러는 것은, 엄마가 저러는 것은, 웃다가 갑자기 우는 것은, 뚱뚱한 것은, 재가 공부를 잘하는 것은, 그 뿐이다. 나보다 난 것도 없고 나 보다 못한 것도 없다. 공부를 잘하는 것은 나보다 더 인내하고 더 열심히 했기 때문이다. 저 사람이 저렇게 한 것에는 분명히 그에게 그런 이유가 있다. 그 이유에 대해 물어보지도 들어보지도 않고 즉, 그 상황과 상관없는 - 이해 없는 스스로의 견해를 밝히는 편견이 대화요, 이해라 만연되어 있다.

인간에게 있어 지속적 사랑은 없다. 인간이 지속적인 세계에서 살고자 하니 허무(비참)에 있는 것이다. 무차별적 수용자는 득오자인데 깨우친다는 것이 쉽지 않다.

결론은 이해다.

가족에게서 비롯된 무관심의 발로로 인함이든, 질투의 기질이 강한 탓에 어떤 모티브에 의하여 정신을 집중하였었다는 것을 이해하는, 그 이해가 바로 정상으로 돌아오게 하는 것이다.

"나도 내 엄마한테 그렇게 배웠어"라며 자식에게 비로소 말하여 스스로의 짐도 덜어내고, 왜, 짐을 덜어 주는 것인가, 엄마도 사랑의 강조 탓에 사랑이 필요하다는 것을 안다. 알지만 사랑을 주는 걸 자신의 어머니에게서 배우지 못한 탓이었기 때문에 본인의 마음도 무거웠기 때문이며 그것이 사랑인줄 알았기 때문이다.

엄마는 엄마 스스로 이해하고, 집중자는 엄마에 대해 이해를 하게 되는 축제.

천지인은 본래 밝은지라 이해를 하게 됨에 이해가 더욱 요구되어 더 밝아지는 축제.

주변인은 주변인대로, 가족은 가족대로 본질을 깨닫게 되어 안색이 환해지는 축제.

눈동자에 맑은 초점을 갈게 되는 것이다.

덤으로 눈물은 안락으로의 승화다.

축제.

덩덩 덩떠꿍… 괭, 괭.

병을 병으로 진단하지 않고 마지막까지 모두의 자존심을 건들지 않으면서 춤을 추고, 징을 치면서 가족은 물론 본인의 죄의식과 비참을 털어내는 축제.

축제.

현대의학의 약에 의한 의식의 집중을 방해하거나, 시간을 끌어 스스로 오판이었음을 인지하게 하는 것보다 반드시 효과적이라고 말할 수는 없으나, 인간적이고 과학적인 것이다.

무당이 집중자의 혼령으로서의 역할을 하며 집중자의 행동을 보여주면서

스스로 자신의 행동이 이상함을 깨닫게 하는 것,

과학적이라며 최근 심리학에 도입된 심리극이란 것을 그 까마득한 시절부터 시도한 혁혁한 축제(통찰)이다.

축제.

지금부터라도 축제.

"한나라 사람은 남녀가 빙 둘러 앉아 음주를 하고 가무를 좋아하였다."

"성숙한 성인은 놀이를 염두에 두고 있다."는 니이체의 혜안을 한나라에서는 이미 생활화하고 있었다.

현대란 게 과학적이란 명분하에, 경제적이란 효용 아래, 성공이라는 치밀함에 의해 정신의 민감함과 감정의 예민함을 불러왔다.

그 결과라는 게 범죄는 늘어났고 상호이해의 폭이 좁아졌으며, 화禍가 풍선처럼 부풀어져 있어 감정이 상하면 바로 터지고, 불신은 첨예한 각을 세우고 있다.

점점 마음이 넓은 사람은 적어지고 이기와 탐욕을 부추기고 있는 가운데 바늘처럼 공격의 날을 세우고, 찔린 사람은 바늘을 다시 상대에게 겨눈다.

놀이를 할 수 있는 과거로 돌아가라면 나는 기꺼이 간다. 여유와 함께 삶의 질은 지금보다 훨씬 낫기 때문이다.

편리함을 전제로 한 현대라는 게 너무 많은 고역을 치르게 하고 있기 때문이다.

과거 한나라에서는 남녀는 있으나 남과 여를 굳이 구별하지 않았다.

한나라(한인제석 한국, 한웅천황 밝달국, 단군왕검 조선)는 모계사회였다.

상하는 있으나, 굳이 상하는 구별하지 않았다.

바둑과 비슷한 장기가 있다.

분명 승부며 내기를 건 승부이므로 날카로운 정신임에도 불구하고 한민족은 옆에서 자신에게 불리하게 훈수하는 사람에게도 "괜찮혀, 훈수하는 사람이 있어야 재밌제."라고 말하곤 하였다.

규칙에는 한수 쉬는 것도 한수이다.

'상대방이 말을 움직이면 움직일수록 곤란하다'면 놀이인데 굳이 머리 쓰며 힘들어 하지 말라는 것이고, 사람을 벼랑 끝까지 몰지 않는다는 생각을 갖고 있기 때문이다.

왕이 죽지 않으면 비기는 것인지라 두고 또 두고 내일 다시 두면서 사람을, 세월을 낚시하였던 것이다. 장기알을 팔각으로 깎은 이유는 훈수하는 사람도, 이기던 지던, 사람이 제일 소중하다는 인본주의가 바탕에 깔려 있어서다.

'인간만이 인간을 행복하게 할 수 있다.'는 절대명제를 알고 있었던 것이다.

…

……

………

군주는 영원히 나서지 않아도 되는 천지는 늘 인인仁人이요. 성인은 늘 인인仁人이 되는 축제를 벌이자.

천지 인인仁人이라 함은 우주도 자연도 하물며 동물도 바위도 잡초도, 하물며 박테리아도 생각이 있기 때문이다. 하물며 쌀 한 톨도 휴지 한 장도 생각이 있으므로 존중하고 아끼라는 것이다.

성인 인인仁人이라 함은 아버지에게 불경하면 회초리를 드는 것이요, 어머니의 희생을 당연하다고만 느끼면서 존경할 줄 모르면 바이러스 벌보다 오히려 인류에게 독이 되는 탓이다.

천지인이요, 너·나·우리요, 상·하요, 국가·조직·백성이다.

모두 존엄하여 모두 필요하므로 모두 인인仁人이 되는 축제를 벌이자.

축제.

잘 생긴 사람은 못생긴 사람 때문에 잘나게 되었으므로 못생긴 사람 앞에서 못생긴 사람한테 감사하다고 큰절하는 축제.

권력자는 자신의 무능으로 거지가 된 거지의 발을 씻어 주는 축제.

절대복종자로 인한 폐해로 원의 궤도만 무한히 돌게 되므로 절대 복종자를 뽑아 힘들었다고 위로해 주는 축제.

그런 자들에게 경제활동 중인 세계인이 1원씩 모아 주어 인간사에서 떠나 홀로 살다가라는 축제.

자본가는 많은 돈을 벌어 준 직원에게 맛있는 음식을 손수 만들어 대접하는 축제.

전문가와 일반인을 불러 상식과 삶의 가치에 대한 문제를 누가 더 맞추는 축제.

식품학자와 주부를 불러 골목시장에서 싸게 채소 등을 구매하는 축제.

판사와 검사와 경찰과 공무원 및 일반인을 모아놓고 법의 타당성과 모순에 대한 설전을 벌이는 축제.

노숙자를 불러놓고 가장 최악인 노숙자 및 가장 선한 노숙자를 뽑는 축제.

못생긴 사람만 모아놓고 못생긴 왕을 뽑는 못생긴 사람들의 축제.

바보 중 최고로 마음 넓은 바보를 뽑는 축제.

남자는 여자로 치장하고 여자는 남자로 치장하여 역할을 바꿔보는 축제.

일 년에 한번은 인간 때문에 희생당한 동물을 위해 살풀이를 하는 축제.

하루는 자연, 하루는 하늘에 감사하는 축제.

군과 핵을 포함하여 무기를 없앤 돈으로, 아침과 점심을 교대로 하여 오전, 오후 5시간 일하고 5시간 놀고 3시간 밥 먹고 8시간 자고, 나머지 3시간은 우주, 자연, 사람의 존엄을 위해 써야 한다. 현대는 너무 많은 시간을 조직에 쓰고 있다.

내가 덜먹고 박테리아와 토끼와 까마귀를 위해 음식을 남기어야 한다.

인간의 욕심을 버리고 물이 가고 싶은 데로 가도록 놔두어야 한다.

일상사 사칙연산만 있으면 되는 거니 미적분은 대학에 입학한 전공자에게 맡기고, 루소의 교육론에 입각해서 어린아이부터 자연에서 놀게 하며, 『천부경』을 이해하게 하여 본래의 자유인으로서 삶을 살아가도록 해야만 한다.

수학, 과학 등 학문이 우선되는 게 아니라 어떤 것을 모르면 모른다고 하는 심성, 상대방의 얘기를 경청하는 것, 좋으면 좋다하고, 싫으면 싫다 하는 자연의 심성이 우선시 되어야 한다.

실수를 했으면 미안하다 인사하고 상대방은 웃어주는 여유를 가르쳐야 한다.

"그걸 어떻게 알았어. 대단해"라며 상대방을 인정하는 너그러운 마음을 가르쳐야 한다.

모든 학생을 교탁에 홀로 서게 하여 자신의 안건을 발표하고 앉아 있는 학생과 토론하는 교육이 필요하다. 공부 못하는 즉, 기회가 적은 학생에게 더 많은 기회를 줘야 한다. 그래야만 비참이 능동으로 바뀔 것이다.

무엇보다도 대화하는 방법을 가르쳐야 한다.

타인에게 무슨 일이 발생했으면, 그에게로 가서 먼저 무슨 이유 때문인지 물어보고 그의 상황을 이해하며 대화를 나눠가야 함에도 그 무슨 일이 발생하면 스스로 어떤 인자들을 스스로 도출(결론)짓고는 당사자에게 자신의 결론만을 강요하는 방법을 못하도록 해야 한다.

똑똑증후군에 걸려 있는 지라, 상대방에게 물어보는 방법을 꺼리기 때문이며 상대방에게 자신이 모르는 것을 알게 되는 것을 원초에 두려워하기 때문이다.

모르면 모른다고 말하는 자연의 심성이 뒤틀려 있기 때문이다.

사랑의 비대화에 의한 거부되면 풍선처럼 부풀려지는 감정.

모른다는 것을 감추기 위해서 더욱 알고 있다고 표현하고 있는 감정의 비대화를 이젠 멈춰지게 해야만 한다.

건드리기만 하면 팡 터지는 풍선들.

대화하는 방법도 모르거니와 감정의 비대화로 이해는 고사하고 대화하면 할수록 감정의 골만 깊어지고 있다.

남녀, 친구, 상하, 연장자와 연하자, 국가와 백성, 부모, 부모와 자식… 감정의 비대화를 멈추고 이해의 확충을 기해야 한다.

천·지·인 중 무엇 하나라도 국가·조직·백성 중 어느 한 곳이라도 부·모·자식 중 누구 하나라도 너·나·우리 중 어떤 누구라도 불편하면 모두가 불편하기 때문이다. 그렇기 때문에 나만 가지려하고, 나만 편하려하고, 나만 똑똑하려하고, 나만 위에 있으려하고, 나만, 내 자식만, 내 가족만, 내 조직만, 내 나라만, 내 민족만 최고가 되려는 욕심.

인간 속에 우글우글한 그 탐욕이 제일 무서운 것이며, 인류사를 점점 각박해지기 만들기 때문인지라 공포의 확산이며 조증과 우울증의 반복이며… 마침내는 인류멸망을 앞당기게 하기 때문이다.

탐욕은 인류멸망을 초래하는 것이기 때문이다. 그러므로 나만, 내 자식만, 내 가족만, 내 조직만, 내 나라만, 내 민족만을 위한 깃발을 휘날리려는 사람들에게는 경계를 넘어 화를 내야 한다.

호통을 치며 회초리를 들어야 한다.

여린 어린아이라도 회초리를 쳐야 한다.

그래야만 천지인, 너·나·우리 모두 좋으니까.

그래야만 평화가 오니까.

그래야만 인류가 영원할 것이니까.

화를 낼 때 화를 내는 것은 당연이다.

고로 참고 참아 화병이 되는 게 없어지며 고로 무지, 어리석음을 일깨우는 것이며, 고로 욕심부림을 자제하게 된다.

탐진치. 부처의 지혜에 귀를 기우려라. 역으로 그 셋과 함께 조급증을 제대로 이해하여야 한다. 조급함은 모든 것을 망치게 한다.

인식(이해)이 바로 육六이요. 일묘연이며, 한소식, 깨달음, 빅뱅, 견성성불, 즉심시불, 반박귀진, 참 나요, 자성이며 본래면목이다.

뜰 앞에 잣나무가 이미 있었네(인간은 이미 모두 자격이 있다)

달을 가르치는데 손가락을 쳐다보면 우야끼노.

진공묘유요. 일체유심조라.

나도 우주도.

정신의 완성이요.

마음의 완성이요.

모두 깨달아 세상의 완성이며 우주는 십十이니 스스로 완성을 지향하고 있으므로 인간만이 인간을 행복하게 할 수가 있는 것이다.

유쾌, 상쾌, 호쾌, 통쾌하게 살다 자연스럽게 삼무로 돌아가도록 해야 한다.

그 까마득한 시절의 한나라 사람들을 잊었는가,

발전이란, 발명이란, 발견이란, 발달이란… 보려하면 보이는 것임을, 필요로 하면 구해지는 것을. 탁월한 영감자가 있어 한소식하면, 그 하나가 곧 일적십거 무궤화삼임을 알고 있지 않은가. 각종 지식을 집어넣는다 해서 궁극의 목적인 풍요로운 자유가 이루어지지 않는다. 오히려 각각의 지식이란 총체적 이해를 버리게 하는 분화요, 무거움이요, 창조의 방해꾼이다.

지식의 숭상에다 지식자의 중용은 교모와 합리화를 더욱 증가시키는 것이며, 법이 오히려 인간을 구속하게 한 원인이기도 하다.

권력자의 소권력자에 대한 최소의 분배와 공포 및 소권력자가 권력자에 대한 불법의 합법화는 오히려 인류역사에 있어서 최악의 죄이다.

권력의 배분, 권위의 배분, 소득의 배분, 가치의 배분, 지식의 배분, 삶의 존엄성의 배분….

군주는 똑똑함을, 힘 있음을 숭상케 하지 않고, 나서지 아니 한다. 그것이 바로 창조며, 발전이며 풍요이다. 나는 나로써, 재는 재로써 그때 그것이면 그것이다.

고통을 감수해야 행복해짐을, 하기 싫은 것도 해야 행복이 찾아옴을, 남이 행복해야 내가 행복함을… 그러므로 남보다 내가 덜 먹는 착함이 최고의 선이 되어야 한다.

한나라에서 백성에게 요구한, 제후국의 왕에게도 첫 번째 발탁요건이었던 착함이 최고의 가치가 되어야 한다.

마음 넓은 바보가 존경받아야 한다.

UN에서 근무하는 사람은 제일 못사는 곳에서 살던 사람을 많이 기용하며 공부를 덜한 사람, 남을 푸근하게 하는 바보들이 일하게 해서 바보들 세상이 되어야 한다.

그래야만 비로소 육六이 비롯되어 7, 8, 9, 마침내 10이 이루어 질 것이다. 그러니 신도 버려라, 윤회설도 버려라, 노자도, 부처도, 공자도 예수도, 마호멧도 그 무엇도 다 버려야 한다.

인간이 인간을 불행하게 만드는 것은 모두 버려라,

절름발이로 시작된 권위화와 절대성, 숙명성, 고립성, 신격화, 남성화, 이성화… 모두 버려야 한다. 삼신사상으로 돌아가야 한다.

그 까마득한 10,000년 전으로 돌아가야 하는 근거는 무엇인가?

형이상학이니, 정치학, 논리학 등등 문자의 확대와 문자화로 인한 관념의 숭상으로 인해 참 나를 갖게 되는 것이 더 어려워졌기 때문이다.

발전, 발달, 효용, 성장이란 지향이 오히려 인류윤리를 최악의 상황으로 몰아가고 있을 뿐이며, 분화의 발달 즉, 총체를 잃어버린 세계, 국가, 민족은 가진 자와 갖지 아니한 자, 남성과 여성, 아버지와 엄마, 유약의 후손… 독립적 독선의 문화만 가득 차게 되었을 뿐이다.

몰이해와 무관심의 세계가 되었을 뿐이다. 고로, 이제까지의 인류사란 인간만이 인간을 불행하게 만들어 온 역사이다.

가운데 신선이 있고 왼쪽에는 어린아이가 오른쪽엔 호랑이가, 위에는 태양이 뒤에는 자연이 있어 평화로운 삼신 즉, 모든 게 소중한 삼신사상으로 돌아가야 한다.

그리하여 모두가 자존인 노자며, 타인에 대한 인仁인 공자며, 스스로 마음이 넓은 부처로 개인이 모두 되는 삼신사상으로 돌아가야 한다.

노자만 지나쳐도 아니 되며, 공자만 비약 돼도 아니 되고, 부처만 강조 돼도 아니 된다.

노자에 의한 스스로의 자애에 대한 자존도 중요하며, 타인과의 조직 간의 인仁을 바탕으로 하는 윤리도 중요하며, 스스로 깨달아 마음 넓은 사람(이夷=팔八) 되는 것 그 모든 게 중요하다.

왜? 도라 물으니… 굳이 말하자면… 도인데…. 그 반대도 도이며, 그 역의 역도 도이고 소수도 도이지만. 모두가 그러해야 한다면 도가 아닌 것이요. 소수만 아니라고 우기면 도가 아닌 것이요. 나와 같지 않다 해서 도가 아니라 할 수 없는 것처럼, 모두가 나와 같다 해서도 도가 아니기 때문이다.

인간에게 최고요 최상인 가치가 있어 모두 그에 따라간다 해서 따르지 않는 소수가 잘못했다 할 수는 없다.

인간도 생물이다. 감정이다. 제행무상이다.

뻴쭘한 짓을 하지 말라하지 않는가,

맞다 해서 잘난 척은 하지 말라 하지 않았는가,

그때 감정이 상해서 그건 아니라 한다면 할 수 없지 않은가

삼신사상으로 돌아가 하늘, 지구, 사람 모두 소중하며 태양, 바다, 동식물 모두 소중하며 너 나 우리 모두 소중한 노자, 공자, 부처를 모두 가진 사람八이 되어야 하는 게 제일이다.

본심본 태양앙명 인중천지일

本心本 太陽昂明 人中天地一

모든 게 본래 밝으니 그중 인간이 제일이더라는 『천부경』으로 돌아가야 한다.

삼무에서 왔으니 그냥 자연스럽게 삼무로 돌아가면 된다.

이승에 집착해 더 살려고 욕심내어 자기 가슴속 태우지 말고 그로 인해 타인에게 피멍들게 하지 말고 가벼운 자유로 우주로 돌아가면 된다.

내가 나로서 태어나는 게 아니라 돌아간 삼무에서 양의 작용으로 다른 무엇으로 태어나는 지라 지금에 만족하며 충실해야 한다. 그래야만 언어의 규격화, 고착화에서 벗어나며, 구부러진 잠재의식이 발생되지 않고 탐욕의 역사가 사라진다. 고로, 정신병자가 사라짐이요, 놓음에 의한 아량이 발생됨이요, 멈춤에 의한 평온이 찾아옴이다.

상호소통이 본질이었던 대화에 합리와 질서와 논리적인 것과 증거제시가 아니라 유쾌한 뻥이 다시 돌아오는 것이요, 그리하여 동화가, 그리하여 감성이 돌아오는 것이어서 무질서의 질서 카오스, 무, 공, 허, 현빈, 태허, 진공묘유해서 일체유심조라.

인간도 자연도 우주도….

즉 이래도 유쾌요, 저래도 상쾌요, 어찌되던 호쾌, 통쾌가 되는 것이다.

스마트폰 메일이나 게임보다 사람과 같이 흙에서 하는 딱지치기가 더 재미있으며 낯선 사람이 다가오는 것이 즐거운지라 사람이 소중하게 되는 것이다.

인간만이 인간을 행복하게 할 수 있다.

한글에는 어제와 오늘은 있으나 내일이 없다.

내일은 한자이며, 인간의 탐욕이 내일을 굳이 만들어 내었다.

한글에 내일은 없지만 모레가 있는 것은 당장보다 먼 훗날을 대비하자는 통찰이다.

내일이야 인간은 물론 지구 내 모든 동식물이 예측할 수 있는 것이며 곤경과 아무리 혹독한 시련일지라도 내가 내일 존재하여 내가 버티면 되는 것이지만 후세가 살아가야 할 모레인 그 시점에는 후세가 지금보다는 나은 삶을 살게 해주라는 통찰이다.

우주 내 모든 존재에 대해서 외경의 념을 지니고 지나침이 없어 파괴가 없는 인간 탐욕의 자제와 함께 현실이 불충분하여도 만족하는 삶을 살라는 혁혁한 사상이다.

그 정신을 스스로 실천하여 후세에게도 그 정신을 계승하라는 암묵적 경고이다.

일시무시일 석삼극 무진본
一始無始一 析三極 無盡本
『천부경』의 처음 구절.
삼무에서 비롯한 먼지 같이 자유로운 존재이거늘 자유롭게 살다 가면 되지 않겠소,
바람처럼 구름처럼
불어오는 데로 가고, 가고 싶은 데로 가면서 살다
자유롭게 본래의 무로 돌아가면 되지 않으리.

일종무종일
一終無終一
『천부경』의 마지막 구절.
하나의 마침이 하나가 끝남이 아니로다.
음, 무, 무인식인 삼무와 양의 기운으로 내가 태어났으니 본래 자유로운 존재요.
부모의 배를 빌려 태어났으니 공경을 하되 얽매이지 말 것이며, 자식이란 인연 따라 흘러 온 것, 고로, "내 자식만 최고"란 것은 큰 업보를 짓는 일이요.
천상천하 유아독존이라.

天上天下 唯我獨尊

모든 존재는 천상천하 유아독존인지라 육六, 일묘연, 빅뱅, 본래면목, 반박귀진, 견성성불하여 참 나로서 진공묘유인 일체유심조면 좋지 않으리.

유쾌, 상쾌, 호쾌, 통쾌하게 살다.

자유롭게 저 우주로 돌아가는 것.

다시 삼무로 돌아가는 것.

음陰, 무無, 무인식無認識이라.

죽음은 완성이라네.

인생 뭐 있소이까. 내가 나로서 그때 그것이면 됐고.

바람 따라 구름 따라 유유한 물과 같이 살다 가면 되잖겠소.

어제와 오늘은 있으나 내일은 없고 모레는 있소이다.

부디 욕심을 버리어 허공의 먼지가 되기를.

해변의 모래가 되기를.

인간만이 인간을 행복하게 할 수 있다.

"바보인 줄 아는 사람은 바보가 아니다. 자신이 바보라는 걸 모르는 사람이 바보다."

— 부처

"일체에 걸림이 없는 사람은 단번에 생사를 벗어난다."

— 원효

"홀연히 사람에게 고삐 뚫을 구멍이 없다는 말을 듣고 몰록 깨닫고 보니 삼천대천 세계가 내 집일세."

— 경허

"종교의 가르침은 결코 신, 그 자체는 아니다. 열심히 신앙하면서 하나의 가르침을 부지런히 따라가면 마침내는 신에게 이르게 된다."

— 라마 크리슈나

"당신은 하늘입니다. 구름이 흘러가고 노을이 물들고 바람이 지나갑니다."

— 에크하르트 톨레

"우주가 바로 나지만, 나는 아무것도 소유하지 않네. 아는 것에만 집착하면 모르는 것은 알 기회조차 없다네."

— 로버트 피셔

"우리같이 놀아요. 뜀을 뛰며 공을 차며 놀아요. 우리같이 불러요. 예쁜 노래, 고운 노래 불러요. 나무에 오를래. 하늘에 오를래. 개구쟁이."

– 산울림